Schöpfungsgeheimnisse

Kundgaben über Dinge der Natur

Durch die innere Stimme des Geistes
empfangen von
Gottfried Mayerhofer

4. Auflage

LORBER-VERLAG, 7120 BIETIGHEIM

ISBN 3-87495-241-X

Schöpfungsgeheimnisse

Inhalt

ANHANG

Vorwort

Aus dem Wort „Das Evangelium der Natur“ vom 22. Januar 1872: „Die Liebe war es, welche alles schuf, alles erhält und alles vervollkommnet; ohne diese Liebe leuchtete keine Sonne, ohne Liebe wäre keine Wärme, kein Leben. Sie ist die große Triebfeder, welche alles seinem Ziele entgegenzuführen strebt. Sieh Meine ganze Schöpfung! Wo du nur ein Produkt ansehen willst, magst du erkennen, eben aus seiner Vollkommenheit im Kleinsten wie im Größten, daß der Schöpfer, stets sich gleich bleibend, alles mit gleich liebenden Armen umfaßt. Fliehe hinauf in jene Räume, wo Millionen von Jahren nicht genügen, um dir einen Lichtstrahl von dort zuzusenden, oder steige hinab bis zu den kleinsten Atomen im unendlichen Äther, und du wirst denselben liebenden Schöpfer antreffen ... So betrachte Mich als ewig liebenden Gott ..., und du wirst in der materiellen Natur die Stimme dieser Liebe überall entdecken, sie wird dir im warmen Sonnenstrahl, im sanften Säuseln einer milden Frühlingsluft und in dem dir von Millionen und Millionen Meilen entfernten Sternen auf dein Auge treffenden Lichtstrahl immer das nämliche sagen: Gott ist die Liebe!“

Gottfried Mayerhofer (1807–1877)

Im siebenten Jahr nach Jakob Lorbers Heimgang empfing Gottfried Mayerhofer in Triest im März 1870 in der Fortsetzung der Neuoffenbarung das erste Diktat des Herrn.

In München als Offizierssohn geboren, schlug Gottfried Mayerhofer ebenfalls die Militärlaufbahn ein, hielt aber auch Vorlesungen über Mathematik, musizierte und komponierte und bildete sich in der Landschaftsmalerei aus.

Als der bayerische Prinz Otto griechischer König wurde, meldete sich Mayerhofer als Major freiwillig zu dessen persönlicher Suite und kam so nach Griechenland. Dort heiratete er die Tochter eines Athener Großkaufmanns, Aspasia von Isay.

Einige Jahre später verlegte sein Schwiegervater sein Handelsunternehmen nach Triest, und auf Drängen Aspasias, die sehr an ihrem Vater hing, quittierte Mayerhofer seinen Militärdienst am griechischen Königshof, und die ganze Familie übersiedelte nach Triest. Doch da Griechenland keine Pensionen ins Ausland zahlte, hatte Mayerhofer jetzt kein festes Einkommen mehr; um finanziell aber nicht ganz von seiner Frau abhängig zu sein, widmete er sich anhand seiner zahlreichen aus Griechenland mitgebrachten Skizzen nun recht intensiv der Landschaftsmalerei.

Durch die Bekanntschaft mit dem nach Triest versetzten Grazer Militärarzt Dr. Waidele, der in Graz zum engeren Kreis um Jakob Lorber gehört hatte und dann auch in Triest weiterhin eifrig Lorber-Texte abschrieb, wurde Gottfried Mayerhofer mit der Neuoffenbarung bekannt; und zur Mithilfe an der Weiterverbreitung dieses „Neuen Lichtes", das ihn begeisterte, begann er ebenfalls Lorber-Texte (meist aus der Handschrift Waideles) abzuschreiben. So wurde Mayerhofer auch geistig erweckt und zu einem Werkzeug des Herrn vorbereitet.

Durch Dr. Waidele wurde auch der seit Jahren schwerkranke Triestiner Marinearzt Dr. Medeotti zu Lorber geführt und nach einer erfolgreichen Anwendung der Lorberschen Sonnenkur ebenfalls ein glühender Anhänger und Apostel der Neuoffenbarung.

Um diese Zeit arbeitete aber auch der nachmalige Verleger der Neuoffenbarung und Gründer des Lorber-Verlages in Bietigheim, Christoph Friedrich Landbeck – den stets die mystische Seite des Lebens beschäftigt hatte – in seinem erlernten Beruf als Schildermaler in Triest, und zwar in jener Werkstatt, wo Gottfried Mayerhofer die Blendrahmen für seine Ölgemälde anfertigen ließ. So kam es im Frühjahr 1870 zur persönlichen Bekanntschaft des damals dreißigjährigen Landbeck mit dem „alten Major", der ihm die kleine Lorberschrift „Die Fliege" schenkte und den neuen jungen Freund, der damals noch „nach dem Schlußstein seiner Weltanschauung suchte", ebenfalls für das „Neue Licht" gewann.

Somit war nun ein solides Band zwischen Lorber und der vorerst noch kleinen Triestiner Gemeinde geknüpft.

In dieser Zeit hatte sich Gottfried Mayerhofer durch die abendliche und oft auch noch nächtliche Schreibarbeit – denn das Tageslicht gehörte der Malerei – ein Augenleiden zugezogen und mußte am Star operiert werden. Daraufhin entschloß sich Landbeck, seine Schildermalerei aufzugeben und sich ganz in den Dienst der Triestiner Lorbergemeinde zu stellen. Er schrieb nun nach Mayerhofers Diktat und magnetisierte auch im Auftrage des Herrn täglich dessen kranke Augen, daß sie nicht schlechter würden. Dazwischen besuchte und „bediente" Landbeck auch die Patienten von Dr. Medeotti.

Im März 1870 empfing Gottfried Mayerhofer erstmals eine Kundgabe des Herrn, und in den folgenden sieben Jahren bis zu seinem Heimgang am Karfreitag 1877 entstanden dann neben zahlreichen Gelegenheitsworten die beiden großen Zyklen der „Schöpfungsgeheimnisse" und der „Lebensgeheimnisse" sowie die einzigartige Sammlung der 53 „Predigten des Herrn" für alle Sonntage des Kirchenjahres.

Zum Vorgang der Inspiration und des Schreibens berichtet Landbeck in seinen Lebenserinnerungen, daß Mayerhofer das zu Beschreibende gewöhnlich beim Erwachen zunächst wie in einem lebenden Bilde oder als Panorama in herrlicher Klarheit geistig erschauen durfte; während des späteren Niederschreibens in ununterbrochenem Bleistiftfluß verblaßten dann diese Schauungen. Öfter war es Gottfried Mayerhofer auch gegeben, den geistigen Menschen hinter der natürlichen Hülle zu sehen. Überdies bezeugt Landbeck auch Mayerhofers „Gabe zu heilen, vielen zum Segen".

Als der erste Verleger der Lorberschriften, Johannes Busch in Dresden, im Jahre 1877 (damals schon ein vierundachtzigjähriger Greis) nach siebenjähriger Arbeit die Drucklegung des ganzen Johannes-Werkes vollendet hatte und dabei in arge Geldnot geraten war, sprang Gottfried Mayerhofer helfend und rettend ein, der trotz seiner kranken Augen wieder zu malen begonnen hatte, um Mittel für Dresden zu verschaffen. Als Zeugen dieses Liebesdienstes Mayerhofers für das Neuoffenbarungswerk befinden sich noch heute drei Ölgemälde von seiner Hand im Besitze des Lorber-Verlages in Bietigheim.

Die Texte der beiden natur- und zugleich geisteswissenschaftlichen Zyklen Gottfried Mayerhofers, die „Schöpfungsgeheimnisse" und die „Lebensgeheimnisse" – von welchen Diktaten etliche durch mündliche oder briefliche Anfragen veranlaßt worden waren –, hatten schon in ihrer Zeit höchste Aktualität, die sie bis heute nicht eingebüßt haben.

Es war die Epoche der geradezu explosiven Entfaltung aller naturwissenschaftlichen Disziplinen; die Wissenschaft wähnte sich auf einem Siegeszug ohnegleichen, eine Erfindung folgte der anderen, der Verstand und mit ihm der Materialismus feierten Triumphe. Alles aber, was den fünf Sinnen des Menschen nicht unmittelbar oder zumindest experimentell zugänglich war, wurde negiert und war nicht gefragt.

Aus dieser geistigen Situation des späten neunzehnten Jahrhunderts heraus – die sich in unserer Gegenwart zwar allmählich zu wandeln beginnt, jedoch immer noch überwiegend am rein materialistischen Weltbild orientiert – begreifen wir die unermüdliche Eindringlichkeit, mit welcher der Herr uns durch Gottfried Mayerhofer die geistigen Dimensionen alles Lebendigen in immer wieder neuen Aspekten und tiefgründigen Erläuterungen enthüllt hat und uns Beweise dafür bringt, wie „gar nichts" doch die Materie ist, in die sich der Mensch in Mißachtung der göttlichen Seins-Ordnung vergraben, ja in geistigem Sinne heute bereits begraben hat.

Möge das Wort des Herrn, das uns durch Gottfried Mayerhofer in diesen Texten geschenkt worden ist, als wahre Gnadengabe für unsere Zeit verstanden und jetzt endlich weitum gehört und beherzigt werden, damit „der alte, längst vergessene, zerrüttete Bau des geistigen Menschenlebens wieder aufgebaut werde"!

H. E. Sponder

Anm. Die Fußnoten im Text stammen vom Herausgeber. Bei den erwähnten Werken handelt es sich um Ausgaben des Lorber-Verlages, 7120 Bietigheim.

Lobgesang

Dir, Herr, sei Dank, Anbetung, Preis und Ehre!
Dein ist die Erde und das Sternenfeld.
Dir schlägt mein Herz; Dir donnern Luft und Meere;
Dein ist das Reich und Dein die große Welt.
Vom Aufgang bis zum Niedergang erschallet
Dein Lobgesang, der durch die Himmel hallet.

Du rufst die Sonne, und sie kommt im Glanze
wie eine Braut aus ihrem Purpurzelt.
Du winkst dem Mond, und aus dem Sternenkranze
blickt er in heil'ger Ruhe auf die Welt.
Wir sind getrost. Du, Herr, bist unsre Stärke,
Dein ist die Kraft und groß sind Deine Werke.

Jakob Lorber

Die Gottesliebe führt das Universum
zur Vollendung. Alles ward der Liebe
wegen geschaffen.

Franz von Sales

Aus dem Psalter Davids

Der Himmel ist durch das Wort
des Herrn gemacht
und all sein Heer durch den Geist
seines Mundes.
Die Himmel erzählen die Ehre Gottes,
und die Feste verkündigt seiner Hände Werk.
Ein Tag sagt's dem andern,
und eine Nacht tut's kund der andern.
Wenn ich sehe die Himmel, deiner Finger Werk,
den Mond und die Sterne, die du bereitet hast:
was ist der Mensch, daß du seiner gedenkst,
und des Menschen Kind, daß du dich seiner annimmst?

Psalm 33,6; 19,2.3; 8,4.5

Das Evangelium der Natur und über die Mission des Menschen auf Erden

(22. Januar 1872)

Mein lieber Sohn, du hast deiner Geistesschwester einen langen Brief geschrieben*, und zwar vom Standpunkte deines Wissens aus, worauf sie als Weib dir nicht antworten kann. Und eben in dieser Klemme zwischen „nicht können" und „doch mögen" wandte sie sich an Meinen Schreiber, ihn bittend, er möchte bei Mir um Belehrung und Rat bitten, damit dir geschehe, wie es recht ist.

Nun denn, du sagst in deinem Brief, du möchtest von einem Meister eine Antwort und eine Beurteilung desselben erfahren, so nehme denn Ich es auf, Mich mit dir in einen theologischen Streit einzulassen, damit du deinen Meister erkennen mögest, der dir so wie allen lebend-denkenden Wesen der ganzen Schöpfung auf ihre Fragen wohl Bescheid geben kann.

Bevor Ich aber zum eigentlichen Inhalt deines Briefes übergehe, muß Ich dir vorerst helfen, deine Zweifel zu beseitigen, als wäre dieses Wort, das Ich dir hier gebe, nicht direkt von Mir, sondern entweder nur menschliches Machwerk oder ein unter Einfluß eines höheren Geistes diktiertes Wort.

Du selbst gestehst zwar in deinem eigenen Brief, daß auch nicht alles, was du schreibst, auf deinem eigenen Grunde gewachsen sei; auch das lichtvoll und umfassend neu geoffenbarte *Große Evangelium Johannes*, welches du eben jetzt gelesen hast, dieses „Machwerk" nimmst du nicht so ganz als Meines an, du glaubst, es sei für Lehrlinge, nicht für tief Eingeweihte in der Gottesgelehrtheit, wie ihr es nennt, geschrieben; es sei nur zu süß, höchstens für Kinder, Laien und Unmündige, aber nicht für Männer geschrieben!? Hier irrst du gewaltig! und diesen Irrtum dir zu benehmen und die Wahrheit festzustellen, daß alles, was du eben jetzt gelesen, nur von Mir und von niemand anderem sei, dieses soll Mein erstes sein, worauf dann die Nähereingehung auf deinen langen Brief folgen wird, um auch dir zu leuchten als Morgensonne, die dich durchs materielle Leben zum geistigen Himmel geleiten soll. –

Siehe, Mein Sohn, in dir lebt *ein Geist*, der eben deine Seele über

* Es handelt sich um einen gelehrten kath.-theologischen Schriftsteller.

die Tierseele erhöht, der dich als freien Menschen hinstellt, während das Tier am Gängelbande des Instinkts seiner Bestimmung entgegengeführt wird.

Dieser Geist nun, *ein Funke aus Mir*, den Ich nach Moses dem ersten Menschen einblies und durch welchen Ich den Menschen, abgesehen von seinem Äußern, *nach Meinem Ebenbild geschaffen* habe – dieser Geist ist es, welcher der Vermittler zwischen Mir, Meinem Geisterreich und den Menschen ist.

Vermittels dieses Geistes spreche Ich zum Menschen in seinem Herzen, ermahne, rate und tröste Ich, als etwas, was sich trotz mancher Abneigung nicht hinwegdisputieren läßt; weswegen ihr es auch „*Gewissen*" nennt, weil es *etwas Gewisses* ist. –

Durch diese Stimme gab Ich den Propheten im Alten Testament Meinen Willen kund, und eben durch diese Stimme leite und führe Ich jetzt die Menschheit zu ihrem nahestehenden Ziel, zur Sichtung; denn es ist die Zeit gekommen, wo bald der Weizen von der Spreu gesäubert werden wird, dahin deuten die großen politischen, weltlichen und geistigen Umwälzungen, die sich auf eurer ganzen Erde kundgeben.

Zu diesem Zweck Meiner direkten Mitteilung diente Mir auch ein Mann von schlichtem Charakter, welcher mehr als viele sich angewöhnt hatte, auf seine innere Stimme zu horchen, die Phantasiegemälde seines Gehirns von Meiner Stimme der Liebe unterscheiden lernte und so geeignet war, alles das zu Papier zu bringen, was bestimmt ist, nicht bloß für den kleinen Leserkreis, der jetzt diese Schriften kennt, sondern *für die ganze Menschheit als das zukünftige Religionssystem* zu dienen, welches bloß auf Meine eigenen Aussagen während Meines Erdenwandels basiert, den Kultus und das ganze Lehrgebäude der Religion auf *das* zurückführen soll, wie Ich es einst Meinen Aposteln, einfachen Männern aus dem Volke, gegeben habe; denn das kannst du dir wohl denken, daß Ich nicht umsonst auf eure Erde herabgestiegen bin und euch das Beispiel größter Demütigung und Aufopferung gegeben habe. Dieses Mitteilen an Mir ergebene Männer und Weiber war nach Meinem Heimgehen stets in Intervallen wiederholt worden; stets gab es solche Hellersehende als andere; die von ihnen übriggebliebenen Mitteilungen sind natürlich stets der Zeit und der Auffassung des mit ihnen lebenden Volkes angemessen, so daß ihre Sprache in verschiedenen Jahrhunderten voneinander abwich. Sind ja bei euch die Bücher, welche eigens für Kinder bestimmt sind, auch in einem andern Stil geschrieben als jene, welche, vielleicht den nämlichen Gegenstand behandelnd, für erwachsene Männer abgefaßt sind.

War das Volk in den Kinderschuhen, so erhielt es Kindermärchen und Erzählungen, hinter denen die eigentliche Weisheit verborgen ward, und war das Volk im Mannesalter, so erhielt es Kundgebungen, die einem helleren Geiste angemessen waren. Stets war es aber immer ein und dieselbe Quelle, stets war es Meine direkte Mitteilung, die so langsam auf die Menschen einwirkend, sie von einer Stufe zur andern vorbereitete. In der jetzigen Zeit, nachdem der genannte Schreiber von Mir abberufen ward, habe Ich Mir wieder einen andern ausgesucht, der die Eigenschaften besitzt, Mir und der Menschheit durch diese Mitteilungen zu nützen. – Durch diesen empfängst du hier diese Zeilen, welche deine guten Eigenschaften und dein eifriges Suchen nach Licht wohl in Anschlag bringend, dir nicht allein Meinen Willen kundgeben, sondern nebenbei auch den großen Strom von Gelehrsamkeit, welchen du aus deinen (theologischen und philosophischen) Studien hergeleitet, in ein gewisses begrenztes Strombett eindämmen und so durch geregelten Lauf deines Lebensflusses dich langsam zum Meere des ewigen Lichtes und der ewigen Seligkeit und Wonne zurückführen sollen.

Siehe, du hast sehr viele Stellen aus dem Alten und Neuen Testament angeführt, um deine geistige Richtung und deine persönliche Anschauungsweise zu rechtfertigen, so will auch Ich mit einem Spruch aus Meinem Erdenwandel beginnen, der gerade hier am besten paßt, und der wichtigste und erste ist: „Wenn ihr nicht werdet wie diese da (nämlich die Kinder), so werdet ihr nie ins Himmelreich eingehen!"

Siehe, dieser Ausspruch ist der erste, welchen Ich dir zur Danachachtung ans Herz lege; werde Kind und laß die Manneskost liegen, bleibe beim Einfachsten! und suche nicht weit von dir, was dir eben so nahe liegt.

Siehe, du hast die Dreieinigkeit, die Schöpfungsgeschichte, die Persönlichkeit Christi, Seine Geburt, ja noch vieles andere aus den alten Kirchenvätern zitiert, du hast diese Erklärungen, welche oft sehr scharfsinnig waren, als Belege des einzigen Themas, nämlich die Göttlichkeit Christi, das Dasein Gottes, Seines Geisterreiches und noch mehreres dartun wollen. – Als du diese Erklärungen in den alten Büchern der Kirchenväter lasest, schienen sie dir sehr geistreich, sehr wahr, und warum? Weil sie den Gesetzen deines Verstandes entsprachen. Ich muß dir aber sagen, daß alle diese alten Schriftsteller und Erklärer Meines Wortes, sowohl des Alten wie des Neuen Testaments, nur gleichsam Nagewürmer waren, welche wohl durch die rauhe und materielle Schale des Lebensbaumes durchgedrungen, sich ins Innere desselben vergraben haben, weil sie ahnten, daß etwas Besseres, Feineres noch hinter und unter dieser Schale verborgen liegt, und auch sie, wie die Nagewürmer an einem Baume, je weiter sie in ihn hineindringen, desto vergeistigter sie selbst durch die stets feinere Nahrung werden. Allein es erging ihnen wie eben den Nagewürmern eines Baumes: Zu hoch in den Baum konnten sie nicht dringen, weil ihnen die Kost nicht mehr zusagte, und so waren alle Forschungen und Erklärungen im allgemeinen nur immer aus der gleichen Sphäre, hellten die Zweifel einer suchenden Seele doch nicht ganz auf und trieben die Sucher nur im Kreise herum, um einen Mittelpunkt, den alle ahnten, aber keiner imstande war, ihn zu erreichen. –

Da Ich aber von ganz anderen Ansichten ausgehe und weiter sehe als alle Bibelausleger, so will Ich dir, statt wieder ein Buch eines Propheten oder alten Kirchenvaters aufzuschlagen, Mein eigenes Buch zur Durchlesung anraten, nämlich das Buch Meiner sichtbaren und unsichtbaren Natur, will dir dort das nämliche zeigen, was du durch Bibelerklärung beweisen wolltest, und wo du es stets neu und immer finden kannst, daß Ich, Gott, die Liebe, Mein Sohn die Weisheit, und der Heilige Geist die Verbindung beider zur Ausführung der Schöpfung ist.

Sieh, Mein Kind, Ich erschuf das ganze Universum mit all seinen lebenden Wesen, weil Ich, als die Liebe Selbst, von andern geliebt sein wollte; denn Liebe ohne Gegenstand ist eine Unmöglichkeit. Also Meine Liebe, diese unbegrenzte göttliche, von euch Geschöpfen nicht faßbare Liebe, erschuf Wesen und Welten, materielle und geistige große Reiche, wo intelligente Wesen, sich an den Schöpfungen freuend, den Schöpfer lieben lernen und so auf diese Art Mir Meine Liebe wieder zurückgeben sollten.

Diese göttliche unbegrenzte Liebe mußte auch einen Zweck, ein Warum, ein „bis hierher und nicht weiter" haben, und dieses Begrenzende war die Weisheit. Mithin Liebe mit Weisheit gepaart waren die Faktoren, welche die Ideen zur Schöpfung ausreiften, und der Geist der Erhaltung krönte das Werk mit dem

Stempel der Unendlichkeit, weil, was ein Gott geschaffen, ebenfalls göttlich sein muß, und was ein unendliches Wesen ins Leben rief, ebenfalls unendlich sein wird.

So ward die große Dreieinigkeit gegründet, welche im Materiell-Sichtbaren stets durch ebenfalls *drei* Dinge sich ausdrückt, als *Länge, Breite* und *Dicke* – oder *Form, Gehalt* und *Dichtigkeit*, oder wie bei dem Menschen *Geist, Seele* und *Leib*, und in jedem geschaffenen Ding ein *Äußeres, Inneres* und *Innerstes*.

Dieser Dreieinigkeit huldigt alles, alle Produkte der Erde, sowohl in als außer derselben.

Die Liebe war es also, welche alles schuf, alles erhält und alles vervollkommnet; ohne diese Liebe leuchtete keine Sonne, ohne Liebe wäre keine Wärme, kein Leben. Sie ist die große Triebfeder, welche alles seinem Ziele entgegenzuführen strebt. Sieh Meine ganze Schöpfung, wo du nur ein Produkt ansehen willst, magst du erkennen, eben aus seiner Vollkommenheit im Kleinsten wie im Größten, daß der Schöpfer, stets sich gleich bleibend, alles mit gleich liebenden Armen umfaßt. – –

Fliehe hinauf in jene Räume, wo Millionen von Jahren nicht genügen, um dir einen Lichtstrahl von dort zuzusenden, oder steige hinab bis zu den kleinsten Atomen im unendlichen Äther – und du wirst denselben liebenden Schöpfer antreffen.

Siehe, deine kleine Erde kreiset um die Sonne, diese mit all ihren Planeten und Kometen um eine andere, größere, im Verein mit anderen Sonnensystemen; diese Zentralsonne mit ihrem Gefolge wieder um eine größere, und so fort, bis das ganze Weltensystem ausgefüllt, geordnet ist, wie es sich dir teilweise am nächtlichen Himmel zeigt.

Wie dieses große Sternenzelt nur ein System wieder für sich ausmacht, so gibt es deren noch Millionen viele, wovon ihr einzelne unter dem Namen Nebelflecken kennt. Wenn du nun diesen Sternenwelten folgst und fort und fort neue entdecken wirst, so wirst du am Ende an ein *anderes Reich* stoßen, wo alle diese früheren Gebilde ihre geistigen Entsprechungen haben, und wo nach und nach die ganze Schöpfung, sich stets vergeistigend, endlich in diesem aufgehen wird, um dort einen neuen Zyklus von Schöpfungen, aber nur *geistiger* – hervorzurufen.

Nun, in jenem Geisterreich, wo alles in seiner höchsten Potenz sich vorfindet, dort ist auch Mein Sitz; von dort aus regiere Ich, von dort aus sandte Ich Meinen Sohn, die Weisheit, bis herunter auf dieses kleine Sandkorn, damit Er allen Geistern und Wesen als Beispiel diene, was die Liebe vermag, wenn es sich um einen hohen, großen Zweck handelt. Alle andern Sonnen und Welten nicht achtend, wo Menschen von euch nie geahnten Größen, Geistes- und Leibeskräften in einer Welt voll Wunder leben, mußte Meine eigene Göttlichkeit sich zur größten Demütigung herablassen und eben diese Demütigung auf einem Stern vollführen, der kleiner als ein Sandkorn im Meere und dessen Bewohner infusorienartig in körperlicher Ausdehnung doch den größten Geist in sich tragen, so wie bei euch eben gerade dort, wo der Nerv in die kleinsten Spitzen auslaufend, der größten Gefühle, sei es der Wonne oder des Schmerzes, fähig ist.

Auf diese dunkle Erde stieg Ich (als göttliche Weisheit, als Lehrer) einst herunter, entkleidete Mich alles Göttlichen, fing als unmündiges Kindlein in der dürftigsten Stellung an und beschloß diesen Lebenswandel durch den entehrendsten Tod am Schandpfahle. Und alles dieses *aus Liebe*, um Meinen Geistern zu zeigen, was ein geistiges Wesen tun muß, soll es einst Mir gleichen.

Ich kam auf eure Erde, um, wie du selbst sagst, die Morgenröte eines neu anbrechenden Tages zu verkünden, den Tag der Liebe, den Tag des Friedens und der Versöhnung, den Tag der zur Geltung bringenden Würde Meines in euch gelegten göttlichen Funkens.

Diese aufopfernde Liebe ohne alle Hintergedanken, diese Liebe begreife! bedenke sie, auf daß auch dein Herz sich erweitere, sich über die ganze Menschheit ausdehne, in deinen Mitmenschen dich nur verirrte Kinder erblicken lasse, diese Liebe erwärme dich und sei die Grundlage für alle deine Handlungen, dann wirst du wieder *neu geboren*, du wirst wieder Kind, das mit Vertrauen auf seinen Vater sieht, von Ihm alles annimmt, was da kommen mag, weil es weiß, daß der Vater nicht straft, nicht Sich rächt, sondern nur verzeiht, nur vergißt.

So betrachte Mich als ewig liebenden Gott, als sanft- und demütigen Jesus und folge Meinen Fußstapfen, und du wirst in der materiellen Natur die Stimme dieser Liebe überall entdecken, sie wird dir im warmen Sonnenstrahl, im sanften Säuseln einer milden Frühlingsluft und in dem dir von Millionen und Millionen Meilen entfernten Sternen auf dein Auge treffenden Lichtstrahl immer das nämliche sagen: Gott ist die Liebe!

Auf deinen Spaziergängen werden es dir die Vögel in der Luft und die Blumen auf der Erde zurufen: „Werde auch du – was wir sind, die Geschöpfe, die ihren Zweck vollkommen erfüllen!" Wenn diese Liebe einst deine Brust durchzieht, wenn du das große Wort Meiner Liebe zu euch verstanden hast, dann breite deine Arme aus gegen die ganze Welt – alles wird dir rosiger, friedlicher erscheinen, du wirst Harmonien entdecken, wo du früher kaum einzelne Töne wahrnahmst, neugeboren wirst du Mich und deine Nebenmenschen in einem ganz anderen Lichte sehen; denn das Buch Meiner Schöpfung ist dir leserlich, verständlich geworden, du wirst dann erst erfahren, daß dieses Bild der Liebe du schon längst in deiner eigenen Brust trägst, nur es nicht verstehen konntest, es nicht zu deuten wußtest. Dann wirst du deine Kirchenväter wohl in Ruhe lassen, wirst ihres Strebens stets ehrend gedenken; aber Mein Buch des Lebens werden sie nicht verdrängen können! –

Und warum schuf Ich denn die ganze Natur? Warum stattete Ich sie mit so vielen Reizen aus? Eben deswegen, damit dadurch Meine Kinder Mich, den Geber, zuerst als *Schöpfer achten* und dann als *Vater lieben* lernen. Sieh, wie ein Tautropfen auf einem Blättchen die ganze ihn umgebende Welt abspiegelt, so soll dein Inneres durch den himmlischen Frieden, der dann darin eingezogen ist, die ganze Harmonie Meiner Schöpfung widerspiegeln, und dann wirst du fühlen, was es heißt: „Dem Reinen ist alles rein."

So ausgerüstet mit dieser großen Liebe für deine Mitmenschen sorge, sorge für die Seelen deiner dir anvertrauten Menschen, in diesem Sinne werde „Seelsorger", in diesem Sinne, wenn du dein Meßopfer Mir darbringst, wird der „Dominus nobiscum"* – und „pax nobiscum"** ein wahrer Segen für deine Gemeinde werden, wenn du auch sie belehrt hast, aus dem Materiellen das Geistige, aus dem praktischen Leben das Seelische zu entwickeln und sich so zu verbessern.

So stehst du als Priester, als Arbeiter in Meinem Weinberg, am rechten Platz, und Ich werde dich, so wie alle, die du Mir zuführen wirst, mit gleichem Maße und Gewichte belohnen, das heißt, sie werden alle an Mir den Vater, den liebenden Jesus, als Heiland finden, der ihnen ihre Last abnehmen und ihre Wunden heilen wird!

So nimm du Meine Welt als das große Evangelium zur Hand,

* Der Herr sei mit uns.

** Friede sei mit uns.

sehe darin, wie dort Meine Liebe alles weise geordnet, wie dort alles dazu bestimmt ist, *dem Menschen als Endziel aller Schöpfungen* auf jedem Erd-, Sonnen- oder Kometen-Körper im Kleinsten wie im Größten Meine Liebe, Meine Weisheit und Meinen schöpferischen Geist zu zeigen, welcher alle diese Wunder erschuf, um bei den intelligent denkenden Wesen den nämlichen Trieb zu wekken, der im Schöpfer und Herrn aller Kreatur Sein einziges Ich ausmacht.

Aus Liebe erschuf Ich diese Welten, damit durch das Verständnis des Geschaffenen diese Liebe wieder zu Mir zurückkehre. Sieh, der große Baum des Lebens, er hat wie der dir sichtbare Baum auf deiner Erde die Wurzeln im Materiellen; dort wie bei jedem andern Baume sucht die Wurzel dasjenige aus dem ihn umgebenden Erdreich herauszuziehen, was zum Aufbau ihrer eigenen Individualität nötig ist. Dieses Aufgesogene leitet die Seele des Baumes aufwärts, aus dem Finstern zum Licht, aus der Kälte zur Wärme, aus dem Groben zur feinern, leichtern Erd-Luft. Je mehr diese Säfte höhersteigen, in der Rinde, im Zellengewebe verarbeitet werden, je mehr sie das Festere zurücklassen, das Feinere vorwärts schieben, desto mehr tritt der Einfluß der Erde zurück und der mächtigere des *Lichtes*, der *Luft* und der *Wärme* macht sich geltend; die Produkte des Prozesses werden stets feiner, stets leichter, es drängt alles zur näheren, direkteren Einwirkung der Substanzen aus Meinen Himmeln, das Holz des Stammes wird weicher schon in den Ästen, die Vorbereitungen zur Entwicklung des Blattes, der Blüte und dem Endziel: der Frucht, werden beschleunigt, alles geht eins aus dem andern hervor, bis als Frucht, angelangt am Ziel ihrer Bestimmung, sie dann zu anderen Zwecken und unter anderen Formen einen ähnlichen Kreislauf mittels Stoffwechsels anfangen muß, um eine andere, geistigere Stufe zu erreichen.

Und so wie diesen Weg das ganze Pflanzenreich macht, so geht auch die Menschenseele in ihrer eigenen Art den nämlichen Weg, soll sie je zu Mir gelangen wollen.

Auch sie soll aus dem gewöhnlichen Leben (Materie) das *Geistige* aufsaugen, es verfeinern, vergeistigen, soll stets aufwärtssteigend zur Blüte, zur Frucht dringen; damit auch sie, ist ihre Zeit des Prüfungslebens vorüber, im Jenseits unter anderen Verhältnissen den weiteren und größeren Weg mit Leichtigkeit antreten könne.

Wolltest du Meine Natur mit geistigen Augen betrachten, wie

viele Andeutungen und geistige Entsprechungen würden dir da zeigen, zu *was* Ich eigentlich die materielle Welt, und zu *was* Ich euch Menschen bestimmt habe. Alles, was du siehst in der Natur körperlich, ist geistig im Lebenslauf der Menschheit, der Völker und des einzelnen Individuums ausgedrückt.

In der Natur siehst du das Ringen nach Licht, nach Freiheit, nach Vervollkommnung, du siehst nebenbei Entstehen und Vergehen, ewigen Stoffwechsel, ewigen Kampf, stets ein geistiges Resultat aus materieller Vernichtung hervorgehen. Die Menschheit seit ihrem Entstehen folgte den nämlichen Weg wie die Säfte des Baumes von *Nacht zum Licht*, und so ward ihre Kulturbewegung, so war der Geistes-Stufen-Zyklus*, der sie reif machte, Mein Herniedersteigen vorzubereiten und notwendig zu machen. So geht die Menschheit zwischen Entstehen und Vergehen, zwischen Kampf, Niederlage und Sieg doch vorwärts zu dem Ziel, zu welchem Ich sie erschaffen habe.

So die Völker, jedes nach seiner Geistesreife, so der einzelne Mensch, sich durchwindend zwischen Freuden und Leiden, falschen und rechten Ansichten, zwischen Wahn und Wahrheit. So war selbst Mein eigener kurzer Lebenswandel auf Erden; zwischen Verachtung, Kampf und Leiden, zwischen Rache, Haß und Verfolgung, stets das Banner der geistigen Freiheit und der göttlichen Würde des Menschen – hoch über alle Kalamitäten des irdischen Lebens hinaufhebend, besiegelte Ich Meine Mission mit Meiner glorreichen Auferstehung! Ich rief am Kreuze den Menschen und den Völkern das „Es ist vollbracht!“ zu, was nur für Mich den Wert und Sinn hatte, indem Ich ihnen das Vollbringen ihrerseits für die Zukunft selbst überlassen mußte; zwar sie unterstützend bei ihrem Streben dahin.

Und wie Ich während Meiner Lehrjahre durch all diese bitteren Kämpfe durchgehen mußte und Mein Kreuz willig trug, so müssen auch jetzt die Menschen, jeder für sich und alle miteinander, ebenfalls durch Kämpfe und Leiden zum Siege, zur glorreichen Auferstehung geführt werden.

Betrachte die jetzigen Weltereignisse, die Verwirrung der Meinungs-Ansichten in religiöser Hinsicht, alles drängt nach Läuterung, nach Gewißheit, alles will von Nacht zum Licht! Lerne also auch du in Meinem großen Buche lesen, lerne erkennen, daß über-

* Geistes-Stufen-Kreis.

all, im materiellen und geistigen Reiche, nur *ein* Gesetz und *ein* Ziel ist, welches alles Erschaffene vorwärts schiebt, es ist das Ziel, allem, was man tut, sieht, spricht und erlebt, einen *geistigen* Wert abzugewinnen, *alles auf Mich zu beziehen*; denn nur *von Mir kam alles* und *zu Mir will alles*!

Ihr habt eurem Gott Bethäuser gebaut, habt dort einen zeremoniellen Kultus eingeführt, in welcher Weise dieser Gott verehrt werden solle; lerne nun aus Meinen Worten an dich erkennen, daß in jenen Bethäusern Ich nicht bin, nicht in jenen Zeremonien, wenn nicht ihr im Herzen Mich dorthin mitbringet.

Mein Bethaus ist die ganze Schöpfung, die euch, ohne es zu wollen, stets zuruft: „Gott ist die Liebe!" – Sobald also der Mensch die Sprache Meiner Natur gelernt hat, dann wird er auch in einem zum Beten eigens gebauten Hause mit mehr Andacht und nicht gewohnheitshalber erscheinen; selbst der die Messe zelebrierende Priester wird seine eigene Funktion als Messelesender andächtiger vollführen, wenn er sich des Schöpfers erinnert, welcher ihn mit jedem Atemzuge mit tausend Gnaden überschüttet. Der Priester wird erst dann begreifen, welche Verantwortlichkeit ihm obliegt, seine Untergeordneten auf geistigem Wege vorwärts zu bringen; er wird, Meine Liebe in ihrem ganzen Umfange kennend, beschämt oft zu Mir aufblicken, wenn im schönsten und aufrichtigsten Seelendrange, das Beste zu wollen, seine Hoffnungen nicht realisiert werden! Allein er weiß, daß jener Spruch, den Ich als Mensch im Garten von Gethsemane getan, auch für ihn gelten muß. Auch er muß ausrufen: „Nicht mein – sondern, o Herr, Dein Wille geschehe!"

Die Entsagung, welche in diesen Worten liegt, wird ihm sein Vertrauen zu Mir wiedergeben und sein Bewußtsein stärken; denn er weiß ja: die Liebe, welche in der ganzen Natur Sich kundgibt und unter Zerstörung und Vernichtung, unter Elend und Unglück nur Segen bewirkt, diese Liebe kann nicht wanken, nicht fehlgreifen!

Und wenn er so oft abends nach mühseliger Arbeit seinen Blick zum gestirnten Sternenhimmel erhebt, wenn er diese tausend und tausend Liebesflammen im großen Äther wie leichte Öltropfen auf dem Wasser schwimmen sieht, wenn dieses unermeßliche Buch Meiner großen Schöpfung sich zeigt, dann, wenn er, erdrückt durch diese Größe, gezwungen wird zum Rufe: Herr! was bin ich, daß Du meiner gedenkest! dann senke Ich den Strahl der Ruhe in sein Herz, indem Ich ihm antworte: „Du bist und sollst ‚Mein Kind‘, Kind eben dieses großen Schöpfers werden! Daher öffne dein Herz, erweitere es, daß der Gedanke Meiner Schöpfung, der Gedanke Meiner unendlichen Liebe dort Platz finde! Breite auch du deine Arme aus, umfasse geistig alles Geschaffene – alles ist Produkt Meiner Liebe, alles hat wenigstens einen Funken Meines Ichs in sich! Ehre Meine Schöpfung, du ehrest so Mich – und dich selbst!“

Diese allumfassende Liebe laß einziehen in dein Herz, diesen großen Gedanken des Allumfassens laß Platz nehmen in deinem Herzen, und du wirst alles, was in klarer Sprache, im Gleichnis oder in verhüllter Entsprechung im Alten und Neuen Testament verhüllt liegt, klar vor dir stehen sehen mit ewig unauslöschlichen Buchstaben in allem Erschaffenen und selbst in deinem eigenen Ich wieder lesen können und erkennen, was all dieser vielen Worte kurzer Sinn ist, nämlich: „Gott ist die Liebe“, aus Liebe erschuf Er dich und durch Liebe will Er dich zu Sich zurückführen.

Dieses bedenke und werde Kind, und zwar *Mein Kind*! Das ist deine Aufgabe, die Ich dir als Prüfung auf dieser Erde zu lösen gegeben habe! – Amen!

Der Magnetismus

(22. Oktober 1870)

Schon heute mittag wurde diese Frage angeregt, und da die Besprechung dieses Gegenstandes, das heißt unter Meinen Händen, einige Streiflichter zum Teil auf eure Ideen, zum Teil aber auch auf den eigentlichen Gegenstand werfen könnte, die für euch zum Nutzen und zur Lehre dienen sollen, so will Ich dir denn einige Worte darüber sagen.

Schon in einem früheren Diktat* habe Ich euch gesagt, was eigentlich Magnetismus ist, nämlich – *Mein Wille*. Allein der Magnetismus ist eine Kraft, die ihr auch in den Metallen und Steinen antrefft und die auch in den Tieren und endlich im menschlichen Organismus ebenfalls sich kundgibt.

* Siehe „Erde und Mond“, 2. Teil „Der Mond“, Kap. ‚Das magnetische Fluidum‘.

Es handelt sich nur darum: Was ist denn eigentlich dieser Magnetismus in den Mineralien und im Eisen? Ferner, was ist derjenige in den Tieren? und welcher Unterschied ist in all diesen gegenüber dem Magnetismus, der auch im menschlichen Körper und endlich in der Seele des Menschen selbst ist?

Nun, um dieses alles zu erörtern, müssen wir zunächst mit dem ersten Begriff dieser Kraft anfangen, wie sie im Mineralreich euch ansichtig wird. –

Die *magnetische Kraft* ist, soweit ihr sie kennt, eine *anziehende*, welche nur Gleiches anzieht, wie das magnetisierte Eisen nur Eisen anzieht; auch andere Dinge gibt es, die magnetische Kräfte äußern, aber nicht gerade Eisen, sondern auch andere Dinge anziehen, wie ihr oft spielend gesehen habt, daß zum Beispiel Siegellack, ein wenig gerieben, auch Papierstückchen anzog; ebenso Bernstein sowie alle Harzarten haben diese Eigenschaft. –

Nun, diese Eigenschaft des Anziehens, welches ihr im kleinen mit dem Magnetstein oder bestrichenen Eisen und mit der Magnetnadel seht, welche eine stete Richtung nach Norden zeigt, bis da, wo sie auf einem gewissen Punkte angekommen, statt nach Norden, den Punkt ihres Strebens als in der Erde selbst andeutet. Dieses Andeuten allein beweist euch, daß diese Kraft, welche ihr *mineralen Magnetismus* heißet, *in der Erde* ihren Sitz hat; und eben nachdem sie bloß eine *anziehende* und nicht eine zurückstoßende ist, so ist sie als Attraktionskraft* eigentlich das einzige Element, das die ganze Erde samt ihrer Atmosphäre zu einem Ganzen verbindet.

Diese Kraft ist wohl, wie Ich es einst sagte, nur Mein Wille; allein *die materielle Äußerung des Magnetismus ist nicht mehr als Mein direkter Wille, sondern nur als eine seiner vielfältigen Ideen anzusehen.*

Die magnetische Kraft, welche die Magnetnadel nach Norden zieht, ist ein Zeuge des großen Stromes, der alles durchweht und alles zum Zusammenwirken zwingt; darin liegt der große Zweck verborgen, wo jedes einzelne als Teil des Ganzen nur *einem* Zuge folgen muß; ihr nennt es den *Zug der Schwere*, und Ich nenne es den vollgewichtigen „*Zug der Liebe*".

Was bei der ganzen Erde ohne Bewußtsein geschieht, wo alles fest aneinandergeschlossen seinen großen Zweck vollführen muß,

* Anziehungskraft.

das ist schon nicht mehr so gefestet im *Tierreich*, wo es freier auftritt und nur einzelnen, dem einen oder andern Tier zu seinem eigenen Aufbau nötig ist; es ist da die erste stumme und strenge Kraft gelockert und verfeinert in bezug auf das Wirken des einen auf das andere.

Nachdem aber die Tiere stufenweise aufwärts gehen und ihre magnetischen Eigenheiten sich stets verfeinern, so gelangen sie auch endlich als letzte Stufe zum Menschen, der ebenfalls eine magnetisch anziehende Kraft besitzt, welche jedoch ausgebreiteter und weitreichender ist als die der Tiere und des Mineralreiches.

Der Mensch hat nämlich ebenfalls ein von seinem *Körper* ausgehendes *„magnetisches Fluidum"* und hat nebenbei aber auch noch ein von seiner *Seele* hergeleitetes *höheres* oder eigentlich *von Mir stammendes Erbteil*, mit welchem er, wenn er es zu benutzen wüßte, Mir gleich „schaffen" und walten könnte!

Sein *körperliches Fluidum* oder die willenlos ausströmende Kraft, die er jedoch durch seinen Willen noch mehr aus seinem Körper treiben und dorthin richten kann, wohin er will – diese Kraft ist ebenfalls die nämliche, welche, wie sie bei der Erde alles fest zusammenhält, auch seinen Körper zu einem Ganzen gestaltet, in seinen Adern rollt und sogar seine äußerste geistige Sphäre ausmacht. Diese Macht oder Kraft kann er als freies Wesen gebrauchen wie er will, entweder zum Guten oder zum Schlechten.

In jetziger Zeit ist schon viel von den Eigenschaften dieser allgemeinen Naturkraft entdeckt worden, und einzelnen ließ Ich es angedeihen, daß sie mit dieser Kraft zum Besten der kranken Menschheit heilend auftreten konnten.

Jedoch über dieser Kraft und allen früher angeführten untergeordneten Stufen steht noch *eine höhere*, und dies ist *die Kraft, die direkt vom Geiste, von Mir Selbst kommt* und die vom gewöhnlichen magnetischen Einwirken so weit verschieden ist wie augenscheinlich Geist und Materie.

Diese Kraft als Ausfluß Meines Geistes ist ebenfalls das Band, das alles zusammenhält, was geistig oder Mir gleich ist, jedoch aber mit dem Unterschied, daß, während die Natur ihre verschiedenen Elemente mit Zwang zusammengefügt hat, beim Menschen und seinem geistigen Verbande mit anderen höheren Wesen und Mir Selbst nur ein zartes Band, *das Band der Liebe*, um alles gezogen ist, das, statt durch strenge Gesetze, nur durch Liebe wirken soll.

Wenn also jemand einen andern, sei es Bruder oder Schwester, seinen *natürlich-magnetischen* Strom fühlen läßt, so wirkt bloß das *Seelisch-Körperliche* auf das Entsprechende im andern Körper, es legt die Nerven des Magnetisierten bloß, erleichtert ihm die Last des Körpers und lockert seine Bande; darum auch der Magnetisierte im Hellschlafe Dinge sieht und spricht, die der Magnetisierende vielleicht gar nicht kennt!

Sobald aber *der geistige Magnetismus* eintritt, *der Mein Wille, Meine Kraft und Mein „Segen" ist,* so ist es möglich, daß nicht nur allein der Magnetisierte, sondern auch der Magnetisierende, beide gleiche Wonne, gleiche Seligkeiten genießen können; denn sie haben durch dieses geistige Band der Liebe, das sich bei dieser Verbindung um ihre Herzen schlingt, gleiche Seligkeiten aufgedeckt, welche ihr einst, fällt die schwere Hülle ab, dauernd genießen werdet.

Begreifet ihr jetzt den großen Unterschied zwischen den verschiedenen Wesenheiten des Magnetisierens, begreifet ihr den Unterschied, wo einerseits nur mehr rohe, ungeläuterte Gewalten ihren Einfluß ausüben, und wo reine Himmelsluft andererseits weht, wo nicht der Zwang des „Muß" eines Magnetiseurs den andern zwingt, seinem Willen zu folgen, sondern wo beide vereint den Hochgenuß schwach verschmecken werden, welcher jeden Gereiften in Meinem Reiche einst erwarten wird.

Der erstere Magnetismus ist eine *Ausgabe* eures Lebenskapitals, der zweite eine *Einnahme* eures himmlischen Erbteils!

Befleißiget euch daher, wenn ihr je die Hand ausstreckt zum Magnetisieren, nicht bloß die körperlich-seelische Kraft aus euch strömen zu lassen, sondern *vergeistiget* und *läutert* sie durch den *Gedanken an Mich*, an *Meine Worte*, an *Meine Liebe*! und ihr werdet, statt nur andere zu erhöhen, zuerst selbst erhoben werden, diese Empfindung sodann dem andern mitteilen, mit ihm mitfühlen, und so gleiche Genüsse der einst zu erwartenden Seligkeiten haben.

Ich sagte im Anfang: *der Magnetismus ist das Band, das alles* zusammenzieht, *verbindet*, und so den Bestand des Erscheinlich-Materiellen ausmacht; ebenso ist *der geistige Magnetismus das ewige Band*, das Mich mit Meinen Geistern und mit Meinen Kindern auf ewig verbinden soll, damit wir einst alle als *Eins* ebenfalls so zusammengeschmiegt durch Liebe sein mögen, wie es jetzt eure kompakte Erde und alle andern Erdkörper durch Zwang sind.

Dieser magnetische Zug der Liebe zog euch zu Mir – und Mich

zu euch; lasset ihn stets walten, und es wird euch nicht an Hochgenüssen einer jetzt nie zu ahnenden Seligkeit fehlen, und Ich werde auch dabei mehr und mehr die Freude haben, euch Mir näher und näher zu ziehen, bis der immerwährende Zug euch Meinem Vaterherzen ganz genähert hat, wie Ich es gerne möchte, und wozu Ich euch alle Mittel angedeihen lassen will, daß ihr dieses erreichen könnt! – Amen.

Die Elektrizität

(23. Oktober 1870)

Nachdem Ich dir gestern abend eine kleine Aufklärung über den Magnetismus gegeben habe, wie Ich ihn verstehe, und auch will, daß ihr ihn im nämlichen Sinne, würdig Meiner Kinder, auffassen sollet, so will Ich heute zu der gestrigen Aufklärung eine andere hinzugeben, und zwar über Elektrizität, eine Kraft, von der ihr und eure sogenannten Gelehrten zwar die Wirkungen zum Teil kennt, allein nicht genau wißt, *was* sie eigentlich ist, und *wie* Ich sie möchte von euch verstanden sehen.

Nun, um auch dieser Kraft auf den Grund zu kommen, müssen wir von der ersten Idee einer Schöpfung im allgemeinen ausgehen, sodann den notwendigen Bestand einer forttreibenden Kraft bestätigen; diese Kraft sodann in ihren einzelnen Wirkungen verfolgen und sie am Ende wieder zurückführen zu Dem, von wo sie ausgegangen als sich äußernde Kraft und als geistige Potenz zurückgekehrt ist und nun eine Meiner Haupteigenschaften als Gott und Schöpfer ausmacht.

Nun sehet denn, Meine lieben Kinder, denen Ich schon so viel über Meinen Schöpfungsbau gesagt habe* – da dieser Bau aber unendlich ist in seiner Ausdehnung, so kann er von euch Endlichen nur zum Teil verstanden und manches nur geahnt werden, woraus hervorgeht, daß soviel Ich euch auch in die Geheimnisse Meiner Schöpfung einweihen würde, ihr doch nach Millionen von Jahren nur teilweise die Wunder Meiner Werke begreifen könntet.

* Im Band „Lebensgeheimnisse", vor allem auch in den durch J. Lorber offenbarten Werken über die Schöpfung.

Nachdem aber ein Vater, so wie Ich es sein will und auch bin, vor seinen Kindern keine Geheimnisse haben soll, damit die Kinder, je mehr der Vater ihnen seine weisen Einrichtungen zeigt, durch Achtung vor ihm gezwungen, ihn auch mehr lieben werden, so will Ich von Zeit zu Zeit euch in diese Werkstätte Meiner unendlichen Macht einen Blick werfen lassen, damit ihr immer mehr erkennen möget, wer Der ist, der an euch so viele Gnaden austeilt, und was es heißt: *von Gott belehrt zu werden*, wo doch schon mancher auf eurer Erde glaubt wunder, was er ist, wenn er sich rühmen kann, er sei der Schüler von dem oder dem großen Gelehrten oder Künstler!

Um so mehr müßtet ihr euch einbilden, wenn ihr bedenket, daß Ich, der Herr alles Geschaffenen, Mich herabgelassen habe in Meiner väterlichen Liebe, euch als Schüler zu unterrichten!

Da aber in Meiner Schule nicht Stolz als erster Grundsatz, sondern nur *die Demut* als solcher aufgestellt ist, so will Ich euch eben deswegen noch manches sagen über Meine große Schöpfung und hoffe, daß ihr ob des Erlernten nicht stolz, sondern nur stets demütiger werdet.

Also kehren wir zu unserer Elektrizität zurück. So höret denn:

Als im unendlichen Raum Meine ersten Ideen sich zu verwirklichen anfingen und Welten auf Welten geschaffen wurden, da herrschte nur *das Gesetz der Anziehung und der Abstoßung*, welches sie zur Umdrehung um ihre Achsen und ihre Zentralsonnen zwang.

Dort in jener Zeit waren es also nur *zwei Kräfte*, die alles dieses verrichteten, die anziehende und die abstoßende.

Die eine wollte alles an sich reißen, die andere alles in die Unendlichkeit hinaustreiben. Nun, aus dem Konflikt dieser beiden Kräfte, der einzigen Motoren einer jeden Sache, die geschaffen ist und bestehen soll, entstand die *drehende* Bewegung; und so wurde durch diese Kräfte das ganze Universum mit Welten bevölkert, ihre Ausbildung eingeleitet, und noch jetzt sind *diese beiden Kräfte die Hauptträger alles Lebens und alles Geschaffenen* und werden es auch bleiben, solange Ich Derjenige bin, welcher in Wirklichkeit alles leitet und zum allgemeinen Endziele führt! –

Die erste dieser Kräfte ist, wie Ich es schon im gestrigen Diktat gesagt habe, *die Liebe*.

Die Liebe will alles an sich reißen und um keinen Preis mehr sich davon trennen lassen, will alles bei sich haben; die Folge davon wäre ein endliches Erdrücken, ein Tod, und zwar aus Liebe – also kein Leben! –

Um also diesen mächtigen Trieb Meines Ichs in seine gerechten Schranken zu weisen, trat *die Weisheit* hinzu, die zwar das Anziehen der Liebe nicht hinderte, sondern sie nur bis zu einem gewissen Grade zuläßt und wieder die Entfernung und Loslassung bedingt.

Nun, durch dieses Anziehen und Loslassen entstand das erste, was in Meiner Schöpfung notwendig ist: die *Bewegung*! Was ist aber Bewegung? *Bewegung ist – Leben*!

Es war also das rege Leben das Produkt von zwei Kräften, die stets miteinander im Streit die wohltätige Wirkung hervorbrachten, des Schaffens, Vergehens und wieder neu Aufbauens, des Kommens, Gehens, und dieses als Gesetz der ewigen Erneuerung und Fortdauer festsetzten*.

Kampf ist Leben, und Ruhe ist Tod!

Nun, wo Kampf, da ist Reibung; wo Reibung, da ist ein Erzürnen der einzelnen Teile, die sich aus ihrer Ruhe nicht wollen stören lassen, wo der Zorn, erweckt sich die Wärme, wo die Wärme in ihrer höchsten Vibration, da entwickelt sich das *Licht*!** –

Nun sehet! Aus den einfachen ersten Gesetzen des Anziehens und des Abstoßens entwickelt sich das zum Leben allein notwendige Licht, denn ohne Licht kein Leben. Da aber das Licht nur das Produkt der Wärme ist, so ist wo Leben – auch Wärme! wo keine Bewegung, keine Wärme, sondern Kälte oder Tod, das heißt ein Stillstehen; da bleibt ein jedes Ding in diesem Zustande wie es ist, hat keinen Drang, weder zur Veränderung noch Vervollkommnung, noch Auflösung.

Hier haben wir also schon zwei weitere Haupteigenschaften aus den ersten zwei primitiven Kräften herausgefunden, nämlich aus Abstoßen und Anziehen – Licht und Wärme!

Dem Lichte und der Wärme entwuchs daher alles Geschaffene.

Die Liebe baut, die Weisheit erhält.

Die Liebe ist gleichbedeutend mit Magnetismus –

die Weisheit mit Elektrizität.

Wie Meine Gedanken mit Blitzesschnelle die Unendlichkeit

* Wie in der Uhr die treibende Feder und die Hemmung, als zwei sich widerstrebende Kräfte, die Grundlage aller Ordnung – den Zeitmesser hervorbringen, so ist auch das Kreuz die Wurzel des Lebens.

** Siehe „Die Fliege“, Kap. 9 ‚Ursache und Wesen des Lichtes‘.

durchfliegen, so strömt die Elektrizität in die weiten Fernen hinaus, Gleiches mit Gleichem verbindend, Harmonie hervorbringend, durch die Anregung der „schlummernden Kräfte" oder der „gebundenen Geister" im Weltall.

Die Elektrizität ist der Träger des Lebens; in ihrer positiven Gestalt befördert* sie die Erhaltung des Geschaffenen, und in ihrem negativen Wert bringt sie Zerstörung (Auflösung) und reizt so wieder zum Neuaufbau!

So geht der ganze Schöpfungsbau aus zwei Grundgesetzen, aus zwei Haupteigenschaften Meines Ichs hervor: aus *Magnetismus* und *Elektrizität* oder aus *Liebe* und *Weisheit*.

Ja, auch Ich Selbst, um tätig zu sein und stets eine Anregung zur Weiterbildung zu haben, ließ es zu, daß einer Meiner größten Geister von Mir abfiel und als Prinzip des Bösen sich Mir gegenüberstellte, um das Werden und Entwickeln zu befördern, bis es eine gewisse Periode erreicht haben wird, wo das materielle Schaffen aufgehört, kein Vergehen mehr notwendig und eine geistige Ära für alle Welten und alle Wesen eingetreten sein wird.

Was (negative) Elektrizität in der Schöpfung, das ist der Satan in der geistigen Welt; auch er hat seine Aufgabe, welche er vollführen muß, nur mit dem Unterschied, daß er wähnt, sein Bleiben in seinem geistigen Zustande währe ewig.

Hier irrt er sich gewaltig. Er bleibt, solange Meine großen Grundprinzipien für die Welten und alles Geschaffene notwendig sind. Vollendet sich diese Periode, so wird auch die Liebe – Magnetismus – und die Weisheit – Elektrizität – eine andere Form bekommen und eine andere Richtung erhalten; dem einen wie dem andern werden die Extreme genommen werden (des Anziehens und der Abstoßung), und es wird ein friedliches, harmonisches, gemeinschaftliches Wirken dem früheren Platz machen, wo der Bestand des einen auf die Zerstörung des andern gebaut war.

Die Elektrizität als latente (gebundene) Wärme, das heißt als Licht, ist aus euren physikalischen Versuchen und auch aus deren Anwendung in Krankheitsfällen genug bekannt, überall manipuliert ihr mit ihr, und doch wißt ihr nicht, *was* ihr eigentlich tut, weil für euch die bemerkbaren Resultate und Tatsachen (also die

* Stets gemeint im Sinne von ‚fördern' = unterstützen, begünstigen, beschleunigen, vorantreiben.

Erscheinungen) bloß etwas Beständiges sind. Was aber *das geistige Wirken* und *den geistigen Grund* dabei anbelangt, der hinter diesen Versuchen verborgen liegt, das erkennt ihr nicht, weil ihr keine Augen für geistiges Wirken habt, und weil die schnelle Wirkung der Elektrizität und des Lichtes in so kurzen Zeiträumen erfolgt, die einem Menschenverstand zu geschwind sind, als daß er sich diese tatsächlich vorstellen könnte.

Würdet ihr aber sehen, wie bei jedem Experiment mit der galvanischen Batterie sich wundervolle Erscheinungen und Prozesse entwickeln, nur aus zwei Grundursachen hervorgehend, ihr müßtet vergehen vor Andacht vor Mir, dem Schöpfer alles Daseienden, gleichwie ihr aus den kleinsten Atomen des Lichtes und der Wärme die größten und wichtigsten Faktoren zur Erschaffung von Millionen Meilen großen Weltkörpern aus eben diesen kleinen Produkten der Vibration und der Anziehung hervorgebracht sehet.

Wenn ihr da sehen würdet, wie dieses mächtige Fluidum durch sein billionen- und trillionenmaliges Erzittern der kleinsten Atome in einer Sekunde in der großen Schöpfung das intensivste Licht und die größte Wärme verbreitet, so könnt ihr euch einen kleinen Begriff machen davon, wenn Ich als Gott Meine Liebe und Weisheit in ihrer ganzen Macht jemand fühlen lassen wollte, er müßte in einem Augenblick vergehen, und wenn auch sein Geistiges widerstände, sein Materielles aber würde aufgelöst bis in die kleinsten ersten Schöpfungsatome!

Wenn ihr sehen würdet, wie der elektrische Strom in eurem Blute in einem Moment die augenblickliche Veränderung aller Bestandteile desselben bewirkt, alles Gestorbene in Lebendiges verwandelt und das Krankhafte ausscheidet – nicht der Gedanke mit der Zeit ihn zu denken reicht hin, um das zu begreifen, was da in einem Nu geschieht, wozu ihr Tage brauchen würdet, alles einzelne zu verstehen, wie eines aus dem andern hervorgegangen ist.

Und sollte es nicht so sein?! wo wäre eine Schöpfung und wo ihr Erhalten, wenn nicht Kräfte wirken würden, die Meine Gedanken sogleich mit für euch unbegreiflicher Schnelligkeit den weiten Schöpfungsraum durchfliegend ausführen würden, um überall Leben zu erhalten und neues Leben zu bringen; in jene Räume, wo Äonen von Lichtweiten nur eine kurze Spanne Zeit von einer Sekunde ausdrücken! –

Eben diese Elektrizität, der Hauptträger alles Geschaffenen ist es, welcher als Meine Weisheit alles durchdringt, alles zum Leben und zur Vervollkommnung treibt. Die Elektrizität als Meine Weisheit schreibt dem Materiellen Gesetze vor, dem Geistigen aber gibt sie nur Ratschläge. Bei dem Ersten ist es notwendiger Zwang, bei dem Zweiten nur sehnlichster Wunsch.

Elektrizität erhöht das Leben, wo dessen Strom hingeleitet wird. –

Laßt auch ihr euch elektrisieren von Meiner Weisheit, die Ich euch als Vater begreiflich machen, und von Meiner Liebe, die euch anziehen will!

Ich als Schöpfer blieb einst als Liebe in den Himmeln, und als „Sohn“ oder Weisheit stieg ich zur Erde nieder.

Als Liebe, das ewig verbindende Mittel harmonischer Geister, inspirierte Ich Meine Weisheit, um euch Gesetze und Lehren zu geben, gegründet auf Liebe; elektrisiert euch dafür! lasset euch durch diesen Strom anfüllen mit geistiger Liebe zu Mir, lasset alle eure Herzensfibern erzittern und vibrieren, damit sich dort die Wärme der Liebe entwickelt und das Licht des Glaubens an Mich und Meine Sendung zu euch, als Sohn, stets mächtiger eure Herzen durchdringe!

So soll die Elektrizität als großer Wärme- und Lichtleiter in der Schöpfung auch der geistige Liebe- und Weisheitsleiter in eure Herzen werden.

Alle geistigen Zustände, alle mächtigen Gemütsbewegungen, alle sind ausgedrückt in der Natur, im Leben und – im elektrischen Funken.

Auflösend, alle Hindernisse überspringend, eilt der elektrische Funke mit Lichteseile durch die wetterschweren Wolken, Licht und Wärme, aber auch Kälte und Zerstörung verbreitend; er durchzuckt die Elemente, löst Metalle, Steine und alles, was ihr bisher für unauflöslich hieltet, in einem Augenblick auf; ihm widersteht nichts.

Ebenso ist Meine Weisheit, *Meine Lehre*. Wo sie eindringt, löst sie alles Harte auf, bringt *Wärme, Licht* und *Leben*, Begeisterung für Höheres, Geistiges, und Kälte für Weltliches hervor, zerstört alle alten, angelernten Vorurteile und baut neues Leben auf alten Ruinen!

So ist Elektrizität das Sinnbild und das Produkt Meiner Weisheit, und Magnetismus das Bild Meiner Liebe!

Lasset euch durch erstere zum zweiten führen; und wenn euch

der Strahl des Lichtes und der Wärme für Mich durchzuckt, als elektrischer Funke, so schmiegt euch an Meine Liebe an; dort wird dieser Funke euch erwärmen, erleuchten, und euch ganz klar zeigen, daß, wie Ich aus zwei Kräften eine ganze Unendlichkeit voll Welten aufbauen konnte, es auch *zwei geistige Kräfte* für alle Himmelreiche gibt, die aber *beide ihren Ruhepunkt* nur in *einer* finden, das ist: *in Meiner Liebe!*

Denn die Liebe schickte die Weisheit hinaus in alle Fernen, um zu erleuchten und zu erwärmen alles Geschaffene; sie verlangt aber auch, daß der von ihr ausgehende Strahl nicht mit leeren Händen zurückkehre, und so geht es auch mit der Elektrizität: hinaus strömt sie in die unermeßlichen Fernen, auflösend, zerstörend, aber auch neu erweckend und aufbauend; überall wird durch sie die Finsternis in Licht, die Kälte in Wärme und Tod in Leben verwandelt.

So auch soll Mein Wort, Meine Lehre in euch alles Finstere in Licht, alles Gestorbene in lebendige Taten verwandeln, damit ihr einst geläutert, gereinigt, wie ein Lichtstrahl in Meinen Himmeln ankommen möget und Den von Angesicht zu Angesicht schauen könnt, der euch jetzt mit Seinen Worten zu göttlichen Taten anspornen oder elektrisieren möchte! Amen.

Die Adelsberger Grotte

(7. Juni 1870)

Du möchtest gern einige Zeilen über die geistige Bedeutung haben, was denn eigentlich diese Bildungen sagen wollen, welche die in der Erde wohnenden Geister mittels des heraustropfenden Wassers bilden.

Mein lieber Sohn! Die Sprache der Zeichen, welche in der Grotte geschrieben sind, wo gestern dein Bruder war, und wovon er heute noch begeistert, eben jetzt einen von den zahllosen Eindrücken euch kundgab – diese Sprache ist die *in Bildern ausgedrückte Sprache der Geister*, die emsig im Innern der Erde schaffen und weben fürs künftige Leben!

Was das heruntertropfende Wasser an Steinen und Sand auflöst, das sammeln sie zusammen und binden es nach ihrer Intelligenz, wie bei euch die Hausfrau die Wohnung ausschmückt und dort ebenfalls fegt und webt, um ihre Wohnung als den Aufenthalt, wo sie die meiste Zeit zubringt, so gemütlich als möglich zu machen.

Sehet, so eine Hausfrau setzt da einen Tisch, dort ein Bett; den Tisch bedeckt sie mit einer Decke, das Bett behängt sie mit Vorhängen; hier pflegt sie eine kleine Blume, und dort ziert sie mit ebensolchen ein Fenster. So machen es die Geister auch, und wenn ihr in das Innere der Erdrinde eindringen könntet, so würdet ihr Dinge schauen von solcher Schönheit, wogegen das gestern in der Grotte Gesehene nur ein Kinderspiel ist; denn im Innern der Erde, wo verschiedene Metalle gebunden zwischen Stein und Sand und Erde liegen, werden auch die Tropfsteingebilde nicht immer weiß, sondern gefärbt, so zwar, daß ihr da ganze feurigrote (von Eisen herrührend) oder grüne Vorhänge von ungeheurer Höhe und noch alle möglichen Formen sehen könntet.

Was Ich in der Unendlichkeit geschaffen, was die Menschen Meinen Schöpfungen nachgemacht haben, das ahmen dann die Geister nach, nur in anderen Typen und Formen, die aber mehr Meinen großen Grund-Ideen der Schöpfung entsprechen als alles zusammengestoppelte Machwerk der Menschen.

Jede Figur, die der Tropfstein unter den Händen Meiner Erdgeister bildet, hat eine geistige Bedeutung, ist immer ein Lobgesang für Mich und Meine Schöpfung.

Da seht ihr einen Schleier, der leicht und zart gebildet dem leisen Wirken eines jungfräulichen Geistes entspricht, er bildet ihn mit zarter Hand, webt nach seiner Intelligenz Formen und Gebilde hinein, die zusammen in der Geistersprache mit wenig Worten sagen wollen:

„Sei gelobt! o Du großer Gott und Herr der Heerscharen! und Dein zartes Liebesweben, wie Du uns alle führest unter sanfter Leitung auf dem Wege der Vervollkommnung! Du wirkest, ohne daß wir es merken, unter einem Schleier, und wenn er auch noch so zart, so erkennen und fühlen wir Deine mächtige und liebende Hand zugleich!

Sei gepriesen! auch in unsern schwachen Formen, die Du nach Deinen großen Gesetzen uns erlaubst, nur aus Wasser und aufgelöstem Gestein zu bauen; wir wollen diese finsteren Gewölbe und Dome unter der festen Rinde der Erde zu geistigen Domen machen, und wenn dann nach Deiner Zulassung manchmal Deinen Kindern es erlaubt ist, diese nur für uns bestimmten, finsteren

Höhlen zu betreten, daß auch sie bei ihren Lichtern sich ergötzen mögen an unseren Werken unter Deiner Führung und in allen den Formen, die wir hier in verschiedenen Arten, gleich der Ausdrucksweise unserer Geistessprache, zusammengestellt haben, erkennen mögen, daß *Du, die Liebe Selbst*, auch dort wo kein Licht hindringt, *ewig stets der Gleiche bist* und ewig nur die einzige, unverwüstliche Liebe!"

Sieh, Mein Sohn, solche Gedanken sollten die Menschen in diesen unterirdischen Tempeln begeistern für Mich, wo Ich mit großen Buchstaben von Meinen Geistern die nämlichen Worte schreiben ließ, wie sie am Firmament in noch größerer – einer Ewigkeit gleichenden Schrift – jede Nacht vor euch stehen, und diese Worte heißen:

„Wanderer, stehe still, es wehet dich hier ein Geisterhauch einer immerwährend wirkenden Macht an; du stehest vor Gebilden, von Geisterhand geformt, noch ehe lebende Wesen diesen Erdball bewohnten, und du, nun später Nachkömmling eines längst verschollenen Geschlechts, bewundere die Liebe und Geduld deines Schöpfers, der dich, sei es mit großen oder auch mit den kleinsten Produkten Seiner Gedanken, an Sein liebend Herz ziehen möchte!"

Aber – – o ihr armen Menschen, wie entweihet ihr Meine Tempel der höchsten Andacht mit profaner Unterhaltung!

Ich sollte wohl anders mit euch verfahren, wären nicht auch immer einige unter den Besuchern solcher Höhlen, die doch mit andern Eindrücken herausgehen, als sie hineingegangen sind; nun, eben wegen diesen lasse Ich diese Feste so ruhig verlaufen, da Mir eine andächtige Seele lieber als Tausende, denen alles das eine Null ist.

Jetzt hast du in kurzem eine Idee, wie ihr Meine Werke betrachten sollt, um daraus immer die nämliche Lehre zu ziehen, die sich mit wenigen Worten sagen läßt:

„Liebet den Vater! denn es gibt außer Ihm nichts, das Ihm gliche!"

Soviel für heute; jetzt lese es deinen Brüdern und Schwestern vor, damit auch sie dann in den Chor Meiner Geister einstimmen und wie jene nur Mich, als ewigen Vater und Herrn, preisen mögen! Amen.

Schmetterling und Schwalbe

(10. November 1870)

Deine Schwester wünscht eine Aufklärung zu haben, was denn eigentlich, im geistigen Sinne, die Schwalbe und der Schmetterling sind, oder was für geistige Urtypen unter diesen beiden Bildern aus Meinem Schöpfungsreich verborgen liegen?

Nachdem Ich in alles etwas Geistiges gelegt habe, so ist freilich auch in diesen beiden Tieren, als einzelne Glieder von zwei Gattungen, ebenfalls etwas daran, welches auf euch Menschen bezogen als ein erhabenes Beispiel dienen könnte; nun denn, so will Ich deiner Schwester sagen, daß diese beiden Gattungen von Tieren die nämlichen Stufen, das eine unter allen geflügelten Käfern und Insekten und das andere unter den fröhlich die Luft durchziehenden Vögeln einnehmen.

Um nun zur rechten Aufklärung zu gelangen, müssen wir erst die Frage beantworten: Was ist der Schmetterling? Siehe nun, Mein liebes Kind, der Schmetterling ist eines dieser Gattung Tiere, die, wie die fliegenden Insekten als Übergangsstufe dienend – vom kriechenden Wurm oder der Raupe und dem Vogel – ein Mittelglied bilden. Und von diesem ist wieder der Schmetterling insbesondere dasjenige Tier, welches in seinem Körper seine Abhängigkeit von den Erdelementen und in seinen buntgeschmückten Flügeln die Verwandtschaft mit den Licht- und Sonnenspezifika kundgibt. –

Seine und der ganzen Gattung eigene Metamorphose* – zuerst als Wurm und Raupe die ihr angemessenen Erdbestandteile in sich aufnehmend und dann als Schmetterling sie durch die Sonnenlicht-Produkte, als die feinsten Säfte der Blumenkelche, vergeistigend – gibt euch, Meine lieben Kinder, ein sehr schönes Beispiel für euer eigenes Wirken und Leben, daß Ich nicht umhin kann, es euch näher zu erklären und es euch ans Herz zu legen. So höret denn:

Im Staube kriecht der Wurm, und die Raupe nährt sich von dem inneren Teil der Baum- und Gesträucher-Knospen, beide saugen dadurch und nehmen aus der Erde kommende Elemente auf.

So geht es auch mit euch Menschen.

Von Kindheit auf wird auch euch meistens durch die jetzt her-

* Verwandlung.

kömmliche Erziehung zunächst nur Weltliches gegeben und mit oberflächlichen Wissenschaften euer kindliches Herz vollgepfropft.

So beladen mit eitlem Wissen geht ihr dann dem reiferen Alter entgegen, wie die Raupe dem Stande, wo sie verpuppt den Winterschlaf und die bessere Entwicklung zu einem von ihr ganz verschiedenen Wesen antritt.

Und ihr, was geschieht denn mit euch? Sehet, auch ihr geht so dem Frühlingsstande eures Lebens entgegen. Eingesponnen und eingewickelt in lauter konventionelle* Verhaltungs-Maßregeln und Begriffe, glaubet ihr dem eigenen Berufe ganz zu entsprechen, haltet nur *die* Gesetze für wichtig, welche der Staat oder die übliche Sitte euch auferlegen, und käme kein anderer mächtigerer Wecker, ihr würdet ebenfalls, wie die Puppe des Schmetterlings oder die Larve eines fliegenden Insektes, euer ganzes Leben das bleiben, zu was euch die Schul- und häusliche Erziehung gemacht hat!

Aber wie beim Schmetterling in seiner Puppe sich schon das Bild zu seiner künftigen Existenz formt und sein Leib schon vorbereitet ist, nicht wie früher schwer dem Boden entlangzukriechen, sondern von zwei leichten Flügelpaaren durch die Lüfte getragen zu werden – so ist auch trotz aller verkehrten Erziehung in euch Menschen *ein höherer geistiger Mensch* eingeschlossen, der nur verdeckt, aber nicht vernichtet worden ist, und bei dem es, wie bei der Puppe des Schmetterlings, nur eines Anstoßes bedarf, um die Larve zu zersprengen, damit ihm die Flügel auswachsen können und er als freies luftiges Wesen, im wärmenden Sonnenstrahle seine Flügel leicht ausbreitend, sich eines höheren geistigen Lebens freuen könne, und mit seinen neuen, statt früher Freßwerkzeugen jetzt Saugorganen, von den mit ihm gleich stehenden Gliedern des Pflanzenreiches, den mit Farben bekleideten Blumen, seine Lichtkost zur weiteren Erhaltung seines Ichs saugen zu können. –

So ist es mit euch, Meine lieben Kinder, ebenfalls.

Sobald die reifere, ernstere Zeit eures Lebens herannaht, sende Ich die erwärmenden Strahlen Meiner Liebe, gebe den ersten Anstoß durch verschiedene Leiden und Unglücksfälle, um die harte weltliche Kruste der angelernten Vorurteile zu durchbrechen, da-

* herkömmliche.

mit ihr einsehen lernt, daß in vielen Fällen das Angelernte nicht hinreicht, euch Trost zu geben; der innere geistige Mensch rührt sich, pocht an seinen weltlichen Panzer, will seine Flügel ausbreiten, denn er fühlt, daß er zu einer höheren Existenz geschaffen ist als die, zu welcher ihr ihn verdammen wollt; *die Leiden von außen, das Drängen von innen wirken zusammen*, und bei manchem berstet die weltliche Schale, welche den geistigen Menschen umgab, und frei wie ein Schmetterling, jubelnd und dankend, schwebt er der geistig ihn erwärmenden Sonne zu, fühlt sich in ihren Strahlen wohl, saugt nur die geistigen, ewig nie vergehenden Lehren Meiner Liebe als feinste Blütensäfte Meiner Weisheit und wird dann, was der Schmetterling auf der Erde, er im geistigen Himmel, er wird *ein Kind des Lichtes* oder – „*Mein Kind*"!

So fasset den Schmetterling auf, und wie er geziert mit den schönsten Farben in zartem Staube, der seine Flügel bedeckt, sich seines Lebens freut, so sollt auch ihr eure Seelenflügel mit dem Blütenstaube der göttlichen Eigenschaften übersäet haben und, statt dem niedrigen Erd- und Welt-Gewühle, Sonnenlicht-Nahrung Meiner göttlichen Liebe und Weisheit zu eurer Erhaltung allen anderen Speisen vorziehen.

Dies, Mein Kind, ist der symbolische Typus, den ein Mir zugewendetes Herz aus dem Schmetterling und seiner Erscheinung in der Natur ziehen kann, werde auch du, was er ist, und du wirst dich stets Meiner Gnadensonne im heiteren Geistesfluge durch die Wunder der Schöpfung erfreuen können!

Und nun gehen wir zu dem zweiten Tier über, welches dich interessiert und von dem du seine geistige Bedeutung wissen möchtest; so höre denn:

Schon im Anfange habe Ich gesagt, daß was der Schmetterling unter den fliegenden Insekten, das ist *die Schwalbe* unter den Vögeln; nun denn, um das zu beweisen, müssen wir die Gattung, welcher sie angehört, etwas näher betrachten.

Sieh nun, Mein liebes Kind, wenn zwischen Tieren eine geistige Ähnlichkeit herrscht, so muß diese so verstanden werden, daß nicht alle Bedingungen des einen Tieres bildlich im andern genau wiederholt werden, sondern daß Ich als Schöpfer beim einen wie beim andern Tier nur eine gleichmäßige, geregelte Vorrückung in der Ordnung beabsichtige.

Nun sieh, bei den Vögeln gibt es verschiedene Arten, ihr Unterschied besteht entweder im Gefieder, Gesang oder Bau, gemäß der Nahrung, die sie nehmen, um Niederes in Höheres zu verwandeln.

Nun, unter dieser Gattung gibt es Tiere, die aus gröberen Elementen ihre Nahrung ziehen oder die Pflanzen- und Körnerfressende sind, und endlich noch eine andere Gattung, die von fliegenden Insekten lebt, welche Insekten selbst wieder in ihrer Gattung die ausgebildetsten in geistiger Hinsicht, „Sonnenlicht-Sammler" sind*.

Nun, diese letztgenannte Nahrung ist eben den Schwalben, den Vögeln, die dir so sympathisch sind, angewiesen, und eben in dieser Beziehung gleichen die Schwalben den Schmetterlingen, weil auch sie nur die feinste Kost verzehren, damit dann aus ihnen die nächste Stufe, die schon mit edlerem Gesang begabte Vogelgattung hervorgehe. In ihrem (der Schwalbe) Organismus sammelt sich schon all das Geistige, was – obwohl beinahe stumm oder doch nur im einfachen Gezwitscher ausgeprägt bei ihnen – erst in den andern höher gestellten Gattungen lauter jubelnde Stimmen, ein Dankeslied für Mich wird!

Und so sind die Schwalben diejenigen Tiere, welche von Sonnenkost genährt, sich auch mit dem Menschen, der ja auch der geistigen Sonne näher steht, stets befreunden.

Sie, die Schwalben, wählen sich zum Nestbau menschliche Wohnungen, durch ihre Nahrung befreien sie euch von vielen anderen Plagen, und wenngleich der Mensch gegen viele andere ihrer Gattung grausam ist und sie tötet, teils um seinem verwöhnten Gaumen einen Leckerbissen zu bereiten, teils aus Langeweile und Mordsucht sie vertilgend, so ist er doch gegen diese Gattung von Vögeln mehr tolerant**. Es ist eine gewisse Scheu, welche ihn abhält, diese Tiere von seiner Behausung zu verjagen, welche so vertrauensvoll sich ihm genähert haben, und er tut nicht unrecht daran; denn solange Schwalben unter seinem Dache nisten und um dasselbe herumflattern, so lange ist es ein Zeichen, daß eine gesunde Luft es umgibt, wo auch die fliegenden Insekten, die ihnen zur Nahrung bestimmt sind, sich aufhalten können. Mangeln aber einmal die einen oder die andern, dann mag der Mensch überzeugt sein, daß bald Krankheit und

* Siehe „Die Fliege", Kap. 11 ‚Die Fliege als Licht- und Lebenssammler'.

** duldsam.

Tod in sein Haus und in sein Land einziehen werden; ebenso wenn Blumen und die von ihren Säften lebenden Schmetterlinge mangeln.

Wo beides fehlt, da ist Mein Segen ferne, und leider wird dort über ein unverbesserliches Volk die Zuchtrute geschwungen, nachdem Meine Liebes- und Gnadenworte nur taube Ohren fanden.

Also auch ihr alle, Meine Kinder, seid tätig in Meiner Schule, daß Ich nicht gezwungen werde, Meine Friedensboten auf eurer Erde von euren Wohnungen zurückzuziehen; denn dann hilft das Hilfeflehen nichts mehr, und ihr müsset euch herberen Heilmitteln unterziehen, welche Ich, aber wohlgemerkt nur im allerletzten Falle, anzuwenden genötigt sein würde.

Jetzt, Meine liebe Tochter, hast du ungefähr einen schwachen Begriff, wie man, wenn man geistig forscht, Meine Natur und ihre einzelnen Glieder betrachten und auffassen soll.

Daß aber noch vieles und Merkwürdiges über diese beiden Tierchen zu sagen wäre, kannst du dir denken; denn sie sind Geschöpfe eines Gottes; und deswegen ist ihre Bedeutung ebenfalls unendlich! Amen.

Vergißmeinnicht und Klapperschlange

(23. November 1870)

Meine lieben Kinder! Oft kommt es euch vor in eurem Leben, daß ihr ganz verschiedene Gegenstände miteinander zusammenbringt, die nicht im mindesten eine Verbindung unter sich zu haben scheinen, und es entsteigt dann eurem Herzen die Frage: „Diese kuriosen Dinge, die mir eben jetzt eingefallen, möchte doch wissen, so fremdartig eines dem andern ist, ob nicht doch eine geistige Verbindung zwischen ihnen obwaltet, weil eben diese Gegenstände ohne meinen Willen sich so zufällig in meinem Kopfe begegneten?"

Auf diese vorausgeschickte Bemerkung kann Ich nur antworten, daß es manchmal auch in Träumen geschieht, daß nie geahnte Gegenstände sich vor eurer Seele im Gehirn abspiegeln und wie in einem Kaleidoskop die bizarrsten Dinge in sich vereinen. Es liegt in dieser euch nicht bekannten Verwandtschaft von Dingen, die nach der Außenseite betrachtet, wohl keinen Rapport* miteinander haben, in geistiger Hinsicht und in geistiger Auslegung aber gar vieles, worin sie sich näherstehen, als ihr gerade wegen ihrer äußerlichen Verschiedenheit ahnet. –

Schon letzthin wies Ich euch das enge geistige Verhältnis nach, welches zwischen einem Schmetterling und einer Schwalbe besteht. Hier liegen zwei andere Dinge vor, die gemäß dem gewöhnlichen Menschenverstande nicht im mindesten verwandt erscheinen, denn ein Blümchen und eine Schlange sind gewiß nicht Gegenstände, die eine geistige Verwandtschaft ahnen lassen; so wie ihr zu denken gewohnt seid, gewiß nicht!

Aber wie Ich die Sache ansehe, so muß Ich euch gestehen, daß ihr wohl kein besseres Verhältnis hättet finden können als das zwischen der Blume und der in Frage gestellten Schlange. – Wie ist es doch möglich? werdet ihr fragen, und Ich antworte, nur eine kleine Geduld, es wird sich alles auf ganz natürlichem Wege beweisen lassen.

Die erstere und jüngere Fragestellerin fragte: Was bedeutet das Blümlein „*Vergißmeinnicht*"? Nun, die Antwort ist leicht gegeben.

Es bedeutet, daß der oder die, welche das Blümchen einer geehrten oder geliebten Person gibt, ihr damit sagen will, daß diese Person die Geberin des Blümchens nicht vergessen solle, damit nicht mit dem Entfernen auch das Vergessen eintreten möchte.

Gut, jetzt gehen wir etwas weiter und fragen erstens: Dieses Blümchen, welches ihr Deutsche mit solchem Namen belegt habt, ist es denn ein eigentlicher Zug der Blume oder sonst etwas, warum gerade diese Blume in der sogenannten Blumensprache dieses stete Erinnern bedeuten solle?

So muß Ich antworten, daß nur ihr Deutsche diesem Blümchen diesen Namen gegeben habt, und viele andere Nationen in ihrer Sprache dieses Blümchen entweder gar nicht kennen oder es mit ganz verschiedenen Namen benennen. –

Das, was ihr „*Blumensprache*" nennt, und so manche ihrer Bedeutungen kennt, was diese oder jene Blume bedeuten oder ausdrücken solle, ist eine Sprache aus den Vorzeiten des alten Asien und hat einen tiefen und *geistigen Ursprung*, aber der Schlüssel zur Erklärung dieser Beziehungen ist längst für euch verlorengegan-

* Beziehung.

gen, und ihr kennt höchstens nur die Beziehungen, aber das „Warum“ bleibt euch unentziffert.

Auch dieser Name „Vergiß-mein-nicht“ stammt aus einer solchen Entsprechungssprache.

Wir wollen also sehen, wie denn so ganz eigentlich auf geistige Weise diese Worte, als Blume ausgedrückt, sie treffend bezeichnen.

Sehet also: Dieses Blümchen, welches weder durch Geruch noch durch andere auffallende Schönheit sich auszeichnet, nur am Ufer frischer, klarer, rieselnder Bächlein wächst, ist geistig genommen das Ergebnis der Einwirkungen von Naturkräften, die im stillen unter schattigen Gesträuchen und Bäumen und hochwallenden Gräsern ein Blümlein aufbauen, das gleichsam seine Wurzeln in stets bewegtem Wasser hat und auch fern von den brennenden Sonnenstrahlen unter kühlen Lüften und wassergeschwängerten Düften seine blauen Blättchen entfaltet, sie mit den Himmelsfarben bekleidet und so, bescheiden ohne Prunk und Glanz, seine Bestimmung, die es unter den Pflanzen hat, getreu erfüllt.

Das Geistige also, oder die geistige Tendenz und Eigenschaft dieser Blume ist – die *Demut, Bescheidenheit* und *Einfachheit* in Sitten und Gedanken ausgedrückt.

Manch gemütvoller Mensch, der am einsamen Ufer eines kleinen rieselnden Bächleins wandelnd, mit einer ihm geistig verwandten Seele die Natur, ihr stilles Wirken und ihre sanften Reize bewunderte, fühlte sich hingezogen, der andern Seele diese göttlich reinen Stunden, genossen am ewig gleichen Busen der Natur, dadurch zu verewigen, daß er eben, unbewußt warum, gerade diese Blume zum Ausdruck seiner Gefühle wählte, um in der Brust des Empfängers die Erinnerung stets wach zu erhalten an Stunden des reinsten Genusses, indem er damit sagen wollte:

„*Vergiß-mein-nicht!* wenn im Gewühle der Welt andere Verhältnisse dir diese sanft genossenen Stunden zu verwischen trachten, bleibe *einfach, demütig* und *bescheiden* wie dieses Blümchen; suche nie den Glanz der Weltsonne auf, darin zu prangen und zu glänzen, sondern wie dieses Blümchen nur den Schatten, das heißt, zurückgezogen von allem großen Lärm auf anderen blumenreichen Wiesen, von tausend und abertausend Honigsaugern umschwärmt, so bleibe auch du fern davon im Schatten deines eigenen Ichs; suche diese Ruhe und Einfachheit dir zu erhalten, die wie dem Blümchen die notwendige Lebensluft, so auch dir der einzige innere Lebens-Preis werden solle!

Vergiß-mein-nicht in schweren Stunden, es ist der Freund oder die Freundin, die an deinem Schicksal Anteil nimmt!"

So ist dieses Blümchen als Typus der Bescheidenheit, der sanften Erinnerung tieffühlender Herzen geblieben; und wie die reine Luft am rieselnden Quell das Blümchen erhält und erfrischt, so soll auch dieser Freundesruf dem wandernden Pilgermenschen auf seiner Lebensbahn ebenfalls wie dieses Blümlein ähnliche Gefühle erwecken, ihn zurückführen an den ewig gleich klaren rieselnden Urquell seines inneren Lebenswassers, um dort seine eigene Nahrung zu suchen, die ihm dann auch alles andere ersetzen wird.

Hier habt ihr die eigentliche geistige, mit eurer künftigen Bestimmung eng zusammenhängende Entsprechung eines schlichten Blümchens, des Vergißmeinnicht!

Nun wollen wir zur *Klapperschlange* uns wenden, und wollen sehen, was dieses Tier uns für Lehren und Entsprechungen gibt, die Ich in ihr Wesen gelegt und die nur der geistig wiedergeborene Mensch aus ihr ohne Meine Hilfe herauslesen könnte! Nun, so höret denn! Wie das Blümchen unter schattigen Bäumen im stillen blüht und wächst, so hält sich diese Schlange, wie die meisten anderen ihrer Gattung, ebenfalls am liebsten an einsamen stillen Orten auf. Was die Blume dort unschuldig bezeichnet, das bezeichnet hier dieses todbringende und kriechende, schleichende Wesen, nur auf eine andere Art!

Dort zieht es den Menschen in die schattigen Haine, und hier warnt es ihn vorm Dickicht. Dort blüht ein Blümchen, ohne Scheu kann es der Kenner pflücken und, dessen Namen gemäß, an Freunde zum Andenken geben. Hier lauert der Tod zwischen üppiger Natur, und wenn dort das Blümlein ihm zurief, seine jetzigen Gefühle gehörig auszudrücken: „vergißmeinnicht"! – so muß aber hier die Natur und Vorsicht ihm zurufen: „Vergiß mein nicht, du, o Mensch, daß ich dort vielleicht lauernd verberge den Tod, wo sonst nur Friede sein sollte!"

Der Klapperschlange wurde eine Reihe beweglicher Schuppen am Rücken gegeben, wodurch sie einen eigentümlichen Lärm machen kann, der dem Klappern oder Aneinanderschlagen von metallenen Schalen ähnlich ist. Diese Vorrichtung gebraucht dieses Tier meist, wenn es, auf Nahrung ausgehend, seine Beute dann vor sich sieht.

Durch dieses Geräusch, welches eine Art von magnetischem

Einfluß auf ihre Opfer ausübt, betäubt sie ihre Beute, wenn diese einmal in ihren Bereich getreten ist, daß sie von dort nicht mehr fliehen kann. Und je mehr sich dann die Mord- und Freßlust in der Schlange steigert, desto mehr entwickelt sie ihren seelisch-magnetischen Einfluß auf ihr Opfer, bis sie es ergreift, mit ihrem Geifer überzieht und zermalmt, nachdem sie es durch einen giftigen Biß des Lebens beraubte, und sodann nach und nach in ihren Rachen hinunterwürgt.

Seht, welch geistiges Entsprechungsbild ist uns in der Schlange gegeben, für den, welcher des Freundes Ruf nicht hörend, und unter dem Getümmel und Geklapper der verführerischen Welt, sich in seinem Taumel hinreißen läßt, bis er, ganz unfähig, sich loszumachen, durch den giftigen Biß des Lasters geistig getötet, nach und nach in die Welt und seine Seele in seinem Fleische untergeht!

Auch ihm hätte man zurufen sollen: „Vergiß mein nicht im wilden Lärm der Welt; im schattigen Hain, im Grün des Waldes, am Rande eines klaren Bächleins blühte eine schlichte Blume – und lauerte auch der Verrat! Du warst nicht vorsichtig genug, vertrautest deiner Stärke, achtetest am Ende nicht des Freundes Ruf, und statt dem edleren, zarten und schöneren Bilde der stillen Natur nachzugehen, vergaßest du der Schlange der Verführung, die wohl auch unter der blühenden Decke des weltlichen Lebens den giftigen Schlangenbiß verbirgt, bis dann der rechte Moment gekommen, wo, statt daß der Freund dir sagen sollte: du vergaßest mein sanftes Mahnen, so daß du der Schlange vergessen hast, die jetzt dich gänzlich umstrickt in den geistigen Tod zieht.

So hat, wie Ich es vor kurzem sagte, jedes Ding zwei Seiten, die Licht- sowohl als die Schattenseite.

Nur der Geweckte kann unterscheiden und wittert die Gefahr, wenn sie auch mit Blumen verdeckt ist.

Auch Ich, Meine lieben Kinder, rufe euch zu:

„Vergesset nicht die Bescheidenheit des Blümchens und seine Bedeutung! Und vergesset nicht, daß oft auch unter Rosenhecken die Schlange der Verführung lauert!

Vergesset aber ewig auch Meiner nicht! der Ich euch stets führen will, daß ihr die Gefahr, so versteckt sie auch sei, doch ahnen möget! Und so gedenket dieser beiden Bilder, das eine das Bild der Sanftmut und Bescheidenheit, das andere als geistiges Warnungszeichen eben dort, wo man den Feind nicht glaubt, und beide rufen euch zu: „*Vergesset Meiner nicht!*“ oder mit evangelischen Worten gesagt: „Seid listig wie die Schlangen, aber arglos wie die Tauben!“ Amen.

Tai-fun

oder eine Riesenwasserhose im Stillen Ozean

(19. Februar 1871)

Dein Bruder hat dich gebeten um eine geistige Erklärung des Sturmes, dem sein Freund im Stillen Ozean beinahe zum Opfer gefallen wäre.

Ich sehe das Bestreben deines Bruders wohl, wie er diesen Freund in den Bereich eurer Glaubens- und Lebenslehre ziehen möchte.

Der Wunsch ist aller Ehren wert, und auch für Mich wäre es angenehm, wenn er erfüllt würde; aber die Verwirklichung ist nicht so leicht, wie dein Bruder glaubt.

Schon vielmals habe Ich euch gesagt, daß Menschen, die von der Not oder andern traurigen Verhältnissen nicht geplagt und nicht gemahnt werden, den weltlichen Freuden und Interessen den Rücken zu wenden, schwer für Mein Reich zu gewinnen sind. Sie sind entwöhnt, ein Kreuz auf ihren Schultern zu tragen, und wenn es auch noch so leicht wäre.

Die Mahnungen, welche Ich ihnen manchmal zukommen lasse durch Gefahren und Unglücksfälle, denen sie jedoch stets glücklich entkommen, weil es so Mein Wille ist, haben auf sie nur momentanen Einfluß und deren Eindrücke sind, wie die Leiden im Krankenbett nach Herstellung der Gesundheit, sogleich vergessen.

So ist es auch mit dem Freunde deines Bruders: Dieser Freund, wohl mit einem edlen Herzen, wie ihr zu sagen pflegt, und mit kosmopolitischen* Ansichten ausgerüstet, hat ebenfalls so manches erlebt, wobei ihm die andere Welt oder der Übergang in dieselbe sehr nahe gestanden ist; er hat auch in jenen Augenblik-

* weltbürgerlichen.

ken, gedrungen durch die Umstände, an Mich gedacht; aber, die Gefahr vorbei – und Ich wurde wieder beiseite gesetzt, wie es die Chinesen (wo er jetzt war) mit ihren Hausgöttern machen, denen sie nur dann den Ehrenplatz im Hause einräumen, wenn sie die Hilfe eines solchen Gottes brauchen; ist das erreicht, was man wollte, so wird der Gott wieder abgesetzt, in eine finstere Kammer verschlossen und kann dort warten, bis eine andere schwierige Angelegenheit ihn aus seinem Versteck hervorruft. Dein Bruder möchte diesen Freund für Mich gewinnen, so urteilt er, aber ob sein Freund sich gewinnen lassen will, das ist eine andere Sache!

Dein Bruder fragt um die geistige Erklärung eines „Tai-fun" oder „Zyklonen-Wirbelwindes" oder einer „Riesenwasserhose", wie ihr es heißet, was es in bezug auf seinen Freund geistig hätte bedeuten sollen.

Nun, das ist mit zwei Worten sogleich erledigt: Geistig will dieser Sturm zeigen: *der Menschen Ohn- und Meine Allmacht*; hier habt ihr seine geistige Erklärung und Bedeutung.

Was deines Bruders Freund aber persönlich angeht, so ist dieser Sturm, wie auch so manches, was dieser Freund erlebte, nur ein geistiger Fingerzeig gewesen, daß über aller Wissenschaft und kluger Berechnung doch noch Jemand steht, der mit einfachen Mitteln oft die größten Wirkungen hervorzubringen versteht.

Siehe, dieser Freund hat jetzt beinahe den ganzen Erdkreis umschifft, er hat viele Länder und Menschen, andere Tiere, Gewächse und Blumen gesehen, hat eine andere Luft als die eurige eingeatmet und dadurch auf sein Inneres einwirken lassen; überall, wo er stand und ging, habe Ich ihn geführt und ihm viele lehrreiche Winke gegeben von Meinem Dasein; allein er war zu beschäftigt mit seiner Mission*, als daß er die geistige Stimme in seinem Innern hätte vernehmen können.

Jetzt aber, da er wieder zu seinem häuslichen Herde zurückgekehrt, seine Kinder und sein Weib wieder begrüßt, jetzt wird wohl mancherlei getrieben werden, um die Zeit totzuschlagen, wie ihr zu sagen pflegt, alle erlebten Ereignisse werden als naturgemäß angesehen und auch so erklärt werden, was im allgemeinen noch dazu beiträgt, den Stolz eines Rückkehrenden von langer Fahrt zu vermehren, weil er diese Gefahren überstanden hat;

* mit Irdischem.

die geistigen Warnungen und Winke, die in solchen Momenten liegen, werden am wenigsten gerechnet und noch weniger verstanden.

Liegt ja doch im ganzen Leben eines Menschen soviel Geistiges, das er nicht versteht, daß dazu nicht gerade solche Momente gezählt werden müssen, wo das Hereinragen einer andern Welt mit so großen Natur- oder andern wichtigen Ereignissen mit dem menschlichen Leben verschmolzen ist! Wie oft mahne Ich Meine Kinder, und wie wenig verstehen sie Meine Mahnungen und glauben, es wäre nur Spiel des Zufalls.

Dein Bruder möchte aber gern im einzelnen erfahren, was dieser Sturm im Stillen Ozean zu bedeuten habe, wo sein Freund mit seinem Schiff tagelang in Gefahr war, aus dem irdischen Leben hinausgeschleudert und in wenigen Tagen nachher dem ewigen Vergessen anheimzufallen.

Ich sagte es schon früher, es war nur ein Zeichen der menschlichen Ohnmacht gegen Meine Allmacht; es war ein Fingerzeig, wie wenig die Berechnung der Fahrt, der Kreuzung der Winde oder der Strömung des Wassers hilft, wenn Ich, zum Beispiel, wie es dort geschah, das Steuer zerbrechen lasse.

Was will das geistig sagen? Es will geistig sagen: Was hilft alles Auf-sich-selbst-Vertrauen, wenn der Hauptfaktor, das Vertrauen zu Mir fehlt!

Freilich, in der Gefahr werde Ich dann angerufen, da solle Ich helfen, aber früher wäre Ich überflüssig gewesen; da fuhr der Mensch, stolz auf sein bißchen Wissenschaft sich brüstend, über Abgründe und Gefahren hinweg, traute sich alles zu, als hätte er niemand Höheren nötig und genügte sich selbst.

Eben um diesen Eigendünkel etwas herabzustimmen, schicke Ich so unvorhergesehene Naturereignisse und lasse die Menschen, ohne daß sie es wissen, großen Naturphänomenen sich nahen, wo wieder große in bezug auf das Wohl des Erdballs nötige Prozesse vorgehen, um die Menschen ihre Nichtigkeit fühlen zu lassen und wenigstens doch auf Augenblicke zu zeigen, daß nicht sie die Herren der Welt sind, sondern daß nur Ich der Herr bin!

Deinem Freunde ging es ebenso, er kam einem jener großen Wirbelwinde* zu nahe, welche im Stillen Ozean einer großen Aus-

* Diese Wasserhosen dort ziehen Hunderte, oft Tausende von Meilen große Flächen in ihren Bereich.

geburt von Naturgeistern vorangehen, wo diese gerade in der Mitte des Stillen Ozeans, von wo auch einst der Mond an derselben Stelle von der Erde getrennt wurde, aus ihrer Gefangenschaft befreit, in die leichtere bewegliche Luft übergehen, um dort ihrer weiteren Ausbildung entgegengehen zu dürfen; dort rotten sie sich zusammen, und wo kegelförmig die Luftsäule mit reinen Naturgeistern sich herabsenkt, um die niederen nach und nach in ihr Reich aufzunehmen, dort erhebt sich auch kegelförmig ein Wasserberg, geschwängert mit diesen Naturelementen.

Das gierige Aufsaugen von oben und das schnelle Hindrängen von unten verursacht eine kreisförmige Bewegung, welche sodann immer heftiger wird, je mehr der Drang nach oben zunimmt und das Heraufsteigen von unten beschleunigt, wie eine Windsbraut dann über die weite Meeresfläche hinzieht und alles in diesen Wirbeltanz mit hineinzieht, was ihm auf seinem Wege begegnet.

Bildlich gleicht dieses Ereignis dem Wirbeltanz des Lebens und der darin mit fortgerissenen Menschen selbst; auch sie sind in dieses kreisförmige Treiben von Interessen, Begierden und Wünschen hineingezogen, können zu keinem rechten Bewußtsein kommen; ein Ereignis drängt das andere, Gegenden, Landschaften, Länder, alles flieht an ihnen vorüber, wie die Menschen, die sie bewohnen; alle Laster, alle Tugenden, Gebräuche und Sitten geben diesen vorübereilenden Reisenden so ganz die Gestalt eines „Tai-fun“ oder Wirbelwindes in geistiger Beziehung, daß nur der Kopf als geistiges Steuer noch zur Not die ganze Beurteilungskraft aufrechterhält, damit sie nicht ganz verlorengehe.

Eben das wollte Ich den Schiffenden zeigen, wenn ihr vermeintliches Steuer gebrochen, daß sie selbst nicht mehr wissen, an was sie sich halten sollen. Und so brach deinem Freunde und seinen Gefährten auf ihrem Schiff auch das Steuer, und sie waren den Wellen, Winden und Meinem Willen preisgegeben, wie sie auch ohne ihre Vernunft auf den Wellen des Lebens allen Leidenschaften und Begierden als Beute anheimfallen müssen und nicht mehr wissen, wo ihnen eigentlich der Kopf steht.

Als ihnen das Steuer am Schiff gebrochen war, sahen sie erst ein, es gibt doch ewas Höheres, ein höheres Wesen, zu Dem wandten sie sich, und still im Innern flehten sie um Hilfe. Was wollte das sagen? „Wenn in deinem berechnenden irdischen Leben dir das Steuer der Vernunft nicht mehr auslangt, *dann steige hinunter in dein Herz*, dort wirst du eine Fülle von Reichtum finden, die dich ebenfalls wieder zu dem nämlichen Gott führen wird, den du notgedrungen mitten im Meer zwischen Wellen und Winden angerufen hast.

Dort suche deinen Frieden und deinen Anhaltspunkt, wenn das Vernunftsteuer bricht, dort wirst du erst erfahren, daß weit über alle Berechnung hinaus und weit über alle irdischen, vergänglichen Schätze ein noch Höheres dort verborgen liegt, das dich erst dahin führen wird, wo du den eigentlichen Wert der Welt und deines eigenen Ichs kennenlernen wirst! – –"

Dein Bruder will nun durch solch geistige Erklärung des Sturmes im Stillen Ozean seinen Freund dahin bringen, daß auch er jetzt, nachdem er den weltlichen Großen Ozean glücklich durchschifft hat, den nämlichen Weg betrete im Stillen Ozean des häuslichen Friedens und der Ruhe, der diesen Namen eher verdient, als jene große Wasserfläche, wo zwar in der Erde im stillen große Entwicklungsprozesse vollbracht werden, die aber für die Menschen nicht immer so still ablaufen, wie es der diesem Meere gegebene Name andeutet.

Dein Bruder möchte seinem Freunde sagen, wenn er wieder im Kreise seiner Familie ist: „Sieh, Bruder, jetzt hast du viel in der Welt gesehen, viel erfahren, und doch mit all diesem Gesehenen und Erlebten bist du noch nicht an der Quelle angelangt, wo Ruhe und Frieden wohnt und der Mensch sich seiner geistigen Existenz und seiner Mission freuen kann.

Du hast während deines ganzen Aufenthalts in fremden Ländern viel für andere und wenig für dich getan; du wirst auch dafür auf weltliche Art belohnt und entschädigt werden; jetzt kommt die Zeit der körperlichen Ruhe, ein Stillstand im häuslichen Leben, wo nicht mehr Neues mit Neuem wechselt, sondern andere Verpflichtungen an dich herantreten, die du deiner Familie und deinen Kindern schuldig bist. Sieh, jetzt, wo die Neugierde, andere Länder, andere Völker zu sehen, befriedigt ist, jetzt, wo du, geehrt von deinen Kameraden und geschätzt von deinem Monarchen, genug entschädigt sein wirst, jetzt komme ich, alter Freund, und möchte auch dir einen freundlichen Rat geben. Siehe, mich Leidenden, seit Jahren nur an eine Kammer mit vier Mauern gebunden, höchstens fähig, mittels langsamer Bewegung einen kleinen Spaziergang in freier Luft zu machen, siehe, mich hat der Herr der großen Schöpfung, wovon du mehr Wunder gesehen hast, als ich je gelesen, dieser Herr voll Gnade hat mir mein Herz aufgetan, hat mir gezeigt, wieviel Schönes und Erhabenes dort vergraben liegt, und jetzt, wo ich durch dieses Finden Ruhe und Trost, ja göttliche Seligkeit gefunden habe, jetzt steigt in mir der Wunsch auf, auch dich, mein alter Freund, das nämliche genießen zu lassen, und um so mehr, da auch du Kinder hast und gewiß sie zu Menschen nach Gottes Ebenbild erziehen möchtest.

Jetzt drängt es mich, dir diesen Weg zu öffnen, o schenke meinen Worten Gehör, laß jetzt, wo die Außenwelt dir genug unvergeßliche Eindrücke zurückgelassen hat, laß jetzt dir deine Goldgrube im Innern durch mich eröffnen, damit auch du, der du in so manchen Dingen mit mir gleich denkst und fühlst, auch in diesem reinen, heiligsten und erhabensten Punkte mit mir übereinstimmen mögest! Dieses ist auch der Grund, warum ich in meiner Einfalt den Herrn bat, mir zu helfen und mit Seinen Worten das auszudrücken, was meiner schwachen Zunge nicht möglich ist.

Nachdem wir nun in unserm Kreise diese hohe Gnade der direkten Mitteilung des Herrn genießen, so nimm du, o Freund, diese Zeilen von Ihm, dem alliebenden Vater, der, so wie Er uns alle gezogen, auch dich und die deinigen in den Kreis der Verehrer Seines Wortes aufnehmen möchte; lasse dich von Ihm ziehen, und du wirst sehen, daß, wohin Er dich führt, dich der Weg nicht gereuen wird; denn wie ich und viele andere dir bezeugen können, dieser Weg führt zum einzigen Glück, das dem Menschen zu erreichen auf dieser Welt möglich ist – zum Glück, sich selbst und seinen Schöpfer als Vater kennenzulernen!“ – –

Wenn dein Bruder so seinem rückkehrenden Freunde euer Streben und Mein Einfließen in euch vorstellen wird, so seid überzeugt, er wird nicht ungerührt dabei bleiben, und wenn er auch nicht gleich der eurige wird, so werde ich schon dafür sorgen, daß von Zeit zu Zeit die Eindrücke dieses geschriebenen Wortes wieder durch Ereignisse aufgefrischt werden, damit er Gott und seinen h. Vater nicht ganz vergißt, den Gott, der im Schlachtengetümmel wie im Zyklon-Wirbelwinde ihn nicht vergaß, als er dort flehend Ihn um Hilfe anrief, die ihm auch zuteil geworden, was seine Rückkehr in bester Gesundheit beweist.

Dein Bruder gedulde sich nur etwas, vertraue auf Mich, und das Weitere wird ihn dann lehren, inwieweit sein Vertrauen gegründet war oder nicht! Amen.

Luft, Wasser, Erde und Feuer

(25. Juni 1871)

Dieses waren geraume Zeit die vier Elemente, aus denen, wie früher die Menschen glaubten, das ganze Universum oder doch wenigstens die Erde und alle Weltkörper beständen.

Lange blieb dieser Glaube feststehend, bis die Scheidekunst, „Chemie“ bei euch genannt, noch mehrere Elemente herausfand, die sich jeder weiteren Zersetzung* widersetzten und deren Anzahl jetzt (1871) auf etwa 70 angewachsen ist.

Was die Männer der Wissenschaft als primitive Elemente ansehen und sie als Urprinzipien darstellen, sind aber noch lange nicht die letzten Stoffe, aus denen Meine Schöpfung zusammengesetzt ist, sondern den Forschern auf diesem Gebiet fehlen erstens die Mittel zur weiteren Teilung der Stoffe und zweitens die Sinne, um die geteilten Substanzen wahrnehmen zu können.

Daß diese Grübler in Meinen Werken nicht weiter gelangten, als sie bis jetzt sind, wo ihre ganze Wissenschaft am Ende dahin geht, im praktischen Leben alle ihre Entdeckungen nur zu weltlichen Zwecken zu verwenden, geschieht deswegen, weil es noch keinem Chemiker eingefallen ist – *Mich als den ersten Scheidekünstler anzuerkennen, zu begreifen und lieben zu lernen!*

Eben deswegen lasse Ich sie auch alle da, wohin sie jetzt gekommen sind, wo sie genug Erfahrungen aus Meiner Natur gesogen haben, die wohl den Eigennutz der Menschen, aber nicht ihre Nächstenliebe fördern halfen.

Es ist auch hier nicht der Zweck, euch mit chemischen Analysen zu unterhalten oder Neues aufzudecken; es ist des Alten genug!

Was aber die Herren der Wissenschaft nicht erkennen wollen, ist, daß, obwohl sie in der Chemie gerade den strengsten Gesetzen begegnen, sie doch keinen Gesetzgeber anerkennen wollen, wenngleich sie bei jedem Schritt auf Seine Spur stoßen; wären sie vorurteilsfrei, könnten sie Denselben gewiß nicht verleugnen.

Wir wollen aber jetzt zu unseren erstgenannten „vier Elementen“ zurückkehren und sehen, was dort für eine Beziehung in geistiger Hinsicht mit Meiner Schöpfung und mit Mir Selbst besteht, die euch vielleicht lehrreicher sein kann als alle Regeln der

* Zerlegung.

Scheidekunst nebst ihren Tausenden von Namen aus allen schon längst außer Brauch gekommenen Sprachen.

Seht, Meine Kinder, wenn ihr diese vier Elemente genau und aufmerksam betrachtet, als *Luft, Wasser, Erde* und *Feuer*, so sollte euch vorerst auffallen, daß die *Luft* das zarteste, leicht beweglichste Element, das *Wasser* schon dichter – euren Augen zwar schon als Körper, wenngleich noch im flüssigen Zustande bemerkbar, die *Erde* ein Konglomerat* von lauter festen Gegenständen, wie Steine, Sand und verfaulte und zersetzte Überreste der auf ihr bestehenden Tier- und Pflanzenwelt, und endlich das *Feuer* das alles zerstörende und wieder in andere Formen organisierende Element ist.

Nun sehet, die Luft ist geistig gleichbedeutend mit Meinen Schöpfer-Gedanken, wo noch alles, ohne Selbständigkeit gewonnen zu haben, beisammen ruht, nur des ersten Winkes zur weiteren Entwicklung harrend; das Wasser, als verdichtete Luft, ist geistig: kondensierte Gedanken zu Ideen, welche dann ausgeführt stetige Größen geistig, wie die Erde, bilden; und wo in ihnen endlich als ein zersetzendes Prinzip zu ewiger Erneuerung antreibend, die Liebe dem Feuer gleichend auftritt, welche, stets neu schaffend, das Abgenutzte in neuen Formen wieder herstellt.

Nun, wie diese vier Elemente eure ganze Erdkugel, das in ihr Bestehende sowohl, als das sie Umgebende ausdrückt, ebenso stellen auch diese Eigenschaften, als: *Gedanke, Idee, Tat* und erhaltende und umgestaltende *Liebe*, Mein Ich als schaffender Gott vor.

Denn auch Ich schaffe vorerst Meine Gedanken, forme sie dann zu Ideen, gebe diesen Ideen den Impuls, in die Wirklichkeit zu treten, sich zu gestalten, und wenn die so dargestellten Dinge ihre Lebensbahn durchgemacht, das Geistige in ihnen sie höheren Stufen zugeführt hat, so tritt Meine Liebe hinzu als verzehrendes, zersetzendes Element, als Feuer, und befähigt durch Verbrennung das übriggebliebene Gröbere zu neuer Tätigkeit in anderen Formen, so zwar, daß *was einmal geschaffen, nie mehr vergehen kann.*

In der euren Erdball umgebenden Luft liegen alle Stoffe in aufgelöstem Zustand, welche zum Bestand der Erde, ihrer Atmosphäre, ihres Gedeihens, sowohl der grobmateriellen Teile als der auf ihr lebenden Pflanzen- und Tierwelt gehören.

Sie liegen dort als Embryonen verschlossen wie die ersten Urkeime zur weiteren Ausbildung.

* Gemengsel.

Der Einfluß des Äthers auf die Atmosphäre*, der Einfluß des Sonnenlichtes sowie deren Wärmestrahlen und der Einfluß aller fern und nahe stehenden größeren Weltkörper und Sonnen tragen dazu bei, die noch im Kindesschlummer ruhenden Elemente zu wecken, zu entwickeln und sie zu ihrer weiteren Bestimmung vorzubereiten, wo sie, beim flüchtig-beweglichen Wasser anfangend, dann zum Starren übergehend, wieder ins lebendige Geistige verwandelt, durch das Verzehren mittels erhöhter Wärme ihrer Fesseln entbunden, als primitive Elemente auftreten, um von dort einen neuen Kreislauf von Schöpfungen anzufangen.

So ist das Wasser eigentlich die Mutter oder Ausgebärerin gewesen aller jetzt als Festland bestehenden Weltteile. So war und ist noch im Meer, als großem Behälter alles zu Erzeugenden, alles in aufgelöstem Zustande vorhanden, was dann durch Ausdünstung, Niederschlag, unterirdische Verbrennung usw. wieder der Atmosphäre zurückgegeben wird, um wieder neue Verbindungen anzutreten, nachdem vorher aus allen diesen Elementen das Geistige sich auf höhere Stufen geschwungen und nur das Gröbere, Schwerauflösliche, als materielle Bestandteile zurückgeblieben ist.

So sehet ihr vom härtesten Stein der Grundfesten der Erde bis zum weichsten Lehm eine Reihe von stufenartiger Entwicklungen der in der Luft, gleich den Gedanken, gelegenen Urelemente, im Wasser als verdichteter Luft, gleich den kondensierten Gedanken zu Ideen; in der Erde als materielle Bestandteile derselben ausgebildet, gleich der Tat; und endlich in der steten Veränderung, Zersetzung, Verbrennung des Daseienden die ewige Wirkung der stets neuschaffenden Liebe, wo aus Altem Neues erbaut und zum großen Entwicklungsprozeß angetrieben wird, und zwar so lange fort, bis auch das letzte Materielle geistig geworden ist.

Was ihr also in den vier Elementen bildlich vor euren Augen seht, das ist der geistige Rundgang all Meiner Schöpfungsgedanken, es ist der Weg alles Geschaffenen, es ist auch euer Weg!

Denn auch in euch selbst, nämlich im geistigen Seelenmenschen, entwickeln sich vorerst die Gedanken; ohne gewisse oder bestimmte Tendenzen schweben sie im Gehirn, im Herzen, und warten des Anstoßes, sich zu etwas Gediegenem zu vereinen; sie sind wie die Luft, leicht beweglich und schnell ihre Form ändernd.

* Siehe in „Erde und Mond", Teil 1 A „Die natürliche Erde", Kap. 20 ff.

Sobald ihr dann einem Gedanken mehr nachhängt, sammeln sich um ihn seine nötigen Mithelfer, erzeugen und scheiden aus, was gleich dem Prozesse des Wassers ist – so die Ideen-Verbindung in der menschlichen Seele: die Ideen verwirklichen sich zur Tat, zu fest ausgeprägter Tat, gleich dem aus dem Wasser entstandenen Festland, welche Taten-Gesamtheit eigentlich den Geistesmenschen zu dem stempelt, was er in Meinem Reiche einst sein wird.

Nachdem aber die Tat als Produkt der Gedanken und Ideen ebenfalls auf andere einwirkt, so wird auch sie durch die geistige Zersetzung der Liebe in ihre ersten Uranfangstriebe entweder zur göttlichen, erhabenen oder zur bösen, niedrigen gemacht, wo sodann ihre Folgen auf ihren eigenen Urheber zurückfallen müssen; denn es gilt im Geistigen nicht die Vollziehung einer Tat, sondern das: *unter welchen Beweggründen* sie gedacht und zur Ausführung gebracht wurde.

Daher soll sich auch ein jeder Mensch vorher wohl besinnen, ehe er sich zur Tat entschließt, daß diese ja auf reinstem moralischem Grunde gebaut und ausgeboren ist, damit sie für ihn nie üble Folgen auf sein Bewußtsein haben kann, damit am Ende seines reinen Willens wegen, das Beste zu tun, die üblen Folgen, herbeigeführt durch Mißbrauch oder Mißverständnis, nicht auf ihn als Urheber, sondern auf den diese Tat zum eigenen Vorteil ausbeutenden Verwender fallen möge.

Ihr seht hier den geistigen Weg einer Tat, sie wie Luft, Wasser, Erde und Feuer den nämlichen Weg gehen, den Meine Schöpfungsgedanken, den die Materie und endlich auch Meine Geister sowie ihr als Geistesmenschen durchlaufen müssen.

Denn *das geistige Kleid im Jenseits ist der Ausdruck der Gesamtheit der Gedanken, geformt zu Ideen, ausgebildet zur Tat und vergeistigt durch die Liebe*.

So, Meine Kinder, wie die Luft der Träger alles künftigen Körperlichen, das Wasser die Gebärerin des festeren, solideren Ganzen ist, so sollen auch eure Gedanken, Ideen und Taten nur aus reinster göttlicher Quelle fließen, um einst durch die Liebe geläutert, vergeistigt, euch als Krone zu dienen, welche ihr als Produkt des irdischen Lebens mit ins andere Leben hinüber nehmt. Wie die Luft, als leicht beweglich, auch Stürme und Verwüstungen bringt, so auch die Flut der Gedanken, wenn diese nicht vorher reiflich überlegt, einer den andern überwältigen will; und wie die starken

Bewegungen der Luft auch auf dem Meere große Wogen hervorrufen, so zeigt auch diese bildliche Folge in der Natur, daß auch stürmisch bewegte Gedanken nur aufgeregte Ideen hervorrufen, die selten etwas Gutes zur Folge haben.

Und wie endlich die Erde oft in ihren Eingeweiden durch heftige Erdbeben und vulkanische Ausbrüche erzittert, die teilweise Zerstörung und Verwüstung bringen, ebenso die unüberlegte Tat, als Produkt eines wirren Gedankenschwarmes und stürmischer Ideen, welche als unausgegorene Tat nie Segen verbreiten wird und seinem Urheber nur Reue hinterläßt.

Trachtet daher auch ihr, wie die vier Elemente, daß auch ihr euren Zweck so erfüllt wie Luft, Wasser, Erde und Feuer, das heißt, daß bei euch nur reine Gedanken geduldet werden, welche einem Menschen, als Meinem Ebenbild, stets würdig sind, daß eure Ideen stets menschenfreundlich, wie das Wasser, gern an andere abgeben, was denselben zum Besten gereichen kann, und sie dann als Taten das nämliche Produkt haben wie die feste Erdrinde, welche ausgeboren aus dem Wasser und dieses aus seiner erzeugenden Schwester, der Luft, dann dasteht, geziert mit allen Schönheiten, die eine liebende Hand eines Schöpfers hineinlegen konnte; damit auch eure Taten die zersetzende Liebe nicht zu scheuen haben, sondern wie die Erde beim Erzittern durch vulkanische Ausbrüche als Endresultat nur ihre eigene Tätigkeit erhöht, und das Gute euch als lohnendes Bewußtsein und das Schlechte den falschen Auslegern anheimfällt.

So folget Mir, folget in ihren Prinzipien euren vier Elementen und euer Geistesmensch wird einst ebenso im ganzen Maße das sein können, zu dem Ich ihn geschaffen habe, wenn er, gleich der Erde, seine Stürme und Revolutionen glücklich überstanden hat, die zu seinem geistigen Fortbestande ebenso notwendig waren wie jene großen Umwälzungen, die euer Erdball durchmachen mußte*, ehe er das wurde, was er jetzt ist, das heißt: ein paradiesischer Garten, für Meine Kinder! Amen.

* Man sehe die sieben Erdbildungsperioden im Großen Evangelium Johannes, Band 1, Kap. 156–163; Band 2, Kap. 215; Band 5, Kap. 197; Band 7, Kap. 70ff.

Der Apfel

(7. Juli 1871)

Der Sohn deines Bruders hat dich gebeten um ein Wort in bezug auf den Vergleich, welchen Ich in der Geistigen Sonne mit einem Apfel machte.

Aber das liebe Kind hat also den eigentlichen Sinn dieser Rede nicht verstanden. Ich führte den Apfel als Beispiel an, daß überall in allen Produkten und Formen ein noch tieferes *geistiges* Etwas verborgen liegt, es muß nicht gerade ein Apfel sein, sondern jeder Gegenstand in seinem Naturzustande hat eine geistige Bedeutung, das heißt eine geistige, korrespondierende* Ähnlichkeit mit etwas aus dem Geister-Himmel und seinen ätherischen Produkten.

Da aber dieses Kind doch speziell etwas vom Apfel wissen möchte, so will Ich ihn denn auf manche Eigenheiten dieser Frucht aufmerksam machen, was ihre *Form* und ihr *Inhalt geistig* – und noch tiefer *himmlisch* ausdrückt.

Ehe wir aber zum Apfel selbst übergehen, wollen wir zuerst seine Entstehung aus der Blüte leicht berühren und dann zu dieser Frucht selbst übergehen.

Nun, so höre denn, Mein liebes Kind:

Du wirst dich erinnern, daß Ich in einem andern Wort an eine liebe Tochter gesagt habe: „die Blume sei der Brautstand". So ist es auch die Blüte eines Baumes, auch sie ist die vorletzte Stufe seiner eigentlichen Bestimmung als Baum, denn die letzte ist die Frucht selbst.

Und wenn du eine Blüte genau ansiehst, so wirst du bemerken, daß sie außer den weißen Blütenblättern auch noch Staubfäden und in der Mitte derselben den eigentlichen Zeugungsapparat hat.

Sobald nun die Blüte der Vollreife entgegengeht und als Blüte in ihr letztes Stadium tritt, wo die Staubfäden als Befruchter anfangen, sich mit dem feinsten Saft des Baumes zu füllen und dieser Saft dann durch das Sonnenlicht vergeistigt wird, so nähert sich der Moment, wo sodann diese Staubfäden sich einwärtsbiegen in den Mutterkelch der Blüte, dort diese Feuchtigkeit entladen und sodann den Mutterkelch zur Schließung zwingen.

Die Blätter der Blüten, ebenso die leeren Staubfäden fallen ab, der untere Teil der Blüte schließt sich zu, und ein aus dem Innern

* entsprechende.

aufsteigender Saft fängt dann an, diese zugeschlossene Kapsel nach und nach aufzutreiben und so die Frucht oder den Apfel zu bilden.

Dort, wo die Einimpfung durch die Staubfäden vor sich ging, bildet sich vorerst der Hauptteil der Frucht, es sind die Kerne, und um sie ganz auszubilden, ziehen fortwährend Säfte aus dem Innern des Baumes heran, umlagern die Kerne, um sie vor den Einflüssen der Witterung zu schützen, teils aber auch, um ihnen durch die in ihren Zellen aufgespeicherte Feuchtigkeit Nahrung zukommen zu lassen, bis sie sich selbst entwickelt, ihren inneren sowohl als ihren äußeren Teil ausgebaut haben.

Die Tausende und Tausende von Zellen, die den Kern umgeben, sind also die, welche stets mehr und mehr angefüllt und in Größe getrieben werden und so die Krone des Apfels bilden, der auch gerade dem Mutterkelch entgegengesetzt, am Ende noch die Einbiegung zeigt, wo die Befruchtung vor sich ging.

So sammeln sich diese Säfte, werden durch das Sonnenlicht und die Sonnenwärme ihres größeren sauren Stoffes beraubt, das Wässerige verdunstet und das übrige wird in mehr süßen als sauren Geschmack Tragendes verwandelt.

So bleibt der Apfel, tritt zuvor noch in den Prozeß der Oxydation auf seiner Oberfläche ein, weswegen seine Schale an manchen Seiten, welche der Sonne zugewendet sind, gefärbt wird und so schon eine Veränderung der inneren Substanz anzeigt, die, am letzten Entwicklungspunkt angekommen, schon wieder durch Zersetzung ihrer Elemente in andere Formen übergehen möchte.

Das geistige Analogon (Ähnlichkeit) des Apfels ist, daß er die Form eurer Erde hat, worauf er selbst wächst und der er auch seine Entstehung verdankt.

Die Äpfel sind an Geschmack verschieden je nachdem im Grunde, worauf der Stamm wächst, salpetersaure Substanzen die Wurzeln umgeben, und es trifft auch zu, daß, wo die Äpfel zu größerem als gewöhnlichem Volumen aufgetrieben worden, sie auch im rohen Naturzustande nicht zu den angenehmsten im Essen gehören der großen Masse von Säure wegen, welche sie durch den Stamm von der Erde aufgesogen haben; sie verarbeiten wohl in ihrem Zellgewebe mittels der Sonnenwärme die Säure, allein ganz läßt sie sich nicht entfernen, und sie entweicht dann erst teilweise beim Zubereiten zur Speise mittels des Feuers. –

Die weitere geistige Bedeutung des Apfels ist eine für euer ganzes Geschlecht wichtige, da es gerade ein Apfel war, welchen Ich als

Probe des Gehorsams den ersten Menschen zu essen verbot und ihnen bildlich damit sagen wollte:

„Beißet nicht – in diesen sauren Apfel, denn ihr und das ganze nachkommende Geschlecht werdet es büßen müssen!"

Ich wählte dazu den Apfel, als Symbol die Erde vorstellend, welche auch des Sauren genug für ihre künftigen Bewohner aufbewahrt hatte, und es war gerade die Eva, welche vollführte, was Ich ihr ersparen wollte, sie biß in die süß-saure Frucht und vererbte so auf ihr ganzes Geschlecht die unter süßem Gewande verborgenen sauren und bitteren Leiden, denen das weibliche Geschlecht bis zum Ende des Lebens ausgesetzt ist.

Auch bei den Weibern gilt es im allgemeinen, daß je mehr sie aufgetrieben und schwülstig einhergehen, desto mehr Saures und Bittres ihr Gemüt birgt, und auch sie sind nicht zu genießen, bis das starke Reinigungsfeuer ihnen mit Gewalt die Säure benimmt und sie dadurch der menschlichen Gesellschaft erträglicher werden.

Wie beim Apfel, je kleiner, je rotbackiger seine Außenseite ist, gleich einem Mädchen, welchem die Gesundheit auf der Stirn geschrieben steht, desto süßer ist auch der Apfel und desto besser auch das Gemüt des Mädchens.

Je grüner, härter und aufgetriebener der Apfel ist, desto mehr gleicht ihm auch *das* weibliche Wesen, welches fast grün vor Zorn und Neid aufgeblasen einhergeht und gleichsam niemanden neben sich dulden will!

Der Apfel war der erste Verführungsgrund für das erste Weib der Erde und gleichsam das Bild für ihr ganzes Geschlecht geblieben, er drückt auch nebenbei das Leben dieser Erde aus, wo, um zur Erkenntnis seiner selbst zu kommen, der Mensch im Schweiße seines Angesichts sein Brot sauer erwerben muß, wo er mit allen Lastern und Leidenschaften ringend, sich zu Meinem einstigen Kinde ausbilden muß und, durch bittere und saure Erfahrungen seine Mission beendigend, erst dann als ein anderer, Besserer, Geistigerer ins jenseitige Leben eintritt.

Was beim Baum dessen Blüte ist, das ist beim Menschen sein erstes Erwachen zum irdischen Leben, wo er kein Leid noch kennt, bis die Staubfäden des menschlichen Lebens ihm die ersten Wunden beibringen und ihn durch dieses Ätzen zum Kampf und Streit mit seiner eigenen Natur und der ihn umgebenden Welt anreizen.

Und wie der Mutterkelch der Blüte sich schließt und dann die inneren Säfte die Frucht auftreiben, so schließt sich auch das junge verwundete Herz, und von innen die Lebens-Elemente seiner eigenen Natur und von außen die seiner Mutter Erde als Nahrung empfangend, wird auch er ein Behältnis von guten und schlechten, süßen und sauren Leidenschaften und Eigenheiten, bis endlich im Kampf mit sich selbst, das Bittere ausgemerzt, er seiner höheren Bestimmung entgegengeht – und wie beim Apfel das den Kern umgebende Zellgewebe die Mittel in sich trägt zur ferneren Entwicklung eines anderen Baumes, so sind es auch die guten Eigenschaften, welche die Seele als Kern mit ihren Kleidern umgebend und schützend, den Menschen fähig machen sollten für eine Reihe von höheren und größeren Ausbildungsstufen.

Was der Apfel als Saures in sich enthält, das sind die unreinen Triebe im Menschen, die auf der einen Seite ihn reizen zu ihrer Gewährung, auf der andern Seite aber das bessere Ich zur Gegenwehr anspornen und so aus dem Kampfe des Süß-Sauren ein auflösendes Prinzip hervorbringen, welches zum Heile des Menschen, wenn es zu seinem Besten als geschmackvoller Saft, wenn er unterliegt als bitterer Essig oder berauschender Wein das Resultat seiner Lebensexistenz geworden ist.

Daher sehe auch du, Mein liebes Kind, in dem noch alles Süße und Saure, wie im aufkeimenden Apfel, im Gärungsprozeß in dir begriffen ist, daß nicht das Saure die Oberhand bekommt, denn was die Liebe eigentlich als Wärme ist, das ist der Zuckerstoff als Gegensatz zum Haß, Zorn und anderen Leidenschaften, die der Galle entsteigen und als gleichbedeutend mit dem Sauren zu verstehen sind.

Strebe vorwärts! sei aufmerksam auf dich und auf die Regungen in deinem Herzen, damit nicht auch du, wie ein Sprichwort sagt: einst „in einen sauren Apfel beißen" mußt, sondern daß du noch zur Zeit ausscheidend, nur das Gute in Taten um dich scharest und so getrost den Weg der zweiten, geistigen Reihe im Jenseits antreten kannst!

Hier hast du das dreifache Bild des Apfels: als Frucht, als Symbol der Erde und als Entsprechung für das menschliche Leben.

Nimm dir die gehörige Lehre daraus, damit dieses Wort dir nicht umsonst gegeben worden ist. Dieses sagt dir dein Vater, der im Handeln dich stets segnend stärken wird! Amen.

Von Nacht zum Licht

I. Die Blume

(3. Mai 1871)

Nun, hier will Ich dir das vor kurzem geschaute geistige Gesicht, welches dich überkam beim Anblick eines abgerissenen Tannenreises, nicht nur allein näher erklären, sondern auch dir noch weitere Eröffnungen über das geistige Verhältnis machen, das zwischen allen materiellen Produkten und der geistigen Welt besteht, und wie in einem jeden Pflänzchen schon die ganze geistige Laufbahn eines Menschen, wie eines Geistes oder Engels, begründet, angedeutet und genau bezeichnet ist.

Es gehört nur die innere Sehe dazu, um diese geistige Schrift der Entsprechungen lesen und deuten zu können.

Dich überkam solch ein lichter Moment, als du nur in die Schönheiten eines Tannenreises dich vertieftest, auf welchem auch seine künftige Frucht schon angesetzt war, eine Stimmung, in welcher du Meine Gnade, Huld und Liebe in diesem kleinen Produkte lesen und schauen konntest.

Es ließ dir den ganzen Tag eine sanfte Stimmung zurück, du warst auch einige Momente ausgesöhnt mit deinem Schicksal, zufrieden mit dem, was Ich dich in einem Blick in Meine Natur geistig sehen und fühlen ließ.

Da Ich aber dich zum Lehrer und Führer für die andern aufgestellt habe und die Kundgebungen, die du durch Mich erhältst, noch weiter hinausreichen sollen, als dein Wirkungskreis und deine eigene Lebensdauer umfaßt, so soll auch dieses geistige Gesicht nicht dir allein gegeben, sondern es soll ein allgemeiner, geistiger Blick werden, den dann jeder machen kann, wenn er nicht oberflächlich Meine Natur, sondern geistig mit großen Buchstaben geschrieben lesen will, was die einzigen Worte sind, welche aus allen Winkeln hervorleuchten, heraustönen und hervortreten, nämlich:

„Gott ist die Liebe!"

Diese Worte will Ich dir, euch, und der ganzen Menschheit in diesen folgenden Worten zurufen, zeigen und womöglich in jedem Herzen erwecken, damit ihr alle den großen Plan und Zweck eures Schöpfers erkennt, achtet und begreifen lernet. Ich will euch alle führen „Von Nacht zum Licht", wie dein getreuer Mitarbeiter in Meinem Weingarten, der unermüdliche Busch in Dresden dir erst vor kurzem geschrieben hat!

Ja, Gott ist die Liebe! *Die Liebe ist es, welche die Welten erschuf, sie erhält, und sie auch bis zu ihrer Vollendung weiter befördern wird.*

Die Liebe ist es, die in jedes materielle oder geistig Geschaffene ihre ganze Macht, ihre ganze Glut und ihren Eifer hineingelegt hat.

Gott ist diese Liebe, Er, der euch führt, euch leitet, mit euch und eurem Halbwesen nachsichtig, euch doch stets mit Gnaden und Wohltaten überhäuft; Er, der euch an allem Geschaffenen geistig zeigen will, daß nur immer der nämliche Zweck, das nämliche Prinzip Ihn geleitet hat, und wenn euer Auge vom Weltlichen abgewendet, ihr einst das Geistige der Formen und Bildungen der materiellen Welt erschauen könnt, ihr auch dort schon seit der Erschaffung der materiellen Welt alles längst vorbereitet finden werdet, was dann geistig gelesen euch nötig ist, um euch aufwärts in jene Region zu führen, wo Materie aufgehört und das Geistige angefangen, und wo das Körperliche, Vergängliche mit dem Ewigen gewechselt, euch im Kleinen wie im Großen die nämlichen Worte in tausend und tausend Formen, Bildern und Gebilden zeigt, die alle miteinander nur *Liebe* atmen, *Liebe* sind und *Liebe* verbreiten und so euch von der finstern, materiellen Welt, von Nacht zur geistig-hellen, ewig nie vergehenden Welt, zum *Lichte* führen sollen!

So war es auch dir, als du in dem Tannenzweig Meine ganze Schöpfung in ihrem größten Liebesreiz erblicktest, so war es dir, als ob der geistige Himmel, wie bei einem trüben Wetter die Sonne, dir einen Lichtstrahl aus seinen Räumen zusandte, wo Sorgen, Kummer und Leiden aufgehört und nur Freude, Wonne und Seligkeit ihren bleibenden Aufenthalt haben.

Dir diese Stimmung zu lassen, war nicht möglich; denn du bist noch Erdenkind und bist noch zu sehr an die Materie gebunden. Kommt einst die Zeit der geistigen Vollreife, wo die Materie als Hülle deinen Geist freilassen muß, dann wirst du diese nur in flüchtigen Augenblicken genossene Stimmung als bleibendes Kleid anziehen können, wirst damit Licht verbreiten für andere und Licht einsaugen von andern; aber noch ist es nicht möglich, dich bleibend genießen zu lassen, was nur geistigen und nicht körperlich-seelischen Wesen förderlich sein kann.

Um dir aber den Weg zu zeigen, den alle Meine Wesen gehen müssen, so gebe Ich diesem Wort eben gerade den Titel: „Von Nacht zum Licht, oder die Blume“, weil Ich dir und euch allen in der Blume zeigen will, daß der Weg zu diesem geistig erhabenen Standpunkt der Liebe der nämliche Weg ist, welchen jedes materiell Geschaffene, bis zu Meinen höchsten Engelsgeistern, durchmachen muß und teils schon durchgemacht hat!

Ich wählte die Blume oder jedes Gewächs, weil der materielle Prozeß dieses geschaffenen Symbols der Liebe euch mehr bekannt und daher leichter verständlich ist; Ich wählte es auch nebenbei, damit ihr nicht so gedankenlosen Mißbrauch mit Meinen Schöpfungen machen sollt, wie es gerade mit diesen Erzeugnissen aus zwei Welten geschieht, nämlich als Produkten der Erd- und Lichtwelt, damit ihr beim Anblick oder Geruch des duftenden Balsamgeruches einer Blume nicht bloß eure Seh- und Geruchsnerven ergötzen sollt, sondern, tiefer in den Kelch der offenen Blume hineinschauend, *das Geistige*, weit Höhere und Schönere erkennen möget, das Ich hineingelegt habe, um euch bei jeder Blume ins Gedächtnis zurückzurufen: „Gott ist die Liebe!“

Sehet, Ich habe soeben gesagt: „Die Blume ist ein Produkt aus der Erd- und Licht-Welt!“ Nun, solch ein Produkt seid auch ihr; auch ihr seid aus Erde und Licht, seid Körper und Seele, als Überkleidung Meines göttlichen Geistes, auch ihr ringet von Nacht zum Licht, wie der Same, der eingelegt in die Erde nach oben strebt, die Erdscholle durchbricht, nach dem Licht der Sonne, sein Geistig-Höchstes, sich wendet.

Sehet also und leset in dem Beispiel eines Gewächses, das eine Blume oder Frucht zum Endzweck hat, leset darin eure ganze Lebensgeschichte, wie sie dort ebenfalls so klar geschrieben steht wie in eurem Ich!

Kurzsichtige, gleichgültige Menschen! öffnet eure materiellen und geistigen Augen! erhebet euren Blick etwas höher, als nur bis an die Grenzen des sichtbaren Materiellen; und ihr werdet eben gerade in einem Gewächs so klar geschrieben finden, was Ich euch auch mit tausend Worten stets zurufe: „Gott – ist – die Liebe!“

Erkennet doch den Vater! Wenn ihr Ihn nicht geistig sehen könnt, erkennet Ihn doch in Seinen Werken!

Wandelt nicht so gedankenlos in Seinen Wundern herum; schämet euch eurer selbst, diese von Mir so deutlich geschriebene Geisterschrift (in der Schöpfung) nicht verstehen zu können!

Ist es doch schon traurig auf eurer Welt, wenn ein Kind seinen Vater nicht kennt, um so mehr, wenn ein Kind, das Kind eines Schöpfers von so vielen Wundern und Schönheiten, Seinen Vater so ganz und gar ignoriert (vergißt), als wäre Er für es ganz und gar nicht bestehend, oder nur dann, wenn es gerade Hilfe braucht!

Sehet, dieses ist der Zweck Meines heutigen Wortes an euch, daß ihr alle mehr das Geistige in der Welt begreifen lernen sollt und nicht die gewöhnlichen, trivialen Lebensbedürfnisse und weltlichen Sorgen nur, eure geistige Bestimmung und Mich vergessend, auf Meinen Wundern herumwandelt wie Tote unter Lebenden, wie Blinde unter Schauenden.

Wüßte Ich nicht, wie lau und gleichgültig ihr alle Meine Worte nehmt, so würde Ich nicht wieder auf einem anderen Weg euch das nämliche wiederholen, was ihr schon auf vielerlei Art und Weise gelesen, aber leider sehr wenig ausgeübt habt.

Ich will alles tun, euch zu wecken, euch zu etwas Besserem zu erziehen; wenn ihr aber euch nicht wecken lassen wollt, wenn ihr den geistigen Schlaf vorzieht, so gebt dann nicht Mir die Schuld, wenn Umstände und Ereignisse hereinbrechen werden, die euch in eurem weltlichen Taumel nicht mit Liebe, sondern mit Schrekken und Verzweiflung aufwecken werden; ihr habt es so gewollt, so genießet auch die Früchte eurer weltlichen Sorgen für Magen und Körper, dann wird aber der Weg „von Nacht zum Licht" etwas schwerer und langsamer gehen als jetzt, wo Ich euch als sanfter, geduldiger Führer durch Erklärung Meiner Wunder in der materiellen Schöpfung euch ins Reich der geistigen Wonne und Seligkeit einführen will.

Nun, jetzt will Ich wieder zu Meinem gewählten Bilde „die Blume" oder „das Gewächs" zurückkehren.

Ich habe euch nur Mahnworte dazwischen gegeben, damit ihr den Ernst Meiner Worte, wie auch die Größe Meiner Liebe begreifet, die sich soviel Mühe gibt, euch Harthörigen das Gehör für Geistiges zu eröffnen!

Sehet, die Pflanze wird als Same ins Erdreich gelegt; in dem Samen liegt schon für seine künftige Bestimmung alles vorbereitet, es liegen darin alle Mittel zur Ausfüllung seines Zweckes und zur ewigen Erhaltung seiner Gattung durch die Wiedererzeugung neuen Samens. Es liegen in einem Samenkorn einer einzigen Pflanze die Elemente ihres stufenweisen Fortschreitens zu einer höheren Klasse, und von dort fort und fort, bis zum Bestandteil eines seelischen und endlich geistig-seelischen Wesens, bis wo die Pflanze ebenfalls vervollkommnet ins Geisterreich übergeht und dort eine Integrität eines geringsten Wesens bis zum höchsten Engelsgeist ausmacht.

So sehet ihr in einer Pflanze eine folgerechte Fortschreitung vom Grob-Materiellen bis zum höchsten Geistigen.

Sobald der Same in die Erde gelegt wird, gesellt sich zu seinen schlummernden Elementen der erste Faktor seiner Umgebung dazu, es ist die Feuchtigkeit, welche als Produkt von zwei andern wirkenden Elementen besteht, nämlich aus verdichteter Luft oder Wasser und Wärme, letztere das Produkt des Prozesses der Scheidung und Entwicklung.

Durch diese Feuchtigkeit angeregt, schwillt der Same auf, seine Außenteile werden erweicht und die inneren zur Entwicklung angeregt; von außen wirkt die Natur der ihn umgebenden Erde und von innen seine eigene Individualität.

So gedrängt durch zwei Faktoren, entsteht der Kampf, der Kampf der Außen- mit der Innenwelt, wo am Ende das Innere siegt, die Schale, welche es von seiner Umgebung getrennt hielt, zersprengt und dann seinem Aufbau nur obliegend, das Taugliche aus den ihn umgebenden Elementen heraussaugt und zum weiteren Fortschreiten ausbeutet, nach und nach einen ersten Sproß aufwärts und Wurzeln abwärts treibt, damit zwischen beiden: Nacht und Licht, Erde und Sonne, das Gleichgewicht hergestellt werde und der Same seinem Zwecke gemäß sich zu dem ausbilden kann, wozu Mein Wille ihn geschaffen hat.

So dringt das Pflänzchen, genährt durch die aus der Erde aufgesogenen und individuell verarbeiteten Elemente, stets aufwärts. Je höher es dringt, desto weniger lastet die Schwere der es umgebenden Erde auf ihm, desto leichter kann es die Schwierigkeiten überwinden, es geht mit Sturmschritt dem Lichte, dem noch nicht geschauten, aber geahnten Licht der Sonne entgegen, die Wärme derselben fühlt es schon, je höher es dringen kann, bis endlich, angekommen im Lichte des großen Wohltatenbringers jeder Kreatur, das Pflänzchen anfängt, das Mehr aus dem Lichte und das Wenigere aus der Erde zu ziehen.

Farbe, Substanz, alles wird dann gewechselt, die unteren Kräfte der Nacht müssen entweder weichen oder sich in Lichtelemente verkehren lassen, wobei die Pflanze wieder einen anderen Prozeß vollführen hilft, indem sie, sich selbst aufbauend, ihre Umgebung bis zur Wurzel vom Groben zum Feineren ausbildet und indirekt, abgesehen vom eigenen Aufbau, auch das Vergeistigen der sie umgebenden Erdwelt mitbefördern hilft.

Je weiter das Pflänzchen im Licht-, Luft- und Wärme-Strahl der Außen-Atmosphären-Welt aufwärts dringt, desto mehr verfeinern sich seine Bestandteile, seine aus der Erde aufgesogenen Elemente.

Verfeinerte Substanzen müssen auch Verfeinertes hervorbringen, daher die Stengel und Blätter zarter und weicher als der Stamm oder Stiel sind, welcher noch unter dem Einfluß der Erde, als Nacht, stets Gröberes erhält. Doch dieses alles genügt noch nicht. Ein ungewisses Drängen treibt die intellektuellen Teile eines Gewächses fort nach einem unbekannten Etwas. Aufwärts und aufwärts geht es. Die Blätter werden zarter und zarter. Je weiter der Weg von der Erde bis zum Gipfel, desto mehr müssen die Substanzen der Erde verarbeitet, durch die Intelligenz der Pflanze selbst feiner werden, sie gehören endlich nicht mehr zu Blättern, Stiel und Stengel; alles Grobe ist dann zurückgeblieben, alles das schon früher aufgesaugt worden, und doch hat das Treiben nach Entwicklung noch kein Ende – noch steckt im Keim tief in der Erde Nacht das Beste verschlossen, *das Geistige der Pflanzenindividualität*, das ihren Zweck und ihren Fortbestand bezeichnet.

Bisher hatte diese Individualität nur das verarbeitet, was ihr zwar als eigen gehörte, jedoch aber nur Mittel zum Zweck war, dieses mußte früher ausgeschieden, früher verarbeitet werden.

Jetzt kommt das, was beim Mädchen die höchste Illusion*, der letzte Wunsch ist, es drängt zum Brautstande, zur Vermählung des Materiellen mit dem Geistigen, es drängt zur Blume, wo das Ende einer materiellen und der Anfang einer geistigen Welt ist, nämlich aus der Blume wieder die Erzeugung des Samens oder der Frucht!

Alle Säfte waren verbraucht, die zum Unterbau gehörten; sie, die Blume, prangt nun im schönsten Licht, duftend und geistig ihren Schöpfer lobend, als Endresultat des ersten Prozesses, als höchste Stufe des Samens und als niedrigste wieder der geistigen Reproduktionskraft, wo der Same wieder erzeugt, das früher Verarbeitete der Atmosphäre in anderen Formen und das Übriggebliebene in Samenform oder Frucht zum nämlichen Prozeß der Erde wieder zurückzugeben bereit ist, was er von ihr empfangen hatte, um dort wieder Neues aus ihr zu entbinden, so *die Materie nach und nach zu vergeistigen*, und wenn ihr euch auf den höhe-

* Blütentraum.

ren Standpunkt erheben wollt, den ganzen Erdball durch die Vegetation einer höheren, geistigeren Stufe entgegenzuführen.

Also „von Nacht zum Licht" strebt der Same empor, strahlt endlich in aller Schönheit, balsamische Düfte verbreitend, als Blume euch auf euren Spaziergängen entgegen, ruft euch überall zu: „Gott ist die Liebe!" – „Sieh, Wanderer, mein Ringen, mein Streben und mein Ende auf ihr (der Erde)!

Folge auch du mir nach, denn auch du bist ebenfalls ein in körperliche Hülle gelegter Same; erfülle auch du deinen Zweck, wie ich den meinen erfülle, und du wirst wie ich mit Schönheit und Duft, mit geistigem Genuß und Wonne bekleidet werden!"

Ja, so ist es, Meine Kinder! Höret diesen Ruf eines winzigen Pflänzchens, das auf dem Felde für den gewöhnlichen Menschen sprachlos, für den geistigen aber ein ganzes Evangelium der Liebe und Gnade seines Schöpfers ist.

Folget diesem Pflänzchen – von Nacht zum Licht, und erfüllet auch ihr euren Zweck wie dieser Same, und ihr könnt versichert sein, auch ihr werdet dann als geistige Blumen in Meinem Reiche glänzen und duften!

Wenn ihr alle Phasen* aufmerksam betrachtet, welche die Pflanze durchmachen muß bis zu ihrer Entwicklung, da werdet ihr die nämlichen in eurem Leben nicht verkennen.

Auch in eure Körperhülle ist die Seele und als letzter Intelligenzfunke ein Strahl Meiner Liebe gelegt; auch ihr seid vom Anfange als Kind bis zum Greise von der Wärme oder Liebe geweckt, getrieben zur höheren Entwicklung, seid von der Außenwelt umgeben und müßt von selber aufsaugen, was euch tauglich, und ausscheiden, was untauglich ist; auch euch drängt es, als körperliche Wesen – wegen Naturbedürfnissen, Weltsorgen – die Wurzeln nach unten zu treiben; für euch ist die Außenwelt ebenfalls die Nacht, doch ein innerer Trieb, der Trieb des Geistes – treibt euch nach oben, nach dem Geistigen, und wenn ihr das Geistige auch verleugnen wolltet, dieser Trieb schweigt nicht, es ist der Trieb des Gewissens.

So geht es vorwärts bei der Pflanze, so beim Menschen; durch Verirrungen, Leiden und Kämpfe ziehe Ich euch zu geistigen Pflanzen für Meinen Garten.

Viele fallen unter dem Einfluß der Leidenschaften, wie die

* Stufen.

Pflanzen und Blumen unter dem Einfluß der Witterungselemente*. Wie diese dann unter anderen Formen einer andern Bestimmung folgend, den für sie bestimmten Zweck doch erreichen, ebenso auch die verirrten Geisteskinder – sie müssen den längeren Reinigungsweg betreten, um die Erreichung der Blume, den Brautstand, die Krone alles Treibens und Kämpfens, welches Ziel andere eher erreichten, auf längerem Wege und auf längere Zeiten hinauszuschieben.

Daher, Meine Kinder, nehmt euch die Blumen oder Pflanzen als Beispiel; scheidet auch ihr alle gröberen Elemente aus, vergeistigt das Aufgesaugte! Ihr vergeistigt durch eure Reinigung auch eure Umgebung und zieht mit euch, einem besseren Sein entgegen, auch andere mit.

Aufwärts! Meine Kinder! Nach den zarten Blättern und Stengeln, nach diesen erwächst die Blume eines ruhigen, gottergebenen Bewußtseins, erwächst die himmlische Ruhe; und wie die Blume freudig und sanft ihr Köpfchen bewegt und in den balsamischen Lüften wiegt, die sie umfächeln, so auch ihr im höheren Geisterreiche, wo statt der materiellen Sonne Licht und Wärme, geistiges Licht „Erkenntnis" und geistige Wärme „Liebe" euch sanft umwehen!

Strebet dahin, zu was Ich euch schuf: Meine Kinder zu werden! Lasset euch nicht von einer Blume oder Pflanze beschämen!

So wie Ich einst sagte: „Sehet an die Blumen auf dem Felde, sie arbeiten nicht", ebenso lasset auch ihr euch nicht durch weltliche Sorge zu sehr betören; gebet der Welt, was der Welt ist, „und Mir, was Mein ist" – werdet Blumen in Meinem geistigen Garten und ihr habt euer Ziel auf dieser Welt erreicht – seid auf der höchsten Stufe als Erdenkinder angelangt, um auf der niedrigsten als Geisteskinder euren Weg weiter durch Millionen von Himmeln und Äonen von Zeiten verfolgend, stets euch Mir nähernd – den ganzen Prozeß des Samens bis hin zur Blume und Frucht geistig wiederholen zu können!

Seht, dieses alles sagt euch ein Blümchen, das ihr oft schon gedankenlos mit euren Füßen daniedergetreten habt.

Lernet doch einmal die Sprache Meiner Natur begreifen!

Lernet lesen diese zarte und sanfte Schrift, mit welcher Ich, euer Schöpfer, Herr und Vater in jedes Sandkorn, in jedes Blümchen,

* Witterungseinflüsse.

bis hinauf in die größten Sonnenwelten die nämlichen Worte stets geschrieben habe: Gott ist – die Liebe!

Dieses predigt euch die Natur im Kleinen und im Großen.

Dieses ruft euch euer eigenes Herz bei jedem Atemzuge zu. Dieses sende Ich euch in tausend verschiedenen Formen und Worten durch Meine Knechte und Schreiber.

Höret doch einmal diese große Sphärenharmonie, diesen Choralgesang, der aus Millionen Wesen und Produkten Tag und Nacht Mein Loblied singt; seid nicht kalt gegen alle diese großartigen Deutungen, gehet vorwärts „von Nacht zum Licht"! von Welt zum Geist! und werdet Blumen der Demut, Liebe und Sanftmut in Meinen himmlischen Gefilden!

Dieses allein bezweckt oder will euer Vater mit all diesen Worten, die Er euch fortwährend aus Seinen Himmeln zur Aufklärung zusendet – beachtet sie wohl! – denn sie sollen euch führen, dem Samen gleich, „von Nacht zum Licht"! Amen.

II. Eine Jakobsleiter

(26. Juli 1871)

Du wünschest diesen freien Flug durch Meine Schöpfung, den du vor einigen Tagen an Meiner Hand gemacht hast, auch anderen mitteilen und mitfühlen zu lassen, damit auch sie Meine Macht, Meine Liebe und ihren eigenen Wert kennenlernen.

Nun, da überhaupt alles, was durch deine Seele zieht, nicht für dich allein, sondern für einen bei weitem größeren Zweck in dir geweckt wird, so soll auch dieses geistige Gesicht, wo du die Stufenreihe alles Geistigen sahest bis zu Mir, nun wiederholt vor deine Seele geführt werden, um dir und allen zu beweisen, was es heißt – einen Ableger von Meinem Ich, einen göttlichen Funken in sich zu tragen.

Denn, was nützeten all die Schöpfungen mit ihren großen Wundern, wenn ihr nicht einen intelligenten *Geist* besäßet, der all dieses Geschaute, Geahnte auffassen kann; was nützte euch der Anblick des gestirnten Himmels, wo Millionen von Schwestersonnen ihr Licht auf eure Erde herabsendend, euch zurufen:

„Auch wir senden euch kleinen Würmchen unser Licht aus weiten, unermeßlichen Fernen, ihr bemerkt es aber nur dann, wenn eure Sonne für euch zu leuchten aufgehört hat! Nehmt diesen unsern Ruf als geistiges Trost- und Mahnwort, und übersetzt ihn so:

Auch eine unermeßliche Geisterwelt sendet euch großen Geistern göttlichen Ursprungs ihre Grüße von fern her, ihr – oder doch viele – bemerken und fühlen diesen Gruß der Geisterwelt nicht, weil ihnen noch zu sehr die Weltsonne leuchtet, aber wenn diese anfängt, sich ihrem Untergange zuzuneigen, wenn das Nichtige und Vergängliche, das euch an ein anderes, höheres Leben erinnert, sich bemerklich macht, wenn es im weltlichen Herzen anfängt, Nacht zu werden, dann beginnen die Einflüsse einer hohen Geisterwelt wie die flimmernden Sterne einer nach dem andern am unermeßlichen Firmament aufzutauchen, dann beginnen die Geisterstimmen euch einzuflüstern, was dem Menschen auch die Sterne oft sagen, das heißt: – es gibt noch eine andere Welt, eine *geistige*, wie eine große materielle unendliche Welt, wo stufenweise aufgebaut, die Geister nach und nach ihrer Vollendung entgegengehen, bis sie alle in Meinem Geisterhimmel, weit über alle geschaffenen Welten hinaus, erst den rechten Zweck ihres Lebens und ihres Strebens erkennen werden.“ –

Dorthin drängt sich das kleinste Infusionstierchen ebenso gut wie der größte Engelsgeist, dort findet alles seinen Abschluß, sein materielles Ende und seinen geistigen Anfang.

Dort beginnt erst das rechte Geistesleben, im Himmel aller Urtypen der Schöpfung; von dort gehen alle Strahlen Meiner göttlichen Macht und Liebe aus, weit hinaus alle Sonnen- und Welten-Systeme mit Geistigem befruchtend, von dort geht der Liebe Gedanke, wie der elektrische Strahl und das schnelle Licht hinaus nach allen Richtungen, regt an, verkörpert, vergeistigt, gebäret, erziehet und entwickelt vom kleinsten Atom bis zur größten Weltensonne alles nach ein und demselben Plan, nach ein und demselben Gesetz, *nach dem Gesetz der Liebe*, damit es einst seinem Schöpfer sich nähernd, Ihn begreifen, Ihn lieben lerne.

Geist ist alles. Überall ist der Geist der Wecker, der Träger, der Entwickler.

In der festen Materie gebunden, ist er der Erhalter des beständigen Stoffwechsels, vom Starren zum Flüssigen, vom Flüssigen zum Luftartigen, vom Luft- zum Gasartigen, bis zum feinsten flüchtigen Ätherteilchen.

Im Pflanzen- und Tierreich ist es der Geist, der instinktmäßig die Wurzel dahin leitet, wo sie das ihr Geeignete zur Nahrung, zur weiteren Entwicklung findet.

Beim Tier treibt der Geist zur Aufsuchung der Nahrung, zum Bauen der Wohnungen, zur Fortpflanzung; und so stets sich mehr frei machend, steigt der Geist aufwärts von Stufe zu Stufe, vom ersten Tastsinn und mangelnder freier Bewegung bis zum selbstbewußten Begriff des Seins im letzten Glied aller materiellen Schöpfungen, bis zum Menschen, der sodann als erstes Glied in einer Reihe von *geistigen* Bildungen mit verschiedenen Fakultäten* bereichert, die ganze Schöpfung in sich trägt und der Wendepunkt zwischen zwei Welten seiend, die materielle mit der geistigen verbindet.

Daher die verschiedenen Arten von Geschöpfen auf all Meinen Welten, mehr oder weniger mit materiellen Körpern angetan, je nachdem sie Mir nahe oder fern stehen; verschieden in ihrer Größe, in ihrer Lebensdauer und stufenartigen Fortschreitung gehen sie alle den Weg zu Mir, zu ihrem Schöpfer zurück, von dem sie ausgegangen sind.

Wie der Baumeister vorerst, ehe sein Haus fertig dasteht, nur mit rohen Materialien zu tun hat, sie nach und nach durch verschiedene Prozesse erst zu seinem Zwecke tauglich machen muß, daß sie ihm nützlich sein können; ebenso ist das Heer von Geschöpfen auf allen Welten, je nach der Welt, die sie bewohnen, ebenfalls teilweise rohes unbearbeitetes Baumaterial.

Wie es mit dem Holz zum Beispiel geht, welches ein Baumeister zu seinen Zwecken braucht, so geht es mit den Menschen auf den verschiedenen Welten.

Das Holz als roher Stamm muß zuerst behauen werden, eine andere Form erhalten, zu Balken (als Stützen des ganzen Gebäudes) zugerichtet, sodann müssen die Balken auseinandergesägt werden zu verschiedenen kleineren Bedürfnissen wie Latten, Bretter, Pfosten (Verbindungsmittel), endlich wird das Holz zur Einrichtung des Hauses noch mehrfach durch kunstfertige Hände zu Hausgeräten verwendet, von der ersten rohen Ruhebank bis zum feinsten polierten Lehnsessel und anderen verschiedenen Gegenständen (alles entsprechend vergeistigte Potenz in Stufen bis zur höchsten, die, als fertig poliert, wie ein Spiegel alles Licht aufnehmend und wieder zurückgebend, es auch andern mitteilen kann).

* Fähigkeiten.

So geht es mit dem Eisen, mit dem Stein, wo beide, mittels des Feuers ihrer primitiven Härte beraubt, hier leicht biegsam der willigen Hand folgen, wie auch der Mörtel ebenfalls ein Bindungs- und Erhaltungsmittel des ganzen Gebäudes ist.

So ist auch in Meiner Schöpfung alles Lebende, Organische und Unorganische in Millionen von Bedürfnissen geteilt; aber alles nur *einem* Ziele dienend.

Die Menschen auf allen Sonnen sind gleich dem Holze, dem Eisen, dem Steine, sie müssen vorerst alle Läuterungsprozesse durchmachen, ehe sie fähig sind, in Meine direkte Nähe, in Mein Geisterreich übergehen zu können.

Ebenso wie aus dem Holz tausenderlei Gerätschaften und nützliche Dinge verfertigt werden, beim Eisen noch mehr, ja bis ins Unendliche, ebenso ist die verschiedene Stufenleiter der Menschen und Geister.

Die einen bewohnen noch unausgeführte Häuser, die andern schon bessere; wieder andere Paläste, und so fort bis zur höchsten Vollendung.

Überall ist es das geistige Prinzip, das alles klassifiziert, ordnet und so der Entwicklung entgegenführt.

Schon aus dem, was Ich euch von der Sonne und euren Planeten kundgegeben habe*, ersehet ihr – von den pedantischen Merkurbewohnern anfangend bis zu den musizierenden Miron- (Neptun-) Menschen – ein nach und nach geistiges Fortschreiten, sehet schon in der Sonne geistig höherstehende Menschen mit mehr Einsicht in die geistige Schöpfung.

Das, was die Saturnbewohner nur als großen Geist ahnen, wissen die Sonnenbewohner schon besser.

So geht es fort und fort bei allen Welten; bei allen Sonnen und Weltallen geht es stufenweise, gemäß den Welten selbst, mit deren Bewohnern ebenso; vorwärts drängt sie alle Meine Liebe, und wie auf jeder dieser Millionen von Welten, ebenfalls von der untersten Pflanze und dem Tiere angefangen, die Stufenreihe zu ihren Weltenmenschen vorwärts geht, ebenso geht es dann von den Weltenmenschen aufwärts in geistige, höhere Stufen.

Betrachtet hier nicht weder die Größe noch die Schönheit der Welten, noch die Eigentümlichkeiten ihrer Bewohner, sei es in Form oder Intelligenz. Dieses alles entspricht nur der Welt, auf

* Siehe „Die natürliche Sonne“; „Erde und Mond“; „Die Fliege“.

der sie leben, mit der sie auch in einer gewissen Analogie (Entsprechung) stehen müssen, betrachtet bloß *ihre geistige Stufe*, diese ist die bedingende. Dann sehet, auf eurer Erde habt ihr ja auch genug der Beispiele, wo eben nicht die äußere Form dem Inneren, Geistigen entspricht. Nehmet nur den Papagei und andere schön gefiederte Vögel des Südens, wo ist da der seelenvolle Gesang als Ausdruck der inneren Gefühlsstufe?

Ebenso bei den Welten. Könntet ihr eine dieser großen Welten mit geistigem Auge überblicken, ihr würdet in der Farbenpracht und Schönheit der Formen, die dort herrschen, eine geistige Intelligenz vermuten, die die Bewohner einer solchen Welt zu Göttern machen sollte – und doch, eben diese Bewohner, euer Inneres erblickend, würden in Staub zusammensinken ob der Größe und Erhabenheit eurer göttlichen Natur, die eben ihnen gänzlich fehlt, da sie mehr nur ein Traumleben haben; während ihr, von Mir zu Meinen Kindern auserkoren, mit einem Blick gleich dem des Adlers Meine weiten Schöpfungsräume durchfliegen könnt, um dort mit intelligentem Geistesfunken klar zu lesen, was Ich bin und was ihr einst werden könnet.

Millionen und Millionen von solchen Welten kreisen im unendlichen Äther, ausgestattet mit Schönheiten, die ihr nie begreifen, ja kaum ahnen könnt, dem Anschein nach wahre Paradiese des ewigen Friedens und der ewigen Seligkeit; und doch, hinter diesen großen lichtvollen Welten steckt die geistige Finsternis, steckt das Nichterkennen, Nichtwissen, zu was all dieses Schöne und Große geschaffen ist!

Und auch hier seht ihr wieder, daß Ich nur groß im Kleinsten bin. Eure Erde, millionenfach kleiner als ein Atom einer solchen Welt, birgt die größten Geister, beherbergt *die* Wesen, derentwegen Ich Mensch geworden bin und Mich sogar von ihnen, aus Liebe zu ihnen, töten ließ!

O begreifet doch einmal, was das heißen will, in einer solch unendlichen Schöpfung voll des Großen und Erhabenen diejenigen Wesen zu sein, die alle diese langen Wege zu Mir nicht mehr brauchen, Wesen zu sein, mit denen ich direkt unterhandle, sie lehre, sie führe, und während andere, Mich ebenso liebende Wesen, nur ahnen können, habt ihr die klarsten *Beweise* Meines Daseins, Meines Wirkens und Meines fortwährenden Segens.

Dort in jenen Welten ist wohl der ewige Friede, dort ist wenig Kampf, es ist aber auch wenig Verdienst, dort Mensch zu sein, es ist bei weitem leichter, als auf eurer Erde Mein Kind werden zu wollen.

Dort oben, müsset ihr bedenken, leben diese Menschen gemäß dem, was ihre Welt in geistiger Hinsicht von ihnen verlangt, und es geht von dort höchstens nur wieder in eine neue, höhere oder analoge Geisterwelt; aber bei euch ist es anders, die ihr hier kämpfen, euch verleugnen müßt, das Herbste ertragen und doch das Vertrauen zu Mir nicht verlieren sollt; hier, wo Ich Selbst als Schöpfer Mensch geworden bin, das größte Beispiel gegeben habe der tiefsten Demütigung, hier seid ihr in einer Pflanzschule für Meine großen Geisterreiche, für Meine Geisterhimmel, und wie euren intelligenten Augen am Abend die ganze weite Schöpfung mit ihren Millionen Welten lesbar und verständlich ist, so ist eurem von Mir in euch gelegten Geist der ganze Geisterhimmel, seine Stufen, seine Ausdehnung, seine Seligkeiten, alles begreiflich und faßbar; alles dieses, was Millionen von anderen Weltenbewohnern für immer verschlossen ist und nur erst sich auftut, sobald auch sie euren, obwohl oft bitteren, aber zur höchsten Seligkeit führenden Weg durchmachen wollen.

Daher jetzt, nachdem Ich vor euren Augen das geistige Bild Meiner materiellen Schöpfung entrollt habe, wo dann an dieselbe der nie endende Geisterhimmel sich anschließt, jetzt bedenket – *was* ihr werden könnt, zu *was* ihr bestimmt seid!

Lasset euch also nicht abschrecken von den Widerwärtigkeiten dieses Lebens! Lasset euch nicht vom Licht der Weltsonne blenden! Sehet, erst wenn ihr dieser den Rücken kehrt, wenn sie für euch nicht mehr existiert, öffnet sich wie am Abend der gestirnte Himmel die Geisterwelt für euch, in welcher ihr ebenfalls so viele Wohnungen und Stufen entdecken könnt, als wie ihr am Abend Sterne, Sonnen und Welten seht und noch mehr voraussetzen könnt, deren Licht wegen zu großer Ferne eurem Auge nicht zukommt! Ebenso viele geistige Welten und Stufen warten auf euch, ihr Kinder, für die Ich so viel gelitten, getan und geschaffen habe!

Erkennet aus dem unendlichen Äther Meine unendliche Liebe und aus den euch jeden Abend entgegenleuchtenden Sternen ebenso viele Gnadenstrahlen und Lichtwege, die alle Meine Wesen ob auf kurzen oder langgedehnten Wegen doch einst zu Mir, dem Vater alles Geschaffenen, führen werden! –

Nicht umsonst gab Ich Meinem Geheimschreiber dieses Bild

und Einsicht in Meine geistige Schöpfung; jetzt geschrieben, wird sie vorerst seiner kleinen Gesellschaft und einst der ganzen Menschheit ein fester Zeuge sein, *wie* Ich Meine Kinder führte und auf *was* für Wegen und mit welchen Mitteln Ich ihnen zeigen wollte, daß es eine große Gnade ist, ein Mensch auf dieser Erde zu sein, und noch eine größere, so direkt geführt und geleitet zu werden, wie Ich es jetzt schon seit einer geraumen Zeit euch angedeihen lasse.

Betrachtet also auch diese Worte wohl; jeder Abend soll euch im Aufblick zum Sternengezelt als Buch Meiner Liebe die Worte ins Gedächtnis rufen: „Herr, was bin ich, daß Du meiner gedenkst!" Und aus allen Welten jubelt es dann euch zu: „Frohlokke, du kleiner Erdenmensch, was du so leicht werden kannst, um das beneiden dich alle unsere Bewohner! Frohlocke und sinke in Andacht vor deinem Schöpfer nieder, der den Herrn in sich vergaß und dir als *Vater*, als liebender Vater Seiner Kinder, die offenen Arme entgegenhält!" Amen.

III. Fortsetzung

(27. Juli 1871)

Ja frohlocket, Meine Kinder, über diese geistige Stufe, auf die Ich euch gestellt habe, und hängt nicht gleich die Köpfe, wenn kleine Widerwärtigkeiten euren Sinn verdüstern oder einzelne Entbehrungen im weltlichen Leben euch daran erinnern, daß eben dieses Weltliche von kurzer Dauer ist und keinen Bestand hat, damit ihr daraus erkennen sollt, daß der Drang nach dem Geistigen, nach höherer, dauernder Glückseligkeit nicht im Befriedigen von körperlichen und sozialen Bequemlichkeiten, sondern in der Befriedigung des geistigen Wertes eurer Seele liegt, die danach dürstet, mit dem von Mir in euch gelegten Geiste sich zu vereinigen, um in Meiner geistigen Welt den Platz einzunehmen, welchen bis jetzt der Geist allein inne hatte, nicht aber die Seele, bevor sie nicht die Taufe der Wiedergeburt erlangt hat.

Wenn Ich euch in dem früher Gesagten Meine ganze Schöpfung und ihre Bewohner in geistiger Hinsicht vorgeführt habe, wie sie geistig verschieden auf verschiedenen Wegen ihr vorgesetztes Ziel erreichen müssen, welches für euch bedeutend abgekürzt ist, so war es nur, um euch zu beweisen und begreiflich zu machen, um wieviel mehr euer Eifer angeregt werden sollte, dieser Stellung in Meinem Geisterreiche zu genügen und auch alle Kräfte aufzuwenden, nachdem eben der Weg zu Mir euch nicht verschlossen ist, ihn fortzuwandeln und, kein Hindernis scheuend, stets den Blick nach Mir gerichtet, alles, was euch begegnen mag, nur als Glied einer Kette zu betrachten, die stufenartig euch ausbildet, veredelt und schon in diesem irdischen Leben euch so vorbereitet auf das Jenseits, daß ihr das meiste hier, und zwar leichter als dort vollbringen könnt, damit ihr dann ohne Rückschritt sogleich zu eurer höheren Mission euch tüchtig erweisen möget.

Und besonders ihr, denen Ich mit so vieler Sorgfalt Mein Licht aus den Himmeln zukommen lasse, bedenket wohl, daß Ich, eben weil Ich dieses tue, mit euch außer dem Zweck der Menschheit im allgemeinen noch sogenannte spezielle Zwecke im Auge habe.

Zeiget euch also eurer Mission und Meiner Gnade würdig; denn wenn Ich euch wichtige Aufgaben zugedacht habe, so müsset ihr auch dabei bedenken, daß, um solche würdige Werkzeuge Meines heiligen Willens zu werden, ihr auch vorerst selbst gereinigt, geläutert und mit festem Eifer gestählt werden müßt, ehe Ich euch als Stützen für andere gebrauchen kann!

Daher nehmt alle Ereignisse, die euch treffen, als Übungsschule, um in euch selbst erst das fest zu begründen, was ihr andern nicht bloß in Worten, sondern in Taten zeigen sollet, nämlich: daß die Lehre, wie Ich sie euch gegeben, die wahre und einzige ist, die aus Menschen – geläuterte Geister und aus Geistern – *Meine Kinder* machen kann!

Viele von euch wollen diese Idee nicht fassen, sie möchten noch immer ihr bequemes Weltleben mit Meinem Geistigen verbinden; sie scheuen Verleugnung, Entbehrung, Aufopferung; allein es ist umsonst; wollet ihr Meine Kinder werden, so müsset ihr, wie einst Ich, den Kelch des Leidens bis zum letzten Tropfen leeren! Auch Ich habe im Garten zu Gethsemane ausgerufen: „Vater, nimm den Kelch von Mir!" Ich tat es, als Ich (momentan) von Meiner Liebe verlassen, Meine Lage als Mensch ganz fühlen mußte*, und doch, so gerne die Liebe nur beglücken, nur selig machen will, so mußte sie dort ihre Grundeigenschaft verleugnen, eines höheren Zweckes wegen, und Ich trank den Becher des Leidens bis zur Neige aus.

* Siehe das Wort „Der Schwache" im Passionsgärtlein.

So ruft auch so mancher von euch: „Herr, nimm den Kelch des Leidens von mir!“ Und Ich, der alles liebende Vater, der Ich Meine Kinder nur glücklich sehen möchte, kann um seiner selbst willen diesem Wunsche nicht willfahren, muß zum Besten seines eigenen Ichs und zum Besten Meiner großen Zwecke ihn leiden, ihn den Becher ganz leeren lassen, damit er auch, wie einst Ich Selbst, dann nach ausgestandenem Kampfe, glorreich daraus hervorgehend, die Hand segnen lerne, die ihn aus der bitteren Nacht des Leidens zum hellen Lichte der Seligkeit geführt hat.

Alle möglichen mißlichen Verhältnisse, die euch begegnen können, sie sind alle von Mir Selbst einst auch durchgemacht worden; eben deswegen wurde Ich ganz Mensch, so wie ihr es seid, ließ über Mich alle möglichen Weltstürme hereinbrechen, damit nie ein Mensch sagen kann: „Predigen ist leicht, aber selbst ausführen und durch Taten beweisen ist schwer!“

Daher machte Ich euer ganzes menschliches Leben von der Wiege an durch, um euch zu zeigen, daß, wenn der Geist stark ist, er alles überwinden, alles besiegen und alles ertragen kann, nur muß er vorausgesetzt fest überzeugt sein von seiner Mission und von seiner geistigen Bestimmung, von welchem Gesichtspunkte aus dann alle Mißhelligkeiten ihren rechten Wert und Aufklärung erhalten werden.

Ihr müsset also, wollt ihr wirklich Meine Kinder werden, vorerst fest überzeugt sein, daß ihr auch als Beispiel zuerst rein dastehen müßt, daß aber dieses „Reinsein“ ohne vorheriges Abwaschen der Fehler und falschen Ansichten nicht geht!

Ich habe euch die großen Welten und ihre Bewohner vor euer geistiges Auge geführt. Ihr erkennt jetzt, wieviel ihr bevorzugt seid, erkennt aber auch, daß jeder Vorzug nur darin besteht: wenn man mit Kampf erringt, was man anstrebt; denn wenn einem, wie euer Sprichwort sagt, die gebratenen Vögel in den Mund fliegen, da ist kein Verdienst! –

Das *Errungenhaben* ist dasjenige Bewußtsein, welches der Seele den Adel gibt und ihr zuflüstert: Ich habe gekämpft, habe aber auch gesiegt (mit des h. Vaters Gnade).

Sehet die Millionen von Welten und ihre Bewohner, wie viele möchten kämpfen, um das zu erringen, und zwar mit noch größeren Opfern, als ihr es erringen müßt, und doch, Meine väterliche Liebe, die jene ebensosehr liebt wie euch, kann ihnen diesen Kampf im ganzen nicht bewilligen, sondern nur einzelnen von ihnen diese Versetzung erlauben, daß er durch den Verlust der geistigen Freiheit auf seiner Welt die Knechtschaft und den Kampf auf der eurigen vorzieht.

Ihr seid von Millionen und Millionen von Geistern beneidet, und doch, blind wie ihr sein wollt, begreifet ihr noch nicht, was es heißen soll, zu Meinen Kindern auserlesen zu sein!

Lasset es nicht darauf ankommen, einst in der anderen Welt ausrufen zu müssen: „Ja, wenn ich das gewußt hätte, so hätte ich anders gehandelt!"

Sollte einem von euch in der andern Welt dieser Ausruf entschlüpfen, so ist es zu spät und dort nur unter langen Kämpfen und Irrwegen erreichbar, was hier mit so wenigem hätte vollführt werden können.

Daher, Kinder, wachet auf! erhebet euch zu Mir! – horchet auf die Stimme der Liebe, die aus allen Winkeln der Schöpfung euch entgegenströmt; kehret der Weltsonne den Rücken und versenket euch ins unendliche Lichtmeer des Geisterreiches, aus dem ihr gekommen seid; dort lebt euer Vater, dort ist euer künftiger Wohnsitz und dort werden einst alle Fragen und Zweifel eine Lösung finden, die euch hier unauflösbar schienen.

Dorthin strebet! und es werden auch euch, wie manchmal Meinen Schreiber, Gesichte überkommen, die euch den Einblick in jene Sphären gewähren, wo nur die Liebe ihr sanftes Licht verbreitend, alles beseligt und beruhigt, und von wo aus gesehen alle Leiden und Mißhelligkeiten dieses Lebens und sonstige Wünsche von weltlicher, sozialer und pekuniärer Stellung wie nichts verschwinden werden im Vergleiche des geistigen Genusses, der euch weit über das alles erhebt und dann erst euch fühlen macht die Kraft Meiner Liebe und die hohe Seligkeit eines Bewußtseins, endlich über die Schlacken dieses Lebens hinaus in das Eden des Friedens gelangt zu sein, wo kein Mißton die Harmonie der Geister-Chöre unterbricht, und alle darin übereinstimmen und ewig das Loblied Meiner Liebe, nicht als Schöpfer, nicht als Herr, sondern als *Vater* Mir darbringen.

Wachet auf! daß jetzt schon sanfte Ahnungen von solcher Seligkeit eure Herzen durchziehen; lernet in einsamen Stunden euer geistiges Auge stärken, daß es hinüber sieht, weit über alles Materielle, hinüber in jene Geisterwelt, die zwar teils weit von euch und doch auch, wenn ihr wollt, ganz nahe, in eurer eigenen Brust liegt.

Habt ihr erst solche Momente der geistigen Weihe genossen, dann fängt schon die weltliche Sonne an – sich ihrem Untergange zuzuneigen, und das Heer der Geisterhimmel, wie die bei der Nacht funkelnden Sterne, werden euch die Größe eines künftigen Seins, die Größe eures eigentlichen Wohnortes faßlich machen!

Dieses bedenket, handelt und lebt danach, um einst Meiner würdig zu sein! Amen.

Die Schöpfung der materiellen und geistigen Welt

(15. Januar 1871)

Mein lieber Sohn, du willst von Mir eine Erklärung Meiner Schöpfung haben; du winziger Wurm möchtest, als kleinster Punkt im Raume, die Unermeßlichkeit Meines Reiches erschauen und erfassen seine Größe, seine Ausdehnung!

Wenn Ich sie dir zeigen könnte mit Meinem Geistesblick, so wäre es wohl möglich, daß du eine ferne Ahnung ihrer Größe erlangen könntest; aber so, als endliches Geschöpf, wie soll Ich dir die Unendlichkeit begreiflich machen? wie soll Ich dir verständlich zeigen, daß wenn du die ganze materielle Schöpfung in all ihren Dimensionen dir denken kannst (da, ja auch da noch, wo der letzte Stern oder die letzte Sonne eines Systems flimmert, wieder aus neuer Ferne ein anderes seinen Anfang hat), daß – wo alle Materie ihr Ende hat, erst das ewige Geisterreich beginnt?

Wie kannst du dieses alles fassen? Bedenke deine Frage an Mich wohl! Ich weiß, du fußest dich darauf, indem du Mir entgegenhältst, sagend: „Ja, ein winziger Wurm bin ich wohl, doch mein Geist, meine Seele sind es nicht, sie tragen einen Funken von Dir, und mittels dieses Funkens wage ich als Kind eines unendlichen Vaters die Frage, und sage: Vater! um Dich ganz zu begreifen, bitte, zeige mir Deine Macht, zeige mir Dein Haus, wo ich einst wohnen und die Seligkeit genießen soll, die Du den Kindern beschert hast, die Dich lieben und Deiner Lehre folgen!"

Auf diese Frage will Ich dir auch antworten und sagen: Sieh, Mein lieber Sohn, du hast die Sache am rechten Punkte angegriffen. Als Mensch bist du zu unbedeutend, aber als Geist groß genug, mit Mir in die tiefsten Schöpfungsräume zu dringen, dort Wunder zu schauen und auch, vermöge deines von Mir abstammenden Geistes, das *Warum* zu begreifen. Und so will Ich dich in Meine geistigen Arme nehmen und mit dir die unermeßlichen Räume durchfliegen, wohin noch kein menschliches Auge seine Strahlen gesendet und wo Millionen von Wundern der Schöpfung und zahllose Geschöpfe Mir, dem Herrn und Schöpfer, als dem *großen Geiste*, ein immerwährendes Lob- und Danklied singen.

Ich will dich hinführen in jene Räume, wo es nur einem geistigen Auge möglich ist, die Entfernungen zu messen, da eure Art, zu zählen, längst aufgehört hat.

Ich will dich hinführen an den Born des Lebens, von wo alles Leben für die materielle Welt ausfließt, und von dort wieder mit Lichtes- und Gedankenschnelle hinführen bis an die Außenseite des Großen Schöpfungsmenschen, wo das Erscheinliche aufhört und erst der geistige, noch bei weitem größere Weltenmensch seinen Anfang nimmt!

Du sollst mit Mir die Idee Meiner Größe genießen und nebenbei erstaunend in den Staub sinken vor Meiner anderen Haupteigenschaft, *der Demut*!

So komme also, erhebe dich mit Mir! Laß das irdische Getriebe vergänglicher Wünsche und Sorgen und folge Mir in den nie verwelkenden Blumengarten deines himmlischen Vaters, der dich dort Genüsse ahnen lassen will, wovon noch kein Sterblicher die wahre Ahnung hatte.*

Hier siehst du den großen materiellen Weltenmenschen vor dir, wie er mit dichter ätherischer Haut umgeben, *ein Begrenztes im Unbegrenzten ist*. Du siehst, wie er mit Gedankenschnelle seinen Flug in dem unermeßlichen Raum um ein *ihm selbst unbekanntes Zentrum* fortsetzt; du siehst, wie er mit allen seinen Organen aus dem ewigen Uräther durch seine Haut-Poren alles Lebensfähige einschlürft und nebenbei auch das Verbrauchte dem Äther wieder zurückgibt; du siehst seine Form oder Gestalt, der deinen gleich.

Jetzt fragst du, warum hat er diese Form?

Nun, hier wollen wir nebst der Erklärung des Daseienden auch das Warum dabei erörtern, und so folge Mir denn auch im Gedankenflug, wie im Raume, und ersehe, daß *Konsequenz***

* Siehe in „Die zwölf Stunden“ die 11. und 12. Stunde.

** Beharrlichkeit.

oder Durchführung eines Grundprinzips das erste Fundament Meiner Göttlichkeit ist und auch bei dem Menschen als geistiges Wesen seine erste Stütze sein sollte.

Sieh nun, Mein Sohn, *die menschliche Gestalt*, oder eigentlich gesagt – Meine eigene, habe Ich als ersten Grundtypus in der ganzen Schöpfung aufgestellt und demgemäß auch alle Wesen, von den kleinsten Infusorien bis zum Menschen stufenweise diese Gestalt nach und nach entwickelnd, geschaffen.

Was für Tiere und lebende Wesen es auch im ganzen materiellen Universum gibt, alle tragen wenigstens in ein oder dem andern Teil Anklänge der Grundformen eines menschlichen Körpers als Grundidee an sich, welche gemäß ihrer Eigentümlichkeit und für sie bestimmte Lebensweise dann weiter veredelt, besser vervollkommnet zu einer höheren Stufe vorrücken, bis nach langem Ringen der Kulminationspunkt, *die menschliche Form*, erreicht ist.

Neben diesem Ringen alles Geschaffenen nach dieser Form gibt es noch einen anderen Hauptfaktor in der ganzen Schöpfung, welchen Ich als solchen festgestellt habe und ohne den nichts bestehen könnte; es ist das *Prinzip der Selbsterhaltung*. Denn nur einmal schuf und dachte Ich Mir die materielle Welt in ihrem ganzen Bereich und Umfang, und da ward auch ihre fernere Selbständigkeit durch Selbsterhaltung bestimmt, bis, wie im Kleinen so im Großen, die Körper und Welten und alle geschaffenen Wesen soweit ausgebildet sind, daß sie dann für eine höhere Stufe geeignet wären, wo der erstgegebene Leib seine Mission erfüllt hat und am Endpunkt seiner Existenz angekommen mit dem Zerfall desselben den ersten Schritt zu einem besseren Sein machen.

Um diese Selbsterhaltung herzustellen, mußte Ich nebst der Außenseite eines jeden Wesens ihm eine innere Organisation geben, die alle Bedingungen erfüllt, damit das Verbrauchte ausgeschieden und Neues dafür eingesaugt wird; durch welchen Austausch das Leben bedungen und die weitere Selbsterhaltung vollführt wird.

Nun, hier siehst du also, warum alles, was lebt, *innere Organe und Teile* hat, die alle zu diesem Prozesse geschaffen worden sind.

Was wir im Kleinsten gesehen, das siehst du auch wieder im Größten, wo da kreiset der Schöpfungs-Mensch, Meine oder auch deine Form, nur aber in Dimensionen, welche nur einem hohen Geiste faßbar sind.

Analog der Erhaltungs-Ordnung eines kleinsten Wesens hat

auch er seine innere Einrichtung, die ebenfalls wie beim Menschen zum Austausch des Verbrauchten gegen Neues geordnet und gebaut ist.

Auch in ihm schlägt und pulsiert ein Herz, das alles erhält und seine Lebenskräfte bis in die letzten Sonnensysteme der Außenhaut hinaustreibt; auch er hat seine Lunge, um die ätherischen Substanzen, wie die menschliche die Luft, in seine eigenen brauchbaren Elemente zu verkehren; auch er hat alle Organe wie ihr, und in diesen Organen leben ebenfalls wieder Wesen, wie in denen eures Leibes, der für eure Augen auch eine ganze Welt unsichtbarer Tiere ist; ähnlich wie bei eurem Körper machen alle diese Organe ebenfalls bei dem großen Weltenmenschen ein Ganzes aus; überall herrscht die nämliche Ordnung wie im menschlichen Organismus.

Wesen, die in dem Organ der entsprechenden Leber oder Lunge des großen Weltenmenschen leben, können nicht zu Herz- oder Nieren-Menschen geformt werden. Sie sind glücklich in ihrer Existenz und erwarten dort ihre Verwandlung, um wie alle geschaffenen Wesen nach Ablegung ihres Leibes in ähnliche Organe des *geistigen* großen Weltenmenschen versetzt zu werden oder schon im Weltenmenschen in edleren Organen ihrer Bestimmung näher zu rücken.

Nun sehe Ich in dir die Frage auftauchen: Welches ist wohl der Unterschied zwischen unseren Leibes-Funktionen und der Aufgabe dieser Sonnen-Komplexe, die hier das *Herz*, dort die *Lunge* und dort das *Haupt* vorstellen?

Da sage Ich dir: Die nämliche Aufgabe wie im menschlichen Körper. Hier treibt das *Herz* das mit neuen Lebenskräften geschwängerte Blut durch die Adern und Venen, dort ist das große Sonnensystem, welches dem Herzen gleich ist, mit eben den Mitteln ausgerüstet, vermittels seiner Organe das aus dem Äther eingeschlürfte neue Lebensprinzip den anderen Teilen des großen materiellen Weltenmenschen mitzuteilen und so seinen Bestand zu sichern. Die *Lungen*, andere Sonnen- und Planeten-Systeme von verschiedener Beschaffenheit, empfangen das mit dem Verbrauchten geschwängerte Weltenmenschenblut, und durch den Einfluß des unermeßlichen Äthers und dessen Einatmung verkehren auch sie das Verbrauchte wieder in Lebendiges und stoßen durch Ausatmung das Unnütze aus, und zwar in den großen Ätherraum durch Mund und Nase wie ihr.

Die großen und kleinen Kanäle, als Adern, Venen und Kapillargefäße, die den menschlichen Körper durchziehen, werden dort durch untergeordnete Systeme und Kometen vertreten; besonders letztere sind die Licht- und Lebensbringer, welche, während sie mit ihrer eigenen Bildung beschäftigt sind, auch bis in die entferntesten Teile des Weltenmenschen durch ihre langgestreckten Bahnen bis zur Außenhaut desselben den Lebensstoff hinaustragen und das Abgelebte entweder wieder selbst verdauen oder es zum entsprechenden Organ oder Sonnen-All wieder zurückbringen.

Deswegen sind sie *frei* von der Anziehungskraft, nicht wie die Planeten, welche diese zwingt, in kurzen Bahnen um ihre Sonnen zu kreisen, ohne aus ihnen entweichen zu können. Frei schwebt der Komet, als eine künftige Welt sich ausbildend, durch alle Weltensysteme hindurch, von ihnen aufnehmend, was zu seinem Ich ihm angemessen ist. Nichts hält ihn auf, er vollführt seinen Zweck, bis auch er schwerer und dichter geworden ist, seinen Lauf verkürzt und als umkreisender Planet oder selbständige Sonne sich einem Sonnensystem anschließt, wo auch er seine Entwicklungsperiode durchmacht, bis auch ihm, nach erloschener Tätigkeit seines Innern, die Auflösung höhere Aufgaben zuweist.

So siehst du alle Organe ihre Funktionen erfüllen, das *Gehirn* erfaßt Geistiges, gibt es an die in seinen Organen lebenden Wesen ab, diese verbreiten es durch die Nerven oder geistigen Leiter in die anderen Sonnensysteme und Sonnen-Alle.

Das *Auge* sieht hinaus in die Weite der Unendlichkeit, sieht von fern das Ziel und erkennt seine Bestimmung als Weltenauge und teilt es dem Gehirne mit; es ist der Vermittler des Innern mit dem Äußern; das Gehirn empfängt durch das Auge die Eindrücke von außen und teilt es den im ganzen Organismus lebenden Wesen mit.

Das *Ohr* vernimmt die großen Weltenharmonien, ergötzt durch sie die geistigen Bewohner seines Organs. Was im Auge durch Licht bewirkt wird, ersetzt in diesem Sonnenkomplex der Ton; und wie im menschlichen Körper stets ein Organ in Verbindung mit dem andern steht, so ist es auch im großen Weltenmenschen, wo ein geistiger Genuß in einem Organ dem andern mitgeteilt und von demselben mitgefühlt wird.

Im *Auge* brechen die sieben Farben sich in seinem Licht- und Sehprozeß; dort in jenen Konstellationen sind diese Farben in ganze Weltensysteme verteilt, wovon das eine die blaue, das andere die rote Farbe usw. vertritt. Dort in dem großen Weltenmenschen gibt es Sonnen von verschiedenen Farben, den Regenbogenfarben gleich.

Die Menschen selbst sind dort in Farbe, obwohl in schwächerem Grade in ihren Augen, danach geformt. Dort sind Wunder in Größe und Intensität, wovon ihr kleinen Geschöpfe keine Ahnung je haben könnt. So im Organ des Ohres, wo die Harmonien und das Gesetz derselben so ausgebreitet und vervollkommnet sind, daß eure Art, Musik zu machen, gar keinen Vergleich damit aushält. Diese Wesen genießen demnach Seligkeiten, von denen ihr keinen Begriff habt.

Im *Gehirn*-Komplex mit seinen großen Zentralsonnen-Allen ist alles Licht, alles Weisheit, dort versteht und sieht der Mensch den ganzen Weltenmenschen, kennt dessen Mission, kennt auch Mich als größten Geist. Wie im menschlichen Gehirn der Phosphor, so ist dort in diesem System alles Licht, alles klar, so zwar, daß Schatten zu den nichtgekannten Dingen gehört.

Im *Herzen*, dem Sitz des Lebens, bewegt sich alles und treibt die große Maschine; die schönsten, erhabensten Gefühle der Seligkeit sind dort bleibend, bewegen sich aus und ein. Alles kennt Meine Liebe und Meine Huld und weiß, warum sie da und was ihre Aufgaben sind, und besonders der kleine anregende Bewegungsnerv desselben ist auch der Ort, wo nicht fern davon euer Sonnensystem seinen Platz hat.

Alle Organe, selbst diejenigen der Ausscheidungen und Ausleerungen, so wie die zeugenden, den männlichen gleichkommend, sind dort zu den nämlichen Zwecken bestimmt, zu welchen Funktionen sie auch im menschlichen Körper da sind; sie gehören zum Ausscheiden des Verbrauchten und müssen ebensogut vorhanden sein wie diejenigen zum Einsaugen, soll eine Selbsterhaltung des großen Weltenmenschen bestehen. Die Analogien* der Bewohner dieser unermeßlichen Welten sind ebenfalls so verschiedenartig wie ihre eigenen Organe selbst. Sie euch begreiflich und faßbar zu machen, wäre vergebliche Mühe.

Seht nur die Erde an, wo ist hier Anfang, wo ein Ende ihrer Schöpfungen, und so überall. Ein unendlicher Gott kann ja nur Unendliches schaffen, daher verlange auch du keine Beschreibung von Weltensonnen, ihrer Größen, ihrer um sie kreisenden Sonnen

* Verhältnisse.

und Planeten, deren eine Unzahl ist, ihrer Schwestersonnen mit verschiedenen Farben, ihrer Einwohner und Geschöpfe, wo kein Schreibmaterial ausreichen würde, je nur die kleinste Welt zu beschreiben, geschweige jene Welten, wo euer Licht, als schnellste Bewegung bekannt, doch nur ein langsamer und kurzer Zeit- und Raummesser wäre.

Diese Einzelheiten können nur mit geistigen Augen erfaßt und mit Geistes-Gedanken gedacht werden. Solange ihr in dieser irdischen Hülle lebt, ist eine andere Verständigung unmöglich. Dort im Jenseits, mit gesteigerter Sehkraft des Geistes versehen, werdet ihr leichter begreifen, was hier zu erklären Ich Selbst nicht imstande bin. – Soviel kann Ich dir und euch allen nur sagen, daß überall, wo euer Auge oder Gedanke nur hinreichen würde, *die menschliche Gestalt als einzig allein herrschende Form* festgestellt worden ist; daß diese aber in Hinsicht der Größe und Farbe gemäß den entsprechenden Welten natürlich auch anders sein muß, das versteht sich von selbst. Überall aber ist Meine *Liebe* und Meine *Gnade* tätig gewesen, den Geschöpfen, welche Ich ins Leben gerufen, die größtmöglichste Seligkeit zu bereiten, deren sie auf ihrem Standpunkte fähig sind, und welche Seligkeit dann von Stufe zu Stufe vermehrt wird, bis die letzte, *Mein Kind* zu werden, alles Mühen und Ringen mit Meiner Nähe krönt.

Gemäß allem diesen möget ihr begreifen, zu was Ich euch auserkoren und zu welch großer Mission und Befähigung Ich euch den Weg geöffnet habe.

Millionen von Wesen entbehren dieser Gnade, die ihr in vollstem Maße genießt, und während diese große Anzahl geschaffener Wesen Mich nur durch Meine Werke oder durch Lehrer kennt, die Ich in ihre Gefilde sende, um sie zu leiten und zu führen, lasse Ich Mich hier auf eurer kleinen Erde so weit herab, um euch mit eignem Munde, vermittels Meiner Schreiber, *Brot aus den Himmeln* zu geben.

Bedenket doch einmal, was das sagen will! Denket an die All-Größe Meiner Schöpfung, an Meine eigene Macht und Zusage, und vergleicht eure Winzigkeit, und ihr müßt zusammensinken in ein Nichts vor der Gnade, die Ich euch angedeihen lasse, wo ihr wirklich ausrufen sollt: „Vater und Herr! was bin ich, daß Du meiner gedenkest!" – Und wenn ihr erst bedenkt die Opfer, die Ich für euch brachte, um euch zu dem zu machen, was ihr in bezug auf den Nervenkomplex des Weltenherzens selbst sein sollet;

das heißt: *die bewegende allgemeine Triebfeder Meiner ganzen materiellen Schöpfung!*

Nachdem im menschlichen Körper auch nicht das kleinste Zellgewebe oder Kapillargefäß umsonst vorhanden ist, da alles nur zur Erhaltung des Ganzen in seiner Weise beitragen muß, so ist auch im großen Weltenmenschen nicht die kleinste Faser des menschlichen Körpers vergessen und alles findet sich dort entsprechend nachgebildet vor; nur müßt ihr euch die Funktionen des Weltenmenschen nicht so denken wie die eures Körpers, sondern in analogen Entsprechungen, wo ganze Sonnensysteme in bezug auf ihre Stellung, Beschaffenheit und Anzahl genau *das* ausdrücken und vollführen, was ein oder das andere Organ im menschlichen Körper ebenfalls in bezug auf das Ganze zu tun hat. – So ist zum Beispiel die Milz die elektrische Batterie oder der Feuerherd, wo das Blut nach seinem kleinen Umlauf wieder neu belebt wird. Also ist im Großen Schöpfungsmenschen das entsprechende große Sonnen-All mit seinen tausend und tausend Sonnen und Planeten auch nichts anderes als der große Lebensverteiler an viele andere ihm nahe stehende und von ihm abhängende Welten, welche dann ebenfalls wieder, mit mehr als verbrauchbarer Kraft und Licht begabt, es wieder ausstrahlend, durch Millionen weite Lichträume an andere Sonnen und Welten ihr Überflüssiges verteilen. Diese verarbeiten dann, gemäß ihrer Stellung zum Ganzen, das für sie Taugliche und geben ebenfalls wieder durch ihre magnetisch-elektrische Ausströmung den Impuls zu tausenderlei verschiedenen Prozessen und so fort, bis alles seinen Kreislauf durchgemacht und das Verbrauchte mittels der Ausscheidungs-Organe dem Äther wieder zurückgegeben wird.

Dieses ist *der Erhaltungsprozeß des großen Weltenmenschen*, der durch seine schnelle Bewegung im unendlichen Raum vermittels der Reibung, die seine eigene Bewegung verursacht, die im Äther liegenden Lebens-Elemente erweckt und sie dann durch seine Billionen und Billionen von Aufsaugungs-Organen, wie bei der menschlichen Haut durch die Poren, den inneren Organen zum weiteren Gebrauch und zu seinem eigenen ferneren Bestand übergibt.

Sieh nun, Mein lieber Sohn, so lebenerweckend und lebengebend flieht unser Großer Schöpfungsmensch im unendlichen Raum ohne Grenzen Äonen und Äonen von Zeiträumen fort, bis er auch sich innerlich und äußerlich abgenutzt hat und seinem

Verfall entgegengeht. Und was mit dem menschlichen Körper nach seinem Tode geschieht, das geht auch dort vor sich. Auch er (der Weltenmensch) wird aufgelöst werden in andere Elemente; andere Produkte werden sich aus seinen Überbleibseln bilden, die wieder, wie es bei den verwesenden menschlichen Körpern der Fall ist, zu *neuen Schöpfungen* leiten werden.

Die Materie, aus der er geschaffen ist, wird sich scheiden lassen müssen. Das Geistige wird geistige und das Materielle materielle Verbindungen eingehen, wo jedes für sich, den Bau zur ferneren Selbsterhaltung in sich tragend, dann von neuem einen großen Kreis der Entwicklung antreten und sich wieder unter der Form des menschlichen Körpers organisieren wird, nur mit dem Unterschied, daß wie im menschlichen Körper die irdischen Organe zu ihren künftigen geistigen sich verhalten, so auch im großen Weltenmenschen dieselben in geistigen Entsprechungen vertreten sind. –

So geht dann aus dem Zusammensturz des jetzigen großen Weltenmenschen ein anderer hervor, der, aus feineren geistigen Elementen zusammengesetzt, wieder ein großer Weltenmensch sein wird; aber alles darin, seine Bewohner und sonst lebende Wesen, mehr geistiger Natur.

Dasjenige, was im Körper des Menschen die in ihm gebundene Seele und der Geist waren als Leiter des Ganzen, das wird im großen Weltenmenschen der Trieb sein, der alles Geschaffene seiner Erlösung und alles Geistige seiner Vergeistigung entgegentreibt.

Sieh den großen Weltenmenschen an, lauter Sonnen bilden sein Inneres; lauter Licht durchströmt als lebendes Fluidum seine weitgedehnten Räume. Gleich dem Blute im menschlichen Körper trägt er es überall hin, wo dafür Bedarf ist; entwickelt Wärme, die Wärme zersetzt, behält das Gedeihliche und stößt das Unnötige aus. Letzteres, getrieben durch die Kraft der Abstoßung, durchflieht den Raum, vereint sich mit anderem Verwandten, wird wieder durchdrungen vom beleuchtenden Lichte und gebäret Neues für andere Sonnenwelten; und so verwandelt sich das Unbrauchbare des einen zum Segen fürs andere.

So geht es fort in unendlichen Zeiträumen, wo Millionen von Jahren ein kleinster Zeitabschnitt ist; stets erneuernd, stets bildend, stets zerstörend; und aus allem diesem Regen, Bilden und Zerstören entwickelt sich das in der Materie gebundene Geistige zu höheren Stufen. Stets höher und höher verfeinert es sich von Potenz zu Potenz, wird reiner, geistiger, göttlicher, bis es als göttlich Geistiges in den noch größeren Geist-Weltenmenschen übergehen und dort seine Verwendung vorerst auf der untersten Stufe finden kann, wovon dann eine noch höhere Stufenleiter beginnt, die aufwärts und aufwärts steigt – bis zu Mir, zu Meinem Reich, zu Meinen Himmeln der höchsten geistigen Ruhe und der höchsten ewigen Seligkeit.

Daß dieses Streben der in der Materie gebundenen geistigen Macht fortgeht, bis alles entbunden ist, und so wie beim Menschen die Knochen mit der Zeit vom flexiblen, elastischen Knorpel zum starren Kalk übergehen, ähnlich auch in dem großen Weltenmenschen, bis die den menschlichen Organen entsprechenden Weltensysteme sich ausgelebt haben, alles Lebende, Tätige, für Licht und Wärme Aufnahmefähige entflohen und nur das gleichsam zum harten Stein Gewordene übriggeblieben ist.

Wenn nach unendlichen Zeiträumen dieser Fall eingetreten sein wird, dann hat der Organismus aufgehört zu sein; die Reproduktionskraft der Lunge, die galligen Ausscheidungen der Leber, die Ausscheidungen des Verbrauchten, die Zeugung neuer Welten, alles hat seinen Ruhestand erreicht, die Poren der dichten Ätherhaut des großen Weltenmenschen stehen offen, der Äther dringt ein und zieht wieder unverrichtetersache auf der entgegengesetzten Seite hinaus, kein Organ saugt seine Elemente auf, kein Licht verzehrt gierig seine Leben bringenden Substanzen, starr prallt es ab von den verkalkten Wänden der Sonnen und Welten, das Leben ist entflohen und hat sich geborgen in höheren geistigeren Räumen, wo der Tod nie geherrscht und nur ewiges Licht, ewige Liebe und ewiges Leben seinen Sitz aufgeschlagen hat.

Wenn dieser Zustand eingetreten ist, dann wird durch Mein mächtiges Wollen der große Weltenmensch *aufgelöst*; er geht wie der menschliche Körper seiner Verwandlung entgegen, und aus dem starren, verkalkten, leblosen Gestein geht wieder, wie der Phönix nach einer alten weltlichen Sage, eine neue, schönere, geistigere Welt hervor, die alles enthält, was der frühere Weltenmensch besaß, all seine Organe, alle seine Funktionen, nur feiner, geistiger. Ein neues stufenweises Schaffen beginnt, Leben und Wärme strömt wieder in den neu sich lebendig bewußten Weltenmenschen ein; die Sonnen leuchten, die Erden kreisen wieder freudig in ihrem fruchtbringenden Wirbeltanze um sie, und neue

Wesen, neue Kreaturen mit ebenfalls geistigeren Leibern angetan, beginnen ihren neuen Lebenslauf, wo dann der Tod und die Zerstörung nicht mehr als notwendiges Grundprinzip festgestellt als eine Unterlage zu einer neuen Schöpfung dienen muß, wo dann nur ein sanfter Übergang von einer Stufe zur andern das Vorwärtsschreiten bezeichnet, wo das Materielle aufhört und die geistige Welt ihren Anfang genommen hat.

Dort beginnt das Leben im großen Geistes-Menschen, dort bewegt sich der frühere, jetzt vergeistigte Weltenmensch um Meine im tiefsten Hintergrunde leuchtende Zentralsonne, oder das Herz der ganzen geistigen Welt; saugt nun nicht in sich Ätherisches, sondern Geistiges durch seine neutätige Überzugs-Haut ein, vergeistigt so sein Inneres, welches dann wieder nach und nach sich auflöst in seiner Individualität entsprechende Organe des geistigen übergroßen Weltenmenschen.

Wie nun der *materielle Weltenmensch* so im Äther seine Bahn durchfliegt, nach Vergeistigung ringend, so gibt es ätherische, in geistiger Entsprechung, Millionen und Millionen, die alle ähnliche Prozesse in höhere Stufen durchgemacht und noch fortwährend durchmachend und vergeistigt wieder einzelne Organe des großen *Geistes-Menschen* bilden, der ebenfalls in den weiten unendlichen Räumen sich fortbewegend, aus dem ihn umgebenden feineren, geistigeren Äther seine eigenen Lebensprinzipien zur Selbsterhaltung aufsaugt und so ein ewiges Fortschreiten, ein ewiges Verwandeln, Neuschaffen und Neubeglücken der auf solchen Welten lebenden Geister begründet und erhält.

Im Geistesmenschen ist der Lebenszweck aller geschaffenen Geister, die Minderfähigen zu führen, sie zu leiten, ihre Wohnorte zu vervollkommnen und so ihre Welten und ihre Seelen Mir näher und näher zu führen. Und nachdem in dem geistigen Weltenmenschen das Schaffen und Erziehen nie ein Ende nimmt, so ist auch der Tätigkeit aller Geister dort kein Ziel gesetzt, sie können und müssen stets arbeiten, teils an ihrem eigenen, teils an dem Ich anderer Wesen, und so Meine Pläne erfüllen helfen. –

Und sieh, als Ich diese große Geisterwelt mit ihrer unermeßlichen Ausdehnung erschuf, als Ich den Geistern in jener Zeit diese großen Vollmachten erteilte, da stellte ich den größten Geist, geboren aus Mir, wie Weisheit aus Liebe, wie Eigen- zur Nächstenliebe, aus Mir hin in die weite Schöpfung; übertrug ihm alle Geisterwelten, befähigte ihn zu wirken und zu schaffen, gab ihm den

Namen „Lichtträger oder Satana“ in der himmlischen Sphärensprache. Und er, seiner ungeheuren Gewalt sich bewußt, übernahm sich, seine Eigenliebe verblendete ihn, und er verleitete Millionen von Geistern zum Abfall und wurde so mit ihnen Mein ärgster Gegner. Sein sanftes Licht der Liebe rötete sich zum Zornfeuer, und so ist er samt seinen mit ihm abgefallenen Geistern derjenige, welcher nach Meiner Macht trachtet, Mir Meine Liebe, Gnade und Huld gegen alles Erschaffene in Zorn und Haß verwandeln möchte und jeden auflösenden Hauch Meiner Liebe mit Spott und Hohn daniedertritt.

So ward er aus dem großen Reich des Geistes-Menschen, aus Meinem Himmelreich verbannt, oder anders gesagt, er verbannte sich selbst daraus, weil ihm die dort herrschende Friedens- und Liebeluft nicht behagte; er floh weit hinaus in die ewige Unendlichkeit. Und damit auch er, obwohl Gegensatz von Mir, doch nur Meinen Zweck erfüllen muß, so erschuf Ich eine materielle Welt aus seinen und seiner Geister Substanzen, kleidete ihn und die Seinigen dort in die Materie ein, um, wenn auch nicht ganz, doch dann in kleine Parzellen aufgelöst, sich zu Mir zurückbegeben zu können.

Dieses ist das Auflösungsgesetz der Materie, welche gezwungen nach und nach hergeben muß, was freiwillig sich nicht Meinem Willen fügen wollte. Und so ist Satan selbst mit dem, was ihm nach seiner Materialisierung geblieben, auf und in der Erde gebannt, als dem Wohnort, wo gerade Ich schon vor Äonen und Äonen Jahren bestimmt hatte, das große Demütigungs- und Erlösungswerk für alle Menschen und Geister zu vollbringen. – Und eben dort, wo Ich den meisten Segen und die größten Gnaden spenden und von da verbreiten will, auch er die größte Macht haben soll, Meine einst zu werdenden Kinder zu verführen, soviel es ihm möglich, damit gerade aus diesem Kampf, gegen und mit ihm, die herrlichsten Blumen und Geister für Mein Reich hervorgehen, und er so, statt Mir zum Trotz arbeitend, Meinen Kindern zum größten Sieg, zur größten Seligkeit verhelfen muß.

So muß Satan, frei wie Ich ihn schuf, doch nur Mir und nicht seinen Plänen in die Hand arbeiten und den großen Prozeß der Vergeistigung alles Materiellen befördern helfen.

In dem geistigen großen Schöpfungsmenschen lebt und webt stets das große Organisieren und Schaffen fort, dort leben die Geister ebenfalls wie in dem materiellen Weltenmenschen gemäß den Organen des menschlichen Körpers in den den Organen entsprechenden Himmeln; dort ist alles anders als im Weltenmenschen. Was in ihm in Form der Materie ausgedrückt ist, lebt und besteht dort im Geistigen; dort ist die gröbste Materie *Licht* und die feinste *Geist*.

Wie beim Weltenmenschen sein Auge, ein großer Sonnen- und Weltenkomplex elektrisch leuchtend weit in den Äther hinaus seine Strahlen sendet, um von dort den Lebensstoff für die Kopfnerven oder die geistigen Weisheits-Welten einzusaugen, so ist das geistige Auge des großen *Geistes*menschen das Liebe-leuchtende, welches die zartesten Elemente aus dem unendlichen Gnadenlichte in sich aufnimmt, um sie seinem großen Gehirn-Nerven-System oder Weisheits-Himmel zu übermachen, wo die Schöpfung, ihr Entstehen, ihr Zweck und Mein Wille von allen Geistern und Weisheitsengeln wohl verstanden wird. Ebenso verrichtet jedes andere Organ des Geistesmenschen seine ihm angewiesene Bestimmung, und die dort lebenden Geister haben demgemäß ihren Beruf und ihre Seligkeit in ihm.

In Meinem Geist-Schöpfungsmenschen sind *Liebe* und *Weisheit* die *Hauptsubstanz*, wie beim Menschen das Blut und die Luft und beim Weltenmenschen das Licht und die Wärme.

Die Liebe ist der erste Bewegungs-Faktor im geistigen Leben, sie begleitend – die Weisheit. Liebe regt an, Weisheit erläutert – im Weltenmenschen das Licht, und Wärme dehnt aus. Oder im menschlichen Körper – das Herzblut belebt, und im kleinen Blutumlauf der Leber scheidet es die Galle aus, die dann als erregendes Prinzip wieder den Scheidungs-Prozeß in der Verdauung bewirkt, wie im Weltenmenschen die zersetzende Wärme und im Geistes-Menschen die erläuternde Weisheit.

Wer dann dem einen oder dem andern allein huldigt, verfehlt seine Mission. Liebe allein ist vernichtend und die bis an Meine Grenzen reichen wollende Weisheit ebenfalls; Licht (intensives) ist blendend und Wärme zündend. Blutumlauf ohne Austausch der abgelebten Elemente mit neuen hat keinen Zweck, wie die Galle ohne dem Verdauungs-Prozeß dienend ebenfalls.

So sind Meine Grundeigenschaften überall vertreten, und selbst bei Meinem Daniedersteigen auf eure Erde, wo Ich das größte Werk für die Materie- und Geister-Welt vollführte, trennte sich einige Augenblicke Meine Liebe von der Weisheit; letztere stieg zu euch hernieder und lehrte euch die erstere kennen und besiegelte ihre Lehre und deren Richtigkeit, daß Liebe ohne Weisheit und Weisheit ohne Liebe nicht bestehen kann, mit dem größten Demütigungs-Akt, den ein Gott vollziehen konnte.

Durch diesen großen Akt der Demütigung von Meiner Seite wurde der ganzen Geisterwelt der rechte Maßstab ihrer Aufopferungen und Verleugnungen erst klargemacht, wurde allen Geistern der Weg zu Mir geöffnet; und seit jener Zeit belebt sie alle ein anderer Geist als vorher, nämlich nicht die Furcht vor Meiner Macht, sondern die Liebe zu Meinem Ich; früher sahen sie den Herrn in Mir und jetzt nur *den Vater*! – –

Meine ganze Schöpfung strahlt seit diesem Akt in schönerem Licht als früher. Verehrende, anbetende Geister fielen einst vor Meinem Throne aus Ehrfurcht nieder und beteten stumm Meine Größe an; jetzt drängt sich alles jubelnd zu Mir, dem Vater, der jetzt auch die ganze Seligkeit Seiner Schöpfung doppelt fühlt – Er fühlt sie als mächtiger Schöpfer und Herr und fühlt sie, indem Er Sein eigenes Gefühl in dem Herzen Seiner Kinder sich dankbar abspiegeln sieht.

So (und dadurch) ist die ganze Welten- und Geistesschöpfung erst ein wahres Triumphlied für Mein Herz geworden. Auch Ich kam jetzt nicht umsonst, auch Ich habe Mir für Meine Liebe Organe geschaffen, in denen Mein Streben und Wirken den Widerhall Meiner Freude im ewigen Danklied Meiner Kinder wieder zurückerhält.

So hat diese Schöpfung ihren unendlich ewigen Zweck; ewig sich erneuernd, bereitet sie Mir und den Meinigen ein ewiges Glück und eine fortdauernde Seligkeit.

Ein ewiges Glück für Meine Kinder; denn sie finden Stoff zur Tätigkeit, Stoff zur Bewunderung und Stoff zur Anbetung; und Ich Selbst finde Stoff zu nie endender Vaterliebe, Stoff zu neuer Befriedigung, Meine Pläne und Zwecke erfüllt zu sehen, und Stoff zum weiteren Schaffen und zum ewigen Beglücken Meiner Kinder.

Die *Liebe* als Licht, wie das Blut im menschlichen Körper, durchzieht die Adern des geistigen und materiellen Weltenmenschen, wie den menschlichen Körper, überall Heil, Segen und Leben verbreitend; die *Weisheit* erleuchtet Meine Wunder dem forschenden Geist; die Wärme erregt die ruhende Materie, sie zur Verwandlung anreizend, die Galle zündet im Magenbrei und scheidet Gutes vom Schlechten. So ist überall der nämliche Wechsel, das nämliche Regen und das nämliche Streben.

Was Meine höchsten Engel und Geister vergeistigt im großen Geistesmenschen klar vor sich *sehen*, das *ahnen* die Sonnen- und Weltenbewohner des materiellen Weltenmenschen und *suchen* die Forschenden in der Materie.

Dort oben, wo der Tod seinen Grenzstein im ewigen Licht-, Liebe- und Geister-Reich hat, ist Seligkeit, ist ewiger Austausch alles Geschaffenen und Gefühlten; dort herrscht nur Liebe mit Weisheit gepaart, dort leben Meine Kinder erst das Wonneleben, welches allen versprochen und bereitet ist, die nach Meinen Lehren und Meinem Beispiele leben.

Im Weltenmenschen sind zahllose Menschen und Geister, die der Erlösung harren; sie alle gehen dem Verwandlungs-Prozeß zum Geisterreich entgegen, aber nur langsam. Kein Wesen, auf welchen Welten oder Sonnen es auch lebe, kann sich rühmen, diesen Vorteil zu haben wie ihr, ihr winzigen Bewohner dieser Erde, dieses kleinen Sandkorns im Universum.

Auf keinem dieser großen Körper bin Ich persönlich gewesen, wie gerade auf eurer Erde, überall zeigte Ich Mich nur manchmal als Herr und Schöpfer, Meine Geschöpfe leitend oder durch Meine Geister belehren lassend. Nur hier auf diesem nichtigen Klumpen gefesteter, bösester Materie, dem Verbannungsort Meines größten Gegners, vollbrachte ich die Tat Meiner größten Erniedrigung – und eurer größten Erhöhung.

O bedenket doch diesen Schritt! Vergleichet euch mit allen übrigen im weiten Schöpfungsraume lebenden Wesen, vergleichet euch mit den im Geistes-Menschen Lebenden; welcher Vorzug ist euch gegeben durch diesen Schritt von Mir; und jetzt durch die Gnade der direkten Mitteilung, wo Ich euch alles aufdecke, Meine Schöpfung euch klarmache und euch hineinschauen lasse in die bisher von niemandem, auch nicht den höchsten Engeln enthüllten Geheimnisse Meiner Macht und Meiner Liebe.

Und wie benehmt ihr euch dagegen! Wie kalt, wie herzlos, bloß aus Neugierde zum Teil getrieben, haschet ihr nach neuen Mitteilungen und vergeßt dabei, daß jedes Wort aus Meinem Munde ein Strom geistigen Lichtes ist, das weit über alle denkbaren Entfernungen hinaus aus dem Zentrum Meiner Himmel, aus dem Zentrum Meines Herzens und Meiner väterlichen Liebe zu euch kommt, um euch zu erleuchten, zu erwärmen und euch Mir näher zu ziehen.

Begreifet doch einmal, wie es Meinem Vaterherzen wohltut,

wenn Ich sehe, daß Meine Worte so verstanden werden, wie Ich sie euch gebe, wenn Ich sehe, wie Mein großer geistiger Himmel sich in euren Herzen abspiegelt, wenn Ich sehe, daß alle Meine Worte, alle Meine materiellen und geistigen Schöpfungen von euch begriffen oder doch wenigstens geahnt werden.

Für *wen* erschuf Ich denn diese zahllosen Wunder, diese zahllosen Licht- und Wärmeträger, die großen Welten und Sonnen; für *wen* erschuf Ich Meine Geisterhimmel mit all ihren nie versiegenden Freuden, wo eine Minute Äonen Zeitalter des Genusses auf andern Sonnen und Welten aufhebt. Für *wen* erschuf Ich alles dieses, alles, was wieder in bildlicher Form Mein eigenes Ich ausdrückt, damit ihr auch bildlich Den sehen und erkennen sollet, der euch alle ans Vaterherz drücken möchte; für *wen* erschuf Ich denn alles dieses, leite und führe es, legte in alles den Trieb der Selbsterhaltung, damit ja nichts vergehe, was Meinen Kindern einst Freude machen könnte oder beim Anblick ihnen eine Freuden- oder Dankesträne ausgepreßt hätte! Für *wen* anders erschuf ich es als nur *für euch*, die Ich durch Meine größte Erniedrigung erkaufte, erlöste, und erhoben habe.

O bedenket doch alles dieses! bedenket, wenn ihr die unermeßlichen Schöpfungen und den unendlichen Raum in Gedanken durchfliegt; bedenket, Der, welcher alles dieses schuf, Der ist es, welcher nichts zum Ersatz will als nur eure *Liebe*, als nur die Liebe Seines Kindes zu Ihm, dem Vater!

Wo ist ein Vater auf eurer Erde, der solch einer Aufopferung fähig wäre, wie Ich sie euch bewiesen habe? - und was verlange Ich?

In zwei Gesetzen habe Ich es mit großer Flammenschrift auf die Schöpfungstafeln Meines Himmels- und Welten-Reiches geschrieben:

„Liebet – Gott über alles! und den Nächsten wie euch selbst."

Da habt ihr der vielen Worte kurzen, aber großen Sinn. Vollführet diese beiden Liebes-Gebote eures Vaters im Himmel, und Er wird euch dafür Seligkeiten bereiten, die keines Menschen Auge je gesehen und keine Menschenbrust je gefühlt hat.

Hier habt ihr dieses langen Wortes kurze Deutung. Die Erschaffung des großen Weltenmenschen, die Erschaffung des großen Geistesmenschen, alles dieses stürzete in ein Chaos zusammen, wäre ohne Zweck und Grund, würde die Liebe mangeln.

Liebe, *Licht* und *Leben*, drei lebendige Worte Meiner Schöpfung; beherziget sie wohl! Ohne Liebe – kein Licht, und ohne Licht keine Wärme!

Wo in eurem Taten-Leben diese drei Worte nicht gegründet sind, ist Haß, Finsternis und Tod!

Liebet Mich! – erleuchtet euer Herz! und erwärmet eure Nächsten! und die ganze Schöpfung jubelt euch entgegen; denn ihr habt mit diesen das Vaterherz besiegt, habt euch zu Seinen Kindern erhoben und dem Himmel Gewalt angetan!

Dieses bedenkt, und erkennet einmal ganz die Wichtigkeit Meiner Mitteilungen! Amen.

Das Ei

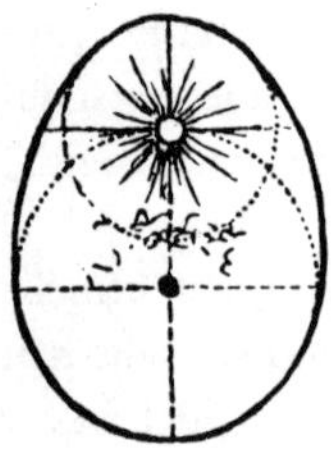

(12. April 1871)

Hier, Meine Kinder, will Ich euch jetzt wieder zeigen, wie in einer einzigen Form eines Gegenstandes weit mehr Geistiges liegt, und wie der Inhalt dieses oben genannten Eies mit Meinen anderen Schöpfungen geistig verwandt ist, und auch, könntet ihr die Sprache des Geistes verstehen, es weit mehr euch sagen würde, als was die Gelehrten und Chemiker bis jetzt aus demselben herausgebracht haben.

Nun, wir wollen mit seiner Form anfangen und diese ein wenig näher betrachten, damit ihr dort schon ein Licht aufgehen sehen möget, welches weit über den sichtbaren Horizont eures Gesichtskreises hinausreicht und bis ins tiefste Seelenleben hinabführt.

Sehet, das Ei ist in der Form eines länglichen, plattgedrückten Kreises euch bekannt, welche Form bei den verschiedenen Gattungen der Eier mehr gewölbt oder mehr spitz ist.

Diese Form des Eies kommt einer euch bekannten mathematischen Linie nahe, und ihr kennet sie unter dem Namen Ellipse oder Ovale. Nun, diese Linie, die ihr auch, wenigstens wer etwas mehr in die Gesetze der Rechenkunst (Mathematik) eingedrungen ist, berechnen könnt, deren genaue Konstruktion ihr kennt, von der es euch auch bekannt ist, daß in dieser Form Welten um Welten, Sonnen um Sonnen kreisen, was ihr von Astronomen und Mathematikern vernommen habt, so muß Ich euch sagen, ihr wisset dennoch die eigentliche Bedeutung, nämlich die *geistige* dieser Form nicht!

Nun sehet, wenn ihr euch die Unendlichkeit sinnbildlich vorstellen wollt, so wählet ihr gewöhnlich die Form eines Kreises als Sinnbild dafür; also ein Kreis, ein körperlicher Ring oder eine Kugel wäre nach euren Begriffen dem der Unendlichkeit nahe, weil da nirgends ein Anfang, nirgends ein eigentliches Ende ist.

Soviel nach menschlichen Begriffen. Aber nach Geisterbegriffen oder nach Meinen Begriffen ist die Unendlichkeit nicht im mindesten mit dem Kreise ausgedrückt, und das einfach deswegen, weil in einem Kreise sowohl als in einem Ring oder in einer Kugel alle Teile der Außenseite von ihrem Mittelpunkt gleich weit abstehen, was in geistiger Hinsicht nicht der Fall ist*, wo Ich der Mittelpunkt und die geistige und materielle Welt, die Mich umgibt, nicht überall gleich weit von Mir entfernt ist, sondern stufenweise je nach der Entwicklung der geistigen Elemente das eine mehr, das andere weniger in Meine Nähe zu stehen kommt, daher eine *Ellipse* oder ein *Oval* eher den geistigen Begriff einer Unendlichkeit und des ganzen Universums bezeichnet.

Die Oval-Linie hat auch kein Ende, nur ist der Unterschied, daß das Oval als Linie oder Körper *zwei* mathematische Kreis-Zentral-Punkte und einen Mittelpunkt hat, der aber nicht von allen Seiten gleich absteht, sondern von den längeren weniger und von den kürzeren mehr.

Nun, um euch diese Figur oder Form geistig zu erklären, will Ich euch sagen, daß in der ersten Schöpfungsperiode der Geister- und Materie-Welt die Geister weit von Mir in die Unendlichkeit hinausgestellt waren, um nicht durch Meinen Einfluß gezwungen so handeln zu müssen, wie Ich es wollte; sie mußten *frei* ohne die mindeste Abhängigkeit sein.

Sobald aber das Bewußtsein in ihnen aufzuwachen begann, sobald der Streit zwischen freiem Willen und Gehorsam sich zeigte, da formte sich sodann das nämliche, was bei einem materiellen Gegenstand geschieht, auf den zwei an Kraft verschiedene Faktoren zu gleicher Zeit einwirken, das heißt, die Stellung der Geister um ihr Zentrum, um Mich herum, richtete sich nach der Größe der Einwirkung dieser zwei Kräfte; wie bei einem Körper nach

* ‚nicht der Fall ist' ist eine Ergänzung.

den Naturgesetzen, wo dieser von der einen Kraft angezogen und von der andern fortgerissen wird, weder der einen noch der andern ganz folgend, er den Mittelweg zwischen Fortbewegung und Kreisbewegung einschlägt, welcher Weg endlich nicht der Kreis, wohl aber der *Ovalform* oder der Ellipse ähnlich ist.

So war auch die Stellung der Geister zu Mir gemäß ihres mehr oder wenigeren Gehorsams und Freilebens in einer ellipsenartigen Form ausgedrückt, wo Ich nicht im Zentrum stand, sondern in einem der, wie ihr sagt, Brennpunkte, von wo Ich die Geisterwelten in die Unendlichkeit hinausgesetzt habe, welche dann nach und nach sich Mir nähernd zu Mir wieder zurückkehren, geistig beinahe der Form eines Eies entsprechen, wo der entfernte Kreis der größere und der Mir nähere der kleinere ist.

Eure Astronomen bezeichnen zwar die Planeten- und teilweise auch die Kometenbahnen in der Form der Ellipse; allein diese Bahnen sind mehr der Form eines Eies ähnlich; wie auch die Planeten, je weiter von ihrem Zentrum entfernt, langsamer und in der Nähe der Sonne geschwinder ihre Bahn durchlaufen, schneller sich um ihre Beherrscherin und Mutter bewegen müssen.

Diese Form des Eies ist eine der Haupt- und Primärformen Meiner Schöpfung; überall ist sie ausgedrückt, im Mineral-, Pflanzen- und Tier-Reich.

Überall ist der Grund des Anziehungsprinzips darin verborgen, welches die gröberen Teile mehr anzieht und die leichteren sich weiter von sich entfernen läßt.

Selbst die Formen der Welten, Sonnen und Planeten formten sich nach diesem Prinzip; eine Kugel im reinsten Sinne gibt es nirgends, nur Ovale in verschiedenen Gestalten; und wenn auch andere Formen in der materiellen Welt vorkommen, so sind ihre kleinsten Atome, aus denen sie zusammengesetzt sind, doch wieder nur Ovale oder Ellipsen, und warum?

Weil eben diese Form Meiner Schöpfungs-Idee entspricht und, geistig in Meinem Ich selbst begründet, als Typus von Mir allen Produkten und Wesen eingeprägt ist.

Als Typus von Mir ist die Ovalform, nämlich geistig, so verstanden, wie die Unendlichkeit als Mein zweites Ich es verkörpert oder plastisch ausdrückt in einem Zentrum, und wo das zweite Zentrum oder der zweite Brennpunkt des geistigen Ovals weiter entfernt von Mir zwar keine so große Anziehungskraft auszuüben imstande ist wie Mein geistiges Ich, jedoch noch immer Einfluß auf das Werden und Vergehen hat.

Dort in seiner Nähe (Satans) bewegt sich zwar alles wohl um ihn herum, aber statt die Kreisbewegung zu vollenden, entfernt es sich, und ein unwiderstehlicher Zug zieht es zu Mir, dem ersten Brennpunkt, um den sich alles scharen möchte.

Also in Ellipsen oder Ovalformen steht die geistig materielle Schöpfung um ihren Schöpfer herum; diese Form als Typus beibehaltend bildet sich in ihr alles wieder aus dieser (Ur-)Form, die Pflanzen, ihre Blätter, die Tiere, ihre einzelnen Teile, Knochen enden und verbinden sich in Ovalen (auch der Querschnitt der Langknochen und der Zweige und Stengel sind Ovale, und diese Knochen sind somit nur sehr langgezogene Eiformen), selbst die ganzen Figuren der Tiere und Menschen könnt ihr geistig in Ellipsenformen einschließen, wo das Herz der eine und die Zeugungsteile der andere Brennpunkt, oder ersteres geistig, zweites materiell den Fortpflanzungspunkt bildet, der zum Bestehen des Ganzen notwendig ist.

Euer Kopf hat eine Ellipsen- oder ovale Wölbung, im Innern desselben, wie im Angesicht des Menschen selbst, ist die schönste Form das Oval. Jede Form, die geistig erhaben oder schön genannt werden kann, besteht aus Teilen von Ovalen, aber nicht aus Teilen von Kreisen.

Überall leuchtet das Grundprinzip Meines eigenen Ichs durch, ein Herrscher, umgeben von Seiner Schöpfung*, je nach der moralischen Geistesschwere geordnet, inmitten seines Universums! Wie da alles sich Mir entgegendrängt, in Meine Nähe zu kommen strebt, weil dort nur Wonne, Liebe und Seligkeit ist, so ist auch, würdet ihr alle Ovalformen in der Schöpfung untersuchen können, dort ebenfalls wieder das nämliche im Größten wie im Kleinsten zu ersehen, nämlich, daß Ich als Gott und Schöpfer nicht viele Formen brauche, sondern nur *eine* genügt, aus der Ich dann Welten und geistige und materielle Weltenmenschen aufbaue, die eben deswegen, weil sie alle nach einem Prinzip gebaut, auch alle wieder zu dem Gründer und Erbauer zurückkehren müssen!

Das Ei ist die Geburtsstätte von vielen körperlichen Wesen; alles was lebt, oder doch wenigstens der größte Teil davon, wird aus dem Ei geboren, welches in seinem Innern ebenfalls wieder so

* „von Seiner Schöpfung“ ist eingefügt.

geformt, gebaut ist wie der große Geistes- und der materielle Welten-Mensch. Denn von dem Ei eines kleinen Tierchens angefangen, bis zum großen Welten- und Geistesmenschen besteht das nämliche Prinzip seines Baues, die nämlichen analogen Elemente und das nämliche Endresultat.

Im Ei ist vorerst die harte, kalkartige Schale, die überall, wo diese Form auftritt, die Außenseite ist, welche das Innere als getrennt von der ganzen übrigen Schöpfung als ein für sich Dastehendes bezeichnet und zusammenhält. Diese feste Schale ist die ätherische Außenseite, die auch den großen Welten- und Geistesmenschen vom allgemeinen Äther trennt. Alsdann kommt eine feinere Haut, die das Flüssige des Eies vom Durchdringen und Zersetzen der äußeren Schale abhält. Diese feinere Haut ist auch im großen Geistes- und Weltenmenschen der feinere Äther, der die Welten alle umgibt und sich, wie im Ei als Flüssigkeit, im Äther dann als Atmosphäre der einzelnen Sonnensysteme und der in ihnen kreisenden Sonnen und Planeten verdichtet.

Der Eidotter, wieder durch eine andere Haut von der übrigen Flüssigkeit getrennt, ist im großen Welten- und Geistesmenschen die den Welten zu ihrem weiteren Bestehen nötige, nähere, dichtere Luftschicht, wo sich alles in aufgelöstem Zustand befindet, was dann durch andere Verbindungen als feste Materie der Erd- und Sonnen-Körper deren Bestand selbst ausmacht.

Inmitten des Eies liegt dann der eigentliche geistige Feuerpunkt eines ewigen Lebens, der nur durch Wärme (der Liebe gleich) geweckt, die ihn umgebenden Substanzen zu seinem verkörperten, individuellen Ich dann aufbaut und so aus dem Ei und seiner flüssigen und festen Materie das Geschöpf formt, zu dessen Form die Elemente in ihm selbst lagen.

Im Welten- und Geistesmenschen ist es ebenfalls wieder der innere, mehr dem Herzen gleichkommende geistige Teil, wo der Trieb zum Aufbau, zur Erhaltung des Bestehenden durch das Vorhandene, aufsaugend den Äther- und Lichtstoff und ihn verarbeitend, die Sonnen- und Weltensysteme aufbaut, sie erhält und so sie weiter befördert zur geistigen Entwicklung, wie im Geistes-Weltenmenschen die entsprechenden Himmel, wo auch Ich endlich im Zentrum gelagert, um Mich herum die geistigsten, großartigsten Schöpfungen, Geister und Wesen vereint habe, die alles von außen Kommende zur Weiterbeförderung reifen, es immer mehr vergeistigend Mir näher bringen, wo es dann – wie im Weltenmenschen

Licht und Äther, hier Geist im intensivsten Licht, dort durch die Wärme, hier durch die nie versiegende Liebe – zu neuen, höheren Schöpfungen verbraucht und so Mein höchstes Ideal des Guten und Schönen entwickelt wird.

So sehet ihr im Ei, für euch ein unansehnlich Ding, die höchste Potenz, Mein Ich, Meine Schöpfung, das stufenweise Fortschreiten des Geschaffenen, Mein ewiges Neubauen, alles, was ihr euch nur denken könnt, geistig vertreten.

Das Ei drückt euch im Dotter Meine Liebe, im Eiweiß Mein Geisterreich und in der harten Schale die materielle Welt aus. Im Zentrum stehe Ich, als Lebens-, Feuer- und Liebe-Kern alles bewegend, alles der großen Lösung entgegentreibend.

Die Mich umgebenden Geister schließen Meine Himmel von der materiellen Welt ab. Aber auch diese Wand, wie beim Ei die Kalkschale, wird zerbrochen; das Innere des Eies wird aufgesaugt, zu einer höheren Geburt verwendet, und aus all den Konglomeraten von Schöpfungselementen wird, wie ein Phönix unversehrt aus der Flamme, einst Meine geistige, innerste, aber erhabenste Welt treten, wo alles *Geist*, *Licht* und *Wärme* oder *Weisheit* und *Liebe* ist und ewig so fortbestehen wird.

Dorthin drängt sich alles, Ich bin der Brennpunkt, das Zentrum, der Lebensfunken, der alles belebt, alles erhält, und wenn er auch Formen ändert, sie doch wieder neu schafft!

So sehet ihr im Ei eine ganze Schöpfung, eine ganze Unendlichkeit und ein geistiges Bild eures Ichs und Meiner Person Selbst.

Auch ihr seid wie das Ei, von außen mit einer Schale, die einst der Erde angehören wird, von dem übrigen geistigen Leben getrennt, auch in euch bewegen sich ätherische Flüssigkeiten, geistig eure guten und schlechten Eigenschaften, und im Zentrum, als geistiges Triebrad, das pulsierende Herz mit dem ewig nie vergehenden Geistesfunken aus Mir!

Auch dieser Funke wird die andern geistigen Elemente nach und nach aufsaugen, das Gute behalten und das Schlechte ausscheiden, wird dann bei Vollreife die Erdschale zersprengen und als eine geistige Welt im Kleinen, getrennt von der großen, seinen Himmel und seine Wonne bei Mir, seinem Gründer suchen. –

Trachtet also ihr alle, die ihr so viel Geistiges von Mir erhalten habt, es zu eurem Besten zu verarbeiten; trachtet diesen inneren Brennpunkt, den Liebefunken aus Mir, Mir einst wiederzugeben wie Ich ihn euch überlieferte, und ihr werdet im großen Schöpfungs-Ei auch nicht im weitern Kreise desselben, weit weg von Mir, sondern in den nächsten an Meinem Herzen den Wohnsitz haben, von wo ihr das ganze Universum übersehen, begreifen und beurteilen könnt, soweit es einem Geiste möglich ist – und dann werdet ihr in der Oval- oder Ellipsenform das Urbild der ersten göttlichen Idee im Großen und an euch selbst, an der Schönheit und Erhabenheit der Geister und der Geisterwelt ganz verstehen, und es wird euch erst dann einleuchtend sein, daß nur ein Gott aus so kleinen nichtigen Formen und den Eigenschaften derselben so Großes schaffen kann, welches am Ende doch nur den Zweck hat, Seinen Kindern einen Begriff Seiner Größe, Seiner Liebe, Seiner Sanftmut zu geben, und ihnen zu zeigen, daß Er nicht im Großen allein groß, sondern gerade im Kleinsten am größten ist! Amen.

Der Regen

I.

(11. Juni 1876)

Was ist der Regen? Auf diese Frage werden viele gleich mit der Antwort fertig sein: „Es ist verdichtete Dunst-Atmosphäre, die plötzlich zu Wasser verdichtet in Tropfen vom Himmel herabfällt.“

Diese (oberflächliche) Antwort genügt den meisten, aber vielleicht doch nicht allen; denn wenn sie die Wirkung des Regens auf Menschen, Tiere und Pflanzen aufmerksam betrachten, so muß ihnen auffallen, daß das Wasser, das aus den Wolken sich (als Regen) ergießt auf die Erde, nicht allein der Grund sein kann, warum eben die ganze Natur nebst allen lebenden Wesen nach einem Regen sich gestärkt und erquickt fühlen und Pflanzen aller Art dann besser gedeihen.

Bei euch gilt die Meinung, daß Regen ebenso wie destilliertes Wasser die wenigsten Erdelemente enthalte, und daß nur die durch den Regen erzeugte Feuchtigkeit oder Nässe das Gedeihen der Pflanzenwelt befördert oder durch das Herabdrücken der Temperatur erfrischend auf Menschen und Tiere einwirke.

Nun sehet, hier will Ich wieder belehrend auftreten, um diesen altherkömmlichen Sentenzen und Vorurteilen entgegenzuarbeiten, damit ihr auch hier wieder sehen möget, wie in den allergewöhnlichsten Dingen – die euch gewöhnlich erscheinen*, eben weil sie euch fast alle Tage vor die Augen treten – doch noch etwas anderes verborgen ist, was ihr noch nicht wisset, das aber, weil doch zur geistigen Erkenntnis nötig, ihr mit der Zeit erfahren sollt. So höret also:

Es ist wahr, der Regen ist, wie das Wasser, verdichtete Luft; aber nun frage ich, was ist denn die Luft? Denn wenn ich weiß, was diese ist, aus was sie besteht, so kann ich stets annehmen, daß, selbst in anderen Formen auftretend, sie (die Luft) doch immer der Hauptbestandteil sein wird.

Nun, die Luft, so wie sie euch umgibt, ist ein Dunstkreis oder „die Atmo-Sphäre", die, wie Ich euch anderswo gesagt, in aufgelöstem Zustand alles enthält, aus was euer Erdball zusammengesetzt ist.**

Ob nun leicht oder schwer, verdichtet oder gar gefestet, wie zum Beispiel im Eise, so enthält auch diese Form doch nur stets die nämlichen Bestandteile, welche die Luft selbst auch innehat.

Wenn es also regnet, oder wenn das Wasser in Form von Tropfen auf die Erde fällt, so bringt es in dieser Form alle Bestandteile der Erde verdichtet (und gereinigt) wieder (zurück), was als Dünste von ihr früher in die Luft aufgestiegen war. Nur ist in der Luft ein Zersetzungsprozeß (mit diesen Dünsten) durch das Sonnenlicht bewerkstelligt worden, welches die verwesten Elemente von den neu zu bildenden ausschied und so nur das wieder der Erde zuführt, was zu ihrem und dem Fortbestehen der darauf lebenden Menschen sowie der Tier- und Pflanzenwelt nötig ist, während das gröbere Verweste einen längeren Zersetzungsprozeß durchmachen muß, bis es tauglich wird, der Erde (und ihren Wesen) wieder nützlich zu sein. –

Nun ist aber noch ein anderer Faktor, welcher bei dieser Naturerscheinung, dem Regen nämlich, zu beachten und welcher eigentlich das Wesentlichste dabei ist.

Sehet, wenn ihr den Himmel betrachtet und die daran schwebenden Wolken, die zwar schon verdichtete Dünste sind, aber nur in der Wärmeschicht, wo sie gerade schweben, noch nicht bis zur

* „euch gewöhnlich erscheinen" ist eingefügt.

** Siehe „Erde und Mond", Teil 1A „Die natürliche Erde".

Wasserform gezwungen als Regen herabfallen, so werdet ihr finden, daß sie in steter Bewegung und steter Veränderung der Form sind. Denn die Strömungen, welche im Meere dasselbe bewegen und durch diese Bewegung es vor Fäulnis bewahren, diese Strömungen sind in dem noch leichteren Element der Luft noch größer, noch vielfältiger und beständiger, weil es nur einer Erwärmung oder Abkühlung der Luftschichten bedarf, um das zu erzeugen, was ihr „Winde“ heißet, welche vom leisesten Zephir bis zum größten Sturmwind nur dadurch entstehen, weil die abgekühlte oder erwärmte Luftschicht sich mit ihrer Umgebung ins Gleichgewicht setzen will und zwar nach dem nämlichen Gesetz der Schwere wie das Wasser, wie selbst die gröbste gebundene Materie.

Nun, durch die Winde werden die in die Luft aufgestiegenen Dünste als Wolken von einem Ort zum andern getrieben, und so geschieht es, daß das in einer Gegend in Dunstform aufgestiegene in einer anderen Gegend als Wasser, als Regen herunterfällt und so Elemente aus einem Breitengrad in andere führt, wo sie in gröberer Form mangeln, aber in Dunstform dahin gebracht werden können.

Aus diesem (nun Gezeigten) könnt ihr ersehen, wie also der Regen nicht bloß Wasser ist, wie dasjenige, welches in euren Brunnen oder Flüssen sich findet, sondern daß der Regen als ein Wasser aus anderen Gegenden auch andere Elemente in sich haben wird als das eurige, weil dieses aus fremden Elementen zusammengesetzte Wasser auch das Produkt aus anderen verwesten und verbrauchten Erdstoffen ist, welche zum Beispiel bei euch gar nicht vorkommen oder, wenn sie da wären, wegen des Klimas und anderen Gründen nicht in *der* Ausbildung bestehen würden.

Nun gehen wir wieder um einen Schritt weiter und sagen: Wenn also diese aus der Luft als Regen herabfallenden Elemente dem Erdreich, wo sie auffallen, fremd sind, warum ist dieses bei euch und vielen anderen Welten so eingerichtet? – so antworte Ich darauf: Deswegen, weil eine jede Pflanze, Tier oder Mensch aus seiner Erde und seiner umgebenden Atmosphäre gewisse Elemente aufsaugt, sie zu seinem Bestande verbraucht, und wenn es so fortginge, diese am Ende in und um ihn nicht mehr vorhanden sein würden.

So will Ich euch aus euren wissenschaftlichen Entdeckungen vorführen, wo es bewiesen ist, daß der Mensch oder das Tier Sauerstoff aus der Luft zu seinem Lebensbedarf einsaugt und als Verbrauchtes, für ihn gänzlich Unnützes, Kohlenstoff aushaucht, während die Pflanzenwelt bei Tage Kohlenstoff in sich aufnimmt und bei Nachtzeit den Sauerstoff wieder neu bereitet ausstößt; ferner wisset ihr, daß diese ausgehauchte Luft von lebenden Wesen für sie keine Elemente mehr enthält, welche ihnen nützlich wären, und der Tod die Folge davon sein müßte, wenn kein anderes Respirations-Mittel das Verbrauchte ersetzte.

Nun, dieses alles ist ganz richtig, und eure Chemiker haben in dieser Beziehung den großen Stoffwechsel in Meiner Natur angedeutet, nur ist ihnen noch etwas anderes entgangen, nämlich daß beim Verbrauch des Sauerstoffes oder bei Bereitung des Kohlenstoffes noch lange nicht alle Elemente genannt sind, die in der Luft zum Gedeihen alles Lebenden oder Vegetierenden nötig sind.

Noch Tausende von feinen Partikeln sind es, welche in aufgelöstem Zustande in der Luft und gebunden in der Erdrinde und unter ihr liegen, und die alle dazu beitragen müssen, daß alles lebt und gedeiht.

Da aber an jedem Ort in dieser Hinsicht eine ewige Verschiedenheit des Verbrauchens aller Elemente und Stoffe bedingt ist, die zum Leben nötig sind, um hier das Gleichgewicht stets zu erhalten, damit ein Land oder ein Ort stets dem Charakter seiner Lage entspricht, so bringen die Winde aus anderen Gegenden geschwängerte Wolken, welche in ihren verdichteten Dünsten dasjenige mitbringen, was da mit der Zeit mangeln könnte. Und so ist der Regen das Verbindungsmittel, welches Verbrauchtes wieder ersetzt, in leichten luftigen Elementen aus weiter Ferne herführt (was mangelt), um das Gedeihen von Menschen, Tieren und Pflanzen zu befördern, die alle nicht ahnen, daß dieses herabströmende Wasser im Regen oft Zonen entnommen ist, wo keine einzige Pflanze, kein Tier und kein Mensch diesen gleicht, auf welche der Regen jetzt erfrischend und befruchtend einwirkt.

Die Naturforscher und Chemiker sagen, ebenso wie der Landwirt und Gärtner, daß der Gewitter-Regen befruchtender als der gewöhnliche (Land-)Regen ist, weil er, wie bei jedem Blitz, die Elektrizität in der Luft zersetzt mit sich auf die Erde herunterführt und durch diese Elektrizität die Pflanzen besser wachsen.

Ja sie haben recht, aber sie vergessen, daß eben diese Wolken vielleicht aus Gegenden herkommen, wo die Elektrizität stets überwiegend ist, und von wo sie durch die Winde getragen erst in diese Gegenden geführt werden, denen es an Elektrizität gebricht.

Was das Blitzen und Wetterleuchten anbelangt, so ist diese Entwicklung der Elektrizität deswegen, weil eben in manchen Gegenden der Mangel dieses Fluidums in kurzer Zeit ersetzt werden muß, weil die Winde die Gewitterwolken zwar mit Sturmeseile bringen, sie aber auch diesen Gegenden mit der nämlichen Hast entführen würden, wie sie sie gebracht haben. Der Ausgleich mußte geschehen, und so bedurfte es der großen Elementar-Faktoren, um dieses zu bewerkstelligen.

So seht ihr also, wie der Regen, der Ausgleicher zwischen verschiedenen Breitegraden, als Mittel dient, das Verbrauchte in Dunstform zu ersetzen und dem Erdreich wiederzugeben, was es für immer verloren hätte, wäre nicht die Wechselwirkung durch die eure Erde umgebende Atmosphäre hergestellt.

Aus Asiens hohen Gebirgen oder aus Afrikas Sandwüsten oder fruchtbaren Gegenden des Binnenlandes, wohin noch kein Europäer seinen Fuß gesetzt, strömen euch die Ausdünstungen von Vegetationen und lebenden Wesen zu, die ihr nie gekannt oder gesehen habt.

Der Luftzug bringt euch das Verbrauchte einer tropischen Pflanzenwelt und entladet es über euren Häuptern als Erfrischendes, Fruchtbringendes, nicht ahnend noch wissend, daß später die Dünste eures Landes in der großen Regenzeit auch zu jenen fernen Gegenden getragen werden, um dort Ströme des Segens zu bringen, aus Elementen zusammengesetzt, die dort als sichtbar unbekannt, geistig aber zum Gedeihen stets nötig waren.

So möget ihr erkennen, wie einfach Meine Haushaltung es anzufangen weiß, um Verbrauchtes zu beseitigen und das Nötige zu ergänzen, ebenso wie den Menschen und Tieren die mit anderen Dünsten geschwängerte Luft nach einem Regen auch andere Lebenselemente zuführt, welche sie einatmen und verarbeiten und so mit neuen Stoffen ihr Verlorenes ergänzen und ihnen den Eindruck des Neubelebens, des Erfrischens geben.

Die aromatischen Dünste einer Tropenwelt mußten, durch die Luft und das Licht zersetzt und verwandelt, Tausende von Meilen hereilen, um euren Blumengewächsen zu ihrem Gedeihen zu verhelfen, damit überall der Grund des Entzückens und die Anregung zur Freude in Meiner Natur vorherrsche.

In der nichtssagenden Form des Regens, welchen die meisten Menschen nur als Wasser betrachten, liegt so viel Geistiges, so viel Göttliches von Mir, daß, würden die Menschen nur ein wenig über alles nachdenken, was sich fast täglich vor ihren Augen abwickelt, sie erstaunen müßten, wie Ich so an alles gedacht habe, den Menschen, Tieren und selbst den Pflanzen ihr Dasein zu versüßen und zu erleichtern.

Aus dem einfachen Regentropfen, der schnell zur Erde fällt und dem erstaunten Auge unter günstigen Verhältnissen noch im Regenbogen die Zersetzung in die sieben Farben zeigt, wo eine jede eine andere Segensgabe auf die Erde mitbringt – aus diesem könnten sie einsehen, was Moses in seinen Büchern erzählt, daß es ein *Friedenszeichen* ist, war und ewig bleiben wird, weil es euch zeigt, daß selbst im fallenden Regen nur Segen, nur Liebe, aber auch geistiges Erkennen ist, für solche, die die Natur mit offenem Herzen und liebendem Gemüt aufzufassen gewohnt sind und nicht überall nur „Stoffe" oder „Elemente" und deren Wechselwirkung sehen.

In allem liegt etwas Geistiges, bin ja doch auch Ich ein Geist und kann daher nichts anderes geschaffen haben als eben nur Geistiges.

So ist auch in jedem Prozesse der sichtbaren Natur ein *geistiger Grund* verborgen, und nur der kann ihn begreifen, der geistig erzogen und geistig sich Mir, dem Schöpfer alles Wesenden, nähern will.

Wie der Regen von einer Zone der andern nur Segen und Gedeihen bringt, so sind auch „Meine Worte" nichts anderes als geistige Produkte oder Elemente Meines Ichs, die Ich in menschliche Worte geformt, den Regentropfen gleich, auf euch heruntergieße.

Wie der Regentropfen mit Tausenden fruchtbringender Elemente geschwängert auf eure Erde fällt, so ist „das Wort" in seiner geistigen Bedeutung, in seiner Tiefe ebenfalls voll des Segens.

Der Regen kommt aus fremden Ländern, und Mein Wort ebenfalls aus andern, und zwar aus höheren Regionen, wo alles in Fülle vorhanden, was zum geistigen Fortschritt nötig ist.

So nehmet den Regen als Segensmittel eures Gedeihens und Mein Wort als Lebenstropfen eures ewigen Lebens, damit auch sie euer Herz befruchten mögen mit dem, was dort meistens fehlt, aber in Meinem Reiche in Fülle zu haben ist, nämlich: Liebe zu Mir und euren Nächsten!

Wie die Zonen und Breitegrade eurer Erde wechselwirkend aneinander abgeben, was eine jede bedarf, ebenso gebet auch ihr, jedoch mit Vorsicht, euren Brüdern und Schwestern, was sie bedürfen, d. i. geistige Speise: führet auch sie dahin, wo Ich euch schon seit langer Zeit zu leiten bemüht bin, damit auch sie erkennen mögen, wie ewig die Liebe, wie tätig sie, selbst in den unschuldigsten und alltäglichsten Dingen, nur das nämliche Prinzip verfolgt, Freuden und Trost zu verbreiten, wo es nur möglich ist. Amen.

Der Regen

II.

(29. April 1871)

„Was bedeutet der Regen in geistiger Beziehung – und wie verhalten sich dabei die unzähligen kleinen Tierchen, deren Wohnung die Erde ist?"

So hörtest du, Meine Tochter, in nächtlicher Stille von einer Stimme dich fragen; und da dir diese Frage nicht weiter beantwortet wurde, so muß eben jetzt erst dieselbe Stimme dir die Antwort durch die Vermittlung ihres Schreibers zusenden. Nun sieh denn, Mein liebes Kind:

»Der Regen – ist ein Segen." Er ist ein Segen, weil er von oben kommt; er ist ein Segen, weil er Kräftiges, Belebendes in sich schließend, ebenfalls auch alles wieder neu belebt, wo er hinfällt und eindringt; er ist ein Segen, weil mit ihm die Liebe oder materiell die Wärme entwickelt wird, und er ist ein Segen, und zwar ein göttlicher Segen, weil er alles beglückt und neu belebt – und wie einst Ich als Jesus sagte von der Sonne, daß der Vater im Himmel sie über Gute und Schlechte aufgehen läßt, ebenso träufelt der Regen über nützliche und schädliche Pflanzen gleichermaßen herab. Was die Tierchen im Erdboden betrifft, so hast du in deinem Brief selbst die Antwort angedeutet, wenn du schreibst: „Als ich über die wahre Liebe nachdachte, da ersah ich so manches als Sünde, was man oft als Tugend taxierte." –

Sieh, Mein Kind, die im Erdboden lebenden Tierchen, Larven und Puppen, die einen schon im äußerlichen Leben entwickelt, die andern der Entwicklung harrend, gleichen den kleinen Fehlern, die der Mensch oft nicht als Fehler, sondern sogar als Tugenden oder gute Eigenschaften ansieht.

Nun, wenn der Regen auf die Erde fällt und so manches Tierchen seines Lebens oder seiner Behausung beraubt, sie erbarmungslos wegschwemmt, so gleicht dieses eurem Herzen, auf welches auch Mein Gnadenregen herunterträufelt oder, bei geeigneter Disposition, gar in Überfülle herabströmt.

Dieser Gnaden-Regen bewirkt das nämliche Resultat wie der Regen am Erdboden. Der Regen erweicht zuerst die hartgewesenen Teile der Erde; die herabträufelnde Gnade muß in einem Meiner Stimme geneigten Herzen ebenfalls die dort hartnäckigen, angewöhnten schlechten Eigenschaften und Begierden erweichen. Der Regen erwärmt den Erdboden, bringt Leben in seine Vegetation, gestattet den Wurzeln, sich dann mit mehr Kraft und Elastizität weiter zu verbreiten.

Der Gnaden- und Liebe-Regen bewegt das Herz freudig, es wird weich, scheidet dann mit Vergnügen diese kleinen Gewohnheiten und Fehler aus und belebt das Gute von neuem. Und wie dann im Erdboden die Tierchen rege werden, um teils sich vorm Wasser zu schützen, teils erst durch das Wasser von ihrem Winterschlaf erweckt zu werden, wie die harte Erdscholle, welche sie jetzt leichter durchbrechen können, um auch sie dem Lichte und der Sonnenwärme entgegenzuführen – ebenso der Liebe- und Gnaden-Regen im menschlichen Herzen. Auch er erweckt die besseren und erhabeneren Eigenschaften der menschlichen Natur, läßt ihnen Kraft zukommen, die harte Schale, die bis jetzt die Welt um sie gezogen hat, leichter zu durchbrechen, damit auch sie den Menschen zum Lichte der Wahrheit und der Liebe geleiten sollen.

Was der Regen vernichtet und wegschwemmt, was er an Tierchen, deren Eiern und Behausungen verdirbt, das gedeiht auf einer andern Seite wieder. Nach einem Regen wird in der Natur-Hauswirtschaft das Gleichgewicht zwischen Produzenten und Konsumenten wieder hergestellt. Und nach einer tüchtigen Reinigung des menschlichen Herzens wird auch dort alles wieder ausgeglichen, da das Gröbere vertilgt, ausgemerzt wurde, aber doch noch so viel übriggeblieben ist, um den Kampf des Guten mit dem Bösen nicht einschlafen zu lassen; denn nur Kampf bedingt ein tätiges Leben, weil ohne ihn kein Reiz und kein „Warum" vorhanden wäre.

Im menschlichen Herzen müssen, wie im Erdboden die kleinen Tierchen durch den Regen angeregt werden zur Tätigkeit – es müssen sich die guten Eigenschaften entwickeln können und die schlechten weggeschwemmt, vertilgt, das noch ungeborene Geschlecht der Puppen und Larven aber ebenso durch diesen geistigen Gärungs-Prozeß in ihrer Entwicklung beschleunigt werden.

Auch auf dein Herz, Mein Kind, träufelt schon lange Mein Gnadenregen herab, auch bei dir wird es rege in deinem Herzen. Gewisse kleine Eigenheiten, den Tierchen der Erde gleich, verkrochen sich vor diesem Gnaden- und Liebe-Wasser, sie wollten sich nicht von dir wegschwemmen, nicht verjagen lassen. Allein der Regen hörte nicht auf, ja er vermehrte sich, und sieh, Mein liebes Kind, jetzt da der Grund deines Herzens durch den Liebe- und Gnaden-Regen erweicht, erwärmt und zur Tätigkeit gekräftigt worden ist, jetzt wo die Wurzeln deiner guten Eigenschaften sich ausgebreitet haben gegen das Licht, jetzt beginnt ebenfalls der Gnaden-Regen auf dich dichter zu fallen. Du beginnst jetzt, wo die meisten überflüssigen kleinen Eigenschaften und Eigentümlichkeiten entfernt sind, erst anzufangen noch mehr auszuräumen, was in dir als Unkraut sich noch vorfand, und du stehst nun da wie eine Blume nach dem Regen, wo brillantene Tropfen des gefallenen Regens auf ihren Blättern und Blumenkelchen das ganze Universum abspiegeln, dein Herz zu Mir erhebend, offen zur Schau tragend die herrlichen Resultate der allumfassenden, nie versiegenden Liebe deines Vaters im Himmel, der auch dich durch Nacht zum Licht, durch Regen und Wind geistig geführt, dich fähig gemacht hat, jetzt erst so ganz die balsamischen Düfte einzuatmen, die dem erquickenden Regen, sei es in der materiellen als auch in der geistigen Welt, stets folgen.

Stehe fest! als die schöne, geistige Blume, die Ich Mir in dir erzogen habe; sei Mir eine Freude und ein Trost deiner Umgebung; und wie eine Blume nur balsamischen Duft um sich verbreitet, so verbreite auch du lindernde *Liebe*, *Toleranz* und Liebe erweckende *Sanftmut* um dich!

Das soll das Resultat des *geistigen* Regens sein, den Ich jetzt auf dich herabströmen lasse. Und wie der Regen und die Sonne, beide über Gute und Schlechte nur Wohltaten ausgießen, so verbreite auch du nur Gutes um dich herum. Kümmere dich nicht, wie dieses Gute verstanden und verwertet wird, *du* tue es, weil du Mir, dem Spender alles Guten, gleichen willst, ob es die andern zum Guten benutzen oder nicht, das sei dir gleichgültig. Du, Gutes tuend, sammelst dir diamantene Perlen des Wohltaten-Regens auf deinem Haupte; die andern, welche die Gaben nicht zu benutzen wissen, oder oft nicht benutzen wollen, oder gar mißbrauchen, diese sammeln sich statt (reine) Wasserperlen, die in ihrem Glanze die Unendlichkeit abzuspiegeln fähig sind, nur schmutziges Wasser, das ihre Sehe noch mehr trübt als stärkt.

Sei Mir gleich! Betrachte die ganze Natur – was tue Ich nicht jeden Tag, jede Stunde, ja in jedem Pulsschlag oder geringsten Zeitabschnitt! Wie viele Gnaden-Regen sende Ich über die ganze Menschheit, und wo sind die, welche dies alles begreifen, wo die, welche je nur einen Blick zu Mir erheben und ausrufen möchten: „Herr, was sind wir, daß du unser gedenkest!"

Und doch höre Ich nicht auf, Gnaden auf Gnaden zu häufen, um doch zuletzt auch den Verstocktesten, nicht durch Strafe, sondern durch Liebe zur Umkehr zu zwingen.

So mache es auch du, Mein liebes Kind, lasse Gnade auf Gnade, Wohltaten auf Wohltaten auf deine Mitmenschen träufeln; sie sind alle Stufen zu Mir, zu Mir, deinem Vater, der schon längst dich führte und mit ausgebreiteten Armen Sein Kind erwartet, wenn es einst, nach langen Kämpfen, siegestrunken in diese sinken wird.

Dieses schöne Ziel habe Ich dir zugedacht! Lasse also den Gnadenregen nicht umsonst auf dich herabströmen, lasse ihn alles fortschwemmen aus deinem Herzen, was nicht hineingehört, und es wird der Gnaden-Regen, der von oben kam, dich auch wieder nach oben führen.

Also – ausgeharret! Das Ziel ist des Ringens wert. Verzage nicht, Der, welcher dir dieses schreiben ließ, wird stets dich unterstützen, solange du auf Seinen Pfaden wandelst! – Amen.

Der Mensch und die Schöpfung

I.

(27. Februar 1871)

Schon mancher von euch und viele andere, denen Meine Worte nicht so zuteil geworden wie eben gerade euch, haben oft nachgedacht über das menschliche Leben; wie viele Leiden und bittere Erfahrungen den Menschen von Anfang an, von der Wiege bis zum Sarge begleiten, wie viele eitle Hoffnungen und Wünsche sich auflösen wie leichte Nebelgebilde in leeres Nichts, und so mancher dachte da in seinem Innern eben – zu was so viel des Bitteren auf einer so kurzen Spanne Zeit der menschlichen Lebensbahn!

Manche beschuldigten Mich der Grausamkeit, der Lieblosigkeit und wer weiß was noch. Manche andere leugneten Mir ab ein Gefühl für Schmerz und Leidwesen, und manche endlich verleugneten Mich ganz, nahmen wie einst die Heidenvölker ein Fatum oder blindes Schicksal an, dem niemand entrinnen könne und das in seinem unaufhörlichen Rollen wie eine Kugel alles zermalmt, was ihm unter seine Wege kommt.

Dem Anscheine nach spricht vieles für die Gültigkeit solcher Annahme, wo am Ende der Verzweifler sogar auch das Dasein eines waltenden Gottes verwerfen muß.

Aber in der Wirklichkeit ist es nicht so, nur muß man die Dinge und Verhältnisse von einem anderen Standpunkte aus betrachten und beurteilen, als wie sie sich dem gewöhnlichen Weltverstand vorstellen und von ihm beurteilt und bekrittelt werden.

Wer die Welt von dieser Seite betrachtet, der kann freilich zu keiner trostreichen, freudigen Ansicht kommen; denn wenn er auch eine göttliche Lehre von Gerechtigkeit, Wiedervergeltung, Belohnung oder Bestrafung annehmen möchte, so sieht er gerade von allem dem meistens das Gegenteil, und es verwirklicht sich ihm täglich mehr die Wahrheit so mancher im Volke eingewurzelter Sprichwörter, wie:

„Je größer der Lump, je größer das Glück!" oder: „Die großen Diebe läßt man laufen, und die kleinen hängt man"; oder wie im ehelichen Leben: „Mann und Weib sind ein Leib, aber nicht ein Magen!", wo der Mensch dann stets mehr fühlt, daß von den so schön geschriebenen Worten auf dieser Erde sich keines erfüllt, wie von der Wiege an Krankheiten dem jungen Leben drohen, mehr erwachsen, die moralischen Versuchungen zum Laster und zu allerlei Untugenden reizen; wenn er sieht, wie im Jünglingsalter, wo die schönsten Blumen blühen möchten, um den Lenz des physischen* Lebens zu einem paradiesischen Garten umzugestalten, wenn er sieht, daß gerade dort die harte, erbarmungslose Hand der Welt alle diese Blumen knickt, damit sie verwelken, um nie wieder aufzustehen; wenn er sieht, wie dort alle Laster des berechnenden Verstandes blühen und von der Masse gerechtfertigt werden; wenn er sieht, wie einer auf den Schultern des andern emporsteigen möchte, wie ein jeder nur ans Herrschen, aber nicht ans Gehorchen denkt; wenn er sieht, wie alles nur ums Wohlleben und um die Befriedigung der menschlich-irdischen Bedürfnisse

* irdischen.

sich gegenseitig bekämpft und abplagt; wenn er sieht, daß je weiter man hinauf kommt in die höheren Kreise der menschlichen Gesellschaft, dort oben oft das eine Tugend ist, was bei den niederen Ständen ein Laster genannt wird; wenn er sieht, daß, will man in solch einer Welt fortkommen und sein Brot in Ruhe verzehren, wie ihr sagt, „man mit den Wölfen heulen muß" und alle sonstigen, edlen und schönen Grundsätze des Knaben- und Jünglingsalters über Bord geworfen werden müssen, wenn man nicht vor Hunger sterben oder als Narr vor der Welt erklärt werden will; wenn er endlich sieht, daß, ist ein Familienkreis gegründet, die Sorgen in seiner eigenen Kindheit, welche er dort seinen Eltern unbewußt bereitete, nun an ihn selbst herantreten, sich auch bei ihm fühlbar anmelden; wenn er dann sieht, wie ein mit großer Sorge, Kummer und Furcht erzogenes Kind durch Krankheit, später durch Entartung oder gar durch den Tod ihm entrissen wird; wenn er sieht, wie er oft nach allem, was er für seine Kinder tut, von ihnen nicht die geringste Anerkennung seiner Opfer, nicht einen Dankesblick, nicht ein Dankeswort empfängt; wenn er sieht, wie da der Sohn, dort die Tochter nur wartet, bis der Tod ihn aus der Welt schafft, damit der eine oder die andere das Erbe ungestört genießen könne, das er im Schweiße des Angesichts und auch manchmal nicht gerade auf ganz rechtlichem Wege gesammelt hat, weil er dabei dachte: „Der Zweck heiligt die Mittel!" Und wenn er so nun selbst dem Greisenalter näher gerückt ist, wenn seine physischen Kräfte und Fakultäten* abnehmen, wenn Krankheiten sich einstellen (oft Folgen früherer Verirrungen), wenn er dann sieht, daß er, unbehilflich, den andern stets mehr zur Last fallen muß und so langsam dem Grabe entgegengeht, welches er fürchtet, weil es ein ihm unbekanntes Land bedeckt, indem es materiell sein Zunichtewerden, seine gänzliche Auflösung zu sein scheint; – – – usw. – – –

Wer gibt da dem gequälten Menschen nicht recht, wenn er von allen Hoffnungen enttäuscht, all der schönen Bilder seiner Jugend durch die spätere Laufbahn in der kalten Wirklichkeit beraubt, leer, mit sterilem** Gemüt und voll Erbitterung wegen der Enttäuschungen den Gott verfluchen will, der ihn in dieses Jammertal setzte, um mit Schmerzen geboren zu werden, mit Leiden zu

* Fähigkeiten.

** ödem.

kämpfen, und mit schmerzlichem Todeskampf ihn wieder aus dieser Welt führt, die er nicht verstanden, weder bei seinem Eintritt, und noch weniger sich klar gewesen bei seinem Austritt aus ihr, ihn endlich in ein Jenseits führt, von wo, wie er sagt, „noch niemand zurückgekehrt ist".

So ist das Bild, welches die Welt einem *Verstandesmenschen* vorhält. So wie Ich es hier geschildert, hat so mancher schon Mich, die Vorsehung und sein eigenes Schicksal angeklagt; so hat so mancher im stillen Gebet, wenn auf ihn zu viel einstürmte, Mich um Abberufung aus diesem Leben angefleht!

Jeder glaubt, *er* habe am meisten geduldet, gelitten, geopfert; ein jeder glaubt, *er* hätte ein besseres Los verdient, weil er weit schlechtere als er ist alles das im Überfluß genießen sieht, was er sich als einziges Glück auf dieser Erde erträumt hatte. Und eben deswegen, weil solche Anklagen, solche Ideen noch in so manchem von euren Herzen stecken, eben deswegen wählte Ich diese beiden Worte, die bei diesem Diktat obenan stehen, um aus diesen wankelmütigen Herzen den letzten Funken der Anklage ihres Schicksals oder Meiner Führung zu verwischen, damit sie sehen, daß hinter diesem vermeintlichen Bilde einer menschlichen Laufbahn der herrlichste Zweck und die größte Seligkeit verborgen liegen, und daß nicht ein blindes Fatum, sondern eine liebende Hand eines allwaltenden Schöpfers, eines euch *alle liebenden Vaters* die Fäden spinnt, welche euch aus diesem Labyrinth von Kalamitäten heraus in Seine Arme, in Seine Himmel führen.

Sehet, Meine Kinder, es herrscht ein heiliges, großes Gesetz in der ganzen materiellen und geistigen Schöpfung, ohne welches diese nicht bestehen könnte, und dieses Gesetz hat zwei große, einzige Lebensfaktoren, der eine heißt (Willens-)*Freiheit* und der andere (ewige) *Vervollkommnung*.

Wo keine Freiheit ist, wäre keine Vervollkommnung, kein Fortschritt; und wo kein Fortschritt – kein Zweck; und wo kein Zweck – kein Endresultat.

Nun, als die große Schöpfung von Mir gedacht, geschaffen und verwirklicht wurde, da mußte Ich, als Geist Geistiges schaffend, auch diesen Geistern das erstere Prinzip lassen, wollte Ich das andere erreichen; das heißt, Ich mußte ihnen Freiheit, ja *unantastbare Freiheit* geben, sollten sie nicht Maschinen, sondern *selbsthandelnde* Wesen werden: Diese Geschöpfe mußten Wesen Meiner würdig sein!

Daß, wo jemand eine Macht an einen oder an viele verleiht, diese auch mißbraucht werden kann, weil dieses in der Freiheit selbst begründet ist, das versteht sich von selbst.

Ich wußte also zum voraus, daß Mißbrauch von dieser Freiheit gemacht werden wird, ja gemacht werden muß!

Daher war schon im zweiten Lebensfaktor „Vervollkommnung" der Grund gelegt, daß bei Meinem Schaffen kein Stillstand, sondern nur eine Verbesserung eintreten kann, woraus also hervorgeht, daß, wer nur stehen bleiben will, während andere fortschreiten, rückwärts gegangen ist!

Denn wo Vervollkommnung, da muß auch ihr Gegensatz möglich sein – Verschlimmerung; wo Fortschritt – ist Rückschritt, wo Annäherung – ist Entfernen, wo Licht – ist Schatten, wo Wärme – ist Kälte, wo Bewegung – ist Ruhe, wo Leben – ist Tod bedingt.

Ihr seht also, daß nicht Ich das Böse erschuf, nicht Ich die Schattenseiten aller möglichen geistigen Eigenschaften in die Welt setzte als ordnungsmäßig; nein! *sie bildeten sich selbst* durch das einzige große Grundgesetz Meines Ichs und Meiner Schöpfung, durch das große Wort „*Freiheit*"!

Wie nun diese Freiheit gebraucht und mißbraucht wurde von Meinen erstgeschaffenen Geistern, wie sie noch bis auf den heutigen Tag gehandhabt wird, oft nicht zum Besten der lebenden Wesen und ihrer eigenen Bestimmung, das erseht ihr aus den vorangeschickten Klagen eines Menschen über seine irdische Laufbahn.

Nun wollen oder müssen wir annehmen, daß zwischen einem Schöpfer und Seinen geschaffenen Wesen stets eine ungeheure Kluft bestehen muß, die nie überschritten werden kann, wo, wie in eurer Mathematik die Asymptoten (krumme Linien, Kurven, die ewig sich einer Geraden nähern, dieselbe aber nie berühren), alles Geistige sich Mir ewig nähern, aber Mir nie gleich (nur immer ähnlicher) werden kann, so seht ihr das zweite große Prinzip – die *Vervollkommnung* – als unumgänglich notwendig aus dem ersten hervorgehen.

Die abgefallenen Geister, die sich zwar freiwillig von Mir entfernt und den verkehrten Weg angetreten hatten, konnten oder wollten nichts von Vervollkommnung, von Fortschritt wissen.

Um aber auch ihnen diesen Weg nicht gänzlich abzusperren, mußten sie in Verhältnisse gebracht werden, wo, unbeirrt ihrer eigenen Freiheit, sie umkehren können, wann sie wollen.

Hierzu nun wurde die materielle Welt oder das ganze Universum oder der *materielle Schöpfungs-Mensch* gegründet; in ihm wurden die Geister, nach dem Grade ihrer Böswilligkeit, in die Materie eingehüllt (eingekleidet), Kämpfen, Versuchungen und Leiden ausgesetzt, erstens, um sie nach und nach zur Einsicht ihrer eigenen Fehler durch auf sie einwirkende Verhältnisse zu bringen, und zweitens auf diese Art *ihre freiwillige Rückkehr* selbst einzuleiten.

Nun, so viel es Welten, so viel es Sonnen und Planeten gibt, ebenso viele Millionen und Millionen Abstufungen der Geister gibt es, die alle den Weg zu ihrem Schöpfer noch einst zurückmachen werden, und überall könnet ihr sehen, ist *das Prinzip „Freiheit“* als *Erstes* und *das Prinzip der Vervollkommnung* (Fortschritt) als *Zweites* festgestellt.

Auch die in der Materie gebundenen Geister wollen sich befreien; die Befreiung führt zur Verwandlung der Materie, die weniger Schlechten wirken auf die andern ein, das ist das Zersetzen der Materie, ist ihre Verwandlung, ihre Auflösung.

Das Gröbere löst sich in immer Leichteres, das Festere in Weicheres auf, wo dann immer mehr der Wirkungskreis erweitert, die Einsicht des Verbesserns mehr klar, mehr gefühlt wird.

Von der groben, *mineralischen* Materie geht es zu den *pflanzlichen* Stoffen, die lebend, obwohl an einen Ort gebunden, bis auf wenige Ausnahmen doch schon freiere Geister enthalten; von den pflanzlichen zu den *tierischen* und von den tierischen zu den letzten in der materiellen Schöpfung, zu den *menschlichen* Geistern oder *Seelen* über.

Überall sind, wegen der Vervollkommnung, die Kämpfe mit der andern auf sie einwirkenden Welt, überall ein *Streben nach oben*, nach Freierwerden; überall bedingt die Auflösung oder Zerstörung den Schritt zu einer höheren Stufe.

Auch in der kleinsten Pflanzenseele sind Kämpfe durchzumachen, das Pflänzchen hat bis zum ausgewachsenen Baume mit allerlei Widerwärtigkeiten (seiner Wesenheit gemäß) zu kämpfen, wie auch der Mensch von der Wiege bis zum Grabe.

Jedes Tier lebt in dem nämlichen Falle, unmündig zur Welt kommend, bereitet es seinen eigenen Erzeugern Sorgen, hat dann alle Gefahren zwischen Elementareinflüssen und Feinden, die danach streben, seinen geistigen oder körperlichen Organismus zu zerstören, durchzumachen. Je höher das Tier steht, desto empfindlicher mehren sich die Gefühle bei solchen Gefahren und so weiter.*

Während die niedrigsten Tiere, kaum dem Ei entschlüpft, schon so beschaffen sind, daß sie sich ihre Nahrung selbst suchen können, von einer Anhänglichkeit gegen ihre Erzeuger nicht viel oder gar nichts verspüren, entwickelt sich mit höher steigender Stufe das *geistige Innere*, dieses *Gefühl für die Brut*, die *Sorge für die Ernährung* der Jungen, die *Schmerzen*, wenn entweder gewaltsame Hände diese kleine Welt zerstören oder wenn andere Umstände die Entfernung oder Vernichtung derselben herbeigeführt haben.

Je höher das Tier steigt, desto tiefer, anhaltender und dauernder sind diese Zeichen einer höheren geistigen Stufe.

Es wiederholen sich zum Beispiel in einem Vogel ebenfalls alle Mißhelligkeiten, welche der Mensch erfährt und weswegen er sein Schicksal als grausam anklagt. Auch diese kleinen, luftigen Bewohner eurer Atmosphäre haben ihre Leiden, ihre Kämpfe und ihre Befürchtungen.

Hilflos im Neste liegend, der Wiege gleich, hängen sie von ihren Eltern ab; dann einst von diesem Zwang befreit, gleichsam im Jünglingsalter, kommen die Gefühle der geschlechtlichen Vereinigung, Familienleben in Aussicht; da singt der Vogel seine Dankeslieder seinem ihm unbekannten Schöpfer, jubelt der aufgehenden Sonne entgegen, er freut sich seines Lebens, denn er kennt keine Gefahr.

Doch eben durch dieses Lautwerden seiner Brust gibt er sich auch seinen Feinden kund, überall lauert Verrat und Enttäuschung; es kommt die Zeit der Begattung, und die Sorgen, die er seinen Erzeugern verursachte, fühlt er jetzt selbst; dann naht das Alter heran, wo das Nahrungssuchen und das den Gefahren Ausweichen schwerer wird; die Elemente wirken mehr schädlich auf ihn ein, er fällt unter ihrem Einfluß oder unter dem anderer Umstände dem Schicksal seiner Gattung anheim; alles geht bei ihm wie bei einem andern Wesen vor sich, nur eins weiß er nicht, was nur dem Letzten in der Schöpfung vorbehalten wurde, das heißt, er (als Tier) *kennt den Tod nicht*; er fühlt wohl, daß eine Verwandlung mit ihm vorgehen will, aber er weiß durch sein ganzes Leben

* Man sollte die Vivisektion, die zum Himmel schreienden Versuche am lebenden Tier sogenannter Gelehrter durch Staatsgesetze verbieten.

kein ähnliches Gefühl – er floh bis jetzt nur den Schmerz, aber die *Auflösung*, die Transformation oder das Übergehen in eine andere Stufe zu etwas Höherem kennt er nicht.

Dieses ist nur den Wesen, die sich, ihres Ursprungs bewußt, Mir nähern sollten – diesen Wesen, die Ich nach Meinem Ebenbilde schuf, diesen allein ward es vorbehalten, nebst allen irdischen Leiden und Kämpfen das Bewußtsein des Todes zu kennen und eben diesem anscheinlich schrecklichen, für alle Sterblichen unausweichlichen Gaste mit kaltem Blut ins Antlitz sehen zu müssen.

Aber eben deswegen haben auch diese Wesen den höchsten Geist in sich, den Ich in materielle Geschöpfe gelegt habe, damit sie auch dem materiellen Vergehen *ein ewiges Bleiben als Geist* entgegenhalten können.

Um aber diesen höchsten geschaffenen Geist, das heißt eine *Menschenseele* zu erziehen, daß sie, Meiner würdig, Mir einst gleichen sollte, und daß sie einst in Meiner nächsten Nähe bestehen kann, eben deswegen ist der Mensch von der Wiege an das unbehilflichste und am meisten der Fürsorge anderer überlassene Geschöpf; deswegen sind seine Versuchungen und Prüfungen so stark, damit überall, wo er sich ans Weltliche anklammern oder es zur Hauptsache machen möchte, es ihn stets zurückstößt, ihm sagend: „Was willst du von mir, Sprößling einer höheren, geistigen Welt; bei mir findest du nur Enttäuschung und Betrug, dort in jenem geistigen Reiche ist, was du bei mir vergeblich suchst!"

Deswegen die verschiedenen Zulassungen von allen möglichen Unglücksfällen, Entbehrungen, Beispielen, wo der eine momentan glücklich wird, der es nicht verdient, während der Unschuldige leiden, darben und dulden muß. Deswegen das göttliche „Wort", die Lehre von einem schöneren, höheren Leben, damit der Mensch nicht verzweifle, wenn die Welt ihn hart behandelt, wenn er sich mit aller Gewalt in ihre Arme werfen möchte und sie ihn mit Hohn zurückweist, ihm zurufend:

„Du bist nicht für diese, noch von dieser Welt!"

So gehen diese Prinzipien „Freiheit", „Vervollkommnung" und „Fortschritt" wieder, auch im menschlichen Leben, ihren Gang.

Freiheit lädt zum Mißbrauch derselben ein; der Mißbrauch, als gegen Meine Ordnung, straft sich von selbst, und um zur Vervollkommnung zu gelangen, müssen diese Fehler gegen Meine

Gesetze diese großen Enttäuschungen hervorbringen, wo am Ende der Mensch, notgedrungen freilich, wieder zu dem zurückkehrt, wovon er ausgegangen, das heißt – *zu Mir!*

Was ihm hier nicht gelingt, wird in der anderen, längeren Lebensdauer wohl ersetzt werden können.

Daher, Meine Kinder, klaget nicht die Welt, nicht die Verhältnisse, nicht Mich an, wenn Unglücksfälle euer Haupt treffen, eure Familien lichten: Es ist überall nur das zweite, große Naturprinzip, ohne welches nichts bestehen kann; es ist die notwendige, bedingte Vervollkommnung, die alles zu diesen Schritten antreibt, und wo Ich Selbst durch Mein Daniedersteigen auf diese Erde euch den kürzesten Weg gezeigt habe, und welchen Ich jetzt durch Meine vielen direkten Mitteilungen euch noch bedeutend verkürzen will.

Alles ist so angeordnet, um euer geistiges Ich zur Vervollkommnung des, wie alles in der ganzen materiellen Welt, auf einer niederen Stufe Stehenden aus den Ruinen dieser Stufen zu einer höheren zu führen, wo nach Auflösung des materiellen Lebens Meine Hand euch auf eine höhere, geistigere Stufe erheben will, wo ihr noch mehr Meine Macht, Meine Liebe und eure Mission erkennen sollt.

Begreifet es doch einmal, es liegt eine noch weit höhere, größere und schönere Welt vor euch, die ihr zu erringen habt und die ihr nur dann erreicht, wenn ihr, das Weltliche ganz außer acht lassend, euer Schicksal *geistig* auffasset, es in Meine Hände legt und fest überzeugt seid, daß ein Vater nur liebend, aber nie strafend gegen seine Kinder handeln kann.

Dann gewinnt die Welt für euch ein anderes Ansehen. Lasset sie dem, dem die Welt ihre Ehre, ihr Geld gibt; die Welt gibt ihm dieses, aber Ich nehme ihm dafür seinen geistigen Schatz; der Weltschatz wird zerstäuben unter den Verhältnissen der Welt, die im großen ganzen ebenfalls ihrem Vervollkommnungsprozeß entgegengeht, wie jeder einzelne Mensch.

Ihr aber, Meine lieben Kinder, bleibet bei eurem geistigen Goldbergwerk im Innern eures Herzens! Dorthin nur dringt die Welt nicht; dort herrscht ein anderes Prinzip, und das heißt: das von Mir für alle Schöpfungen gegründete Prinzip der

geistigen Freiheit!

Wenn ihr diesem huldigt und geistig euch vervollkommnen wollt, so bleibt der Fortschritt dann nicht aus, der euch von der Welt weg stets näher zu Mir führt, und wo ihr den Weltsorgen und weltlichen Unglücksfällen nur so viel Wert beilegen werdet, wie sie eigentlich haben, um euer Inneres wieder um einen Schritt vorwärts zu bringen.

Daher *bewahret eure geistige Freiheit*, werdet vollkommen, wie euer Vater im Himmel ist, und eure Mission wird erfüllt, und ihr werdet ganz Mir, eurem Schöpfer und Vater, würdig sein! Amen.

Der Mensch und die Schöpfung

II.

(17. September 1871)

Wenn ihr die menschliche Gestalt aufmerksam betrachtet und nebenbei noch in Erwägung zieht, daß die Form des Menschen als Letztes in der ganzen Schöpfung dasteht, nach dem alles ringt, zu dem alles treibt, und welche Form Ich als „Mein Ebenbild" bezeichnet habe, so müsset ihr euch doch denken, daß dieser Form und auch der inneren Einrichtung des menschlichen Baues *eine große, geistige Grund-Idee* zugrunde liege, die der Typus und das Endziel alles Geschaffenen ist; ihr müsset doch öfter in einsamen Stunden bemerkt haben, daß so mancher Gedanke darauf hingezielt hat, eben dieses Rätsel und sein „Warum" zu entziffern.

Jetzt will Ich euch wieder ein kleines Stück Meiner Weisheit aufdecken, damit wieder neuer Impuls in euch kommt und ihr wieder, und zwar von einer andern Seite, euren Vater als Schöpfer und höchstes Wesen kennenlernen möget. Ich tue das, damit nicht Erschlaffung in eurem Fortschreiten eintritt und ihr euer Herz dem Geistigen mehr als dem Weltlichen zuneigen möget!

Sehet, Meine Kinder, schon oft habe Ich euch gesagt: Alles, was geschaffen wurde, hat einen geistigen, höheren Zweck! Jetzt muß Ich euch noch nebenbei dazufügen, daß unter allen möglichen Formen und Organismen eine geistige Wahrheit, *eine geistige Idee* verborgen liegt, die *nur so und nicht anders sein kann*, weil Ich als höchstes, geistiges Wesen ja nur hohe geistige Wahrheiten und

Ideen haben und diese nur als Gott in alles Geschaffene legen kann! Denn wäre es nicht also, dann wäre Ich kein Gott, kein höchstes Wesen, und vielleicht von manchem großen Engelsgeist erreichbar, vielleicht sogar übertreffbar. –

Aus diesem Grunde sind also alle geschaffenen Dinge und Wesen, die in der ganzen materiellen und geistigen Schöpfung existieren, nur Ausdruck Meiner höchsten Weisheit, und es würde viel Papier verschrieben werden müssen, wollte Ich euch nur das kleinste Ding in seiner materiellen und geistigen Wichtigkeit erklären, denn wenngleich auf eurer Erde viele Menschen sich mit Forschen in allen Gebieten der Wissenschaften abgeben, so ist doch keiner unter ihnen allen, der bei einer Form oder Einrichtung nur ein einziges „Warum" gerecht und bündig erklären könnte. –

Was beim kleinsten Atom im großen Äther der Fall ist, das ist ebenfalls überall. Überall ist Meine Weisheit, Mein Grundgedanke des Schaffens verborgen, und überall, wenn eure Gelehrten fragen möchten: „Aber warum so und nicht anders?", ertönt ihnen keine andere Antwort als: „Weil es eben so sein muß!"

Daß diese Antwort wenigen genügen kann, versteht sich von selbst, allein sie müssen sich mit dem begnügen, da nichts anderes herauszufinden ist.

Wie oft handle Ich ihren mathematischen, mechanischen oder chemischen Gesetzen zuwider, und was kommt am Ende überall heraus? Daß ihre Lehren, so gescheit sie oft ausgedacht sind, doch nur Produkte eines Menschenverstandes und nicht eines höheren Wesens, eines göttlichen Schöpfers sind.

Die Menschen schuf Ich begrenzt, in gewisse Schranken eingeengt, aus denen sie auf weltlichem Verstandeswege nicht herauskommen können, sondern nur in einem Kreise herumgehen, wo sie von dem Unerklärlichen ausgegangen, wieder zu dem Unerklärlichen zurückkehren müssen, und die ägyptische Götterlehre der Isis oder Göttin der Weisheit stets wahr bleibt, wo es hieß:

„Kein Sterblicher kann den Schleier der Wahrheit lüften und fortleben!"

Die Ägypter wußten wohl, was sie mit diesen Worten sagen wollten; nur die jetzigen Gelehrten verstehen es nicht, denn die Ägypter standen der Wahrheit zu nahe, als daß sie nicht genug gewußt hätten, daß mit dem Spekulationsgeiste der Vernunft nicht gar weit zu kommen ist, und daß, will man weiter dringen, man mit dem *Herzen* sich in die Schöpfung vertiefen muß, dort den Geistesfunken, ähnlich dem nämlichen, den Ich in jeden Menschen legte, erst herausfinden muß, um dadurch dann eine leise Ahnung von dem zu erhalten, was nicht Begriffs-, sondern nur Gefühlssache sein kann!

Wer dort angelangt ist, wer seinen göttlichen inwohnenden Geist zu wecken und ihn mit seiner Seele zu vereinen weiß, für den gibt es kein Geheimnis mehr, er sieht die Schöpfung durchsichtig wie ein Glas mit Wasser gefüllt; er sieht das geistige Wirken, erkennt leicht die einfachen, aber großen Gesetze, welche alles erschufen, alles erhalten, und alles zu höheren Stufen treiben; er erkennt Meine Liebe in Meinen Werken, er ahnt Meine Größe; und wenn auch bei jedem Blick tausend „Warum" aufsteigen, so gibt ein Blick zu Mir ihm die ganze Seligkeit eines Kindes zu genießen, welches dort erfährt, daß alle diese Wunder, alle diese Welten nur für ihn, das kleine schwache Ebenbild seines großen, überguten Vaters und Schöpfers, ins Leben gerufen worden sind!

So begreift denn der wiedergeborene, geistige Mensch seinen Vater und sich selbst und sinkt in Andacht und Anbetung vor Ihm nieder, der, in Staub und Erde eingehüllt, Seinen göttlichen Funken herlieh, die Wunder alle zu beschauen und zu begreifen, die nur für diese höchste und letzte Idee, den Verein aller andern, die menschliche Form und menschlich geistige und materielle Organisation geschaffen wurde.

Damit also ihr doch wenigstens in leiser Ahnung erschauen könnt, was euer Körper und seine Einrichtung Geistiges in sich trägt, damit ihr doch in kurzen Abrissen nur erblicken möget, was dieser Körper, den ihr auf so kurze Lebenszeit mit herumschleppt, der euer geistiges und seelisches Gewand verdeckt, und welchen Körper ihr so oft mißbraucht, so will Ich wieder eine andere geistige Fernsicht Meines Schreibers euch kundgeben, damit ihr in diesem Bilde wieder Mein und euer Ziel erkennen sollt; so höret also:

Der menschliche Körper, so wie ihr ihn vor euch seht, mit seinen Millionen und Millionen von Verschiedenheiten im einzelnen Individuum, ist der Abdruck Meiner einzigen und höchsten Schöpfungs-Idee, ist das Ebenbild Meines geistigen Ichs verkörpert! Denn auch alle Geister bis zu den größten und nächsten bei Mir, sie alle haben diese menschliche Form; nur ist die Ausbildung dieser Form, ihre Schönheit noch so weit ausdehnbar und erhaben, daß ihr euch nicht einmal von den nächsten geistigen Wesen über euch, geschweige erst von jenen Gestalten eine Idee machen könnt, wo die äußere Form der höchste Ausdruck des inneren, geistig Erhabensten ist.

Diese menschliche Form, die, wie ihr wißt, sogar die materielle Welt als letzten Typus, als *großen Weltenmenschen*, in dem sich Myriaden von Sonnen bewegen, ausdrückt – diese Form, in welcher auch alle geistigen Himmel wieder zu einem Ganzen abgeschlossen sind, diese Form hat überall die nämliche geistige Bedeutung, ihre einzelnen Teile die nämlichen, dem Geistigen entsprechenden Ausbildungen und Funktionen. – – Und überall, wo ihr nur anfangen wollt, würdet ihr sehen, daß nur *eine Grundidee* und *ein Grundprinzip* Meiner höchsten Weisheit einfach und klar durchleuchtet, da mit kleinen Mitteln die größten Zwecke erreicht sind.

Sehet, wie alle Hülsengloben eine dichtere Atmosphäre umgibt und so die ganze materielle Welt als ein isoliertes Ganzes in den unendlichen Äther-Raum hinausstellt, wo dieser große Weltenmensch auf einer zu durchlaufenden Bahn stets neues Leben erhält und seinen inneren Teilen dasselbe mitteilt – ebenso ist *die Haut* bei allen geschaffenen, lebenden und nicht lebenden Wesen das, was sie als einzeln dastehend vom Ganzen absondert und so deren Auflösung in die große materielle Welt verhindert.

Unter der *Gehirnschale*, welche sich halbkugelförmig oder mehr ellipsenartig über den Sitz des menschlich geistigen Lebens wölbt, unter dieser Schale, als Knochengebäude das Härteste, lebt und webt das zarteste Organ, das *Gehirn* mit seinen geistigen Funktionen.

Daß die Schale halbkugelig oder gewölbt geformt ist, deutet darauf hin, daß als Halbkugel sie geistig innerlich einen Mittelpunkt hat, von welchem aus sie geformt, oder als Ellipse eigentlich zwei Brennpunkte besitzt, wovon der eine im Vorderhirn, der andere im Hinterhirn liegt.

Im *Vorderhirn*, dem Sitz der *Intelligenz*, tritt das Außenleben mit dem Innenleben in Verbindung, so zwar, daß seine geistigen Fenster, die *Augen* und *Ohren*, ihm die Eindrücke der Außenwelt überbringen, während im Unterteil des Kopfes der *Sprachapparat* die inneren Eindrücke der Außenwelt kundgibt.

Das *Hinterhirn*, als weltlicher *Brennpunkt*, besorgt die Funktionen des materiellen Fortbestandes, treibt die Maschine zum

Ausbilden des Körpers, zu seiner Erhaltung und Fortpflanzung an.

Was das Vorderhirn bei Menschen und auch bei Tieren ist, das sind im großen Weltenkomplex* große Weltalle, welche ebenfalls die nämlichen Funktionen haben wie hier im Kleinen.

Die *Atmungswerkzeuge*, wie im Kopf die *Nase* und der *Mund*, sind Respirationskanäle, einesteils zur Verbindung der Außenwelt mit dem inneren Organismus, teils auch, besonders der Mund, Mittel, nebst weltlicher Erhaltung auch, was noch wichtiger ist, geistigen Stoff herausfördernd – durchs Wort, durch den Ton zu bekräftigen, daß eine materielle Hülle ein noch weit Geistigeres umgibt, welche mit ihrer Ausbildung auch zur Vervollkommnung des Geistigen beiträgt.

Was dann die *Lungen*, das *Herz*, letzteres als allgemeine Triebfeder der ganzen Maschine, den *Magen*, die *Leber* und die *Milz* anbelangt, so sind ihre Funktionen alle geistig ausgedrückt.

Erstens die *Lunge* – Empfangsort des von außen in sie einströmenden Lebensstoffes, wie im geistigen Menschen die geistige Wahrheit; die Lunge ist ebenfalls der Ort, wo materiell Verbrauchtes durch geistig Neues gewechselt wird, im geistigen Menschen der Ort der Ausscheidung zwischen bezähmten Leidenschaften und neu erworbenen Tugenden.

Das *Herz* als allgemeines, einziges *Lebensprinzip*, der ewige unermüdliche Beweger oder Motor, der an alle Teile stets nur Neues abgibt, das Alte gern übernimmt, weiter befördert – dieses Herz, geistig betrachtet, ist ebenfalls der Sitz des ewigen geistigen Wirkens, der Sitz der ewigen geistigen Tatkraft, die den Menschen (den geistigen) stets antreibt weiterzugehen, auszuscheiden, was in ihm Schlechtes ist und es durch Besseres zu ersetzen. *Dieses Herz ist als einziger Lebenspunkt der Herd und Sitz der Seele* und des von Mir hineingelegten *Geistes*. In seiner Form, breit oben (gefäßartig) und spitz unten auslaufend, bezeichnet es, daß das menschliche Leben auf breiter Basis angefangen und in spitzer oder zugespitzter Form auf *einen* Zielpunkt hinarbeiten solle!

Die *Leber*, als *Scheidungs-Apparat* der galligen Teile vom Blut, die darin unbrauchbar geworden, doch beim Ernährungsprozeß als Anreger des Verdauens und Scheidens in die primitiven Ele-

* Weltengebiet.

mente nötig sind, sie gleicht im geistig-seelischen Menschen dem menschlichen Lebenslauf, wo ebenfalls das Bittere ausgeschieden, doch zur Erhaltung und richtigen Beurteilung des Lebenswandels notwendig ist; denn ohne bittere Erfahrungen gäbe es keine geistige Erhebung, ohne das Bittere, Zusammenziehende gäbe es kein freudiges, seliges Erweitern oder Ausdehnen der menschlichen Gefühle, weit über die Grenzen des materiellen Lebens hinaus.

Was den *Magen* anbetrifft, den *Erhalter* des materiellen Lebens, den Aufnahmeort von so verschiedenen Produkten, um aus ihnen dann das für den Körper Notwendige herauszufinden, so entspricht er geistig dem Kreise der Taten und Eindrücke der Außenwelt auf den menschlichen Geist oder seine Seele.

Wie im Magen die Speisen sich vermischen, dann im weiteren Verlaufe der Verdauung, jedoch in anderen Verbindungen, als wie sie in den Magen geschafft wurden, sich wieder trennen, ebenso sind das Tatenleben und die Eindrücke von außen das Material, aus dem sich die Seele ihre geistige Hülle aufbaut. Auch sie nimmt alles auf, was von außen auf sie eindringt. Sie scheidet dann aus, reinigt durch bittere Erfahrungen gewitzigt das übrige, und stets kämpfend und das Gute vom Schlechten absondernd, behält sie das Bleibende, nie Verwesende und scheidet, wie in den Gedärmen, am Ende das Überflüssige, nicht mehr zum Leben Gehörige aus.

Die *Milz*, dieser *Feuerherd* und *Beleber des Blutes* (durch Elektrizität), welcher gleich einer elektrischen Batterie das Blut mit neuem Wärmestoff schwängert und so zum Leben verbreiten mithilft und am meisten beiträgt, denn ohne Wärme kein Leben; dieses ist im geistigen Menschen die Liebe, die *allumfassende Liebe*, die dem geistigen Menschen die geistige Wärme oder das geistige Leben gibt; denn wo keine Liebe, da ist keine Wärme, wo keine Wärme – kein Leben!

So entsprechen durchgängig alle anderen Organe und ihre Funktionen geistig den nämlichen geistigen Bedürfnissen des Menschen ohne körperliche Hülle.

Die Organe, ihre Formen und ihre Einrichtungen sind stets nur immer die Wiederholungen einer und derselben Form, der *Ei-* oder *Ellipsenform*, und ein und derselben Kraft, der *anziehenden* oder *abstoßenden*; was geistig genommen ebenfalls in Meinem eigenen Ich die Liebe als anziehende Kraft und die Weisheit als modifizierender* Faktor derselben ist. In dieser Ellipsenform bin auch Ich ein Brennpunkt, um welchen sich alles bewegt und zu welchem alles hinfliehen möchte, wäre nicht der andere Brennpunkt, die Materie, die wieder von Mir abzieht, die wieder bindet, was sich gelöst, um es dann in neuer, höherer Form wieder zurückzugeben.

Aus diesen drei Faktoren: *Ovalform*, *Magnetismus* und *Elektrizität*, besteht das ganze Universum, bestehen alle organischen und unorganischen Wesen, bestehen alle Formen und inneren Einrichtungen derselben, besteht der *große Weltenmensch*, der noch größere *Himmelsmensch*, und bestehen Meine *Engelsgeister*; alle sind Abdrücke, wie ihr in Menschengestalt, dieser geistigen Formen, gepaart mit *Liebe* und *Weisheit*.

Alle einzelnen Teile eures Körpers, vom Knochenbau angefangen bis zum letzten Blutkügelchen, sind teils Ellipsen, teils dieser entnommene Formen, der geistige Ausdruck Meines Zentralwesens als alleinherrschender und regierender Gott, wie auch in den Weltenbahnen das nämliche System befolgt ist; auch dort steht eine jede Zentralsonne in einem Brennpunkt als geistiges Zentrum, um den die andern Welten und Erden kreisen müssen.

Ich bin der Zentralpunkt der ganzen geistigen und materiellen Schöpfung – ihr seid der Zentralpunkt alles Geschaffenen, zu euch drängt alles, nach eurer Form strebt alles, wird alles in Stufen weiterbefördert. – –

Wie ihr als Menschen, als letzte Schöpfungen der materiellen Welt, Meinen Willen, Meine Gesetze und eure hohe Bestimmung ausdrückt, der ihr nachkommen sollt, so stehe Ich als Zentralpunkt alles Geistigen einzig und allein da – auch zu Mir drängt sich alles, nach Mir sehnt sich alles, und Mich zu erreichen geht alles seinen planmäßigen Gang. So ist ein ewiges Fortschreiten begründet. „Aufwärts!“ und „Vorwärts!“ ist der Ruf, der durch alle weiten Räume der Schöpfung tönt.

Mühsam ringt sich das kleinste Infusionstierchen hinauf bis zu einer höheren Klasse; Millionen von ihnen sind die Unterlage eines höher stehenden Wesens; die Sinne, welche den Menschen über alles Geschaffene hinausstellen, liegen dort noch verborgen, nur ein oder der andere wird stufenartig ausgebildet. So geht es aufwärts und vorwärts, in der Materie Gebundenes befreit sich, bin-

* formender, umformender.

det sich unter neuen Verhältnissen zu neuen Formen, und so geht es fort und fort; zum Höchsten der materiellen Schöpfung – zum Menschen drängt alles, ihn sucht alles zu erreichen. Allein wenn auch angekommen an der letzten Stufe der tierischen Intelligenz, eine weite, unübersteigliche Kluft trennt das letzte Tier vom ersten Menschen. Es ist die nämliche Kluft, wie vom letzten Engelsgeiste bis zu Mir: eine Annäherung ist möglich, aber keine Erreichung. – So wie das Tier nur im Verein mit vielen anderen Seelen aus dem Tierreich erst zu dem materiellen Bau des menschlichen Körpers mitwirken und so auf diesem weiten Wege sein Ich mit dem des Menschen identifizieren* kann, so ist es auch mit den Engelsgeistern und nächsten Wesen in Meiner Nähe, auch sie können nur in Meiner *geschaffenen* Geisterwelt die höchsten Stufen einnehmen, am nächsten Mir sich nahen; aber mit Mir (absolut) eins werden nicht; was eigentlich (auch) nichts zur Sache hat, denn ein allerhöchster Geist genießt schon eine solche sättigende Glückseligkeit, wie er keine andere weder verlangt, noch auch ertragen könnte!

So, Meine Kinder, lernet begreifen, wie das Geistige überall der Hauptgrund und das Hauptprinzip alles Geschaffenen ist. In allen Formen liegt der nämliche Gedanke Meiner Allmacht mit Liebe verbunden verborgen; überall gilt das nämliche Gesetz, welches eure Knochen formt, euch ein liebliches Äußeres gibt, oder welches Weltenalle zusammenhält. Fraget nicht nach dem „Warum“, es ist nicht für Geschaffene erklärbar. Sehet euer Auge, in welchem die ganze materielle Welt sich abspiegelt, mit welchem ihr Kunde erhaltet von den Schöpfungen Meiner Liebe, sei es in eurer nächsten Nähe, sei es von Welten, deren Lichtstrahl euer Auge erst nach Tausenden von Jahren trifft!

Sehet, wenn ihr da fragen wolltet, aber warum denn eine gläserne, warum denn eine wäßrige Feuchtigkeit, warum eine Kristall-Linse, warum die schwarze Netz-, warum die Regenbogenhaut, warum alle diese Stoffe und Körper, und diese erst auch noch wieder aus andern kleinen Atomen zusammengesetzt – da, Meine Kinder, kann Ich euch nur sagen, *weil es eben so und nicht anders sein mußte*. Das „Warum“ in Meinem Sinne zu begreifen, müßtet ihr wie Ich Götter sein, ausgestattet mit der nämlichen Weisheit und Tatkraft wie Ich Selbst!

* gleichsetzen.

Begnüget euch daher mit dem, daß Ich euch Organe gegeben habe, damit ihr Meine Schöpfungen bewundern und ihre Harmonien vernehmen könnt; begnüget euch mit dem, was ein liebender Vater Seinen Kindern gegeben hat, damit sie durch Seine Werke Ihn lieben, Ihn schätzen und verstehen lernen; *den Schleier der göttlichen Schöpfungswahrheit kann kein geschaffenes Wesen lüften.* Lasset ihn unberührt und denket, daß ein Vater seinen Kindern ebenfalls nur so viel sagt und sie lehrt, als ihrem Verstande angemessen ist.

Würde Ich euch ein kleines Ding erschöpfend erklären wollen, was glaubet ihr denn, daß das Endresultat davon wäre? Sehet, Ich will es euch mit wenigen Worten sagen:

Ein kleines Ding für eure Augen würde Ich in noch kleinere Dinge zerteilen, diese kleinen Teile würden wieder teilbar sein, mit jeder Teilung würden andere Formen, andere Substanzen sich zeigen, in die Unendlichkeit sich zwar stets verändern, zerteilen lassen, aber doch kein Ende je haben! –

Wenn ihr nun da fragen wolltet bei jeder Zerteilung – Warum? bei jeder Veränderung – Warum? was würde da herauskommen? – Sehet, es würde am Ende herauskommen, daß ihr Mich bitten würdet, aufzuhören zu erklären, zu zerteilen; denn es würde die zweite, dritte Veränderung oder Teilung schon über euer Begriffsvermögen weit hinausgehen! –

Daher lasset Gott, was Gottes ist! und bleibet bei dem, was ein Mensch, und später ein Geist, fassen kann, das heißt: *bleibet bei der Liebe zu Mir!* so wie ein geschaffenes Wesen Mich lieben kann; eure Liebe ist gegen die Meine ebenfalls wie Endlichkeit zur Unendlichkeit. Liebet Mich! beweiset es in euren Taten! und ihr werdet dann ahnen können mit dem Herzen, was euer Verstand nie fassen kann.

So beurteilt die Form des Menschen, ihre geistigen Entsprechungen, und ihr werdet finden, daß überall nur Meine Vaterhand liebend alles so gestaltet hat, daß ihr den Weg zu Mir finden könnt und Ich, durch eure Liebe beseligt, wieder in reichem Maße vergelten kann, was ihr als Meine Kinder während eures Lebenslaufes Mir zum Opfer bringt.

Seid ihr bei Mir, verstehet ihr die Geistersprache in Form und Wort, dann wird euch die Harmonie in allem leicht einleuchtend sein, und dann wird ein kindliches Gemüt im Aufblick zu Mir mehr ahnen und wissen als ein gelehrter Weltweiser, der jahrelang seinen Kopf mit Wissenschaften füllte und sein Herz dabei leer gelassen hat. –

Daß eine geistige Idee, nur von einem Geiste wie Ich kommend, in allem Geschaffenen liegen muß, ist ja einleuchtend; daß aber diese geistige Idee nicht stets durchschaut werden kann von niedereren Geistern als Ich Selbst bin, ist ebenfalls natürlich. – Haltet doch ihr auf eurer Erde die Konsequenz* für eine Haupteigenschaft des menschlichen Geistes; wer hat denn diese Idee in euch gelegt? Sehet, die Konsequenz Meiner Schöpfung war es, die euch zur ihr hinführte. Wollet *ihr* konsequent und beharrlich im Durchführen eines Planes sein, warum sollte Ich es nicht sein, Der eher war, als nur ein Wesen je geschaffen wurde, und Der sein wird, wenn alle materielle Einkleidung aufgehört hat und nur Geistiges, Mir gleich, fortbestehen wird.

Daher trachtet auf geistigem Wege zu ahnen, was im Materiellen verborgen liegt, und ihr werdet stets finden, daß ein Gott, der solches schuf, nur *ein Gott der Liebe* ist und sein kann, der natürlich Seine geschaffenen Wesen ebenfalls nur deswegen ins Leben rief, damit sie alle Ihm wiedergeben, was Er für sie nur allein gebildet hat. – –

So sah Mein Schreiber den innigen Verband der großen Schöpfung mit der Form eines Menschen, so waren ihm alle inneren Teile wie durchleuchtet hell und verständlich; er staunte stumm das Geschaute an, sein Herz füllte sich mit Liebe zu Mir, die Liebe erleuchtete ihn stets mehr und mehr; klarer und lichter traten die Formen auf, er erkannte immer mehr die weisen Einrichtungen seines eigenen Ichs; er erkannte das sanfte Band, das die geistige und materielle Welt verbindet, erkannte Meine Liebe und Gnade, die es ihn ahnen und fühlen ließ. – Jetzt, wo es geschrieben steht, was er in jener Stunde genossen hat, jetzt ist es an euch: Erhebet auch ihr euch von dem Weltschlamme! schüttelt den Staub des Eigennutzes von euren Füßen! erhebet den Blick nach oben, auf daß auch euch eine solche Stunde der Wonne und des Friedens zuteil werde! Dieses ist Mein Zweck, weswegen Ich euch diese von Meinem Schreiber erlebte Stunde als Gemeingut gebe; trachtet danach – Mich zu lieben, wie Ich es eigentlich will, und auch gewiß verdiene; dann werdet auch ihr genießen in Meinem geistigen Reiche, was das Weltliche euch nicht geben kann.

* Folgerichtigkeit.

Dieses ruft euch euer Vater zu, der schon so viel euch gespendet hat und noch mehr zu geben gesonnen ist; es genügt, daß ihr es nur ernstlich fassen wollet und nicht bloß oberflächlich in Wonne schwebet, sondern es tatkräftig in euer praktisches Leben aufnehmt; dies ist Mein Rat, die Befolgung ist bei euch, wozu euch Meine Hilfe und Unterstützung nicht fehlen soll! Amen.

Der Wasserfall

(29. Juni 1873)

Du hast gestern abend eine Beschreibung des Niagarafalles gelesen und dabei Meiner und der Schönheit Meiner Natur gedacht.

Da aber in allem, was sichtbar vor euren Augen steht, ein noch tieferer Grund des Bestehens sowohl, als der Wirkung des Einzelnen auf das Ganze besteht, so will Ich dir hier wieder mit einigen Worten beweisen, daß in allem noch etwas ganz anderes steckt, als die Menschen oft wähnen.

Gut, der Beschreiber des Niagara-Falles hat Meine Natur, das heißt ein kleines Stück derselben bewundert; die Großartigkeit des Schauspiels, der Lärm, das Gebrause der Wasser hat in ihm Gefühle erregt, die er nicht umhinkonnte wiederzugeben, um auch andern einen Begriff zu machen von dem ewig gleichen Triebe, der in Meiner ganzen Natur herrscht und „Leben“ heißt.

Hier bei diesem Wasserfall donnerte ihm die Wassersäule ins Ohr, was er bei einem leichten Säuseln des Windes oder bei einem Lichtstrahl aus fernen Sonnen ebenfalls hätte vernehmen können, wenn er Ohren dafür hätte. Allein der gewaltige Wassersturz übertäubt oder betäubt das menschlich-irdische Gefühl, und unter diesem mächtigen Kampf von Wasser, Luft und Erde kam ihm der Mensch so winzig, so klein vor, daß er nicht umhinkonnte, Meine Macht, wenn er es gleich nicht wollte, doch als bestehend anzuerkennen.

Nun, solche Natur-Szenen haben immer das demütigende Gefühl zur Folge, welches den Menschen zwingt, seine eigene Größe in nichts zusammensinken zu sehen.

Erfreulich ist es doch, wenn auch nur wenigstens ein Ahnen eines geistigen Reiches anerkannt wird, welches durch dieses großartige Naturschauspiel hervorleuchtet und den Menschen zwingt zu gestehen, was er eben unter anderen Umständen nicht will, nämlich: daß es doch einen Gott geben muß, der dieses alles geschaffen hat, und zwar zum Nutzen und zur geistigen Sprache für den Menschen, damit er doch manchmal erinnert werde, daß alle seine Erfindungen, seine eingebildete Größe eine Null sind – und bei Natur- und Elementarereignissen er eben diese Nichtigkeit selbst eingestehen muß.

Dieses alles ist aber nicht der Zweck dieses Wortes, sondern Ich will den Niagara-Wasserfall zu etwas anderem benutzen, und zwar zur Frage:

Warum ist denn eigentlich ein Wasserfall, groß oder klein, da?

Hätte Ich nicht die Erde so gestalten können, daß sie keine Gebirge und keine Vertiefungen hätte, daß überall Flachland und die Bäche, Flüsse und Ströme ganz ruhig in ihrem Bett dem Meere zuliefen?

Auf diese Frage eine genügende, aber *geistige* Antwort zu geben, das soll der Zweck dieses Wortes sein, und Ich will euch wieder beweisen, wie viel des Tiefen, Geistigen, auch notwendig Materiellen dazu gehört, einen Weltkörper zu erschaffen, daß er sich dann selbst *erhält*, *vervollkommnet* und so seine Mission zu höheren Zwecken erfüllt.

Nun sehet, Meine Kinder, das Leben, sei es materielles, das heißt geistig gebundenes, oder freies, seelisches, kann sich überall nur so manifestieren, daß ein Entstehen, dann ein teilweises Verbleiben und dann ein endliches Vergehen seine Phasen der Entwicklung bezeichnet.

Das Leben im materiell Sichtbaren ist Reibung, Entwicklung der Wärme, des Lichtes, nach und nach langsam fortschreitendes *Zersetzen* oder *Verwandeln* in andere Formen, um so stufenartig zu höheren Bestimmungen sich tauglich zu machen.

So kennt ihr das Leben und sagt: „es bewegt sich, es lebt."

Was Ruhe hat, scheint leblos, scheint tot.

Dieses Leben oder der immerwährende Kreislauf des Bestehens und Vergehens geht nach einmal festgesetzten Grundprinzipien in einem fort; „Leben" nennt ihr es, und „Kampf" heiße Ich es.

Kampf ums Bestehen, Kampf um den Fortschritt, Kampf, um zu einer höheren Stufe zu gelangen.

Nun, dieses Prinzip, welches im letzten Infusionstierchen wie in der größten Zentralsonne das gleiche ist – dieses Prinzip ist auch in den Elementen, welche in flüssigem Zustand sowohl die Atmosphäre der Welten als auch ihr Inneres ausmachen.

Ohne diesen Kampf würde alles verwesen, sich zersetzen und der Fäulnis oder dem materiellen Tod entgegengehen.

In eurer Atmosphäre zum Beispiel ist *die Luft* ein leichtbewegliches Element, das nie ruhig steht, so wie auf der Oberfläche der Erde *das Wasser*, welches als *verdichtete Luft* die nämliche Unruhe oder das Bestreben hat, stets dem Zuge der Schwere folgend, dorthin zu fließen, wo es einen Ruhepunkt erreichen kann!

Im Innern der Erde sind *Metalle* und *Mineralien*, *verdichtete Gase* und *Licht-Elemente*, welche wie das Wasser auf der Oberfläche zum Gedeihen derselben, jene im Innern denselben Prozeß vollführen müssen. Ruhe ist nirgends!

In der Luft, könntet ihr sie vor euren Augen sehen, sind „Luft-Fälle", welche oft an Großartigkeit eure Wasserfälle bei weitem übertreffen. Dort ist ebendiese notwendige Bewegung euch als Wind fühlbar ebendasselbe, welches durch *Bewegung* die einzelnen Bestandteile der Luft in steter Tätigkeit erhält, sie zu Verbindungen anregt, sie bewegt, durch Bewegung erwärmt und lebendig erhält.

Was in der Luft geschieht, das ist im Wasser ebenso der Fall. Wasser ohne Bewegung verfault, zersetzt sich, löst seine Bestandteile, sonst so fruchtbringend und nützlich, in schädliche Dünste auf, sobald die Wirkung des Bewegens fehlt.

Wasser also, würde es nur so ruhig dahinfließen, hätte nicht die geeignete Lebenskraft, heilbringend auf Pflanzen, Tiere und Menschen einzuwirken, es muß durch Bewegung in steter Tätigkeit erhalten werden. Und wie in der Luft oft Stürme und heftige Winde diese Lebenskraft noch erhöhen müssen, so ist der Wasserfall eben dasselbe Ereignis, welches in großem oder kleinem Maßstab manchmal zugelassen oder voraus bestimmt ist, um einem Fluß oder Strom auf seinem langen Lauf bis ins Meer wieder neue Tatkraft, neues Leben beizubringen, damit er seinen Zweck erfüllen, fruchtbringend auf seine Umgebung einwirken kann.

Daher sind *Wasserfälle*, mit geistigen Augen angesehen, die *Lebensretter*, die das Bestehende vor dem Zerfall hüten und Leben und Tätigkeit um sich verbreiten; denn nicht allein der Fall des Wassers, sondern auch der Fall der über ihnen schwebenden Luft, die Reibung der einzelnen Teile beider Elemente, das Zersetzen, wieder Neu-Beleben sind es eigentlich, die dem Wasser neue Lebenskraft und so der Erde größere Tätigkeit bereiten.

Wie das Wasser als flüssiges Element an den starren Felsen sich stoßend, sich reibt, durch Reibung Lebenstätigkeit entwickelt, so sind *die Gebirge* als große Höhen oder einzelne Berge *die Felsen im Luftstrom*; wo auch dieser dort anstoßend, sich reiben, seine Tätigkeit vermehren muß und so auf die Oberfläche der Erde und auf die lebenden Pflanzen und die Tierwelt seinen Einfluß ausübt.*

In der Luft, wo noch nebenbei Licht als zersetzender Faktor die einzelnen Atome zu Verbindungen anregt, steht das nämliche Gesetz fest wie in allem: „Leben" heißt bewegen, heißt kämpfen, heißt erzeugen und durch kosmische Prozesse wieder in andere Formen auflösen, so im Wasser. Das Wasser zerstört die ihm unterliegende feste Materie durch Reibung, zersetzt durch seine Bewegung bei Wasserfällen besonders die Luft seiner Umgebung und seine eigenen Bestandteile; und es ist also *ein Strom der Träger des Lebens*, der überall, wo er hinfließt, Ströme des Segens durch den ihn begleitenden *Luftstrom* ausströmt, bis er im Meere angekommen, seines Besten und Kräftigsten entledigt, statt untätig zu ruhen, durch die bitteren und salzigen Bestandteile des Ozeans wieder zu anderen Verbindungen, aber „unter der Erde" angeregt, seinen Kreislauf in anderen Formen und auf anderen Wegen wieder beginnen muß.

So sind die *Gebirge* als Aufnahmebehälter der neu belebten Wässer von unten „*Ventilatoren des Luftstroms*", die auf der Oberfläche der Erde sich bewegenden *Ströme* mit ihren Katarakten** – „*Ventilatoren des Wasser-Stromes*"; und was ihr in der sichtbaren Natur, in der Luft oft mit Schrecken und an den Wasserfällen mit Staunen bewundert, das durchzieht auch *das geistige Leben* nach denselben Prinzipien und Grundsätzen, wo auch, um geistig fortzuschreiten, gekämpft und gestritten werden muß, damit das geistige Leben tauglich werde für eine Ewigkeit, nicht versaure oder gar in Fäulnis übergehe!

Denn sehet, wie die Luft in ihrem Dahinströmen auf Hindernisse stößt, welches die Gebirgsmassen als feste Gegenstände sind, oder wie das Wasser während seines Laufes auf Widerstände stößt, welche seinen Lauf beengen wollen und so Luft wie Wasser zu Kraftanstrengungen nötigen, ebenso im geistigen Leben die Hindernisse erst den geistigen Charakter erwecken, ihn stählen, ihn zur größeren Tätigkeit anfachen.

* Siehe »Der Großglockner«.

** Wasserfällen.

Wie es in der Luft unter Donner und Blitz brauset und die Windsbraut drohend einherzieht oder das Wasser auf einmal unter donnerndem Lärm in eine nicht vorgeahnte Tiefe fallen muß, dort wirbelnd und brausend sich zerstoßen und an festen Felsen sich reiben muß – so sind es die Hindernisse im menschlichen Leben, welche die Fälle verursachen, wo der Mensch, aus seiner geträumten Ruhe herausgeworfen, im Strudel des Lebens alle Kraft braucht, um aus dem Gewirr der Lebensfelsen herauszukommen.

Mit Gewalt muß gekämpft werden, und wenn, wie beim Wasser, oft ein Hindernis überwältigt ist, so droht vielleicht nach kurzem Verlauf ein neues, ebenso unvorhergesehen wie das erste. So geht es fort, das ruhig ersehnte Fließen zwischen blumenreichen Gestaden wird dem Menschen hier nicht zuteil, und kommt er auch am Ende in breiteres Stromgebiet, so geht es seiner geistigen Bestimmung entgegen, wo, wie das Wasser im Meer, er im geistigen Reich des ganzen Universums andere Gesetze, andere Verhältnisse antrifft, die ihn zwingen, alles Überflüssige wegzulassen und nur mit dem weiterzusegeln, was seiner Umgebung, als dem großen Geisterreich, anpassend ist. –

So ist ein Sturm in der Luft, ein Wasserfall zwischen hohen Ufern das geistige Symbol des menschlichen Lebens, wo überall eben nur durch Kampf das eigene und das Leben anderer bedingt ist.

Sehet den großen Strom an, wie langsam fließt er dahin; ebenso ein Leben ohne geistige Tätigkeit. Der Strom trägt zwar Schiffe, führt aber meistens Schlamm und nicht trinkbares Wasser mit sich; seine größte Lebenskraft ist von ihm gewichen, er eilt seiner Bestimmung zu, anderen mehr als sich selbst nützend. – So das menschliche Leben; auch hier, im Greisenalter, wo die Lebenstätigkeit auf weniges beschränkt nur noch dem vegetativen Fortgange dienen muß, geht der Greis wie der große Strom seiner Verwandlung entgegen.

Wohl beiden, wenn sie früher ihrer Umgebung viel genützt und Leben und Tätigkeit an andere gespendet haben!

Mit diesem Bewußtsein möge auch der Mensch dann ausrufen können: „Ich habe nicht umsonst gelebt!" Dann kann er ruhig abwarten, wenn ihn der große Ozean der Geisterwelt in seinen Schoß aufnimmt, wo nur der Lohn des Getanen ihn erwartet, und er durch das Vollbrachte geeignet ist, in höheren Stufen ein neues Vollbringen zu beginnen. –

So, Meine Kinder, nehmt euch das Beispiel an Meiner materiellen

Natur, wie ihr in eurer geistigen alle Verhältnisse betrachten sollt, welche euch begegnen.

Wasserfälle! Das Wasser fällt von einer Höhe herab, zerstäubt sich, verdunstet und belebt sich neu. Wenn auch ihr oft von einer geträumten Höhe herabfallet, macht es wie das Wasser, erneuert eure Kraft, durchbrecht die Felsen alter Gewohnheiten, kämpfet und streitet, denn Kampf ist Leben! Und wie der rauschende Bergstrom frisches belebendes Wasser enthält, wie er eine fruchtbare Feuchtigkeit seiner Umgebung mitteilt, so sollt auch ihr, neu belebt durch eure Kraftanstrengung, euch frisch, das heißt lebensfähig erhalten, um eure Mission für euch selbst und die gegen eure Umgebung oder Mitmenschen zu erfüllen.

Wie in der Nähe eines Bergstroms alles schöner blüht, alles in schönerem Grün erglänzt und die Natur sich mehr zu entwickeln scheint, so soll auch eure Umgebung eure Gegenwart fühlen; ihr sollt auch auf sie die Lebenstätigkeit verbreiten, damit, wenn ihr in schönerem Glanze eines moralischen Bewußtseins frisch und kühn durchs Leben schreitet, auch alle Mitgehenden verstehen und begreifen mögen, wo die geistige Feuchtigkeit herkommt und wie *sie* es ist, die Licht und Farbenpracht im reichsten Maße erzeugen kann, wo ihre Wirksamkeit hinzudringen imstande ist.

So möge dir und allen anderen das schäumende Gebrause des Niagara- oder jedes anderen Falles ein geistiges Beispiel sein, daß „Fallen" notwendig ist, um desto größer geistig wieder aufzustehen; und daß eben, wie bei Wasserfällen der Bogen des Friedens in den sieben Farben oft den bewundernden Zuschauer ergötzt, *das Licht* es ist, welches diesen Zauber bewirkt, wie bei einem moralischen Falle *das Licht des göttlichen Wortes* mit den sieben göttlichen Eigenschaften es ebenfalls ist, welches dem Gefallenen wieder aufhilft und zu seinem weiteren Verlaufe während der kurzen Lebenszeit stets behilflich sein wird, wie die Luft beim Wasser, an andere zu übertragen, was im eigenen Leben erfahren worden ist. –

O könntet ihr doch deutlicher in Meinem Buche der Natur lesen, wie viele lehrreiche Beispiele stehen dort geschrieben, deren geistige Entzifferung euch manchen seligen Genuß gewähren könnte, mehr als alles weltliche Vergnügen, und ihr würdet nebenbei noch sehen, wie im materiell Sichtbaren wie im geistig Unsichtbaren stets das nämliche Gesetz der Liebe, der Duldung, der Verzeihung herrscht, und wie auch bei anscheinlichen Zerstörungen doch nur ein *liebender* Zweck und Grund verborgen ist, der zwar viel Materielles vertilgt, um Geistiges zu retten! –

So soll euch dieses Wort wieder faktisch beweisen, wie viel geistiges Licht um euch her während des Tages schon ist, und wenn die Nacht hereinbricht, euch erinnern, daß über diesem kurzen Sonnenlicht eines verschwindenden Tages noch ein höheres, ewiges aus den Sternen euch entgegenleuchtet, welches ihr aber erst dann ganz verstehen werdet, wenn das irdische für euch für immer vergangen und euer Auge ganz fähig ist, nur geistiges, und zwar stetiges Licht aufzunehmen; während es hier im Prüfungsleben nur auf manche Momente, angeregt durch Naturereignisse, euch ahnen läßt, was hinter dem Sargdeckel für eine Sonne, für eine Welt ist, und was für ein Vater dort steht, der hier schon in so manchen großartigen Naturszenen euch begreiflich machen möchte, daß ihr nicht für dieses kurze, sondern für ein ewiges, nie endendes Leben geschaffen seid!

Betrachtet also Meine Natur! lernet in ihr lesen die heilige Schrift Meiner Liebe, die im Donner der Gewitterwolken oder eines stürzenden Wasserfalls oder im leisen Murmeln eines Baches oder im sanften Fächeln eines Lüftchens euch stets zuruft:

Gott ist die Liebe!

lernet Ihn verstehen, und Ich versichere euch, auch ihr müsset Ihn lieben! –

Lerne auch du nun, der du dieses Wort für andere geschrieben hast, lerne auch du in der Natur, die dir bald gegenüberstehen wird*, lesen, wie groß und gut dein Vater und Herr ist, der dir solche Worte für andere und dir die Gelegenheit gibt, an Ort und Stelle geistig zu genießen, was du anderen eben schildern mußtest; lerne auch du begreifen, wie es eben dein Vater und Herr ist, welcher dich hinausschickt in Seine weite Natur, damit du neben deinem materiellen Interesse dein geistiges nicht vergissest; wo dir zwischen Bergen, Gletschern und brausenden Waldbächen jedes Geräusch derselben die nämlichen Worte zuflüstern möge, die du vorher hier auch für andere geschrieben hast!

Soviel für dich und das Vorhergehende für die andern zur Danachachtung und Kenntnisnahme! Amen.

* G. Mayerhofer wurde damals durch Umstände veranlaßt, auf einige Zeit in die Alpen zu gehen.

Ein Wort für Kurzsichtige

(20. Januar 1873)

Du hast vor kurzem wieder angefangen, dich in ein Studium zu vertiefen, welches dir einst in deinen jüngeren Jahren viel Genuß und erhabene Stunden gegeben hat*, und wo du schon in jener Zeit nur Mich suchtest, aber doch nicht den rechten Weg einschlagend, Mich nur ahnen, aber nicht so klar vor dir sehen konntest wie jetzt, wo Ich dich manchmal mit einer geistigen Fernsicht beschenke, die, weit hinaus über Zeit und Raum, den unendlichen Gott dich im unendlichen Weltall fühlen läßt.

Da aber du nichts allein genießen, nichts allein fühlen willst, und dabei glaubst, ein jeder Lichtfunke, den Ich in deine Brust senke, gehöre nicht nur dir, sondern auch deinen Brüdern, deinen Mitmenschen, deinen nachkommenden Freunden der wahren Gotteslehre, so will Ich dir auch deine Bitte gewähren und dir wieder ein Wort voll des Geistes der Liebe, der Gnade und der Erbarmung geben, damit dein Wunsch erfüllt werde und die Menschen jetzt und einst noch erkennen mögen, wo Ich am leichtesten zu begreifen und am leichtesten zu finden bin. –

Du durchlasest jüngst ein Werk eines Mir sehr lieben Mannes, der nicht wie die gewöhnlichen Gelehrten *sich* nur, sondern bei allem, was er in Meiner großen Haushaltung findet, *Mir* die Ehre gibt.**

Dort begannst du eben mit dem aus deiner früheren Jugend erwähnten Studium, mit der Sternkunde, durchflogst mit dem Schreiber dieses Buches die großen Räume der Unendlichkeit, wo du eben im Unendlichen den Unendlichen mehr als woanders so ganz fühltest, wo du Seine Größe und deine Winzigkeit als Mensch dieser Erde so ganz verstanden und begriffen hast!

Die Zahlenwerte der wahrscheinlichen Größen von Welten und Sonnen sowohl, als die Entfernung derselben voneinander, ihre wechselseitige Verbindung, die Harmonie der Bewegungen, die dabei herrscht, die unwandelbaren Gesetze und noch mehreres – alles dieses erhob dich auf einer Seite und drückte dich auf der andern nieder. Und als du zu Mir deinen Blick erhobst und Mich anriefst: „Was bin ich, o Herr, daß Du meiner gedenkest!" und

* G. Mayerhofer hielt damals Vorlesungen über Mathematik und Astronomie an einem berühmten Institut.

** „Kosmos, oder Bibel der Natur" von Dr. Nathanael Böhner.

Ich dir im Herzen antwortete: (Du bist) „Mein Kind!“ – nur dann bekamst du Fassung und das moralische Gleichgewicht wieder, weil du in Mir nicht allein den mächtigen unbegrenzten Schöpfer eines solchen Weltalls sahst, wie es vor deinen geistigen Augen gleich einem Buche aufgerollt ward, sondern weil du, wie es in der Schöpfung bei allem Wesenden zu sehen ist, daraus verstanden hast, daß nur ein Gott wie Ich so Sich gegen Seine geschaffenen Wesen verhalten kann, daß Er auch dem Kleinsten ebensoviel Sorgfalt zur Erreichung der Vollkommenheit zugewendet hat als es notwendig ist, auf daß ein jedes seiner Bestimmung genüge und ungestört den Weg zu höheren Stufen fortsetzen kann! –

Ja, Mein Kind, den großen Schöpfer kann man am leichtesten im Großen finden, denn während man Seine Größe im Kleinen erst suchen muß und Denk- und Gefühlskraft dazu gehört, das Gefundene zu würdigen, so drängt sich unwillkürlich die Macht eines großen Werkmeisters dem Beschauer auf, wenn letzterer vor Bauresten steht, die über seinen gewöhnlichen Begriff hinausgehen.

Da steht dann der Bewunderer erstaunt und verblüfft vor einem schaffenden Geiste, wo sein eigenes Ich ihm als nichts oder gleichsam als eigentliche Null erscheint. Es ist der unabweisbare Vergleich zwischen beiden, *was ist Er* und *was bin ich*, welcher sich nicht wegleugnen läßt.

So erging es auch dir beim Durchlesen des Fixsternhimmels, wobei seine Größe, seine Entfernungen, sein gesetzliches Wirken untereinander, alle diese Größen, wo eure menschliche Körperausdehnung oder euer winziger Maßstab, der Fuß, sowie der Durchmesser eurer Erde oder der Durchmesser eurer Erdbahn, ja der Durchmesser eures ganzen Sonnensystems und seine Entfernung vom nächsten Fixstern in nichts zusammenschrumpfen und alle diese Größen, irdisch genommene *Zahlen nicht ausreichen, Meine Schöpfung und ihre Räume oder Zeiten auszumessen.*

Selbst als sich das Licht mit seinem Fluge kaum als Rechnungsfaktor bewährte (weil wieder Zahlen zum Vorschein kommen, welche eurem menschlichen Verstande nicht mehr faßbar sind, und höchstens nur noch der etwas geschwindere elektrische Funke sich erweisen könnte als ein Maßstab, mit welchem ihr aber eben außerhalb eurer Atmosphäre nichts messen könntet), da erst griff die bedrängte Seele zu dem geschwindesten Zeit- und Raummesser, zum Gedanken, dem Maßstab, welchen Ich als *Gottesgedanken* in euch gelegt habe, um wenigstens doch die Annäherung zu ahnen, wie groß selbst die begrenzte materielle Sonnen- und Welten-Schöpfung sein mag, wo alle anderen Versuche, eine auch nur geringe Vorstellung von ihr zu haben, nicht ausreichten.

In Anbetracht alles dieses Gefühlten und Geahnten durchströmte dich ein Gefühl der Wehmut, der Zerknirschung, und doch wieder eine süße Ahnung wie ein Heimweh nach jenen Gegenden und Gefilden, von wo vielleicht seit ihrer Schöpfung noch kein Lichtstrahl zu deinem Auge gedrungen ist! – Du fühltest, weit über Zeit und Raum hinaus, das Wehen eines höheren, größeren Liebegeistes, der, obwohl für dich und deinen Verstand unmeßbar, doch für dein Herz fühlbar war, ist und sein wird. – Da sankst du hin im Gebet vor dem Throne deines Schöpfers, der auch d e i n V a t e r ist; es kam dir unbegreiflich vor, wie eben dieser Vater unter so vielen Millionen von Welten gerade diese deine kleine Erde ausgesucht haben solle, um hier die Geister alle, und euch winzige Menschen, zu einem Ehrenposten zu erheben, den nach menschlichen Begriffen du vielleicht anderen, schöneren, riesigeren Welten zugedacht hättest.

In diesem Drange der Wonne, der Liebe, der Zweifel und Fragen wandtest du dich an Mich um ein tröstend Wort, weil auch du Mein Kind bist; und jetzt will Ich dir die Auflösung aller dieser Rätsel, und zwar von einem Standpunkte geben, von dem du und deine Freunde und Brüder wohl noch keinen Begriff und auch keine Idee gehabt habet.

Wenn Ich auch wohl schon in anderen Worten über Meine Schöpfung, über Mein Ich, euch viel gegeben habe, so möget ihr versichert sein: Es gibt noch immer neue Seiten, von welchen ihr die materielle wie die geistige Schöpfung nicht betrachtet und auch nicht im mindesten geahnt habt, daß über diese Dinge noch etwas Neues gesagt werden könnte. Und so will Ich auch eben in diesem Wort wieder zeigen, daß Meine Schöpfung noch lange nicht so klar vor euren Augen liegt, wie es Meinen Kindern geziemt, daß sie sie begreifen sollten; und um kein Mittel ungenutzt zu lassen, euch den leichteren Weg zur Kenntnis zu führen, so folget Mir denn auf einem Spaziergange durch Mein Haus, wo Ich ebenfalls, wie Meine (parodierenden) „Stellvertreter auf Erden“, der Wohnungen in Unzahl habe. –

Sehet, Meine Kinder, es ist eine allgemeine Geisteskrankheit der meisten Menschen, daß sie sich nicht mit dem beschäftigen wollen, was sie Mir näher bringen könnte, und zwar leichter als anderes, und daß sie meistens anderswohin sich wenden, wo mit abstrakten Begriffen, mit mühsam hergekünstelten süßen Momenten und Erhebungen sie sich selbst geistige Genüsse zu bereiten suchen, um mit Mir in Gemeinschaft zu treten.

Ihr alle, die ihr seit Jahren Worte von Mir direkt erhaltet, ihr alle seid mit dem materiellen Leben, mit euren Leibessorgen so verwachsen, daß nur bei einem neuen Wort, bei einer neuen, schönen Phrase euer innerstes Liebesfünklein aufleuchtet, wie bei einem Nachtlicht, das anfängt wegen Mangels an Nahrung zu verlöschen, wo oft ebenfalls solche Lichtmomente vorkommen, denen aber gleich darauf eine um so größere Finsternis folgt.

Diese Art, Meine Worte aufzufassen, ist bei euch am meisten wahrzunehmen, und warum? Sehet, eben weil ihr nicht dem nächsten Wege, euch in Stimmungen zu halten, in welchen ihr die Menschheit, die Welt und Mich in schönerem, ruhigem Lichte sehen könntet, nachkommt.

Diese momentanen Erhebungen sind als Nervenreizungen nur für kurze Zeit möglich. Um eine solche ruhige, erhabene Ansicht des euch Umgebenden zu gewinnen, muß auf anderen Grund gebaut werden, auf Grund von Ideen, welche euch überall begleiten, auf welche ihr alle Ereignisse und Erlebnisse zurückführen könnt. Solange ihr diese Fertigkeit nicht habt, werdet ihr stets teils im Handeln wanken, teils so manches schwärzer ansehen, als es wirklich ist, oder ihm mehr Wert beilegen, als es in der Tat hat.

Sehet, schon in eurem gewöhnlichen irdischen Leben wißt ihr wohl aus eigener Erfahrung, daß wenn das menschliche Herz etwas mit ganzer Liebe erfaßt, wie bei Lieblings-Ideen oder gar beim Verliebtsein, wie da diese Ideen oder das Bild des geliebten Gegenstandes euch überall folgt, von morgens bis abends bei allen Handlungen euch begleitet, alles Erlebte auf ihn bezogen wird, ja selbst noch in Träumen es euren Geist beschäftigt!

Wenn ihr das aus Erfahrung erlebt habt und jetzt nach genauerer Kenntnisnahme Meines direkten Wortes euch rühmen möchtet mit den Worten, wie Ich sie einst sagte: „Mein Reich ist nicht von dieser Welt!“, so glaube Ich, daß es ebenfalls in eurem Herzen so aussehen sollte in bezug auf Mich, wie einst in bezug auf einen irdischen geliebten Gegenstand. Und doch, wenn ihr Mich fragt, so sage Ich es euch, bei euch ist das nicht der Fall, sondern nur bei einem oder dem andern sind die Momente der höheren geistigen Genuß-Augenblicke länger als bei andern, aber Augenblicke, vorübergehend bleiben sie doch immer!

Um euch also auch hier wieder den Weg zu zeigen, *wie man so ganz mit Mir in Gemeinschaft treten*, mit Mir so ganz vertraut werden und durch ein *immerwährendes Zwiegespräch* stets höher und höher steigen und ruhiger werden kann, so höret also Meine Worte an euch in dieser Beziehung, welche so lauten:

„Betrachtet Meine Natur! Sie ist die einzige wahre Vermittlerin zwischen Mir und euch; denn Ich bin ein Geist, als Geist euch nicht sichtbar, nur ahnen könnt ihr Mich, während Ich Meine eigene Liebessprache nur zu deutlich in alles Materielle gelegt habe, wo es dann nur an dem aufmerksamen Beobachter fehlt, der dieses Buch lesen und verstehen will –

Mein Schöpfungsbuch ist unendlich! Und so wie es vor euch liegt, besonders im Kleinen, könnt ihr es nur dann verstehen, wenn ihr euren wissenschaftlichen Forschern folgt, die mit viel Zeit und Aufwand von Geduld euch langsam in die Geheimnisse der Schöpfung einführen, soweit es ihre Verstandesleuchte und ihre menschlichen Hilfsmittel erlauben.

Wenn aber manchmal die Schlußfolgen dieser Gelehrten andere sind als die euren, so stoßet euch nicht daran:

Alle Entdeckungen auf wissenschaftlichem Gebiet sind nur dann fruchtbringend für das höhere geistige Leben, wenn sie sich auf Mich, auf Meine Lehre, auf Meine Liebe beziehen!

So müsset ihr die Schöpfung verstehen, so dann auch Meine Natur lesen, und es wird euch bald *ein Geist des Friedens und der Ordnung* aus allem entgegenleuchten, der euch gerade das als stetige Größe in der Natur zeigt, was euch im ganzen fehlt.

Wenigen von euch und auch von den meisten Menschen ist es gegönnt, in die Geheimnisse des Mikrokosmos einzudringen; entweder fehlt ihnen der Sinn für diese Beschäftigung oder fehlen die Mittel oder sind es Berufsgeschäfte, alltägliche, geistlose, welche sie am Weiterforschen in dieser Hinsicht hindern, und es bleibt ihnen nichts übrig, als bei einem Spaziergang in freier Natur nach ermüdender Arbeit ausrufen zu können: „Ach wie schön!" „Wie herrlich ist alles!" Aber das *Warum* zu wissen, dazu fehlen ihnen die nötigen Kenntnisse.

Das leise Wirken der Natur also näher zu verstehen, bleibt und blieb bis jetzt nur denen vorbehalten, welche tiefer eindrangen in das Gewebe, welches wie ein Netz alles Sichtbare übersponnen hat. Dem ernsten Beobachter, dem tiefen Denker war es vorbehalten, die hieroglyphische Schrift zu entziffern, welche auf so manchem Tautropfen, der an einem Moosblatte hängt, sich zeigt und welche Ich als Vater alles Geschaffenen ebensogut in den Tautropfen wie in eine mächtige Zentralsonne von tausend Millionen eurer Meilen im Durchmesser gelegt habe!

Diese *geheimnisvolle Liebessprache* ist wenigen vorbehalten; aber leichter ist sie zu entziffern, wenn nachts das ganze große Sternenzelt sich über euren Häuptern ausbreitet, wo ihr nur zu oft, statt dort in jene bis jetzt ungemessenen Räume einen Blick zu tun, schlaftrunken eure Fenster und Vorhänge schließt und im irdischen Schlafe die euch umgebende und die über euch ausgebreitete Welt vergessen wollt und euch materiell gesinnt ins Bett legt, um am Morgen wieder nur zu oft noch materieller aufzustehen.

Die Sterne, die doch jedem Menschen die Frage abdringen müssen: zu was sind sie dann da? zum Leuchten – gewiß nicht, denn es fehlt ihnen an geeigneter Helle; zur Erwärmung ebenfalls nicht; also die Sterne, als daseiende, geschaffene Dinge, müssen einem jeden Menschen, der nur im mindesten denken gelernt hat, den Wunsch abdringen:

„Ich möchte doch wissen, was sind denn diese glänzenden Punkte am nächtlichen Himmel?“ –

Wer nun dieser Frage Gehör gibt und nicht zu sehr ins weltliche, irdische Treiben vertieft seinem Interesse nachsucht, wie das Vieh dem Futter, der wird auch bald Bücher und Menschen finden, die ihm dann so einen kleinen Wink geben von dem, was bis jetzt aufmerksame Beobachter aus dem gestirnten Himmel herausgelesen haben, während Millionen Menschen im Schlafe unbewußt nur ihr irdisches Leben fristeten.

Nicht umsonst habe Ich die Menschen Erfindungen machen lassen, um in diesem großen Schöpfungsreich lesen zu können, nicht umsonst habe Ich durch langes Arbeiten und Suchen auf berechnendem Wege die Bahnelemente von Sonnen, Planeten und Kometen, Fixsternen, Sternenlinsen, Nebelflecken und Sternenhaufen entdecken lassen. Ich wollte damit eben dieses große Buch, wo Ich als Schöpfer und Meine Schöpfung als Größtes dasteht, dem Menschen näherrücken, *damit er Meiner gedenkt*, sich seiner eigenen Würde bewußt wird und nicht den Blick nach unten, wie die Tiere, sondern nach oben richtet – als die Richtung, von wannen er gekommen und wohin er wieder gehen wird, um wie alle kreisenden Sterne auch seine Bahn zu vollenden auf Erden.

Wie auf dem Felde Blumen von allerlei Farben prangen und alle Zeugen Meiner Liebe und Gnade sind, so kreisen auch dort oben Sterne um Sterne verschieden an Farbenglanz und Lichtstärke; sie sind auch Blumen in dem großen Garten Meiner unendlichen Schöpfung, sie duften zwar nicht, doch ihr Glanz, ihr Licht hat etwas Geistiges, Erhabenes, was in ein Auge dringend, euch Gefühle der *Weltenharmonie* erweckt, der *Einheit von Gesetzen*, wie ihr solche auf Erden in eurem eigenen Lebenswandel selbst nicht habt.

Die Berechnung zeigt euch Größen, die über eure Phantasie hinausgehen, sie sind (für euch) unaussprechlich, undenkbar, wie ihr Schöpfer Selbst.

Von Millionen und Millionen Zeiträumen her fliegt das Licht, auch nur ein materieller Stoff, um doch einst dem aufmerksamen Beobachter Zeugnis zu bringen von einem geistigen Schöpfer, der jene Welten hervorrief, noch ehe die eurige als Dunstball nur die mindeste Neigung hatte, sich von der Gesamtmasse zu trennen und ein abgetrenntes Ganzes zu machen, um dann erst wieder nach und nach sich verhärtend und sich entwickelnd ein Wohnort von lebenden Wesen zu werden, Mich ebenso wie viele Millionen andere Geschaffene zu loben, zu lieben und zu verehren!

Dieser gestirnte Himmel mit seinen Millionen von Sonnen, mit seinen Entfernungen, mit seiner Größe ist das einzige wahre Bild, unter welchem ihr kleinen winzigen Erdgeschöpfe Mich als Schöpfer erkennen oder ahnen könnt!

Er (der Sternenhimmel) drängt euch die Ahnung auf, daß da oben mit anderen Größen, mit anderen Zeiten gemessen werden muß, um dieses große, unendliche Werk zu begreifen, welches in sich unendlich, eben den Unendlichen und die Unendlichkeit am meisten ausdrückt.

Dieser über eurem Haupte täglich ausgebreitete Sternenhimmel sollte euch zum Nachdenken, zum Forschen anregen, damit, wenn euch auch der Mikrokosmos undeutlich und verschlossen, doch der Makrokosmos zum Teil erklärbar sei, damit ihr dort in großen Weltschöpfungsbuchstaben lesen könnt, was in kleinen Lettern auch auf jeder Moospflanze, auf jedem Infusorienwesen geschrieben steht:

„Und wer Ihn anbeten will, muß Ihn im Geist und in der Wahrheit anbeten!“

„Im Geiste anbeten“ will heißen, wenn ihr Meine materielle Welt, wo Ich alle Meine Gedanken aufgezeichnet habe, *geistig* versteht, und „in der Wahrheit“ will sagen, wenn ihr in den gefundenen und entdeckten Geheimnissen aller Forscher *das Wahre* vom Falschen, die richtige von der falschen Schlußfolgerung unterscheiden gelernt habt.

Dort oben, in den unermeßlichen Räumen seht ihr einen Gott rechnen und bauen nach Seiner Weise, nicht nach Pygmäen-Weise, sondern nach dem Maße Seines Ichs, nach dem Maße der Unendlichkeit. – Dort wo alle materiellen Hilfsquellen nicht ausreichen, Distanzen (Entfernungen) und Größen zu messen, dort steht nur – *Gott* als höchster Gedanke, und nur mit dem *Gedanken* kann gemessen, beurteilt werden, was eben nur der Gedanke schuf.

Daher dein Zusammensinken in Nichtigkeit, du Mein lieber Schreiber, weil du dir vorstellen wolltest, was nur *denkbar dem Geiste* und *ahnbar dem Herzen*, aber *dem Verstande unerreichbar* ist.

Darum riefst du aus: „Was bin ich, daß Du meiner gedenkest!“ Die Wucht der Größen war dir zu groß, du wolltest die Unendlichkeit fassen, die doch nur Ich, aber du endliches Wesen nie ganz begreifen wirst!

Ich gab dir dieses Wort zu deiner Beruhigung und zur Aufmunterung anderer, daß sie diese Wissenschaft, welche ihnen den größten Genuß und die höchste Idee eines Schöpfers nur ahnend zwar beizubringen imstande ist, nicht für so gering halten sollten, daß sie nicht glauben sollten, es sei bloß ein Studium, um ein paar Sonnen- oder Mondfinsternisse im voraus zu berechnen, oder den Schiffern wegen der Verfinsterung der Jupiter-Monde in ihrer Berechnung zu helfen.

Nein! die Astronomie ließ Ich deswegen gedeihen unter euch, um euch dieses große Buch, das jede Nacht sich vor euren Augen entrollt, leserlich und verständlich zu machen und gerade den Ungläubigsten, den Gottesleugnern und Materialisten den Beweis aufzuzwingen, daß *wo so geordnete Gesetze wie dort oben herrschen, auch ein Gesetzgeber da sein muß*, und die Millionen und

Millionen kreisenden Welten nur zu deutlich zeigen, daß ein Gott als Schöpfer das mit und *durch Liebe* bewirken will, was Er auf anderem Wege nicht so leicht erreichen konnte!

Was deine andere Frage betrifft, wie und warum Ich gerade den Stern, „Erde“ genannt, auserwählt habe, um auf ihm das größte Werk der Demut für euch und die ganze Geisterwelt zu vollführen, so genüge dir zur Antwort: Wenn du den Bau des Fixsternhimmels genau mit geistigen Augen betrachtet hast, so wirst du finden, daß erstens euer Sonnensystem, wovon die Erde ein Glied ist, beinahe in der Mitte dieser Sternenlinse steht, und zweitens, daß eben dieses System mit allen seinen Kometen und Planeten eine der jüngsten Schöpfungen ist, die aus Meiner Hand entstanden und noch immer im Vervollkommnen sich befindet.

Du hast gelesen, daß über 6000 Kometen (was für euch so scheint, es sind deren aber eine Unzahl) noch um diese Sonnen kreisen. „Was sind aber Kometen?“* Siehe, Kometen sind ebenfalls nur Weltsysteme, die wieder Planeten und Erden werden, damit auch sie einst im engeren Kreise um ihre Mittelsonne kreisend, dem Lobgesang aller anderen Sphärenharmonien beistimmen können!

In eurem Sonnensystem selbst wirst du finden, daß der in der gerechten Ordnung als vierter Planet gesetzte Stern, jetzt zertrümmert in viele kleine Stücke, seinen Kreislauf fortsetzt. Dieser Stern ward einst bestimmt, wie Ich es woanders sagte, zu Meinem Daniederkommen auf eine Welt, ein Zeuge Meiner Macht und Meiner Liebe zu werden.**

Doch er hat sich, oder eigentlich seine Bewohner haben sich nicht würdig gezeigt einer solchen Gnade, und so wurde er zertrümmert, wie ihr ihn jetzt noch findet, und es wurde dann *die Erde* ausersehen, als Mittelglied zwischen den Vorder- und Hinter-Planeten, *Zeuge Meines Demuts-Aktes zu sein!*

Wenn Ich sage: „Jüngstes Sonnensystem“, so mußt du dir nicht diese Zeit in Jahren vorstellen wollen, dort oben gibt es keine Jahre, keine Tage, sondern die Zeit ist Mein ewiges Vervollkommnungs-Gesetz, das kein anderes Maß als die Unendlichkeit selbst hat, aus welcher sie kommt und in welche sie wieder verrinnt.

* Vgl. „Die Jugend Jesu“, Kap. 223.

** Über den geborstenen Planeten siehe Gr. Ev. Joh. Bd. 4, Kap. 106, 8; Bd. 8, Kap. 76, 74, 75.

Daher ist auch die Schöpfungszeit eures Planeten bis zu seiner Bewohnbarkeit nicht so alt wie jene Welten, die vor euch unberechenbaren Zeiten oder Äonen von Jahren ihren Kreislauf begannen und wo jede von euch denkbare Jahreszahl, von ihrem Werden bis zu ihrem jetzigen Bestand, nicht ausreichen würde, dir einen Begriff zu geben von der Dauer einer solchen Weltkugel, noch von ihrer Größe, noch von ihrer Beschaffenheit und ihren Einwohnern.*

In diesem Punkte muß der menschliche Verstand zurücksinken in ein Nichts gegen Meinen allmächtigen Willen, gegen Meine Weisheit und gegen Meine Anordnungen, wo, was eben ihr alle nicht begreifet, Ich im endlosen Raume schaffe, während ihr nur endliche Räume kennt!

Alle diese Welten, obwohl geschaffen, hatten noch keine letzte Weihe des höchsten Geistigen erhalten, bis Ich den Impuls zum Werden des letzten, *eures Sonnensystems* gab, wo sodann die materielle Welt, bis dorthin überkleidete Geisterwelt, erst ihren Zweck, ihre Bestimmung und ihre Mission erhalten hat!

Nach Meinem Daniedersteigen auf eure Erde und Meiner Heimkehr begann erst eine neue Ära für alle geschaffenen Wesen, ob Geister ob Menschen, auf allen Welten und Sonnen.

Was die ersteren als Gewißheit hatten, konnten die andern als Ahnung erfassen, und so wurde das Prinzip der Liebe als allgemeines Gesetz überall erkannt, befolgt und bei minder begabten Wesen geahnt.

Nur durch die große Probe Meiner eigenen Demütigung erhob sich erst das Bewußtsein aller lebenden, denkenden Geschöpfe; denn wenngleich sie Mich nicht als Vater, als Träger der Schöpfung, als personifizierte Liebe erkannten, so verehrten sie Mich als „großen Geist", als geistiges und nicht als materielles Wesen.

So hat der große materielle Weltenmensch seine geistige Bestimmung erhalten, so hat der geistige Weltenmensch sein eigenes Dasein erst erkannt, warum er, warum die Materie da ist und warum Ich auf ein kleines Sandkorn im Ozean Meiner Schöpfung herunterstieg, um unter diesen kleinen Geschöpfen den größten Akt der Liebe und der Demut zu vollführen!

Jetzt, wo dieses alles geschehen ist, jetzt geht der Welten-

* Man lese „Die natürliche Sonne" (Beschaffenheit der Sonne und ihrer Bewohner). Ferner die Werke „Der Saturn" und „Erde und Mond".

Mensch, zusammengesetzt aus der ganzen sichtbaren Schöpfung, seinem Lösungsprozeß entgegen.

Die Geisterwelt weiß, wohin sie gehen muß, um die Kindschaft ihres Herrn zu erlangen, und die materielle Welt empfindet durch die in sie gebundenen Geister das Bedürfnis, dorthin zu drängen, aus Dessen Schoße sie hervorgegangen, um dort den Kreislauf ihres Werdens, Bildens und Vervollkommnens zu vollenden. Eine Kette, ein Band umschlingt die beiden großen Welten, die Geister- und die Materie-Welt, ein Band, eine Kette bindet alles Geschaffene gegenseitig untereinander und verbindet es mit der Geisterwelt – *es ist das Band der Liebe*, das Band, welches der Schöpfer deswegen um sie alle zog, weil die Liebe als Erhaltungs-Prinzip das einmal Gewonnene, dessen Ausbildung und weiteres Fortschreiten, Streben und Vervollkommnen in sich trägt.

Deswegen, wenn bei nächtlichem Himmel euer Auge ein Lichtstrahl aus so fernen Zonen Meiner Schöpfung noch trifft, so denket auch dabei, daß es *der Lichtstrahl, von der Hand der Liebe gesandt* ist, der euch Kunde gibt von einer unermeßlichen Welt in weiter Ferne, und daß dieser Lichtstrahl eben beim Auffallen auf euer Auge – von einer Welt, die vielleicht tausend Millionen Lichtweiten Entfernung hat, sich in eurem Auge verkörpert mit eurem materiellen Ich und ihr so ein Teil jener (materiellen) Welt werdet, während ihr auf Erden wandelnd, aus anderen Stoffen zusammengesetzt, eben diesen Lichtstrahl braucht, um nicht isoliert, sondern Verbindungsglieder solch ferner Welten mit dem kleinen Planeten Erde zu sein.* –

Licht ist Materie, euer Auge ebenfalls, und so verbindend bleibt die Kette, die geistig dadurch sich äußert, daß ein gefühlvoller Mensch die sanfte Liebessprache dieser für ihn entfernten Welten ahnt, ohne zu wissen, warum eben dieser Lichtstrahl vielleicht gerade der *Träger der Liebe* ist, welcher dort aus Meiner Gnade entsprossen nach Millionen und Millionen Jahren erst in einem menschlichen Auge seine letzte Mission vollführen mußte, warum er von dort ausgegangen ist.

O Meine Kinder, wie wenig kennt ihr noch Meine Natur, wie wenig kennt ihr ihre Sprache, wie wenig die Deutung aller dieser Liebeszeichen, die aus allen Winkeln, von oben und unten, euch entgegenkommen und von euch verstanden sein wollen.

* Ein wichtiger Hinweis über die Gestirnseinflüsse.

Das große Buch Meiner Unendlichkeit, jede Nacht liegt es vor euch aufgeschlagen, Trost und Ruhe dem von harter Tagesarbeit Ermüdeten spendend mit der Hoffnung: dort oben in heiliger Ruhe wird Vergeltung, wird Liebe sein; und wenn bei einsamen Spaziergängen in Meiner schönen Natur das ganze Kleintiergeschlecht euch durch seine Freudenbezeugungen zu erkennen gibt, daß auch es nicht gefühllos ist gegen die Einwirkungen des Sonnenlichtes und der Sonnenwärme, beides Träger des Lebens und der Liebe!

Lernet verstehen diesen Harmoniengesang, lernet begreifen, was hier aus tausend Kehlen euch entgegenjauchzt, *es ist die Liebe*, das unbewußte Behaglichkeits-Gefühl von Millionen von Geschöpfen, die durch das Licht der Sonne – welches auf ihre Augen fallend, eben auch ihr eigenes wird – die nämliche sanfte Sprache verspüren wie ihr denkenden Menschen, wenn in ruhiger Nacht vom gestirnten Himmel Millionen und Millionen Strahlen heruntersteigen, die Erde auf ihrem Lauf um die Mutter Sonne begrüßen, euch ebenfalls vermittels eurer Sehorgane Produkte von entfernten Welten zuschicken, damit auch ihr von dem Jubelglanze dieser großen Schöpfungen eine leise Ahnung empfangen solltet, um zu begreifen, was Ich einst zu Meinen Aposteln sagte:

„In Meines Vaters Hause sind viele Wohnungen!"

Ja viele, unzählbare und unermeßlich große Wohnungen sind in dem Hause Meiner Schöpfung, *Meiner „gefesteten Liebe"*, alle gehören dazu, Meine Macht, Meine Unendlichkeit den endlichen Geschöpfen darzulegen.

Wenn auch der Lichtstrahl Millionen und Millionen Jahre braucht, um euch Kunde zu geben von Fernen, wo noch Welten kreisen, wo noch die Liebe nicht ihren Grenzstein aufgepflanzt hat, so ist es stets ein Beweis, daß, eben weil die Liebe unendlich, auch ihre Schöpfungen unendlich, ohne Grenzen sind.

Daher, du, Mein Schreiber, sinke nicht zusammen in ein Nichts vor der Schöpfungsgröße der materiellen Welt, erschrecke nicht vor Entfernungen, vor Größen, die dein Verstand allerdings nicht fassen kann. –

Der, welcher diese Schöpfungen in die Unendlichkeit hinausstellte als Zeugen Seiner Macht, Seiner Größe, Seiner Liebe, hat alle wesenden Geschöpfe auf ihnen nur deswegen erzeugt, auf daß sie alle Zeugen sein sollen, wie Gott, *ein Gott der Liebe*, es versteht, das Unbegreifliche begreiflich zu machen, wie Gott versteht, auch im kleinsten Atom wie in der größten Weltkugel Sich gleichzubleiben, indem beide perfekt ohne alles Zusatz- oder Wegnahme-Bedürfnis in der Schöpfungskette dastehen als das, was sie sein sollen.

Auch du, Mein Kind, bist ein Glied jener großen Kette aller Schöpfungen, auch du hängst mit der größten Zentralsonne wie mit dem kleinsten Atom im unendlichen Äther zusammen, auch du bist auf deinem Platz, mußt und wirst deinen Platz ausfüllen, wie es Mein liebender Wille ordnet.

Verzage nicht, die Größe Meiner Schöpfung zu fassen; groß bin Ich in allem, groß muß Ich sein, sonst wäre Ich kein Schöpfer. Beurteilt man doch euch Menschen nach eurem Schaffen – gut, so beurteilet auch Mich nach Meinem Geschaffenen, und wenn ihr vor manchem Menschen ob seiner Gelehrsamkeit den Hut abziehen müßt, wie ihr sagt, so gebet auch Mir die Verehrung und den Dank, der Mir gebührt, nicht allein weil Ich alles so geschaffen und geordnet habe, sondern weil Ich euch inmitten Millionen anderer lebender Wesen mit einem Geiste ausgerüstet habe, um, wenn nicht Mich ganz zu begreifen, doch aber Meine Größe zu ahnen, indem ihr die Sprache Meiner Werke verstehen lernt.

Den Charakter eines anderen Volkes zu verstehen, mit ihnen zu verkehren, dazu erlernt ihr fremde Sprachen, weil es eurem materiellen Interesse anpaßt;

gut, Meine Gemeinschaft, Meinen Charakter zu studieren, lernet also Meine Sprache! Lernet diese Zeichensprache Meiner Natur geistig deuten, lernet, ihr Abkömmlinge eines großen Geistes, Seine Liebe und Gnade bemessen, wenn Er es zuläßt, daß ihr – sei es in weiter Ferne oder in nächster Nähe – Seine Wunder kennenlernt und so, statt zusammenzusinken unter der Wucht Seiner Größe, euch wie eine Efeuranke am Stamme des ewigen Lebensbaumes hinaufwindet, von Ihm Lebenskraft einsaugt, welche euch dann stets mehr fähig macht, Ihn durch Seine Worte zu schätzen, zu lieben und zu begreifen.

Werdet fernsichtig, erkennet in der Ferne zuerst aus Meinem großen Lebensbuche des nächtlichen Himmels Meine Liebe, Meine Sorgfalt und Meine Macht, und es werden diese funkelnden Sternchen euch gar manches erzählen von den großen Harmonien im Weltengebäude, die sich überall bis zu den kleinsten Infusorien wiederholen und überall die Größe eines Schöpfers mit der Liebe eines Vaters für Seine Kinder in Verbindung bringen!

Welten wurden, Welten vergingen und werden, von denen euer Auge keine Kunde erhalten, aber die Stimme des Vaters in eines jeden Herzen wird nicht versiegen, sobald nur dieses Herz ihr geöffnet und für sie empfänglich ist!

Mag die Sprache aus der Sternenwelt mittels Teleskop oder aus dem Wassertropfen mittels Mikroskop euch Wunder über Wunder zeigen, sie ist doch stets dieselbe, nur lernet sie verstehen, und Ruhe und Frieden, das Grundprinzip Meiner Schöpfung, wird in euer Gemüt einziehen. Meine Geistessprache in eurem Innern wird euch stets begleiten und euch führen vom Nahen zum Fernen oder vom Fernen zum Nächsten, nämlich: vom letzten Lichtstrahl einer unendlich weit entfernten Weltensonne bis zum Sitz aller Liebe, bis zum eigenen Herzen, wo immer der nämliche Spruch lauten wird:

„Preiset hoch den Vater! denn Er ist, war und wird ewig sein: der Gott der Liebe!“ Amen.

* * *

(23. Januar 1873)

Du fragst Mich – wie werden wohl alle diese Welten beschaffen, eingerichtet und bevölkert sein?

Sieh, Mein Kind, das ist wieder eine ganz menschliche Frage, und auf diese muß Ich dir auch wieder eine menschliche Antwort geben, das heißt, Ich muß dir zeigen, daß die Antwort dir so nahe liegt und es nur deiner Kurzsichtigkeit zur Schuld angerechnet werden muß, wenn du sie bis jetzt noch nicht selbst gefunden hast. So höre also: Du wirst schon aus allem, was du gelernt, gelesen und was Ich dir gesagt habe, ersehen haben, daß *überall nur ein Gedanke, in Millionen von Formen* das ganze Universum durchdringend, diesem zur Grundlage dient und natürlich auch eben in Mir, als geistiger Ausdruck alles materiell Geschaffenen, seine letzte Lösung findet.

Selbst in den Worten von Mir von Anfang an, in den Urzeiten den Vätern gegeben* bis auf die Mitteilungen, die du heute von Mir empfängst, überall herrscht Konsequenz, Logik oder eine richtige Folgerung, ein geregeltes Schließen; Ursache und Wirkung ergänzen sich, Lücken füllen sich aus, wo solche entstehen,

* In dem dreibändigen Werk „Die Haushaltung Gottes“ (Die Urgeschichte der Menschheit) neu kundgegeben.

damit das Band, welches alles umfassen soll, keine Störung, keine Trennung erleidet!

Und eben diese Konsequenz (beharrliche Folgerichtigkeit), dieses Zusammenwirken von allem zu *einem* Zweck ist es, welches auch die Verschiedenheit der Weltkörper, Sonnen und Planeten ebenso leicht natürlich gestaltet, wie aus einem Baum der Zweig, aus dem Zweige das Blatt, die Blüte und Frucht erwachsen müssen.

Es ist keine kopfzerbrechende Arbeit, wie du als Mensch es dir vorstellst, welche Ich haben müßte, wo, nachdem so viele Welten erschaffen waren, Ich etwa in Verlegenheit war, sie äußerlich auszustatten, sie zu bevölkern und den geistigen Wesen auf ihnen ihre Richtung und Lebensbahn zu bestimmen.

Das, was der Grund dessen war, *wie* diese Welten im Raume verteilt wurden, warum sie so groß waren und in welchen Zeitverhältnissen sie, eine um die andere kreisend, ihren materiellen Kreislauf, ihre materielle Bestimmung erfüllen sollten – alles dieses bedingte auch ihre Außenseite, ihre Produkte und ihre auf ihnen lebenden Geschöpfe und Wesen. –

Siehe, auf der Erde, wo du lebst, gibt es ja ebenfalls tausenderlei Tiergattungen und doch sind bei den Gattungen die einzelnen Tiergeschöpfe auch wieder individuell oft himmelweit voneinander unterschieden.

Bei den Menschen ist dieses eben auch der Fall. Millionen von Menschen leben auf dem Erdball und doch gleicht keiner (völlig) dem andern, während die Form als Mensch überall eine und die nämliche ist.

Nicht nur in der geistigen Individualität ist kein lebendes Geschöpf dem andern gleich. Und so wie die Geschöpfe verschieden sind, welche Verschiedenheit sich nach Klima, Boden und Kulturverhältnissen richtet, wo dann die geistige Differenz zwischen den Gliedern der einzelnen Gattungen dadurch bedingt und beeinflußt wird, ebenso sind bei den Welten ihre äußere Ausstattung, ihre Produkte und ihre Geschöpfe nur die Folge des inneren Baues und ihrer gegenseitigen Stellung zueinander.

So wie in jedem Geschöpf Organe sind, wo die einen zu edleren, geistigeren, die anderen zu materiellen, gröberen Verrichtungen bestimmt sind, ebenso sind im Weltenbau die einzelnen Sonnen, Planeten und Kometen ähnlich verschiedene Organe, welche gemäß ihren Funktionen im ganzen großen Weltengebäude ebenso verschieden innerlich gestaltet, ebenso verschieden äußerlich geformt und bevölkert sind! –

Auch in deinem Körper taugt der Magen bloß zur Aufnahme der Speise und nicht zum Atmen oder wie das Gehirn zum Denken, und ebenso die Welten, die einen gemäß ihrer Stellung, Entfernung, Leuchtkraft, Wärme usf. sind nur geeignet, solche Produkte hervorzubringen, welche ihrer Stellung gemäß sind, und die darauf lebenden Geschöpfe werden auch geistig *das* ausdrücken, was materiell im Boden zugrunde liegt, welchen sie bewohnen.

Es gehört also nicht das Spiel der Phantasie dazu, um Welten zu bevölkern und sie mit allen möglichen Schönheiten auszustatten, sondern sie tragen diesen Trieb in sich selbst schon, er wurde ihnen eingelegt bei dem ersten Moment ihrer materiellen Formation*, wie bei dem Kinde im Embryo schon alles vorausbestimmt und vorbereitet liegt, was es infolge der Zeit werden soll, und wo dann nur die Umstände und Verhältnisse der Außenwelt dazutreten, um diesen Zweck zu beschleunigen (oder auch zu verzögern).

So ist alles durch sich selbst bedingt. Wie der Mensch, das Tier, die Pflanze und das Gestein geschaffen den Keim in sich haben zur Ausbildung dessen, was jedes werden soll, so haben alle Welten denselben Drang, das zur Vollendung zu bringen, was in ihnen noch unausgebildet schläft. So ist die Verschiedenheit des inneren Baues einer Zentralsonne ebenso der Grund ihrer Produkte und Geschöpfe, als wie Menschen nur Menschen, Tiere nur Tiere und Pflanzen nur Pflanzen hervorbringen können!

Die mathematische Konsequenz als richtige Folge, in welcher eines sich aus dem andern entwickeln muß, diese ist in Meinem Ich wesentlich vorhanden und kann ebendeswegen in Meinen Schöpfungen, weil sie von Mir sind, wiedergefunden werden.

Das Hervorgehen des einen aus dem andern, das „wenn das *so* ist, so muß dieses *so* werden“ – dieses Prinzip, geleitet durch Meine unendliche Weisheit, ist der Grundstein des geschaffenen Universums, ist der Grundstein des geistigen Weltenreiches, ist die Basis jeder regelrechten Denkungsweise eines vernünftigen Wesens, welches dann ebenfalls nur so und nicht anders, folgend Meiner Natur, Mein Schaffen begreifen und Mein Ich ahnen kann! –

So mußt du dir die Welt denken als ein Buch von lauter auf-

* Gestaltung.

gelösten mathematischen Problemen, die natürlich auch nur der lesen und verstehen kann, der selbst Mathematiker und logischer Denker ist.

Trachte du – und ihr alle, die ihr dieses und Mein voriges Wort leset, das zu werden, und es wird euch gewiß gelingen, auch in eurem Tun und Lassen eine Regel, eine Ordnung hineinzubringen, die menschlich genommen Verstand, göttlich ausgedrückt „höchste Weisheit" heißt.

So werdet ihr euren Zweck und die Mittel dazu nie verfehlen, und euer Leben wird dann dem Meiner ganzen organischen und geistigen Schöpfung gleichen, wo alles in Ordnung seiner Bestimmung entgegengeht und alles am rechten Flecke steht, um zur rechten Zeit die Wechselwirkung der Welten untereinander, die Einigkeit des ganzen Riesenbaues zu befördern und die Weisheit ihres Schöpfers auf jedem Schritt zu beurkunden.

So soll auch euer Leben beschaffen sein!

So wie das unbewußte Tier am Gängelbande Meiner Hand geführt seinen Zweck erfüllt, so sollet ihr als freie Wesen trachten, ebenfalls Meinen Absichten zu entsprechen, weswegen Ich euch erschaffen und gerade auf diesen und keinen andern Wandelstern oder keine andere Sonne gesetzt habe!

So nur seid ihr die wahren Glieder in dieser großen Kette, welche ebenso wie die Millionen verschiedener Geschöpfe auf anderen Welten den Zweck ihres Daseins erfüllen, zuerst körperlich sich ausbildend, um so dem Geiste im Innern die möglichsten Mittel zu verschaffen zu seiner hohen Mission, welche auf allen Welten zu erfüllen alle lebenden denkenden Wesen, in was immer für einer Verschiedenheit der menschlichen Form, ebendenselben Zweck verfolgen! –

Hier hast du ein kurzes Wort zur Aufklärung deiner Frage und zur Beruhigung deiner Neugier.

Im „Saturn" habe Ich euch schon ein Beispiel gegeben, wie ungefähr eine andere Welt ausschauen kann gemäß ihren Dimensionen und Verhältnissen, so wie du weißt, wie annähernd auch die übrigen Planeten eures Sonnensystems beschaffen sind, wovon deine kleine Welt auch ein Glied ist*; selbst „Die Sonne" ist dir nicht unbekannt. Lerne nur vorerst in jenen Kundgebungen zwi-

* Zu ersehen aus „Die natürliche Sonne" und ihre Planeten, sowie in „Erde und Mond".

schen den Zeilen lesen, lerne die Ursache und Wirkung vom einen und dem andern verstehen, warum es so und nicht anders sein kann, und du wirst bald den Faden haben, der dich sicher in dem Labyrinth Meiner Schöpfung führt, aber auch sicher dich wieder herausgeleiten wird, wo dann das Endresultat all deiner Forschungen sein wird, daß nur deine menschlich-schwachen Schlüsse daran schuld waren, wenn du nicht im vornherein erkanntest, daß die Lösung, welche du auf tausend Millionen Lichtweiten gesucht, dir am nächsten, ja sogar nicht außer, sondern *in dir* lag!

Dieses zum Verständnis der großen Schöpfung, die jedoch nur entstanden ist und noch bestehen wird, um mittels Geist in Materie gebunden den ersteren von letzterer zu erlösen und also das gereinigt und geläutert zu Mir zurückzuführen, was unbehilflich und schwach von Mir in den großen Äther-Raum hinausgestellt wurde!

Mache deine geistigen Augen weit auf und lasse das Licht Meiner Weisheit und Liebe dir leuchten, damit du überall erkennen mögest: „es gibt nur *einen* Schöpfer", „*einen* Gott" „und *einen* liebenden Vater", der dich mit so vielen Gnaden überhäuft, obwohl du, strenggenommen, keiner einzigen würdig bist! Amen.

Die Schöpfungs-Pyramide

(15. Januar 1872)

Diese Kundgabe folgte auf eine Frage des damaligen Verlegers Johannes Busch bezüglich einiger Stellen des Wortes über den Kuß*, wo es heißt: „und das soll die Geistergemeinschaft sein, welche dann noch weit über das kurze Erden-Wanderleben hinaus erst da recht begriffen wird, wo kein fester materieller Körper die Schwingen der Seele mehr hemmt, sich mit dem geliebten ergänzenden Geist – Meinen Gesetzen gemäß – zu vereinigen, um Mir in unendlicher Liebe wieder zurückzugeben, was Ich in sie hineingelegt habe". –

Sieh, Mein Sohn, dieses sind die von dir in deinem Briefe angeführten Worte, welche in dir die Fragen anregen, was ist eigentlich das: „Ich bin die Liebe in Person", und wie ist obiges aus den Worten vom 24. Dezember 1871 an dich zu verstehen?

Nun, da Ich will, daß dir alles klar werden solle und du Mich

* In „Liebe, das Grundgesetz alles Lebens", S. 61 ff u. S. 69.

und Meine Liebe begreifen lernest sowie auch alle Worte, welche schon über dieses Wort gegeben sind und noch ferner mitgeteilt werden sollen, so will Ich dich in jene Sphären führen, von wo aus du wie bei euch auf einem hohen Berge eine größere Rundschau nehmen kannst, indem da der Horizont für deine geistige Sehe um vieles sich erweitern kann.

Schwinge dich also mit deinem Geiste hinauf in jene Räume, wo der Zeiten und Größen Maß längst aufgehört hat, in jene Fernen, wo kein Lichtstrahl weltlicher Sonnen mehr hindringt, in jene Orte der großen Geisterwelt, wo schon in einem einzigen Haargefäß (dieses Geisterweltenmenschen) euer euch bekanntes, sichtbares Weltsystem Platz hätte.

Schwinge dich hinauf in jene Gegenden, wo es weder links noch rechts, wo es kein „Unten" und kein „Oben" mehr gibt, sondern wo der unendliche Äther dem großen Geister-Weltenmenschen ewig in seinem Laufe neue Nahrung zufließen läßt und wo ewig nur Licht ist und Finsternis zu den unbekannten Größen gehört.

Dort in jenem Geisterhimmel ist Mein Wohnsitz, Mein Aufenthalt, von dort aus regiere Ich die ganze Geister- und materielle Welt, und wie, um es dir verständlicher zu machen, deine Seele in deinem Körper ebenfalls überall und doch nirgends ist, aber dennoch einen Hauptsitz inmitten dieser dir gegebenen Körperhülle hat und von dort aus die Bedürfnisse deines Leibes besorgt, ebenso bin auch Ich, obwohl weit von euch entfernt, doch euch stets nahe – leite, führe und erhalte alles von Mir Erschaffene und lenke so alles, Geister- und Materie-Welt zu dem ihnen vorgesetzten Ziel.

Von diesem Standpunkte aus sieh dir nun die ganze unendliche Schöpfung an; sieh dieses Treiben, dieses geschäftige Wirken, dieses Schaffen und Verändern, dieses stufenweise Sich-Entwickeln vom letzten, kleinsten Atom des großen unendlichen Äthers bis zum größten Engelsgeiste, so wirst du bemerken, daß alles den Stempel der Göttlichkeit oder der Unverwesbarkeit, der Ewigkeit an sich trägt.

Die größten Übelstände, die grellsten Disharmonien siehst du sich auflösen in Segnungen, in Gnadenspenden von Mir, überall bemerkst du das nämliche Gesetz, das Gesetz der Annäherung und Abstoßung, Gleiches sucht Gleiches und Liebendes umfaßt nur Geliebtes.

Wenn du nun so aufmerksam diese große Weltenuhr betrachtet

haben wirst, so muß dir doch das allgemeine Triebrad all dessen näher bekannt werden, dieses Triebrad, welches seine Kraft allen anderen kleineren Rädern, Walzen, Stiften und selbst den Elementen, aus denen diese Werkzeuge zusammengesetzt sind, mitteilt, indem diese Kraft als Bewegungsmotor alles in vibrierende Bewegung setzt, dadurch Leben, Wärme, Licht, Fortbestehen und Vergehen bedingt, wo aus letzterem wieder Neues erstehen muß, nur nicht das schon Dagewesene, sondern Höheres, Besseres, Geistiges.

Nun, dieses große Triebrad ist *Mein Liebe-Wille*, ist diejenige Kraft, die Mein Ich ausmacht, aus der Ich alles schaffe, alles leite, und in welcher nur Mein geistig-göttlich-persönliches Leben besteht.

Um dir all dieses deutlicher zu machen, so will Ich dir einige Beispiele aus dem Bereich des Erdenlebens vorführen, wo du das nämliche bemerken kannst; denn ihr habt und könnt nichts formen, nichts tun, was nicht seine Wurzeln teils in Meiner geistigen, teils in Meiner materiellen Welt hat.

Sieh, zum Beispiel einen Musiker, einen Maler, einen Mathematiker, einen Naturforscher, einen Mechaniker usw., wenn diese Menschen so recht bloß ihrem Lebensberufe leben oder sich demselben ganz hingeben, so wirst du finden, könntest du in ihrem Seelenleben lesen, wie alle alles, was sich ihrer Aufmerksamkeit aufdrängt, nur auf ihre Lieblingsneigung beziehen.

Der Musiker lauscht den Weisen, wie sie in der Natur überall ihm entgegentönen, findet überall geistige Nahrung, für ihn ist alles Musik. Der Maler forscht nach den Formen, nach den Farben zu einem ästhetischen Ganzen, welches er dann als Bild seinen Mitmenschen zur geistigen Anregung mitteilen will. Der Maler ist ganz Form, ganz Farbe.

Der Mathematiker sieht in der Natur nur seine mathematischen Linien, seine mathematischen Gesetze, so wie er jede Bewegung, jedes Vorkommnis auf seine Lieblingswissenschaft reduziert*. Ein Beispiel davon mag dir der englische Astronom Newton sein, welcher einen Apfel vom Baume fallen sehend, die Gesetze der Schwere oder der Anziehungskraft entdeckte.

Der Naturforscher lebt in den Perioden, die Meine Schöpfung durchgemacht, bis zum Beispiel eure Erde als Wohnort für Menschen eingerichtet ward, er wandert nicht auf Spazierwegen, nein auf

* zurückführt.

Überbleibseln der zerstörten und wieder neu aufgebauten Erdrinde, er sieht im Gestein, im Wasser, in der Atmosphäre nicht Stein, nicht Wasser, nicht Luft, sondern die Urstoffe, aus denen sie zusammengesetzt sind, die Elemente, welche wieder in ihrer Auflösung neue Verbindungen anknüpfend, neues, für ihn Interessantes hervorbringen werden. Er ist ganz nur Betrachter und Forscher nach Meinen in die materielle Welt gelegten Gesetzen, die, wenn er einige entdeckt, er den anderen Menschen zu ihrem materiellen Wohle mitteilt.

Der Mechaniker sieht nur bewegende Kräfte und ihre Gesetze, erkennt überall nur das starre „Muß", warum das so und so sein muß, er belauscht die Kraft der bewegenden Natur, sucht sie zu seinen Plänen auszubeuten, baut und lebt nur in Maschinen, und so der Chemiker in der Zersetzung und Verschmelzung Meiner Welt-Substanzen. –

So wie alle diese verschiedenen Menschen die Natur und ihre Gesetze jeder mit anderen Augen ansieht und sie meist nur für sich auszubeuten sucht, ebenso ist auch die in dir wohnende Seele nur auf deinen Körper bedacht, auf dessen Gesundheit, und wenn sie geistig geweckt ist, auch auf ihre geistige Ausbildung mehr aufmerksam.

Siehe, wenn zum Beispiel im Körper eines Menschen ein kleiner Fehler, eine kleine Störung einer Funktion der Organe sich zeigt, wie schnell sucht da die Seele diesen Fehler auszubessern. Den Ameisen gleich, wenn ihnen Gefahr droht, schickt sie Blutwelle auf Blutwelle nach dem schadhaft gewordenen Ort, damit rasche Hilfe werde, sie beschleunigt den Stoffwechsel, um so ihre Behausung wiederherzustellen. Ihr nennt dieses Drängen des Blutes „Fieber" und „Entzündung" und glaubt da einen Krankheitsfall vor euch zu haben, hemmt oft mit Gewalt, was langsam zum Ausgleich geführt hätte! Nun, so wie die Seele ebenfalls nur für ihren Körper sowohl seelisch als materiell lebt, ebenso lebe auch Ich nur Meiner von Mir geschaffenen Welt, lebe in ihr und für sie, und nachdem Ich alles erschuf aus Liebe, so lebe Ich und bin Ich auch ganz für Liebe.

Wie die früher angeführten Fachmänner nur ihren Lieblingsideen und Neigungen ihr ganzes Leben widmen, ebenso auch Ich, da Ich stets besorgt bin, das Geschaffene zu erhalten, das in Materie Gebundene zu vergeistigen und das Geistige durch die Materie geläutert zu Mir zurückzuführen.

Weil Ich nun die Welt, sowohl die Geister- als die Materie-Welt, erschaffen habe, so ist die nächste Frage – *warum* und für *wen*? –

Diese Frage nun beantwortet sich durch das Gesetz der Liebe. Ich erschuf die Welt, belebte sie mit intelligenten Geisterwesen, um an den Freuden der letzteren – die Meinigen zu verdoppeln! Du mußt also die Liebe in ihrem tiefsten Sinne auffassen, wie sie beschaffen ist, so höre: *Liebe ist Zuneigung für etwas.* Neigen heißt sich beugen, das heißt von der geraden Linie abweichen und eine gebogene bilden. Wenn nun zwei solch gebogene Linien sich vereinigen, so werden sie sich endlich schließen und es wird ein Kreis, eine Ellipse oder eine Ei-Form daraus, welche dann ohne Anfang und ohne Ende, unendlich, also Mein Wesen, Mein Ich ausdrückt.

Die gerade Linie bezeichnet die Selbstsucht, die gebogene – die Nächstenliebe. Die gerade Linie sucht und hat keine Vereinigung mit einer ihr gleichlaufenden. Die gebogene hingegen nähert sich der andern, kann sich mit ihr vereinigen; angeschlossen haben wir dann das Bild einer ganzen Figur, zusammengesetzt aus (entsprechenden) zweien. Diese Figur ist die geistige Entsprechung der Geister- und Materie-Welt – mit Mir und ist die Entsprechung der Vereinigung zweier liebender Wesen zu *einem* Gedanken, in welchem sie sich ergänzen wie in der Form eines Kreises oder Ovals, wo eine gekrümmte Linie die andere ihr entgegenkommende ergänzt.

Der Vereinigungspunkt, das ewige Zusammenhalten und Zusammenwandern nach gemeinschaftlichem Ziel, ist der Kuß, welcher die nämliche Vereinigung schon in der Körperwelt erzielen möchte, wo sie jedoch nicht bleibend ausführbar ist.

Hier hast du einen Teil deiner Zweifel erledigt. Jetzt kommen wir an den zweiten Teil, nämlich wie du dir diese Vereinigung Meiner Geisterwelt mit Mir vorstellen sollst?

Siehe, so viele Atome es im unendlichen Äther gibt, ebenfalls so viele Geister-Partikel gibt es; denn kein Atom ist ohne Leben, das heißt, in jedem wohnt ein von Mir hineingelegter Geist, welcher von dort an seine Rundreise antreten muß, um einst zu Mir zurückgelangen zu können mit dem Bewußtsein seiner göttlichen Abkunft.

Alle diese Geister, welche so stufenweise pyramidalisch ihrer Spitze zu gegen Mich gerichtet sind, haben ihre verschiedenen Aufgaben, welche sie lösen müssen, soll ein Vorrücken möglich werden.

Je mehr aber diese (noch rohen) Natur-Geister sich Meinen (persönlichen) Geistern nähern, desto klarer wird ihr Bewußtsein und ihre Fernsicht, wo sie gewahren, was sie waren und was sie werden müssen. Diese Intelligenz wächst wie bei euch vom saugenden Kinde, welches noch ein bei ihm unbewußtes Pflanzenleben führt, bis zum gereiften Manne, wo, wie ein von euch gefeierter Dichter sagt, das Kleine, nämlich die Wiege, dem Säugling zu groß, und wenn er selbst groß geworden, die unendliche Welt seinem forschenden Geiste zu klein ist.

So schreitet auch die Vorstellung von Mir und Meiner Schöpfung mit dem Grade der Erkenntnis weiter.

Nicht daß ein Engelsgeist Mich wirklich sieht, wie Ich persönlich (als absoluter Gott) bin; denn dies erträgt kein erschaffener Geist, nein, sondern ein jeder Geist sieht Mich, wie sein Inneres ist*. Gemäß der geistigen Bildungsstufe eines jeden formt sich sein Ideal, Mein Ich, und eben auch nur so bin Ich allen gleich zugänglich, da ein jeder Mich im Herzen tragen kann, wie er Mich fühlt und wie Ich seiner Erkenntnis faßbar bin.

Sieh zum Beispiel den Säugling an der Mutterbrust, begreift oder versteht er die Liebesworte seiner Mutter, ihren sanften Blick? – nein, er versteht nichts davon; erst mit der Zeit wächst sein Erkenntnisvermögen und so stufenweise die Verbindung und gegenseitige Liebe, welche aber meist von dem Kinde ganz anders aufgefaßt wird, bis dann der Verlust der Mutter ihm den ganzen Wert eines sich für ihn aufopfernden Herzens in seinem ganzen Gewicht fühlen läßt.

So wie diese Liebe, ebenso ist die Liebe Meiner Geschöpfe zu Mir. Alle schreiten vorwärts, erkennen vorerst Meine Schöpfung mehr und mehr, und dieser Erkenntnis gemäß wird auch ihre Liebe sein.

Da alles in Meiner Schöpfung einen Zweck hat, warum es da ist,

* das heißt, wie er es ertragen kann.

so ist auch natürlich die ganze große Geisterwelt geschaffen, um gemäß ihrer Bestimmung und ihrer Intelligenz mitzuhelfen am Aufbauen, Erhalten und Weiterbefördern des Geringeren zu etwas Höherem.

Wie bei euch ebenfalls ein ganzes Staatsgebäude nur das ist, was es sein soll durch das Zusammenwirken vieler, ebenso ist auch in Meinem Geisterreich kein Stillstand. Leben ist Grundprinzip alles Bestehenden, und dieses Leben ist ja nichts anderes als *Tätigkeit*! Wie die materielle Welt durch Vibrieren ihrer einzelnen Atome oder Moleküle zur Ausbildung gelangt, und wie aus Kleinem sich Großes bildet, so ist auch im Geisterleben das nämliche Gesetz – *gearbeitet werden muß überall.* Ruhe wäre gleichbedeutend mit Tod, und eigentlichen Tod gibt es in Meiner Schöpfung keinen.

Daher werden auch den Geistern gemäß ihrer Intelligenz und geistigen Höhe Wirkungskreise angewiesen, wo sie für sich fortschreitend auch zur Vorrückung anderer Welten, anderer Wesen beitragend, stete Übung haben, teils ihre moralisch-geistige Höhe zu verbessern, und teils beitragend zum Bestande des Ganzen, sich selbst eine ewig dauernde Seligkeit und Mir stets Freude zu bereiten.

Damit aber diese Geister einen Maßstab haben, inwieweit sie den göttlichen Eigenschaften nachkommen können, und ob es möglich sei, das von ihnen Verlangte zu erfüllen, deshalb beschloß Ich durch Meine Menschwerdung, durch Meine Einkleidung in diese kleine Hülle eines Erdenmenschen, der großen Geisterwelt damit einen Beweis zu geben, daß wer Göttliches in sich tragen will und es verwerten möchte, wie es ihm geziemt, im Kleinsten die größten Endzwecke, *im Kleinsten die größten Wirkungen erzielen kann*.

So ward Meine Menschwerdung vorerst mit ihrer Demütigung, Verleugnung und Aufopferung der Maßstab zur *Kindeswürde* für alle jene Geister, welche in Mir neben dem Schöpfer auch *den liebenden Vater* erblicken wollten.

So ward der Grundstein gelegt zu dem großen Gebäude der geistig möglichen Höhe, die ein geschaffenes Wesen erreichen kann. Das Band, welches alles zusammenhalten sollte – die Liebe – ward erst durch Meinen Erniedrigungs- und Aufopferungs-Akt fester gebunden, es zog die Gleichgesinnten enger aneinander, um vereinigt den Weg der Vervollkommnung gemeinschaftlich zu gehen. Und wie in der ganzen Schöpfung nichts perfekt* ist, außer Mir, so fühlte ein jeder etwas klar sehende Geist die Mängel, die an seinem Wesen hafteten, er suchte daher an anderen Geistern das Fehlende, suchte durch die Verbindung seines eigenen Ichs mit einem andern dasselbe zu ergänzen, damit er dann von dem anderen Geist lerne, was ihm selbst fehlt, und er ein beständiges Vorbild um sich habe dessen, was ein Geist in bezug auf den Schöpfer und Herrn der ganzen Unendlichkeit sein und werden kann.

So fortschreitend, sich ergänzend, stets das nämliche fühlend wie Ich Selbst, nur im endlichen Maße, streben die Geister aufwärts, stets Mir und Meinen Liebesgesetzen entsprechend – werden auch, je höher sie steigen, gemäß ihrer tieferen Einsicht in Meine Schöpfung zu größeren Missionen verwendet, wo sie, sich selbst immer mehr läuternd, auch andern den Weg zu Mir anbahnen können.

Dieses ist der große Lehrzweck Meiner Geisterwelt, ihre beständige Beschäftigung und ihre eigentliche Aufgabe.

Wie in Mir die *Dreieinigkeit* als Ganzes personifiziert sich darstellt, nämlich – Liebe, geregelt durch Weisheit und ausgeführt durch Beharrung (Wille), ebenso bei ihnen die Dreizahl als wichtiger Hauptfaktor ihres Wesens im *Sein* – *Werden* – und *Hoffen* besteht, das heißt in dem Bewußtsein, was sie sind, in dem gewissen Wege, was sie werden sollen, und in dem festen Vertrauen, daß sie dies auch in stetem Aufblick zu Mir erringen werden.

So wie bei euch ein ganzer Staat eine Menge von Beamten niederer und höherer Art hat, die alle dazu beitragen müssen, das ganze Staatsgebäude zu erhalten und zu lenken, ebenso Meine Geister mit ihren verschiedenen Missionen alle dazu mitwirken, um das Leben, die Tätigkeit, den Fortschreitungs- und Entwicklungsprozeß zu befördern, nur mit dem Unterschied, daß während bei euch und auf jeder andern Welt der Untergeordnete dem höher Gestellten falsche Berichte über den Stand des ihm anvertrauten Wirkungskreises machen kann, im Geisterreiche eben kein Verhüllen der Gedanken möglich ist und die Oberen die Unteren klar durchschauen können. Die Welt der Verstellung und der Lüge existiert dort nicht, sondern das Reich der Wahrheit, wo Ich als deren Urtypus obenan stehe.

* Wohl relativ und bedingt vollendet in seiner Art, aber nicht *absolut* vollkommen.

So ist die Stufenreihe der Geister in der Materie gebunden – mit beschränktem Wirkungskreis und beschränkter Fernsicht.

Frei von der Materie – mit unbegrenzter Vollmacht des Willens und mit göttlicher Ahnung des Unerreichbaren! Ewiges Streben und ewiges Fortschreiten, ewige Geburt und ewige Verwandlung; ewiges Ausscheiden und ewiges Einsaugen; ewiges Leben und ewiger Formwechsel!

So bringen Mir Meine Geister das vor Äonen von Zeiträumen hinausgesandte Göttliche wieder auf langsamen Läuterungswegen zurück, geprüft, gedemütigt und zu größerem Aufschwung fähig.

Wenn du so deinen Blick in die Unendlichkeit hinausschweifen lässest, welch geschäftiges Leben erblickst du da, welch reges Treiben in und außer der Materie, in und auf den großen Welten wie auf den sie umkreisenden Sonnen, Planeten und Schweifsternen. Überall der nämliche Zweck, überall das nämliche Resultat: Vergeistigung des Gröberen, Erlösung des Gebundenen.

Und was so in der Materie- und Geister-Welt ewig fort sich bewegt, lebt und vergeht und sich wieder erzeugt, was im Großen ebenso wie im kleinsten materiellen Atom geschieht, dieses findest du auch in dir, in deinem Leben, wie in der großen Geisterwelt wieder.

Das gleiche sucht sich durch das Mangelnde zu ergänzen, der Hunger sucht die Nahrung, der Durst die Sättigung seines Bedürfnisses, um dann vereint mit dem ihm Fehlenden wieder weiter und höher zu steigen, (was alles sich darstellt) *in Form einer Pyramide*, auf deren Spitze als End- und Schlußpunkt Ich als Schlußstein, der breiten Basis letzter Punkt, alles zusammenhalte, alles übersehe und für alle der Gipfelpunkt ihres Sehnens bin. – –

Nicht umsonst haben die alten Ägypter die Pyramidenform zu Grabmälern und Schulgebäuden gewählt. Die Pyramide war ihnen in geistiger Entsprechung wohlbekannt, es war die geeignetste Form des Ausdrucks „Alle für einen, und einer für alle!" oder Pira-mi-dai*. So wie bei den Pyramiden von oben her ein gleicher Druck auf alles Unterliegende ausgeübt wird, so wie in einer Pyramide alle einzelnen Bauteile nicht jeder für sich, sondern alle für alle da sind, so ist auch in der Geisterwelt keiner für sich. Keiner arbeitet und lebt für sein eigenes Emporkommen nur, nein, die

* In Gr. Ev. Joh. Bd. 4, Kap. 206,5 und Bd. 5, Kap. 72,3: Pira mi dai – Gib mir Weisheit!

Erhaltung des eigenen Ichs ist zwar notwendig, aber es bedingt sich wegen der Erhaltung der andern, wegen der Erhaltung des Ganzen.

Auch in den Pyramiden sind die Massen im Grunde dichter, kompakter und von festerer Natur und je höher hinauf, desto leichter, desto geringere Dimensionen, bis endlich ein einziger leichter Stein, dem ganzen Werk als Schlußstein dienend, dessen Krone und Ende ist. Pyramidalisch ist das geistige Fortschreiten vom Großen zum Kleinen, wohl aber auch vom Schwereren, Materiellen zum Geistigen. Und wie mit der Zeit die Steine der Pyramiden durch den Druck von oben ihre Höhe vermindern und wohl gar einst zu Staub zerfallen werden, indem der auf der höchsten Spitze gewesene Schlußstein ebenfalls der Grundbasis immer näher und näher gerückt wird – ebenso wird auch im Geisterreich durch immerwährende Vergeistigung des Niederen die Entfernung von Mir bis zum untersten Geiste stets eine geringere, wodurch Ich, wie der Schlußstein einer Pyramide, einst ebenfalls bis ganz nahe an die Überreste der Basis ankommen werde, – aber was werde Ich dort dann finden?

Nicht mehr die grobe Masse der Pyramiden-Basis, nicht hartes Gestein, sondern Material, welches, eben seiner früheren Existenz ledig, sich anschickt, neues Leben durch andere Verbindungen einzugehen, welche, während die erste Verbindung hart und fest war, jetzt brauchbar und fähig ist, Leichteres und Geistigeres aufzunehmen und so einen Kreislauf von neuen Stufen zu unternehmen, die Mich, als ehemaligen Schlußstein über ihnen, dann zum Führer, Leiter und Vater unter ihnen haben sollen.

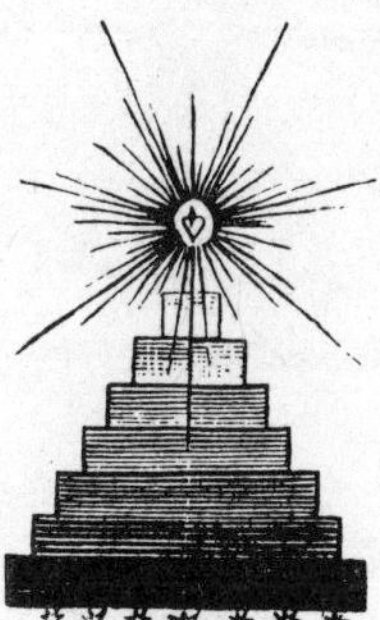

Fig. 1

So war die Schöpfung einst pyramidalisch aufgestellt, und durch Meine Daniederkunft auf eure Erde wurde das Signal gegeben zur Vergeistigung dieser Form, zur Auflösung derselben, damit nichts fern, sondern alles nahe aneinandergereiht mit Mir und durch Meine Lehre den Weg des Geistes antreten und sich vervollkommnen kann. –

Dieses große Vereinigungsfest hat, wenigstens für euch auf dieser kleinen Erde lebenden Menschen, die Ich einst zu Meinen Kindern bestimmt habe, begonnen.

Die Spitze der Pyramide senkt sich allmählich herab, das Unerreichbare nähert sich euch, um euch vergeistigt in Sein Reich, in das große Reich der Geisterwelt einzuführen, wo dann kein Unten noch Oben, sondern nur *ein* Zentrum, I c h und eine Schar liebender Geister um Mich ist – und ewig sein wird! (Ein Hirt und eine Herde.)

Hier hast du deine Fragen erledigt, wie sie dir faßlich sein können. Ja, es gibt und muß eine unendliche Stufenleiter geben, da die Geister zu Mir aufsteigen, wo sie vereint alle wirken müssen, Meine Herrlichkeit zu vermehren und Meine Liebe besser zu begreifen.

Auch du, Mein Sohn, wirst einst deine geistige Bestimmung klarer ersehen und *Den* noch mehr begreifen, was Er, *was Seine Liebe ist*, denn Er und Seine Liebe sind unendlich und daher nie von geschaffenen Wesen völlig zu fassen, wohl aber zu ahnen, daß

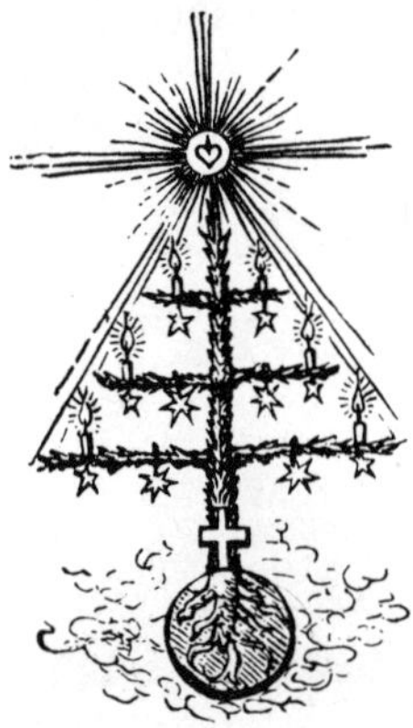

Fig. 2

es ein ewig dauerndes Fortschreiten gibt. – Aber die letzte Sprosse dieser Stufenleiter könnet ihr geschaffene Wesen weder sehen noch erreichen: denn solche habe Ich inne, und von dort übersehe Ich ganz, was ihr, Geister und Abkömmlinge von Mir (individuell mehr und mehr, aber stets nur partiell), je nach der Höhe eurer Stufenleiter erkennen könnt.

Vorwärts! ist das Losungswort in Meiner Schöpfung; arbeitet alle – mit Liebe, durch Liebe – zur Liebe! Amen!

Zur Schöpfungsgeschichte

(16. April 1871)

Nachdem dein Bruder so sehnlichst „von der Nacht – zum Licht", wie er sich ausdrückt, gelangen möchte, so will Ich denn auch ihm diese Bitte gewähren und somit ihm den Weg zeigen, den er zwar schon längst geht, aber doch sich alles dessen nicht klar bewußt ist, was ihm auf diesem Wege schon gesagt und gelehrt worden ist.

Nun sieh, Mein lieber Sohn, da du schon lange in Meinem Garten arbeitest und unverdrossen den Samen ausstreust nach allen vier Weltgegenden – – siehe, schon manches ist dir unter die Hände gekommen und du hast es, wenngleich aufgefaßt, aber doch nicht so recht verstanden, wie Ich es will, und so ist auch diese Frage deines letzten Briefes wieder ein Beweis, daß du weder Meine Geister- noch Welten- noch Menschen-Erschaffung ganz richtig in ihrem tiefsten Sinn begriffen hast.

Um dir dieses alles deutlicher zu machen, um was du Mich jetzt bittest, muß Ich dir nichts Neues sagen, sondern nur das Alte, schon in verschiedenen Worten von Mir Gegebene näher erklären und dich an vergessene Stellen erinnern, welche dir dann den Leitfaden aus dem Labyrinth geben werden, damit du (auch darin) „von Nacht zum Lichte kommst". Nun, so höre also:

Du wirst dich erinnern, daß schon in der „Haushaltung", wo es von der Schöpfung der Geister- und Materie-Welt handelt, Ich sagte, daß zuerst die Geister und aus und unter ihnen der größte – „*Satana*" oder Luzifer erschaffen wurde, welch letzterer aber statt Lichtträger, nebst seinen Gefährten von Mir abfallend, Träger und Vertreter der Finsternis geworden ist.

Du wirst dich ferner erinnern, daß Ich dann, um diesen abgefallenen Geistern einen Weg zur Rückkehr anzubahnen, die materielle Welt erschuf, dort sie in die Materie einkleidete und sie so wieder, obwohl unfreiwillig, die Schule der Demut und der Verleugnung durchzumachen nötigte.

Du wirst dich auch erinnern, daß, nachdem auf diese Weise die Bahn angedeutet wurde, auf welcher die Geister, von der härtesten Masse angefangen bis zum Menschen als letzte Stufe der materiellen Schöpfung, stets mehr sich läuternd emporsteigen können; daß aber im Menschen, wie du erwähnst, „drei Tage vor der Geburt ein kleines Bläschen von der feinsten, solidesten Seelensubstanz* den einst böse gewordenen Geist einschließt, in dessen Innerstem aber doch der eigentliche Gottesfunken der Liebe selbst seinen Sitz hat, welch letzterer dann diesem bösen Geistesfunken erstens die Möglichkeit gibt, sich für das Gute auszubilden, und zweitens ihn auch stets zu diesem antreibt".

Nun siehe, wenn du das Vorausgesagte nur ein wenig überdenkst, so muß in dir die Frage aufsteigen: Wenn dieser Geist in dieses Bläschen erst drei Tage vor der Geburt eingelegt wird, wer bildet dann den Körper des Kindes bis dorthin aus? Wer sorgte für seine innere, wer für seine äußere Form und Beschaffenheit als Mensch, auf daß wenigstens doch die Mittel schon alle vorhanden sind, die dazu benötigt wären, einen Menschen nach Meinem Sinn daraus zu machen?

Siehe, hier muß Ich dir antworten:

Hast du denn vergessen, daß alle abgefallenen Geister in Materie gebunden die Materie selbst ausmachen!

Wer ist nun die Bildnerin des Kindes, vom Embryo angefangen bis zu dieser erwähnten Zeit vor der Geburt? Siehe, das sind die nämlichen namenlosen Geister-Parzellen, die – als seelischer Prozeß geführt durch die Mutter-Seele – selbst die Entwicklung, Aufbauung und Einrichtung des Kindesleibes betreiben, die aber wie in einer Pflanze oder sonst einem materiellen Produkt den materiellen Aufbau genauso wie dort gemäß ihrer Gattung vollziehen.

Das Kind, ehe es geboren wird, hat ein Pflanzen-(vegetatives) und kein intellektuelles Leben noch Bewußtsein; es wird von den

* Siehe „Die Erlösung" in „Der Weg zur Wiedergeburt".

Geistern ausgebaut gemäß seiner Gattung wie jedes Tier im Mutterleibe oder im Ei. Sobald aber der Austritt aus dieser inneren Welt sich nähert und das Pflanzenleben des Kindes nicht mehr genügt, sondern eben der große Schritt getan werden muß, der den Menschen vom Tier unterscheidet, da wird diesem zu weiterem geistigen Aufbau fertigen Apparate der eigentliche Pulsator, Wecker und Weiterbeförderer in dieses Bläschen gelegt, das heißt ein Funke jenes großen Geistes, der hier im Kleinen das aus der Finsternis des Mutterleibes kommende unmündige Kind, wie du Mein Sohn es sagst, „von Nacht zum Licht" führen muß!

Dieser Funke des einst abgefallenen großen Lichtgeistes hat allerdings Tendenzen seines Ursprungs in sich, da der Weg der Menschen stets der nämliche ist, und zwar vom Schlechten zum Guten vorwärts zu schreiten, allein – wie auch im großen, gefallenen Geist nur Mein Liebesfunke lag, der von ihm verkannt, mißbraucht wurde, ebenso liegt in diesem kleinen einst abgefallenen Geistesfunken derjenige Strahl Meiner nie zu vernichtenden Liebe, wodurch dann mit dem Austreten des Kindes und seinem Trennen von dem Leben der Mutter sein eigenes beginnt, wo, wie im großen Luzifer, der Streit zwischen dem Guten und Bösen seinen Anfang nimmt (als menschliches Leben), das nur das Produkt aus dem Kampfe dieser beiden sich entgegenwirkenden Prinzipien und Tendenzen* ist.

So auf diese Art ist der Zweck des Lebens und die geistige Vorwärtsschreitung gesichert, von Nacht – zum Licht! So besteht sie, und muß die Welt sich selbst erhalten.

Daß im Anfang, bei Erschaffung des ersten Menschen Adam nicht so zu Werke gegangen werden konnte, ist ganz natürlich. Denn wie die erste Pflanze, das erste Tier usw. ohne Samen, ohne Geburt nur aus Meinen Händen direkt hervorgehen mußte, das war auch beim Menschen der Fall. Auch er ging aus Meiner Hand direkt hervor, war nach Meinem Ebenbild geschaffen, hatte in dieser Erschaffungsperiode eine andere Organisation, eine andere Gestalt und andere Geistesvermögen, war für eine längere Lebensdauer bestimmt, wenn er seinen Bestimmungen gemäß leben würde, welche Ich auch den Geistern und Luzifer oder Satana selbst als „Sollte" und nicht als „Muß" vorgezeichnet hatte.

Dieses Alleinleben des ersten Menschen war nicht bedungen,

* Neigungen.

sondern es war schon nicht allein vorausgesehen, sondern es lag selbst in Meinem eigenen Ich, daß Ich ihm ein Wesen beigeben mußte, das mit ihm fühlen, mit ihm denken sollte, und so Leid und Freud miteinander tragend, sie den Lebens- und Prüfungsweg gemeinschaftlich fortwandeln sollten.

Auch Ich Selbst wollte nicht allein leben, nicht allein sein, bloß Meiner Macht Mir bewußt. Deswegen erschuf Ich Wesen, die dann an Meinen Schöpfungen sich ergötzend, sich freuend, Mir Meine Freude, Schöpfer zu sein, verdoppeln konnten.

So schuf Ich die Geister, schuf große, Mir würdige Ebenbilder – und was geschah mit dem Größten unter allen? Ihr wisset es, er fiel, fiel von Mir ab – und was geschah mit dem Menschen? – auch er fiel, fiel ebenfalls von Mir ab. Beide, Luzifer und Mensch, achteten nicht das Gesetz der Liebe, wollten als freie Wesen ihren eigenen Weg gehen, und so mußte das Gesetz der Liebe wohl auf anderen Wegen, aber doch zum gemeinschaftlichen Ziele führen.

Der Satan oder Luzifer verwandelte seine Liebe in Haß, Übermut und Stolz. – Die eigentlichen geistigen Eigenschaften des Mannes aber waren luziferischer Abkunft.

Um dem Menschen auf einer Seite zu erleichtern, auf der andern aber ihm mehr Gelegenheit zu geben, seine geistigen Fakultäten* mehr auszubilden, sie zu stärken und auf diese Art eher Mir gleich zu werden, nahm Ich diese *verkehrte Liebe*, das ist die *Eigenliebe*, die mehr zum Bösen als zum Guten sich neigen wollte, aus dem Manne heraus und stellte sie ihm als Gefährtin, als Begleiterin und Fortpflanzerin seines eigenen Geschlechtes und seiner Gattung zur Seite.

So wurde das Weib geschaffen, ausgestattet mit allen körperlichen und innerlichen Reizen, die Ich einst in die Satana hineingelegt hatte, um als Typus ewiger Liebe in der Schöpfung zu glänzen; und so sollte auch das Weib, als selbständig, diese ihre eigene Eigenliebe dem Manne gegenüber bekämpfen, gehorchen, und dem Manne seine Last der Lebensbahn erleichtern. –

Das einzige, was Ich dem Menschen als Meinem Ebenbilde vorenthielt und es zum Eckstein des ganzen geistigen Weltgebäudes machte, war die sinnliche Zeugung.

Diese sollte nicht den Tieren gleich stattfinden, sondern den

* Fähigkeiten.

Geistes-Wesen gleich geschehen*. Allein *frei* gab Ich dem Menschen seinen Willen. Das in ihn gelegte Prinzip des Luzifers, das Prinzip der Opposition siegte, was Ich wohl vorauswußte und danach schon alles im voraus bestimmt hatte. – Allein Ich wollte, daß der Mensch und die Geister nie Mir die Schuld, sondern nur sich selbst beimessen sollten, wenn ihre gewünschte Glückseligkeit nicht auf dem Wege erreicht wurde, den sie, und nicht Ich, gehen wollten.

Die Satana benutzte diese von ihr in den Menschen gelegten Eigenschaften, verführte den Menschen, machte auch ihn zum Teil zum Mitschuldigen ihres eigenen Falles, um sich mit ihren gefallenen Geistern stets konsequent** als Gegenpol von Mir zu benehmen.

So wurde denn die Welt mit allen ihren Einrichtungen umgeändert, damit gerade dieser größte Schritt Luzifers, oder der Satana, zum größten Vorteil Meines geistigen Aufbaues werde: und zwar so, wie die abgefallenen Geister jetzt erst recht dazu beitragen müssen, Mein Reich zu befördern und ihre eigene Rückkehr zu erleichtern. Ich mußte, als freier Gott *freie* Wesen schaffend, ihnen auch diese Freiheit nicht schmälern. Und als endlich die Satana durch die Reize der Weiber und den Ehrgeiz der Männer die Menschheit so nach und nach von Mir abtrünnig machen wollte, mußte Ich durch eine teilweise Vernichtung des Menschengeschlechts dem Keim des Bösen Schranken setzen, durch die Sündflut***; mußte die Menschen wieder erinnern, daß *Ich der Herr* und Satan nur Mein Diener ist und bleiben wird. –

Als Satan Mir dann Versprechungen der Rückkehr machte und wenigstens dem Anscheine nach von seinem Treiben nachließ, da setzte Ich ihn auf die letzte Probe. Ich Selbst beschloß in Menschengestalt und im Ganz-Mensch-Sein Mich seinen Versuchungen auszusetzen, um durch tatsächlichen Beweis ihn zu überzeugen, daß all sein Bestreben umsonst, daß alles Ankämpfen gegen Meinen Willen und Meine heiligen Gesetze vergebens ist.

* Wie beispielsweise bei den Menschen im Saturn; siehe den Band „Der Saturn“.

** beharrlich.

*** Heute will man von einer *Sünd*flut nichts mehr wissen, weil die gottentfremdete Menschheit auch das Wort „Sünde“ nicht mehr kennen will und schreibt „Sintflut“. „Sint“ bedeutet aber nur „große“ Flut, die es öfter gegeben hat. Die *Sünd*flut gab es aber nur *einmal*, und die ist in unserem Text gemeint. – Siehe hierzu den 3. Band „Die Haushaltung Gottes“.

Ich wurde Mensch, predigte und lehrte, unter steter Einwirkung des Satans, Meine sanften Lehren; er nebenbei verleitete die Menschen bis zur tollsten und frechsten Sünde, nämlich daß sie ihren Schöpfer und Herrn leiblich töten sollten, was sie auch taten; und sie krönten gerade dadurch das größte Werk, das Ich als Gott schon längst vorausbestimmt und vorausgesehen hatte, um Meinen Geistern und Menschen mit dem Beispiel zu zeigen, was sie durch Worte nicht glauben wollten. – – –

Jetzt geht die Welt wieder in ihrem satanischen Treiben so weit, daß sie mit Hilfe Satans nochmals die ganze Saat des Göttlichen ausrotten möchte; denn Satan kann von Meiner Langmut zwei Proben aufweisen – allein er weiß auch von Meinem Wiederkommen besonders auf diese Erde; er weiß, daß Ich Mich nicht umsonst vor tausend und so vielen Jahren kreuzigen ließ; er weiß, daß Ich Mein Mir vorgenommenes Werk nicht unvollendet lassen will; und so tut er jetzt noch alles mögliche, beraubt die Menschen alles Guten und Seligen und treibt sie ins materielle Elend, wo dann gerade Mein Reich als letzter Rettungsanker wieder leuchtend auftauchen und wo dann wieder nicht sein Plan, sondern Mein großes Friedenswerk gekrönt sein wird.

Denn die große Liebe wird wieder alle Verirrten in ihre Arme nehmen, wird ihnen mit Wohltaten vergelten, was sie Böses getan und besonders gegen Mich verübt zu haben glauben, und wird ihnen die Hand der Verzeihung darreichen; und alle Menschen werden dann begreifen, daß sie nicht Mir, sondern sich selbst den größten und schlechtesten Streich gespielt haben.

So wird Mein Triumph sein. So wird die Liebe, die einst die ersten Geister und Wesen schuf, wieder diese verirrten Wesen mit der nämlichen Liebe ans Vaterherz drücken wie einst die geschaffenen Geister; und Luzifer mit leeren Händen ausgehend, wird wieder eingestehen müssen, daß er wie die Menschen nicht Mir, sondern sich selbst am meisten geschadet hat.

Das ist der Triumph der Wahrheit und der Liebe und der mit ihr verbundenen Weisheit, daß aus all dem Preisgeben des eigenen Willens, aus all dem frei ausgeübten Bösen oder Guten doch nur stets das Endresultat das nämliche ist, das heißt der Schritt – „von Nacht zum Licht!“

Begreifst du jetzt, Mein Sohn, Meine Schöpfung der Geister, des Adams, Meine Menschwerdung und dein eigenes Heil! Sieh, Mein Kind, so mußt du diese Dinge auffassen.

In allen Meinen Worten liegt Unendliches, und wenn dir manchmal Zweifel aufsteigen, so nimm ein Wort von Mir zur Hand, und mit Nachdenken und Meiner Hilfe wirst du bald auch dort von Nacht zum Licht getrieben werden, wo du dann stets im Lichte deinen dich liebenden Vater mit ausgebreiteten Armen erblicken wirst, der dir und allen zuruft: „Kommet her, ihr alle, die ihr beladen seid, auf daß Ich euch eure Last abnehme und euch erquicke!“ – Amen.

Das Kreuz in der Schöpfung

(1. Februar 1872)

Fig. 3.

In Meinem letzten Wort habe Ich euch gezeigt, wie *die Form des Kreuzes* in geistiger Entsprechung aufgefaßt werden solle*. Ich habe euch ferner bewiesen, wie zwischen geistigem Streben und weltlichem Handeln die Kreuzform wieder das Wirken des einen gegen das andere ausdrückt, Ich habe euch belehrt, wie in dieser Form bildlich stets zwei sich widerstrebende, seien es materielle Kräfte, seien es geistige Eigenschaften, stets sich zu durchkreuzen suchen. Ich habe euch ferner den Weg vorgezeichnet, welchen ihr gehen sollt unter der Last des Kreuzes, wenn menschliche, weltliche Verhältnisse eure geistige Richtung „*durchkreuzen*“. Und jetzt will Ich euch noch weiter andere Tiefen auftun, wo eben dieses Kreuz als Symbol Meiner Erniedrigung und Verherrlichung zugleich in allen Formen der geschaffenen Wesen entweder klar dargestellt oder verdeckt darin verborgen liegt, und euch zeigen, wie selbst im Gang der Welten, in der Form ihrer Bahnen und im materiellen und geistigen Weltenmenschen immer diese Form herausleuchtet; damit ihr ersehen möget, daß es nicht unbedeutend in Meinem Lebenswandel war, daß Ich, der Schöpfer alles Daseienden, gerade nur auf diese Art den leiblichen Tod erleiden mußte, wo, wie bei Meiner Geburt, auch die Umstände und Orte dazu beitrugen,

* Siehe „Passionsgärtlein“.

das Herniedersteigen des höchsten Wesens würdig zu bezeichnen, so auch Dessen Heimgang in der Art und Weise, wie er geschah, eben in seiner geistigen Entsprechung dem Schöpfer alles Wesenden würdig war und den Stempel göttlicher Eigenschaften trug.

Denn ihr müsset wohl bedenken, daß als Todesart, durch welche Ich nach den Begriffen der Menschen „Meinen Geist aushauchen" sollte, nicht gerade die nächstliegende genügte, sondern daß da eine solche gewählt werden mußte, welche, wenngleich für die Menschen ein Zeichen der Schande, für Mich aber *das Zeichen der Göttlichkeit* tragen sollte.

Nun sehet, die Form des Kreuzes, wie sie bestand, als Ich daran geheftet wurde, war so, daß das Querholz nicht in der Mitte, sondern im oberen Dritteile den Hauptbalken durchschnitt.

Auch dieser Durchschnitt im oberen Drittel ist nicht ohne Bedeutung, sondern, wie beim weltlichen Kreuz, von großer Wichtigkeit in geistiger Entsprechung.

Denn so wenig ein Mensch ans Kreuz genagelt werden könnte, wenn dieser Querbalken nicht mit der Höhe seiner Arme korrespondierte, ebenso in geistiger Hinsicht ist es die Lebensbedingung des Bestehens aller Welten, daß gerade eben dieser Durchschnittspunkt in den Weltenbahnen in die obere Hälfte fällt, weil dadurch der Zweck der Erhaltung und Fortdauer ihrer eigenen Existenz gesichert liegt.

Ich habe euch in einem andern Wort einst erklärt, wie die Oval-, Ellipsen- oder Ei-Form diejenige ist, in welcher Welten um Welten, Systeme um Systeme kreisen, und wie fast alle Formen der geschaffenen Dinge im Kleinen und im Großen sich auf diese Form zurückführen lassen. Ich habe euch ferner gesagt, wie im großen Weltenall, sei es geistig oder materiell, in einem der Brennpunkte Mein Sitz ist, von wo aus Ich alles leite; ferner, daß dieser Brennpunkt und Bewegungsfaktor bei allen Weltenbahnen ebenfalls stets der wichtigste ist, wo sich immer die Zentralsonnen befinden, und daß selbst in jedem geschaffenen Ding dieser geistige Punkt als Attraktionspunkt* besteht, welcher sowohl die kleinsten Atome zu einem großen Körper verbindet, als auch im großen Geistes- und Welten-Schöpfungs-Menschen der Knotenpunkt allen Lebens ist.**

* Anziehungspunkt.
** Siehe „Die Erde" („Erde und Mond"), Kap. 1 über den Schwerpunkt der Erde.

Nun, wenn ihr diese Ei-, Ellipsen- oder Oval-Form genau betrachtet, und wenn ihr aus ihren beiden Brennpunkten Linien gegen ihre Peripherie zieht, welche senkrecht die große Achse der Ellipse, eines Eies oder Ovals durchschneiden, so habt ihr wieder ein Kreuz, geformt aus der großen Achse und dem Radius des Kreises, welcher bei Konstruktion dieser Ovalform angewendet und eigentlich ihr Hauptfaktor ist (siehe Figur 4).

In der Ellipse oder Ovalform, wo die Kreise – aus den beiden Brennpunkten beschrieben gleich sind (wie in Figur 5), ist es einerlei, wie ihr diese Ellipse anschauen oder umdrehen möget, es ist immer die nämliche Form. Im Ei ist es anders, da bekommt ihr zwei Kreise zu sehen, wovon der eine ein großer, der andere ein kleiner ist. Wie ich es im Ei erklärte (S. 94), ist dort der *kleine* der wichtigere *geistige* Lebensträger und der *größere* der minder bedeutende, *materielle* Erhaltungs-Koeffizient (Fig. 6). Dort breitet sich in weiten Bahnen das Materielle über diesem Brennpunkte des großen Kreises aus, und hier (bei 0) vereint sich und nähert sich mehr alles dem kleineren, aber geistig mächtigeren Kreise, von welchem aus die ganze Peripherie der Ei-Form und der andere große Kreis beherrscht wird. –*

Nun, wenn ihr diese Figur des Kreuzes im großen Weltenbau betrachten wollt, so werdet ihr finden, daß die auf dem Brennpunkte oder Mittelpunkte errichtete senkrechte Linie die Peripherie auf beiden Seiten durchschneidet, und zwar oben dort, wo die Kreislinie ihren Halbkreis vollendet und die eiförmige Verlängerung der ganzen Umfassungslinie dann nach und nach sich neigend gegen den kleinen Kreis hinführt (in Figur 6).

Dieser Punkt also ist es, wo die Querlinie die Peripherie, durch

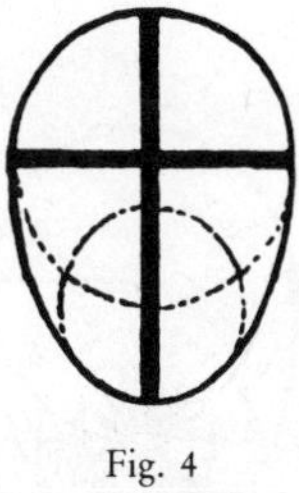

Fig. 4

* Dieses Ei ist ähnlich der Pyramide, oben die kleinere, aber wichtigere, und unten die breite Materie-Basis (siehe Figur 7).

den Mittelpunkt gehend, durchbricht und gleichsam einen auf der Peripherielinie sich fortbewegenden Körper ebenfalls in zwei Hälften teilt, sobald er an diesem Punkte angekommen ist.

Nun fragt sich, was ist in der geistigen Entsprechung die große Achse einer Ellipsen-, Oval- oder Ei-Form und was ist diese quer sie durchschneidende andere, ihr entgegengesetzte Richtung? (siehe in Fig. 4).

Nun sehet, nachdem alle Weltensysteme in Form des Eies sich nebst ihren Satelliten (Begleitern) von Erden, Monden und Kometen wieder um andere größere Zentralsonnen bewegen, so bezeichnet diese *große, aufrechte Achse* die *geistige* Richtung aller in der Materie gebundenen Geister und die *Querlinie*, welche vom Brennpunkt aus bis zur Peripherie geht, die *materielle* Tendenz, stets der geistigen Widerstand zu leisten, ja selbst beim Durchschnitt der Peripherie ihr Einhalt zu tun.

Es streiten sich also auch hier wieder zwei Mächte, die *geistige* und die *materielle* um ihren bleibenden Bestand (Fig. 4).

In den großen Weltensystemen ist der Brennpunkt des kleinen Kreises stets der mächtigere, geistig genommen, um welchen die Planeten und Nebensonnen mit größerer Schnelligkeit herumgetrieben werden, während in weiter Ferne beim großen Kreise ihre Bewegung in Abnahme ist (Fig. 6).

Hier, in der Nähe des kleinen Kreises, entwickelt sich in raschem Fluge *Geistiges*; dort im großen Kreise in langsamem Fortschreiten *Materielles*.

Hier trifft die Linie, welche durch den Brennpunkt des kleineren Kreises geht, die Peripherie der Ei-Form in kurzer Nähe von ihrem Mittelpunkt; es ist das *Göttliche*, welches das Geistige durchschneidet oder berührt, und dort ist es das Geistige, welches die Materie vergeistigen will.

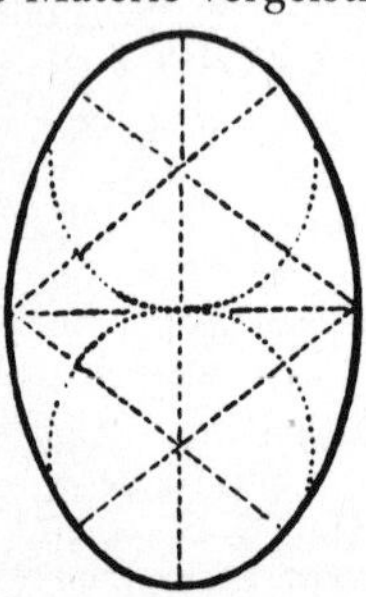
Fig. 5

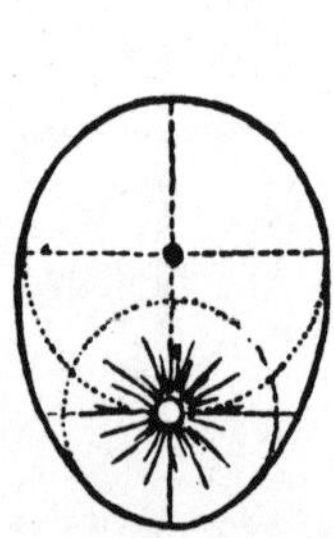
Fig. 6

Fig. 7

Was hier in der Ellipsen- oder Ei-Form in jedem Planetensystem gegründet und in größeren Systemen stets wiederholt wird, das ist auch im Welten- und Geistes-Menschen zu finden, wo die Richtung von den Füßen bis zum Kopfe die *geistige* und die der ausgebreiteten Arme jene der *materiellen* Richtung in Entsprechungen ausdrückt (siehe Fig. 3).

Es ist die *Kreuzesform*, welche hier als zwei verschiedene Richtungen *Leben erweckt, bedingt, erhält* und so den Bestand alles Geschaffenen sichert.

Wenn ihr die menschliche Form aufmerksam betrachtet, so findet ihr, daß wenn ihr euch einen mit ausgebreiteten Armen wie ans Kreuz gehefteten Menschen denkt, ihr durch die Endpunkte seines Körpers, das heißt durch Kopf, Hände und Füße ebenfalls eine Linie ziehen könnt, welche der Eiform entspricht (siehe Fig. 3).

Nur ist der Unterschied, daß hier der große Kreis dorthin fällt, wo der Kopf ist, und der kleine in die Nähe der Füße zu stehen kommt. –

Dieses ist so zu verstehen: *Die große Achse der Eiform bedingt die geistige Richtung des Menschen, von unten nach oben,* von der Erde zum Himmel, vom Materiellen zum Geistigen! Es ist diese Richtung, als die eines geschaffenen Wesens, der Meinen und Meiner Geisterwelt entgegengesetzt; denn bei Mir hieß es – vom Geistigen zum Materiellen, von oben nach unten, und beim Menschen vom Materiellen zum Geistigen.

Deswegen bezeichnet beim Menschen der über und an seinem Haupte vorbeigehende große Kreis die große materielle Schöpfung, die über seinem Haupte sich ins Unendliche ausbreitet, wie der gestirnte Himmel des Nachts es zeigt.

Dort ist der Brennpunkt *sein Herz*, als die Gemeinschaft des Geistigen mit der Welt, und das Organ des Verstandes der Kopf, der dem Herzen untergeordnet nicht selbständig handelnd, sondern nur dem Herzen helfend auftreten sollte.*

* Das Herz liegt hier also eben im oberen Kreuzungspunkt als Hauptlebensherd und Hauptbrennpunkt, geistig – als *Liebe*, und im Seelischen als Wille, welchem der andere Brennpunkt entspricht (hier bei Figur 3 auf die Knie kommend) und so die der Liebe geistig entsprechende *Demut* bezeichnet, während im Seelischen als solcher entsprechende Brennpunkt die Sinnlichkeit, seelisch als Sexualsystem erscheint. Bei Betrachtung dieses Schemas als geistiger Wertskala läßt sich leicht erkennen, wessen Geistes Kind ein Mensch ist, je nachdem ein seelischer oder geistiger oder – nach der

Die ausgebreiteten Hände sind der Durchschnittspunkt oder die Gegensatzlinie aller geistigen Handlungen und Bestrebungen durch seelische und weltliche Leidenschaften.

Der Brennpunkt des großen Kreises also ist es, welcher beim Menschen die Hauptrolle spielt, während der kleinere gar nicht als festgebahnt existiert, sondern nur als der göttliche Funke dem seelischen Ich des Menschen beigegeben ist, um es zu vergeistigen.

Bei den Tieren findet ihr die Kreuzform ebenfalls, wie bei Vögeln, fliegenden Insekten; bei den vierfüßigen Tieren sind es ebenfalls die nämlichen Kräfte und geistigen Brennpunkte, nur ist bei letzteren die Hauptrichtung parallel mit der Erdoberfläche, und ihre doppelten Durchschnittspunkte wie ihre vier Füße – als noch zweifach an die Erdscholle geheftet – des Zweckes ihres Daseins gemäß, und der Instinkt seelischer Richtung entsprechend.

Am Gängelbande der Natur werden die Tiere noch durch ihren Instinkt von Stufe zu Stufe geleitet, die materielle Richtung ist die vorherrschende, die geistig-seelische die untergeordnete.

Auch ihre beim Menschen zu „Hand“-lungen bestimmten Hände sind noch als Füße, als Stützen des Ganzen benutzt, und nur wenige außer dem Affengeschlecht können diese zu etwas anderem als zum Gehen benützen. Bei ihnen ist die Kreuzform wohl da, aber nicht zum Zwecke des Ausdrucks verwendet wie beim Menschen, wo in ihm erst das geistig-seelische Prinzip frei dasteht und nach geistiger Entwicklung sich immer mehr sehnt. Je mehr vervielfältigt die Kreuzform bei den Insekten und Würmern auftritt, desto mehr möget ihr erkennen, wie vielfach das Materielle den geistigen Weg durchschneidet und so der höheren Entwicklung entgegensteht und sie nur auf vielen und langsamen Wegen es vollführen läßt.

So ist die Kreuzform erstens: Träger und Gründer der Ei- oder Ellipsenform; zweitens: einziger Faktor des bewegenden Lebens, des Erhaltens und Bestehens und fortwährender Anreger zu grö-

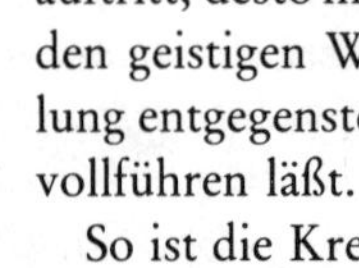

Tiertypus

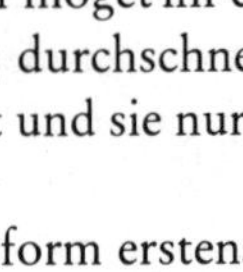

Vögel

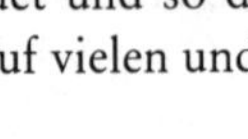

Fische

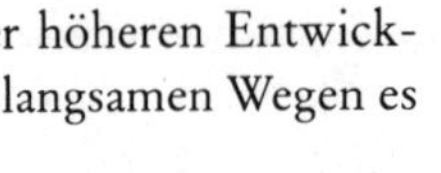

Würmer

heutigen Mode vielfach – gar kein Brennpunkt, sondern gar das „exzentrische“ Hirn vorherrscht. (Siehe „Der Antichrist“, in: „Die Wiederkunft Christi“, S. 62.)

ßerer Tätigkeit, zu weiterem Vorrücken auf der geistigen Stufenleiter bis zu Mir, als höchstem Endziel aller geschaffenen Geister.

Sehet, so wie bei eurem Erdball eine Achse existiert, welche von Süden nach Norden ihn durchzieht, aber nicht wie ihr solche auf euren bildlich nachgemachten Erdgloben sehet, sondern wie sie von einem *magnetischen* (nicht mathematischen) Pol zum andern gezogen gedacht werden soll, wo sodann im oberen Dritteil eine andere Kraft ihn durchzieht, das heißt die Kraft der Intelligenz und geistiger Fähigkeiten – so sehet ihr auch eben diese Weltteile, welche im oberen Dritteil liegen, geistiger, geweckter, weil sie, durch diese ihnen entgegenstehende Kraft angeregt, zum höheren geistigen Leben gedrängt werden; während im Süden der materielle Teil wie gleichsam eingeschlafen noch im halben Traumleben diese Fähigkeiten mehr entbehrt, und, wie eben im Traume, wohl eine schöner ausgestattete (Natur-)Welt besitzt, jedoch *geistig* genommen als entsprechend den Phantasie-Gebilden des Traumlebens im Vergleich zum erwachten geistigen Verstandes- und Gemüts-Leben zu vergleichen ist.

So wie euer Erdball auch hier die Form des Kreuzes zeigt, so spricht sie sich überall aus im Bestehen und Vergehen der Materie, im Geistigen als Richtung nach oben oder unten; *nur im Göttlichen gibt es keine Gegenrichtung mehr*, denn dort ist als Stützpunkt alles Geschaffenen Stillstand, Ruhe und ewiges festgestelltes Grundprinzip: nur, obwohl nach einem Zwecke strebend, nach *Liebe* und *Weisheit* zu rechnen, wo letztere die erstere bedingt und modifiziert.

Aber während das Kreuz überall den Kampf zweier sich widerstrebender Richtungen anzeigt, so sind im *Göttlichen* die *Liebe* und *Weisheit* insoweit *vereint*, als wie zwei parallel laufende Linien, welche – nach gleicher Richtung und gleichem Zwecke strebend – nur das ewige Bestehen des Geschaffenen zum Zwecke haben, und eben Liebe und Weisheit oder Mein eigenes Ich darin Seine Befriedigung findet, wenn alles von beiden Geschaffene seinen Zweck und seine Mission richtig erkennt, und wenn die Liebe – auf diese Art ihre Gedanken durch die Weisheit verwirklicht sehend – die als primitive Ideen hinausgestellten Geistesfunken dann als helleuchtende Sterne zurückkommen sieht.

So war, ist und wird das Kreuz das Symbol des geistigen und materiellen Lebens bleiben, wo stets das Produkt von zwei sich widerstrebenden, sich kreuzenden Faktoren als Resultat eine höhere Geistesstufe sein soll, von wo aus die eine Richtung nach oben stets mächtiger, die andere sie durchschneidende immer schwächer, kürzer und ohnmächtiger wird – bis auch in dem verklärten Geiste nur zwei gleichlaufende Potenzen, *Weisheit* und *Liebe*, seine Richtschnur geworden sind und, alle Einflüsse materieller Ereignisse aufgehört, das Geistige allein den Weg der Verklärung weitergehen wird.

In dieser Kreuzesform lebt der große Triumph des Geistigen über das Materielle, bildlich dargestellt durch Meine Kreuzigung, ewig fort; diese Form, geistig genommen, bildet die Schule eures Prüfungslebens, diese Kreuzesform ist der Lebensfaktor Meiner Weltensysteme, Meines geistigen und materiellen großen Weltenmenschen.

Überall ist sie die vorherrschende Form, denn sie bedingt zwei kämpfende Elemente, und durch Kampf entsteht das Leben, das ewig fortschreitende, zu höheren Stufen ringende Leben.

Hinauf! – Wie Ich am Kreuze geheftet, als symbolisches Bild von der Erde gegen den Himmel gerichtet dahing, ebenso hinauf nach oben, nach jener großen Geisterwelt ist der große Drang alles Wesenden. – *Vorwärts*! drängt es unbewußt das kleinste Atom im Äther wie den großen Engelsgeist im Geisterreich; und nur durch die divergierenden, kreuzenden Nebenrichtungen, welche niemanden das erreichen lassen, was er sehnlichst wünschte; eben durch dieses Hemmen wird der Drang des Widerstandes, des Kampfes und des endlichen Sieges bezweckt, durch welchen die materielle, geistige und göttliche Welt bestehen und fortdauern kann.

Daher befleißiget euch, auch unterm Kreuze oder unter dem Druck der weltlichen Verhältnisse nicht die Hauptrichtung nach oben zu vergessen. Dort hört aller Widerstand auf, und ihr werdet in Kreuzesform ebenfalls einst euren himmlischen Vater wiederfinden, der aufrecht stehend, mit ausgebreiteten Armen die Dulder und Kämpfer alle liebend empfangen will, die unter dem Kreuze, als symbolisches Bild des Leidens und des Kampfes, doch während ihrer Prüfungsschule Ihn und Seine Lehre nicht vergessen, nicht verleugnet haben! –

Deswegen ehret das Kreuz! welches im großen Maßstabe in Meiner Schöpfung und im kleinen auf Golgatha zu Meiner Verherrlichung beigetragen hat und das auch euch durch die *Erniedrigung* zur geistigen *Erhöhung* verhelfen wird. –

Es ist das Symbol von Leiden; deswegen erinnert euch Meiner Worte, als Ich einst sagte: „Wer sich erniedrigt, der wird erhöht werden!" –

Auch die Juden erniedrigten Mich, erhöhten Mich dann am Schandpfahle, aber die geistige Verherrlichung, die sie durch diese Erhöhung bewirkten, begriffen sie nicht! –

Was in jenen Zeiten nur von wenigen gefühlt und geahnt wurde, das könnt ihr jetzt ganz klar vor euren Augen sehen; euch zeigte Ich, wie auch diese Form und ihr späteres bildliches Ausdrücken als Leiden und Kämpfe, als geistiges Kreuz, nur *der alleinige Weg ist zu Mir*, den Ich euch glorreich vorausging und auf dem ihr mit *Demut* folgen sollet; denn auch eure Erniedrigung wird einst bei Mir zur größten Erhöhung werden, und ihr werdet dann erst erkennen, daß nicht genossene Freuden, nein, sondern *überstandene Leiden* den Hochgenuß einer Seligkeit geben können, welche auch Ich genoß, als Ich, Meine Mission vollendet, zu Meiner Liebe wieder zurückkehrte und Meinen Engeln und Geistern allen zeigte, daß *das Kreuz* nicht ein Schandpfahl, sondern *ein Zeichen des Sieges* ist für den, der sich demselben geduldig unterziehen will! Amen.

Die Schönheit

(3. Februar 1872)

Ein gewichtiges, tiefes und von euch Menschen in verschiedener Art verstandenes Wort.

Wäre es Mir nicht darum zu tun, euch und alle Meine neu ankommenden Kinder der Zukunft in die Geheimnisse Meines Ichs, Meiner Schöpfung, ja Selbst Meiner Weisheit einzuweihen, Ich würde euch bei euren Begriffen lassen, die ebenso viele sind, als es Menschen auf Erden gibt.

Und doch, wenn überhaupt ein Begriff, eine Idee unter euch gangbar ist, so muß sie, wenngleich sie nach der Eigentümlichkeit der Individualität verschieden aufgefaßt wird, doch eine Grundbasis, einen Grundgedanken haben, wovon alle anderen Begriffe nur Ableger oder Variationen sind – wie bei einem Baum seine Zweige nur von den Wurzeln und diese selbst von einem Zentrum ihre ganze Tätigkeit, ihr ganzes Leben erhalten, ebenso diese individuellen Ideen von einer Grundidee abhängen.

Um nun diese Grundidee euch klar vor Augen zu stellen und euch dadurch zu beweisen, wo doch immer der Sitz alles Wesenden und Sichtbaren liegt, so will Ich daher euch in dieser Hinsicht in jene Sphären führen, von wo alle Anfänge ausgehen und wohin alle wieder einst zurückkehrend sich zu einem Ganzen verbinden.

Nun sehet! Worte sind sichtbare oder, wie ihr sagen möchtet, euch hörbare Ausdrücke eines geistigen Gedankens oder einer in Worte gehüllten Idee; Worte haben daher also immer – als Produkte einer andern Macht – woanders ihr Anfänge, ihre Wurzeln; Worte drücken Lebendiges, drücken Geistiges, drücken Göttliches aus, und eben deswegen ist ihre Wirkung von ewiger Dauer, und der Apostel Paulus hatte wohl recht, wenn er an die Korinther schrieb: „Alles Herrliche wird vergehen, doch Gottes Worte werden ewig bestehen!“

Im Worte liegt wie in einem Samenkorn der ewige Keim zu weiterer Saat, im Worte liegt eine ungeheure Triebkraft. Sehet euer ganzes Leben, die Geschichte der Menschheit und endlich Meine Lehre selbst an – wo ist größere Wirkung aufzuweisen, in allen grausam geführten Kriegen, die materiell viel zerstörten und geistig nichts aufbauen konnten, im Vergleich mit dem Wort; es liegt eine unendliche Tiefe in dem Wort, ebendeswegen sagte auch Johannes: „Im Anfang war das Wort, und das Wort war Gott!“

Das Wort ist und war der Träger der Schöpfung, ist der Träger eures geistigen Lebens, ist der Träger allen Fortschritts; ohne Wort ist kein geistiges Leben zwischen Menschen möglich.

Das Wort verbindet Seelen, zieht sie aneinander in Verehrung eines höheren Wesens oder Zieles.

Das Wort ist die einzige verständliche, begreifbare Brücke, wo

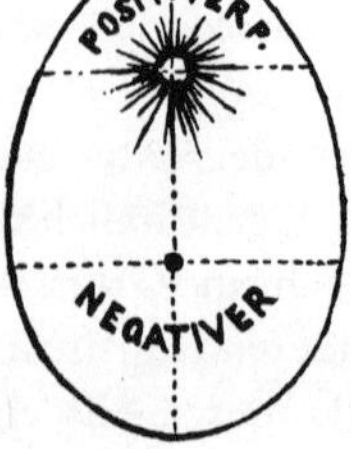

Fig. 7

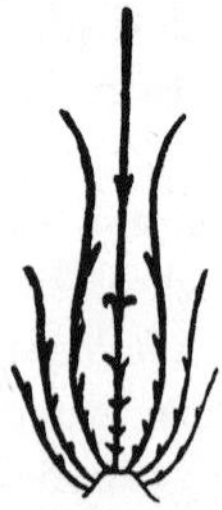
Fig. 8

Fig.9

ein Mensch dem andern begreiflich machen kann, was in seinem Innern vorgeht.

Und wenngleich auch der Blick, der Druck der Hand, eine Umarmung usw. noch Größeres birgt und nicht in eure Sprache übersetzbar ist, so ist es eben nur das Wort, welches als artikulierte Laute, hervorgebracht mittels der Stimmwerkzeuge und der euch umgebenden Luft, es euch möglich macht, von den Tiefen, die in eurem Innern wohnen, den Nebenmenschen und der ganzen Menschheit einen leisen Begriff zu geben.

Daher vertiefet euch vorerst in die Idee, was „*Wort*" heißt, damit ihr dann desto leichter fassen könnt, was ein Wort sagen will, das so wie keines Meine ganze Schöpfung umfaßt, überall in mehr oder minderem Grade ausgeprägt ist und in Mir Selbst, als vollendetes Ganzes, seine eigentliche Lösung findet.

Ich mußte diese Erklärung vorausschicken, damit ihr die Worte, die Ich euch sende – nicht so leicht hinnehmt und doch leise ahnen lernt, was unter einem Wort für Schätze unberechenbaren Genusses liegen, wenn man gelernt hat, sich darin so ganz zu vertiefen.

Auf diese Art ließen sich ganze Bücher schreiben über einzelne Worte, welche von vielumfassenden Begriffen oder Ideen der sicht- oder hörbare Ausdruck sind. –

Nun, um das Wort „*Schönheit*" zu begreifen, so müssen wir natürlich vorerst mit der Frage beginnen: was heißet ihr denn eigentlich „schön"? Hier wird die Antwort sein: Schön ist ein Begriff von einem gewissen Eindruck, der wohltuend auf die Seele wirkt, indem sie im harmonischen Einklang der Formen eine geistige Idee ausgedrückt sieht.

Dieses Sehen der harmonischen oder, wie ihr sagt, der „ästhetischen" Formen ist so individuell verschieden, hängt so von der geistigen Bildungsstufe des Menschen und seines Innern ab, daß „schön" ebenso viele Deutungen zuläßt, als es Menschen selbst gibt; denn wenn auch einige oder viele Menschen im Urteil über einen Gegenstand, sei es welcher es wolle, übereinstimmen, so ist es nicht die gleiche Ansicht aller, sondern nur weil so viele (Menschen-) Seelen mehr oder minder ihre Idee, die sie von einem solchen Gegenstand hatten, verwirklicht sehen – wo jedoch ein jeder Mensch nicht den Gegenstand selbst, sondern im Gegenstand *das* wiederzufinden glaubt, was *er* als Bild im Innern trägt.

Also *die Harmonie der Formen ist es eigentlich, was den Begriff Schönheit bedingt.*

Nun frage Ich: *Wie* müssen denn diese Formen beschaffen sein, daß sie im Menschen solchen Eindruck hervorrufen, und *warum* rufen sie ihn hervor?

Sehet, der Kreis des Begriffs von Schönheit zieht sich stets enger zusammen und wird eben deswegen, seinem Zentrum sich nähernd, leichter erfaßbar.

Um die erste Frage zu beantworten, muß Ich euch an ein früheres Wort erinnern, wo Ich die zwei Linien, die gerade und die gebogene kreis- oder ovalförmige (Ei), als Hauptträger alles Geschaffenen und auch als symbolische Entsprechungen gebraucht habe.

Von den dort angeführten Eigenschaften gibt es aber neben der materiellen und der geistigen auch noch die göttliche Bedeutung, nämlich – gebogen, wellenförmig laufende Linien sind Produkte der *Liebe*, sich gerade zu Formen zusammenfügende, Produkte der *Weisheit*.

So auch der Eindruck von geformten Gegenständen. Solche aus lauter runden, gebogenen, wellenartig laufenden Linien zusammengesetzt, haben als Gesamteindruck den des *Lieblichen*, die aus geraden Linien zusammengefügten jenen des *Ernsten*, der Weisheit ähnelnden.

Wie Ich sagte in einem anderen Wort, daß eine gebogene Linie der Liebe gleicht, welche Mithilfe, Mitgefühl anstrebt, so die gerade für sich selbst bestehende Linie sich selbst genügt und die Weisheit personifiziert, wie die krumme, sich neigende Linie – die Liebe ausdrückt. –

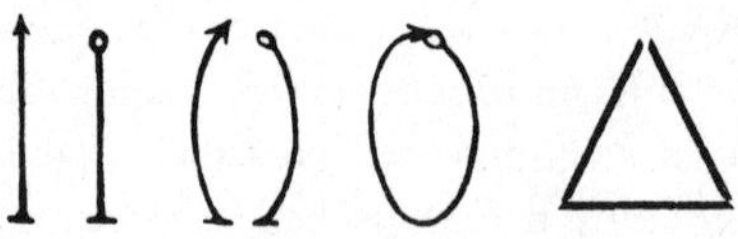

Wie nun in Meinem eigenen Ich – Liebe mit Weisheit gepaart, vereinigt zu einem Ganzen sich darstellt, wo Ich Schöpfer, Richter und doch Vater bin, so sehet ihr in euren Tempeln, Kirchen und Bauten, welche alle als Ausdruck einer geistigen Idee dienen sollen, wo man „ein Wohnhaus für Mich" bauen wollte, den Ernst mit der Liebe verbunden; daher der hohe Eindruck, welchen euch solche Monumente machen, wo ihr in ihnen den Gottesgedanken in geraden und gebogenen Linien verschmolzen findet.*

* Diese zwei Arten von Schön, das Schöne der *Liebe* und die Harmonie der *Weisheit*,

Hier spricht die künstlich zusammengeformte Materie als ausgehend vom Innersten der Seele, verwirklicht durch den Verstand.

Ich fing hier mit den größten Werken an, die Menschenhände vollbringen können, gehe nun, wie ihr selbst, von jenen auf Meine eigenen Schöpfungen über; denn auch ihr, wüßtet ihr nicht, welche Schwierigkeiten es kostet, ein Wohn-, ein Bethaus oder einen Palast zu erbauen, wieviel Studium, Talent und Ausdauer, wieviel Aufwand von Kräften dazu gehört, Bauten aufzuführen, ihr würdet Meine Bauten: eure Erde, die sichtbaren Planeten, Monde und Sonnen nicht zu schätzen wissen.

Aber so, eure eigene Ohnmacht fühlend, erkennet ihr erst die Allmacht eures Schöpfers; die eigene Nichtigkeit recht ins Auge fassend, die Höhe Dessen, der aber am Ende eben doch nur im „Kleinsten am Größten" ist! –

Nachdem nun Meine ganze sichtbare Natur nur ein Wiederholtes alles dessen ist, was ihr Menschen künstlich hervorbringen wollt, und ihr nichts schaffen könnt, was ihr nicht in Meiner Schöpfung vorher gesehen habt und wovon euer Inneres stets schon lange den Urtypus* in sich trug, so macht euch natürlich auch in Meiner Natur alles einen angenehmen Eindruck, was eurem Innern entspricht, wo ihr individuell das Studium der Formen mehr oder weniger ausgebildet habt.

Je mehr also ein Gegenstand, sei er von euch künstlich hervorgebracht oder schon unübertrefflich in Meiner eigenen Schöpfung vorhanden, in eurem Innern geistig vorhanden ist, desto mehr erwacht in euch das Gefühl des Wohlbehagens bei seinem Anblick, welches ihr dann mit dem Namen „schön" bezeichnet.

Je feiner dieses Formgefühl im Menschen ist, desto mehr Schönheiten wird er in dem Geschaffenen entdecken, wo auch nebenbei stets das Nützliche mit dem Schönen Hand in Hand geht.

in den Urformen der Schöpfung ersichtlich in der *Pyramide* und im *Ei*, als männlich und weiblich, sind auch eben die Haupttypen der Gotteshäuser, in dem männlicheren *gotischen* (mit Spitzformen) und in dem *romanischen* Stil mit Bogen und Kuppeln, sowie in den Buchstabentypen derjenigen Völker, welche die Hauptvertreter dieser Richtungen sind, im Germanischen die *gerade* Linie, entsprechend dem i, der n-Haken, als *Dreieck*, das *Männliche*; im Romanischen das o oder die ovale Form, das *Weibliche*, bei den einen das Grübelndc, Ideale, bei den andern das mehr Sinnliche, Geniale als natürliche Kontraste der zwei Hauptkulturträger.

* das Urbild.

So wird aber auch nur der Geist-Gebildetere, oder mit andern Worten gesagt – der mehr in der Liebessphäre Lebende überall Schönheiten in Formen, in harmonischen Verhältnissen entdekken, wo ein anderer gleichgültig vorübergeht; daher der verschiedene Begriff von „schön", weil er stets nicht bloß von dem Gegenstand, sondern auch von dem geistigen Innenmenschen des Beschauers abhängt.

Würdet ihr die Menschen geistig beurteilen können, so wäre es euch leicht, aus dem, was ein Mensch schön oder häßlich findet, sein Inneres zu erkennen, inwiefern es Liebe besitzt; denn je mehr Liebe, desto mehr sucht der Liebende in allen Gegenständen diese Eigenschaft auf, welche seine eigene Liebe erweckend, ihm das angenehme Gefühl des „ästhetischen Genusses" macht; denn er, ohne es zu wissen, vergeistigt die vor ihm stehenden Formen und sieht eben da, wo ein anderer nur Materie sieht, den Ausdruck einer nie verwelkenden Liebe, welche auch im Größten wie im Kleinsten nur seligen Genuß verschaffen will und kann.

Wenden wir nun diesen Begriff „Schönheit" auf das letzte Produkt der Erde oder der Welten an, nämlich auf den *Menschen* selbst, so ist auch hier wieder die Idee von Schönheit ebenso verschieden, als es geistige Stufen in der menschlichen Seele geben kann.

So wie beim einen der Anblick eines schönen Weibes zur höchsten Begeisterung, zur höchsten Liebe und Verehrung führen kann, weil er hier das Abbild der Liebe, der Unschuld in Formen ausgedrückt, vor sich stehen sieht – ebenso können diese Formen bei einem andern nur sinnlich-tierische Gefühle erwecken, welche nicht der Form eigen, sondern vom Beschauer derselben hineingelegt werden.

Das könnet ihr euch wohl vorstellen, daß, als Ich den ersten Menschen schuf, als Ich ihn nach Meinem Ebenbilde formte, Ich alles in seine Formen hineinlegte, was möglich war, um eine göttliche Idee in menschlichen Formen auszudrücken. Ich formte den Mann als *Ausdruck der Kraft*, entsprechend der *Weisheit*, und das Weib als *Ausdruck der Milde*, entsprechend der *Liebe*.

Beide vereint sollten geistig das werden, was Ich in Mir vereine, das heißt Liebe mit Weisheit gepaart, so sollten sie dem Vereinigungsakt der höchsten geistigen Stufe entgegeneilen, wo sie gebunden durch den Drang zum *Dritten*, zu *Mir*, die reinste Seligkeit genießen könnten, weil jede Freude des einen in dem andern widerhallend ihren Ausdruck gefunden hätte.

So war Mein erstes oder letztes Werk auf den Welten, vom letzten Atom bis zum Menschen in der Form stets *Liebe* und *Weisheit* entwickelnd, und gestaltete sich in der menschlichen Form zum harmonischen Ganzen, zu jener Form, wo aus der kleinsten Wellenlinie des Körpers die größte geistige Idee stets hervorleuchten sollte und jedem zurufen möchte:

„Gedenket, daß ihr nach Meinem Ebenbilde, nach dem Ebenbilde eines Gottes, nach dem Ebenbilde der unbegrenzten Liebe und der unbegrenzten Weisheit geformt seid!"

Daß dann die Menschen als freie Wesen diese Form geschändet, mißbraucht und verdorben haben, das war Sache ihres freien Willens; jedoch in Mein Reich werden sie nicht eingehen können, bis nicht ihre äußere Umkleidung, von so feinen Stoffen sie auch geformt sei, den Typus einer reinen, einer schönen Seele trägt. So wie Ich einst den Menschen als Mein Ebenbild in die Schöpfung hinausstellte, so muß er wieder zu Mir zurückkommen, das heißt geistig und körperlich schön, wo die Außenhülle der Abdruck des in ihm wohnenden göttlichen Geistes ist. –

Nach diesem Gesagten seht ihr, wie vielseitig die Auffassung vom Worte Schönheit ist, so vielfach ist auch der Weg, den alle Geister und Seelen durchzumachen haben, bis sie zu Mir, das heißt in Meine Nähe gelangen und diese unbeschadet ertragen können.

Der Begriff vom Worte Schönheit zeigt euch klar die namenlosen Abstufungen, welche bestehen im Geisterreich; es zeigt euch deutlich dieser Begriff, wie Menschen, wie Völker auf ihrer geistigen Kulturstufe fallen oder sich erheben; denn mit jeder höheren Stufe formt sich ein neues, schöneres, geistigeres Ideal vom Worte „schön".

Schön ist der Ausdruck der Liebe. Schön kann eigentlich nichts sein, was nicht gut ist, denn da die Form selbst nur die Hülle eines in ihr wohnenden Prinzips ist, so kann nur das „schön" genannt werden, wo das Äußere dem Inneren entspricht [und letzteres „gut" ist].

Wenn auch die Natur und Verhältnisse manches Geschöpf zieren, daß dessen erstes Erscheinen wohltätig wirkt, so ist doch oft bei näherer Bekanntschaft diese Wirkung nicht von Dauer, und statt Begeisterung tritt Bedauern ein, weil der Beschauer leicht bemerkt, daß das Äußere nicht mit dem Inneren korrespondiert*.

Ein geistiges Auge sieht alles geistig, und nur ein materielles kann dort Schönheiten finden, wo es selbst nichts als in einer andern Form sein eigenes Ich bewundern kann.

Die wahre Schönheit ist also im reinsten und tiefsten Sinne nur Ausfluß eines göttlichen Funkens, sichtbar in der materiellen Form.

Nachdem nun Ich nur Liebe bin und diese Liebe gepaart mit Weisheit diese sichtbare und unsichtbare Welt erschaffen hat, so kann auch in ihr, so wie sie aus Meinen Händen hervorging, nur Liebliches und Weises herrschen.

Wenn der Mensch diese Urtypen verfälscht hat und nur in seltenen Fällen in einer oder der andern Form solche Vereinigung von höchster Weisheit mit Güte und Liebe erblickt, so ist es nicht Meine Schuld. Ich schuf die Welt voll Engel, die Teufel haben die Menschen selbst daraus gemacht!

Da Ich aber nicht umsonst erschaffen habe, und es (das Geschaffene) nur so anerkenne, wie Ich es Mir dachte, so müssen diese Urtypen Mir wieder zurückgegeben werden, ob über kurz oder lang, die Zeit hat dabei nichts zu sagen, denn es ist eine Ewigkeit immer lang genug dazu!

Befleißiget also auch ihr euch alle, diesen Meinen Ideen der Schönheit der Seele zu entsprechen, dann wird auch das äußere Kleid in jener ewigen Lichtwelt so ausfallen, daß es ein reiner, geistig-seelischer Abdruck eures Innersten für euch sein wird.

Dieses ist der Begriff von Schönheit, wie Ich ihn auf seine Wurzel, auf Mich, auf Meine Liebe zurückgeführt habe.

Schön ist alles, was aus Meinen Händen hervorging. Nur einem unschönen Gemüt sind jene Formen gleichgültig und nicht faßbar, welche teilweise oder ganz den Abdruck des Göttlichen durch sie hindurchleuchten lassen – daher der große Grad von verschiedenen Begriffen der Schönheit. Und wie Ich einst sagte: „Dem Reinen ist alles rein!“, so sage Ich jetzt noch diesem hinzufügend: „Dem Schönen ist alles schön!“

Hier habt ihr wieder ein Wort geistig erklärt vor euch. Begreifet die Fülle des Geistigen eines solchen Wortes, und ihr könnt im Kleinen ahnen, was es erst in der Sprache der Geister ist, wo mit

* übereinstimmt.

jedem Worte die ganze unendliche Bedeutung desselben durchgefühlt und geahnt und eben dadurch die Geistessprache bedingt wird, welche manchmal auch – aber nur in höchsten Momenten – an euren geistigen Ohren vorüberflutet, um euch anzuspornen, geistig heller sehen und besser hören zu lernen! Amen.

Das Licht

Welten-, Sonnen- und Sternen-Licht

(4. Mai 1873)

Schon früher habe Ich euch öfter über das Wort „Licht", *was* Licht ist und *wie* es entsteht, wie es Leben verbreitet, Leben erregt und selbst Leben ist, so manches gesagt*, und doch wisset ihr vom Licht weniges zu sagen, begreifet noch gar nicht, was Licht ist, und eben deswegen soll ein neues Wort an euch erklären, was oft dämmernd aus den früheren nur durchgeschimmert hat und nur einzelne ahnen ließ, daß Licht eine Emanation (Ausfluß) Meines eigenen Ichs oder Ich Selbst bin!

Wenige von euch geben sich damit ab oder haben die Lust, sich mit den physikalischen Gesetzen, insoweit es (das Licht) auf eurer Erde auftritt, zu befassen. Wenige fühlen in sich den Drang, je nachzuspüren, was denn eigentlich der Lichtstrahl ist, welcher doch in jeder Sekunde, wo er euer Auge trifft und in dieses eindringt, euch Wunder über Wunder erzählen könnte, wie Meine Schöpfung verstanden sein sollte und wieviel schon nur ein einziger Lichtstrahl des Wonne- und Liebevollen enthält, welches euch euren Schöpfer in Seiner schönsten Glorie – *als liebenden Vater* zeigen müßte!

Blind seid ihr alle, blind gegen das kleinste, blind und gefühllos gegen das größte Liebeswerk, welches stets von Mir, von Meiner Größe und von Meiner Allmacht zeugt!

Und eben daher, weil gerade in den alltäglichen Begegnissen des menschlichen und materiellen Lebens aus Gewohnheit Meine Wunderwerke nicht bemerkt, nicht beurteilt werden, so sollet ihr

* Siehe in „Die Fliege", Kap. 9 und 10.

heute durch dieses Wort wieder angeregt werden, aus eurem lethargischen Schlaf zu erwachen, um das Geistige der Schöpfung in eurer nächsten Umgebung wahrzunehmen, wie der liebeschmeichelnde Lichtstrahl aus eurer Sonne und der nämliche aus Millionen Meilen weit entfernten Gestirnen euch, eben durch ihn, mit Meiner ganzen materiellen und geistigen Welt verbindet!

Ihr sollt verstehen und begreifen lernen, wie das geistige Reich, Mein eigener Wohnort, einst auch euch aufnehmen, euch näher ziehen soll; damit ihr erkennen möget, was ein einziger Lichtstrahl euch zu sagen vermag, geschweige, was erst eine Lichtwelt euch sagen wird!

Sehet, Meine Kinder, Ich will euch nur einmal eine Frage stellen, um euch zu beweisen, wie wenig ihr wisset! Die Frage heißt: „*Was ist Licht?*"

Nun, die Antwort gemäß euren menschlich-wissenschaftlichen Entdeckungen, gemäß Meiner euch gegebenen Worte wird sich auf Folgendes beschränken lassen: Licht ist eine „Emanation"*, hervorgebracht durch schnelles, ja billionenmaliges Vibrieren der kleinsten Atome in einem Augenblick, welche sodann, vorerst durch Wärme, dann im Licht, als Resultat sichtbar dem Menschen sich offenbart!

Wissenschaftlich wird es heißen: Licht durch ein Prisma geleitet, läßt sich in Farbenstrahlen brechen oder zerteilen; jeder dieser Farbenstrahlen ist wie ein drei- oder vierschneidiger Stockdegen geformt, wo stets die eine Kante mit der entgegengesetzten elektrisch-positiv oder elektrisch-negativ sich verhält; im Lichtstrahl sind auch noch dunkle Strahlen, die eure Forscher als „Wärmestrahlen" qualifiziert haben.

Das alles ist gut und schön, nur muß Ich aber noch eine andere Frage aufwerfen, denn diese Antwort genügt Mir nicht; Ich frage nämlich eure Naturforscher und Astronomen: „*Wo kommt denn das Licht her?*"

Auf dieses antworten sie Mir: „Von der Sonne, welche eine feurige Kugel ist (?) und die im Verbrennungsprozeß ihrer Außenatmosphäre den Glanz, nämlich Licht und Wärme entwickelt und dasselbe zu uns auf Erden und zu den sie umgebenden Planeten und Kometen sendet und so Leben, Tätigkeit, Entwicklung, Bestehen und Vergehen aller in allem veranlaßt."

* Emanation = Ausstrahlung; von lat. emanatio – Ausströmen.

Gut, auch diese Antwort hat ihr Wahres, aber sie genügt Mir noch nicht, Ich frage weiter: „Von wo hat denn die Sonne dieses Licht hergenommen?“ Ist es erborgtes oder eigenes Licht?

Sehet, hier fängt es schon an, Meinungen verschiedener Art zu geben, und hier läßt schon der menschliche Verstand seine Schwächen sehen; denn es sind bloß Hypothesen, welche da aufgestellt werden können, aber Gewißheit fehlt, weil die nähere Untersuchung des Sonnenlichtes außer eurem Bereich liegt und um so mehr noch das Licht einer anderen Sonne, die vielleicht nicht Millionen, sondern Billionen Meilen entfernt ihr Licht darleiht, um eure Sonne zu erleuchten und so seinen Glanz auf Tausenden von andern ihr unterstellten Welten zu verbreiten.

Und wenn ihr auch faktisch beweisen könntet, daß von dem oder jenem Sterne eure Sonne ihr Licht erhält, so bleibt doch noch immer die Frage: und von welch einer anderen entfernteren Sonne erhielt diese wieder ihr Licht? und so ins Unendliche hinaus.

Nachdem also ihr Menschen aus diesem Wust von Fragen nicht mehr herauskommen würdet, so muß Ich Mich ins Mittel legen und, statt daß ihr in Billionen Meilen entfernten Räumen den Grund und die Lösung eurer Frage suchet, vorerst mit euch vom Nahen anfangend, das Ferne erklären.

Nun sehet, fangen wir wieder von vorne an, und zwar mit der Frage: „*Was ist Licht?*“ und „*wie gibt es sich kund*? und *warum muß es da sein?*

Ihr wißt – *Licht entsteht durch Vibration der Atome*, die *Farben entstehen ebenfalls durch billionenmaliges Vibrieren der Materie*, und je nach der Anzahl dieser Vibrationen werden eurem Auge die Farben sichtbar – gut, was regt aber die Materie an zu vibrieren? *was gibt ihr Leben?* daß sie durch solch heftiges Schwingen und Erzittern sich als Leben manifestiert?

Sehet, hier tritt nun *das Grundprinzip der ganzen Schöpfung* auf und sagt euch: Das bewegende Element, welches alles durchdringt, in so ungeheuren Schwingungen den ganzen Ätherraum beben macht, ist:

Mein Wille*, ist *Mein Ich* Selbst, ist nicht materiell Bedingtes, sondern Geistiges, Unbedingtes, ist nicht Vergängliches – ist *unendliches Leben*!

* Siehe „Erde und Mond“, 2. Teil „Der Mond“, Kap. 6 sowie in diesem Band die beiden Kapitel „Der Magnetismus“ und „Die Elektrizität“. „Naturkundliches Lorber-Lexikon“, S. 29 und 90.

Dieses große *Geistesleben* Meines eigenen Ichs ist es, welches entsprechend der Liebe, entsprechend der Weisheit sich als Farbe, sich als Wärme kundgibt.

Ohne diesen Meinen allmächtigen Willen würde kein Atom im großen Ätherraum erzittern, kein Wärmestoff entwickelt, kein Licht ausgestrahlt werden!

Und warum geschieht dieses? so fragt vielleicht mancher. Auch auf diese Frage soll Antwort werden: weil *Licht* – Leben, und *Finsternis* – Tod bedingt.

Was ist Finsternis? oder gibt es eine Welt, wo Finsternis waltet? gibt es Leben, ist es denkbar da, wo Finsternis, gleichbedeutend mit „Ruhe", alles in einem Zustande verharren müßte, der ewig der gleiche wäre! –? – – –

Ihr habt noch nie begriffen, was eigentlich „Finsternis" ist; denn wenn ihr nicht mehr sehet, das ist noch nicht Finsternis, sondern nur relative, für eure Sehorgane. Es gibt zum Beispiel viele Tiere, die noch ganz gut sehen, wo es für euch die tiefste Nacht scheint; wo also diese Tiere sehen, da muß auch Licht sein, nur nicht in dem Maße, wie ihr gewohnt seid, Licht und Finsternis zu qualifizieren*.

Ebenso ist es auch mit der Wärme. Wer von euch hat denn schon bestimmt oder bemessen, wo Wärme aufhört, wo also das Wärme bewirkende Vibrieren der einzelnen Atome aufgehört hat.

In euren kältesten Regionen ist noch Wärme, wenngleich ihr es als „Kälte" mit so und soviel Graden benennt.

Diese absolute Finsternis also existiert nirgends, kann nicht existieren in einer Schöpfung, in welcher Ich der Herr und Erschaffer davon bin.

Licht ist gleichbedeutend mit „Erkenntnis"; denn wie nur im Licht ein Erkennen der Gegenstände, ein Sehen möglich, so ist auch Erkenntnis dem *Bewußtsein* entsprechend: ich erkenne mich und kann die mich umgebende Welt beurteilen.

Dieses geistige Erkennen, welches den Geschöpfen, seien es Geister oder körperliche Wesen, ihren eigenen moralischen Wert gibt, sie antreibt zur Vervollkommnung ihres eigenen Ichs – dieses Erkennen kann nur im Lichte, im geistigen Licht Meines eigenen Ichs möglich sein, da im Finstern weder geistiges Erkennen gefördert noch weltliches möglich wäre!

* zu bezeichnen.

Wie aus der Mosaischen Schöpfungsgeschichte das Wort bis auf euch gekommen ist, wo Ich aussprach: „Es werde Licht!", so möget ihr in diesem Ausspruch die ganze große Bedeutung erkennen, welche darin liegt – denn ohne Licht, ohne Tageshelle kein *materielles*, ohne Geisteshelle kein *höheres* Leben!

Wenn ihr so Meine ganze Schöpfung betrachten könntet, so müßtet ihr daraus den notwendigen Schluß ziehen, daß nur wo Licht, wo wahrgenommen werden können die Millionen von Wundern, welche Meine Allmacht beurkunden – nur da, nur im Lichte ein Schöpfer, ein liebender Vater denkbar ist! –

So war das erste Wort „Es werde Licht" der erste Impuls alles Werdens, der erste Anfang einer materiellen Schöpfung und der erste Gedanke zu einem geistigen ewigen Lichtreiche! –

„Licht", als geistige Entsprechung Erkennung alles Wesenden, war notwendig, und eben dieses Wort, welches alle Atome des Äthers in Schwingungen versetzte, welches Leben und Wärme hervorrief – eben dieses Wort erzeugte auch in dem Geisterhimmel die Unzahl von Abkömmlingen von Mir, die licht- (und liebe-) fähig, das heißt sich selbst bewußt, Meine Welt und Meine Liebe erkennen sollten. –

Dieses Licht, von Mir ausströmend, durch alle Räume dringend, alles belebend, schuf die materielle Welt, kleidete Geister in Materie, um aus letzterer wieder erstere, aber unter anderen Verhältnissen zu befreien!

Licht, gleichbedeutend mit Meinem ewigen Leben, war in Mir und erfüllte Mich stets; nur als Ich das Wort aussprach: „Es werde Licht!", da begann es auszustrahlen durch alle unbegrenzten Ätherregionen und regte die Materie zum Leben, zum Anziehen, zum Abstoßen, zur Vereinigung, zur Trennung, zum Entstehen, zum Vergehen an. Ohne Mein Wort „Es werde!" und „Es werde Licht!" hätte nie am Firmament eine Sonne geleuchtet, hätte nie ein Weltkoloß um einen noch größeren sich geschwungen.

Allein Mein Machtspruch „Es werde!" und Mein Liebewort „Es werde Licht!" war es, welches den unendlichen Äther bevölkerte, welches die sichtbare Welt mit Wundern erfüllte und welches den Impuls gab, daß in Materie eingekleidete Wesen, sich ihres Ursprungs erinnernd, erst verstanden – *warum* sie eingekleidet wurden und *warum* sie wieder nach Befreiung der Einkleidung trachten müssen.

So ist die Welt erst sichtbar geworden und dem mit geistigem

Auge Begabten kein materielles Konglomerat von Stoffen, sondern eine große Prüfungsschule geworden, wo Geister, ewige Lichtgeister sich bestreben müssen, durch verschiedene Stufen gehend dahin zu gelangen, von wo sie ausgegangen sind, das heißt zu Mir, dem Schöpfer, der alles mit gleicher Liebe erschuf, es erhalten und auch zur geistigen Vollkommenheit führen will!

So ist das Welten*licht* gleichbedeutend mit Welten*leben*; denn die Welten, im Lichte lebend, verbreiten Licht und Leben in ihrer Umgebung, beleben die Materie und die darin schlummernden Geister wecken sie auf, nach Höherem sie ziehend – und *so ist das Licht, welches eine Welt der andern zusendet, nichts anderes als das freudige Erzittern der Materie*, welche, erregt durch die Wärme, den eingeschlossenen Geistern Kunde gibt von der liebenden Hand, die sie zwar in erstere eingeschlossen hat, aber sie auch aus ihr befreien will! –

Dieses Vibrieren, dieses Lichtverbreiten ist es, welches von der Geisterwelt ausgehend in die materielle herüberstrahlt, in ihr an den entferntesten Sonnen sich kundgibt – und als Farbenbündel alle göttlichen Eigenschaften entsprechend in Vibrationen ausdrückt.

Nicht umsonst geht bei euch die Sage, daß gewisse Farben gewissen geistigen Eigenschaften entsprechen. Es ist eine Ahnung, die durch die Seele zieht, wenn sie im *rosen*farbigen Licht den Strahl der *Liebe*, im *grünen* den der *Hoffnung*, im *blauen* den des *Glaubens* wähnt.

Alle prismatischen Farben haben geistigen Sinn und entsprechen – gemäß den Vibrationen, welche sie hervorbringen – den eigentlichen Wirkungen Meiner göttlichen Eigenschaften!

Es ist ja wie in allem Sichtbaren – ebenso in den Farben, und zwar mehr als in andern Dingen, Meine *Liebe*, Meine *Gnade*, Meine *Weisheit*, Meine *Demut* ausgedrückt – und wenn „Weiß" die Farbe der Unschuld ist, so will das nichts anderes sagen, als daß in dem ungebrochenen Lichtstrahl als weißer Strahl *alle* göttlichen Eigenschaften vereint liegen, welche so wie sie von Meiner Geisterwelt ausgehen bis zu euch als Sternen- oder Sonnenlicht, euch dann mahnen sollen, daß auch ihr in Unschuld gekleidet alle andern göttlichen Eigenschaften an euch traget, die aber erst mit anderen Wesen in Berührung kommend teilweise in Anwendung gebracht werden, so wie der weiße Lichtstrahl von Millionen Sonnenfernen erst beim Auffallen auf Materielles sich in seine Farbenstrahlen bricht und durch solches Anmut, Glanz und Schimmer den Gegenständen verleiht!

Dieses ist die geistige Kette, welche das kleinste Würmchen mit dem letzten Weltall verbindet, welches an den Grenzen Meiner Geisterwelt kreiset.

Und wenn ein Lichtstrahl aus fernen Sternen auf euer Auge fällt, so bedenket, daß, wäre nicht euer Auge von Sonnennatur, ihr die Sonne nicht bemerken würdet!

In *eurem Auge* ruht schon in seinen verschiedenen Feuchtigkeiten eine Lichtwelt, die dem vom ganzen Universum euch zugesandten Lichte homogen* ebenfalls in euch das Leben oder den nämlichen Prozeß hervorruft, welchen das Licht in der ganzen Schöpfung bewirkt.

Euer Seh-Organ ist einer von jenen Vermittlern, welche die Seele mit und durch das Sichtbare zum Geistigen und Unsichtbaren erheben.

Daher das Sprichwort bei euch: „Das Auge ist der Spiegel der Seele". Ja, in eben dem Grade, wie auf eurem Auge von außen sich die unendliche materielle Welt abspiegelt, in demselben Maße leuchtet eure geistige Welt durch dieses hindurch hervor.

Was ihr unbewußt aus weiter Ferne durch Sternen- und Sonnenlicht empfanget, das strahlt wieder vergeistigt aus dem kleinen Sehapparate heraus und verbindet so unendliche Welten als Materie mit unendlichen Geistern in Materie gekleidet.

Licht, materielles, erweckt Licht, geistiges. Das Licht zeigt euch Meine Schöpfung in ihren wunderbaren Reizen, um geistiges Licht in euch zu wecken. –

„Es werde Licht!" so scholl es einst in alle weiten Räume und „es werde Licht!" so will Ich auch in eure Herzen rufen.

Ja, es werde Licht – in eurem Ich! damit ihr Mich, Meine Schöpfung und Meine Liebe erkennen möget, damit ihr begreifen und verstehen möget, daß Licht, gleichbedeutend mit Liebe und Weisheit vereint, das ganze Weltall belebt, in ungeheuren Schwingungen alle Atome erhält, und dieses Erzittern nicht ein schmerzliches, sondern ein wonnevolles ist.

Licht werde es in eurem Gemüt! Wärme entwickle sich in euren Herzen! und so werden auch – wie in Meiner Schöpfung durch Licht Meine Gedanken, so in eurem Schalten und Walten eure

* verwandt.

Handlungen sichtbar werden, welche ebenso wie Meine Schöpfungen den Stempel der Liebe, den Stempel der Weisheit tragen sollten!

Fühlet euch erhoben, Meine Kinder, wenn ihr die Welt um euch erblickt in rosigem Morgenschimmer oder wenn am nächtlichen Himmel euch Millionen Sterne und ferne Welten den „Gruß der Weihe“ senden!

Trachtet euch einzuweihen in Meine Schöpfungsgeheimnisse! Lernet das große Buch Meines Universums, Meiner Lichtwelt verstehen, damit es auch in euch Licht werde und ihr sowohl im Lichtstrahl einer entfernten Welt, wie im Lichtstrahl, der an einem Tautropfen glänzt, die nämliche Liebe und die nämliche Weisheit erkennen möget, welche einst den schlummernden Elementen zurief: „Es werde!“ und um den geschaffenen Wesen den Genuß des Bewußtseins zu verstärken, das „Licht“ dazu setzte. Licht, ja Licht! unendliches, großes, geistiges, leuchtet euch aus allem entgegen. Licht ist's, wonach der kaum geborene Säugling strebt, und Licht, geistiges, ewiges ist es, welches trotz aller Schranken des Todes noch durch Sargdeckel schimmert, wo es klar bewiesen sein wird, daß ein Gott, ein Vater, der die Welt, das ganze Universum so mit Wundern ausstattete, der so alles in Lichtformen und Lichtkleider webte, auch noch am Ende der materiellen Zersetzung eines Geistergewandes stets wieder Licht verbreiten wird – nur insofern verschieden, daß während des Lebens viel materielles, geringes geistiges, dann nach Abfall der materiellen Hülle kein materielles, aber desto mehr *geistiges Licht* euch leuchten, euch führen soll zu dem Urquell, aus welchem alle Lichtbündel vor Äonen von Zeiträumen ausströmten und zu welchem alle Lichtstrahlen, sowohl die geistigen als materiellen, wieder zurückkehren müssen.

„Licht!“ Meine Kinder, „Licht!“ so wird euer Ruf einst ertönen, wie bei verirrten Schiffern auf hoher See nach langem Sehnen der Ruf: „Land! Land!“ ertönt. Wie dort dann alles freudig sich umarmt, da man des Reisens Ziel entdeckt, so wird einst nach Abschluß dieses Lebens in euch der Ruf ertönen nach Licht, wenn ihr in andere Verhältnisse, andere Räume gelangen werdet, wo euer materielles Sonnenlicht hier auf Erden nur wie finstere Straßenlaternen leuchten wird im Vergleich des *Liebelichts*, das in jenen Räumen strahlt, wo vergeistigte Geschöpfe sich ihres Sieges über die Materie erfreuen!

Um euch an dieses Licht zu gewöhnen, das jetzt schon, wenngleich spärlich, aber bei manchen schon im irdischen Leben leuchtet, um euch den Weg dazu zu erleuchten, um euch das geistige Licht, den großen Faktor Meiner Schöpfung kennenzulehren, scheue Ich keine Mühe, auch in eure Seelen hineinzurufen: „Es werde Licht!"

Schauet die Natur, schauet die Welten, die Gestirne, selbst eure Sonne an – alle zeugen vom geistigen, ewigen Licht, vom Licht, das aus Mir ausgehend *Wärme* und *Liebe* verbreitet, wo es auftritt.

Lasset es ein in euer Herz! Erkennet aus den Gegenständen, welche mit materiellem Licht erleuchtet sind, das Geistige, was aus diesen sichtbaren Zeugen Meiner Macht und Meiner Liebe euch zuruft:

„Vom Lichte der Sonne beleuchtet erfreuen wir uns unserer Existenz, alles jubelt, zittert, vibriert, sei es in stummer Farbenpracht, sei es in hellem Lobgesange. Lasset auch ihr euch erwecken, o ihr Lieblinge eines Gottes und eines liebenden Vaters! Erkennet aus uns nur durch sichtbares Licht Lebenden das geistige, in euch selbst liegende *Gotteslicht*, erkennet die Kette oder das sanfte Band, welche alles verbindet und von der weit entfernten Geisterwelt herabeilend in Form des Gedankens, dann von den letzten Weltallen als materielles Licht euch den Geistergruß vermaterialisiert als Lichtstrahl bis zu eurem Auge bringt, der euch kundgeben soll, daß es nur *einen Gott, einen Schöpfer* – aber auch nur *einen liebenden Vater* gibt, der Geistiges durch Materielles verwirklichend auch dem letzten Tierchen nicht versagt, welches im Staube seine Wege fortkriecht, und auch euch, ihr Ebenbilder Seiner eigenen Macht, zu Lichtträgern, zu Verbreitern geistigen Lichtes machen will! Um aber dieses zu werden, müsset ihr selbst vorerst recht verstehen, was Licht, was materielles, was geistiges Licht ist; nur dann könnet ihr auch andern mitteilen, was in euch lebt!"

So redet die ganze Natur, so rede Ich zu euch, damit ihr begreift, daß „Licht" gleichbedeutend mit „Erkennen" ist, entsprechend dem Bewußtsein: Ich bin nicht von dieser, bin von einer andern Welt, bin kein Erden-, sondern ein Himmelsbürger, nur hierhergestellt, um Meine Fakultäten* zu üben, die da oben im ewigen Licht allein nur „gang und gäbe" sind!

Daher lasset das Licht durch euer körperliches Auge eindringen,

* Fähigkeiten.

euch das geistige innere erwecken, damit ihr begreifet Meine Liebe, welche so viele Worte verschwendet, um ein kleines geistiges Flämmchen in euren Herzen anzuzünden – während sie mit einem Machtwort Sonnen von ungeheuren Größen angezündet hat, die zwar materiell des Wunderbaren in Unmasse haben, aber doch nicht mit dem einzigen sich selbstbewußten Gottesfunken verglichen werden können, welcher mitten in der Schöpfung stehend ausrufen kann, während aus Myriaden Welten die Lichtstrahlen auf sein Auge fallen:

„Ich bin erkoren, ein *Kind* eures Schöpfers zu werden, für mich geschah es, daß Er Sein Leben einst hingab, dort verleugnete Er Sein geistiges Licht, um in meinem Herzen das Fünkchen anzuzünden, das, ein Ableger von Ihm, geläutert und verklärt einst Ihm wieder zurückgegeben werden soll!"

So werde es Licht in euren Herzen! Jede dunkle Stelle, jeder Zweifel, jede Schattenseite soll verschwinden; denn wo Ich einst wohnen soll, da muß es licht werden – Licht ist *Wahrheit*, Licht ist *Liebe*! Licht ist *Wärme* oder Begeisterung fürs Göttliche! Diese Eigenschaften sollet ihr euch aneignen, Licht muß es werden in euch! Und dazu soll auch dieses Wort wieder beitragen, euch zu zeigen, wie selbst in wissenschaftlichen Entdeckungen und Forschungen nur geistiges Licht verborgen ist, welches aber nur dem zuteil wird, der inmitten materieller oder chemischer Prozesse doch nur ersteres als notwendig erkennt, um Geistiges zu erfassen!

Wenn der Sterbende auf dem Totenbett liegt und öfter ausruft: „Licht! Licht!", weil seine Sinne nach und nach sich verdunkeln und schwächer werden, so ist es veranlaßt in dem Drange, weil „Licht" auch „Leben" bedeutet.

Jetzt, wo ihr ebenfalls auch im Scheidungsprozeß vom Materiellen zum Geistigen begriffen seid; jetzt entsteht auch in euch oft der Ruf: „Licht! Licht! geistiges Licht!" Hier gebe ich es euch, nehmet es auf in eure Herzen!

Lasset dort die Sonne der geistigen Wahrheit scheinen, damit auch sie dort verkehre was finster in Lichtes, damit das Liebe-, das Gnadenlicht Meiner Worte euch erwärme und belebe und ihr in jedem Wort von Mir nur Zeichen erkennen möget, wie sehr es Mir daran gelegen ist, euch zu Lichtträgern, zu Kindern des Lichtes zu erziehen, nachdem leider eben jetzt so viele Kinder der Finsternis ihr Wesen auf dieser Erde treiben.

Licht, Welten-, Sonnen- und Sternen-Licht, es ist alles nur immer das nämliche – es ist der große Strom des geistigen Liebe-Lichtes, das in großen Massen große Welten dort belebt und kleine Geister zur Vervollkommnung treibt.

Es ist dasselbe Licht, welches aus weiter Ferne herstrahlend Ähnliches im Sehorgan des lebenden Wesens erweckt und durch Materielles Geistiges hervorruft! So wird die Materie vergeistigt, und so kehrt die Materie zu Mir einst zurück, von Dem sie ausgegangen ist.

Licht in den unermeßlichen Räumen verbreitend, erfüllt dieser materielle Glanz durch die Strahlenbrechung in Farben, was das geistige Licht im Worte bewirkt.

Mein Licht macht Stoffe vibrieren und *Mein Wort Geister erzittern!*

So ist die Vibration der Licht- und Wärme-Erzeuger, Verbreiter und Vervollkommner, und Mein Wort der Anreger zu guten Gedanken, Entschlüssen und gesegneten Handlungen.

Daher befleißiget euch in eurem Pilgerleben, soviel geistiges Licht ausstrahlen zu lassen, als die Umstände es erlauben, damit ihr als kleine Menschen auf eurem kleinen Erdball das nämliche vollführet, was Ich im großen Universum tue!

Dort bin Ich der große Lichtverbreiter, und das sollet ihr hier im Kleinen werden! Aber um zu schimmern und Licht zu verbreiten, muß man desselben mehr, als sein eigener Bedarf erheischt, besitzen!

Daher trachtet das Geisteslicht in Fülle aus Meinen Worten zu ziehen und daß, wenngleich ihr anderen davon mitteilet, euch doch noch zum Selbst-Fortschritt genug übrigbleibt!

Dieses ist der Zweck Meiner Worte, der Zweck Meiner direkten Eingabe an einzelne, um wo möglich noch Licht zu verbreiten, ehe die ganze moralische Finsternis eintritt, welche leider schon mehr als Dreivierteile* der lebenden Menschheit in ihren Armen verschlungen hält und sie dem ewigen geistigen Tode zuführen will!

Noch fließt euch die Quelle Meiner direkten Mitteilung, noch habt ihr Worte über Worte des Trostes, der Liebe, der Aufklärung und des Gnadenlichtes, allein, es könnte sich auch ereignen, daß euch diese Quelle ihren Dienst versagt, und dann wird es bei

* dreiviertel.

weitem schwerer sein, sich Licht zu verschaffen, da ihr bei einer solchen Masse von Licht nicht sehen wolltet.

Nicht Neugierde, sondern *Wißbegierde* nach göttlichen Dingen soll euch beseelen; denn je mehr ihr wisset, desto mehr Licht ist in eurem Innern; und je finsterer es von außen wird, desto mehr bedarf ein jeder seine eigene geistige Leuchte!

Also – wachet und betet! auf daß ihr nicht – dem Schlafe der Finsternis anheimfallet! Das Tageslicht macht euch so manches weniger schrecklich, was bei Nacht in eurer Phantasie zu riesengroßen Formen anwächst; und geistiges Licht läßt euch auch die kommenden Ereignisse weniger schrecklich fühlen: denn das Licht in euch ist das Gnadenlicht von Mir, das – je mehr das Welt-Licht sich verdunkelt, desto schöner leuchtet!

Ich müßte nicht ein allmächtiger Gott sein, wenn nicht Mein Licht über alle Finsternis herrschen könnte!

Vertrauet euch nur Meiner Führung, Meinem geistigen Lichte an, und ihr werdet in Bälde ersehen, daß Mein geistiges Licht der Liebe und der Gnade euch führen, euch leiten wird, *das* zu werden, zu was Ich euch alle erschaffen habe und jetzt erziehen will, das heißt: zu reifen Bewohnern einer Geisterwelt, wo Schatten und Finsternis fehlen und nur das ewige Licht der Liebe euch leuchten und euch zu eurem liebenden Vater führen soll! Amen.

Ein Blick in den Orion, Sirius und die Plejaden

(2. Dezember 1875)

Vor einigen Tagen, als du in später nächtlicher Stunde die Fenster deines Zimmers schließen wolltest, sandtest du einen Blick nach dem Sternbild, das bei euch unter dem Namen „Orion“ bekannt ist, neben welchem in kurzer Entfernung der Sirius sein helles Licht dir entgegenwarf und auf der andern Seite das sogenannte „Siebengestirn“ oder „die Plejaden“ dich an deine Jugend erinnerten, wo du im Militär-Erziehungshause (oder „Kadetten-Schule“) oft in den winterlichen Abenden diese Sterne mit einem ahnungsvollen Gefühl betrachtetest, ohne zu wissen, was sie sind, woher ihr Licht stammt und wie sie in jenen Räumen frei im Äther stets in derselben Entfernung voneinander sich zeigen.

Die Zeiten und Jahre verrannen, mancher Winter strich über dein Haupt dahin mit seinen Freuden und Leiden, und jetzt, beinahe am Ende deiner irdischen Laufbahn, sandtest du wieder einen Blick nach diesen Sternbildern, und wenn einst nur Ahnung deine Seele schwellte, so hat jetzt ein geistiger Blick dir zum Teil eröffnet, was du als Jüngling nie hättest begreifen können!

So, Mein Sohn, reift der Jüngling zum Manne und der Mann zum Greise, so wechseln Ideen und Begriffe, je nach den Lebenserfahrungen und der intellektuellen Bildung; so reift von dem einst gelegten Samen nach und nach die Blüte und Frucht, und so wird von Mir so mancher Mensch nach und nach zum Übergang ins Geisterreich, zur Vorbereitung für höhere Missionen erzogen.

So erging es auch dir: durch viele Widerwärtigkeiten geschult, lerntest du nach und nach „ertragen" (dulden), lerntest du die Demut und Sanftmut ausüben, lerntest du den Weg erkennen und gehen, der allein zu Mir führt, und so stehst du jetzt als Greis oder gereifter Mann wieder vor einem Stück Meiner Schöpfung, vor einem Sternbild, und erkennst in diesen leuchtenden Welten den großen und mächtigen Geist, Der solche ungeheure Massen frei im Raume erhaltend ruhig ihre Wege führt; und es mögen noch Tausende und Tausende von Jahren vergehen, so werden sie den Einwohnern noch immer als das erscheinen, was sie jetzt sind: flimmernde Sternchen am dunklen nächtlichen Horizont.

Du und das ganze Menschengeschlecht mit eurer kurzen Lebensdauer, was seid ihr gegen solche Welten! was eure Erde gegen einen solchen Stern nur! Selbst eure Sonne, die doch beinahe hundertmal größeren Durchmesser als eure Erde hat, selbst diese ist gegen den Sirius oder einen Stern im Orion ein Sandkorn nur; was seid dann ihr erst im Vergleich mit den Bewohnern, die jene Sterne bevölkern! An körperlicher Größe wohl ebenfalls nur sehr unbedeutend, kaum sichtbar; aber *an Geist doch mehr als sie*.

Würde Ich euch diese Welt schildern, ihre Oberfläche, Vegetation, Formation und ihr Licht, ihr würdet zusammensinken in ein Nichts vor der Pracht und Herrlichkeit dieser Schöpfungen und würdet dann erst so recht einsehen, was der Menschenstolz eigentlich wert ist, der hier auf Erden manchen so sehr aufbläht.

Allein diese Erklärungen würden höchstens eure Neugier befriedigen; aber moralisch geistig euch nicht weiter befördern*, da ihr eben als geistige Menschen Mich *auch im Kleinsten* erkennen solltet, und es nicht nötig noch angemessen ist, eure Einbildungskraft durch Aufzeichnen von Schöpfungen zu erdrücken, wovon ihr trotz des Erklärens nicht den zehnten Teil fassen oder begreifen könntet; denn ihr müsset stets bedenken, daß ihr Menschen seid und über euren Horizont hinaus alles andere euch schwer begreiflich sein muß.

So viel sage ich euch nur, daß diese Sterne, welche für euch das *Sternbild des Orion* bilden, von ungeheurer Größe sind, und daß eine Masse von anderen Welten um jeden dieser Sterne sich bewegen; und daß der *Sirius*, als der für euch *nächste Fixstern*, eben *jene Sonne ist, um welche euer ganzes Sonnensystem seine Bahn beschreiben muß*, daß – während eure Sonne Hunderttausende von Meilen im Durchmesser hat – der Durchmesser des Sirius nach Millionen von Meilen gemessen werden muß.

Aus diesem könnt ihr folgerecht schließen, daß auf diesen Welten alles so eingerichtet sein muß, daß das nötige Verhältnis zwischen Tier- und Pflanzenwelt auch menschliche Geschöpfe bedingt, die über eure Fassung hinausgehen.

Nebenbei muß Ich noch bemerken, daß der *Sirius*, wie ihr ihn nennt, bei weitem euch näher steht als der *Orion*, der Millionen Meilen weit von ihm, und das *Siebengestirn*, ein Sternenkomplex von mehr als fünfhundert Sonnen, noch weiter hinter ihm in seiner Herrlichkeit prangt. –

Von dem großen „Nebel im Orion“ will Ich gar nicht reden, denn dieser ist ja so nur eine ganze großartige Hülsenglobe**, die nur im nächtlichen Dunkel zwischen den Sternen des Orion hindurch nach vielen tausend Jahren erst (das heißt so lange braucht das Licht) ihr herrliches Licht euch sendet!

Sehet, in diesem Sternbild des Orion allein steht vor euch ein

* voranbringen.

** „‚Hülsenglobe‘ ist die Benennung der Zusammenfassung von Dezillionen mal Dezillionen Sonnen, die als Zentralsonnen erster, zweiter, dritter und vierter Klasse mit den zahllos vielen Planetarsonnen, wie die unserer Erde eine ist, sich alle um einen gemeinsamen, unermeßlich großen Mittelpunkt, der auch eine nahezu endlos große Hauptmittelsonne ist, in großen und weitgedehnten Bahnen bewegen.“ (J. Lorber in einer Fußnote zum Großen Evangelium Johannes, Band 2, Kap. 57.) Siehe auch „Himmelsgaben“ Band 1, S. 118. „Von der Hölle bis zum Himmel“ (Robert Blum), Band 2, Kap. 296–300. Gr. Ev. Joh. Bd. 2, Kap. 57, 139; Bd. 5, Kap. 115; Bd. 6, Kap. 248. „Naturkundliches Lorber-Lexikon“, S. 67–70.

kleines Stück Meiner Schöpfung, wovon der erste Stern, der *Sirius*, in nächster Wechselwirkung mit eurem Sonnen-System und demgemäß mit euch selbst steht.

Der *Orion*, scheinbar hinter ihm stehend, zeigt euch in regelmäßigen Linien ein Sternbild, das ebenfalls durch gegenseitige Anziehungskraft auf ungeheure Entfernung verbunden euch stets das nämliche Bild zeigt, und dann die *Plejaden*, eine kleine Hülsenglobe in einer anderen großen euch in noch weitere Entfernungen führt, und endlich der Nebel im Orion euch an Distanzen mahnt, wo eure Zahlenrechnung schon längst keine Ziffern mehr hat, sie nur annäherungsweise auszudrücken!

Und glaubt ihr vielleicht, daß dort, wo dieser Nebel sich zu Sternenkomplexen gestaltet, schon das Ende Meiner Schöpfung sei? Mitnichten! Weit noch hinter ihm schweben Welten im freien Raum, deren Licht seit Erschaffung der Erde noch nicht zu euren Augen dringen konnte; und wenn es auch einst geschieht, sie den Erdbewohnern mit den schärfsten Fernrohren kaum sichtbar sein werden.

Noch lange nicht ist dort der Markstein Meiner materiellen Schöpfung gesetzt, weiter und weiter geht es, von Nebelflecken zu Nebelflecken, sich bildend, sich vervollkommnend, sich auflösend.

Dort in jenen Räumen ist selbst euer Maß der Zeit nicht mehr möglich, denn was ist euer Jahr! Schon Moses sagte euch, „bei Mir seien tausend Jahre wie bei euch nur ein Tag“, und Ich setze hinzu – selbst diese tausend Jahre sind noch zu klein für eine Zeitrechnung Meiner Schöpfung! –

So, Mein Sohn, durchdrang dein Auge jene Sternbilder mit geistigem Blick, durchflog die unermeßlichen Räume eben wie der Gedanke, erkannte in jener stufenweisen Entfernung die langsam fortschreitende Bahn, wie die Materie vom Grob-Gebundenen zum Feineren, vom Seelischen zum Geistigen, vom Geistigen zum Göttlichen sich fort erstreckt – dein geistiger Blick umfaßte in diesem Sternbild Meine Allmacht, Meine Größe und Meine Liebe; denn das nämliche Leben, das dein langsam pulsierendes Herz in rascheren Schlägen bewegte, das nämliche Leben blickte dir im Flimmern solcher entfernter Welten entgegen.

Du erkanntest im Lichte den *Träger des Lebens*, aber auch den *Grund der Liebe*, denn ohne Licht wäre kein Leben und ohne Leben kein Denkvermögen. Um die Wunder eines liebenden Vaters zu begreifen, muß man sie erst sehen können, welches Sehen zum Fühlen und alsdann zum Fassen leitet.

So war für dich das Flimmern des Sternenlichtes ein Liebes-Geflüster deines Vaters, und du erinnertest dich an deine Jugendjahre, wo du manchmal jene schönen Sterne fragend anblicktest und gleichsam ihnen sagen wolltest: „Was seid ihr, liebliche Lichter, am dunklen Horizont der Welt? Tausende von Jahren der Erde vergingen, und so manche Generation verging und wußte das ebensowenig wie ich, und Tausende von Erdjahren hindurch noch werden euch ihre Bewohner winters im Osten aufsteigen sehen und es ebensowenig wissen wie alle ihre Vorgänger! Unlüftbarer Schleier! Nichts als Ahnungen und nicht ein Zollbreit Gewißheit!"

So dachtest du oft, wenn diese Sterne jeden Winter wieder am Horizonte standen, und beinahe siebzig Jahre mußten vergehen, ehe du begreifen und fassen konntest, was Ich euch andeutete, wenn Ich sagte: „In Meines Vaters Hause sind viele Wohnungen!"

Jetzt weißt du mehr als damals, jetzt kannst du auch mehr ahnen, mehr fassen, aber auch deinen Schöpfer, deinen Vater mehr lieben als damals; denn jetzt weißt du sicherer, was du einst nur in Ahnung suchen wolltest.

Du weißt auch noch mehr, nämlich daß hinter dieser großen materiellen Welt eine noch größere Geisterwelt ist, daß diese Geisterwelt sogar bis in deine Nähe reichend dich umgibt und daß du dort schon Freunde hast, die deiner mit Sehnsucht warten, und daß, wenn du auch mit deinem Verstande eine Unendlichkeit der materiellen Welt begreifen könntest, du jetzt auch mit deinem Herzen eine Unendlichkeit des menschlichen Geistes fühlst, die dir beweist, daß wenn all diese Welten in Äonen von Jahren vergangen oder verwandelt sein werden, du immer doch ein Zeuge ihrer gesetzmäßigen Revolutionen und Umgestaltungen sein wirst.

Du hast aus allem ersehen und begriffen, daß neben diesem Heer von Welten ein großer mächtiger Schöpfer ist, der liebend als Vater neben diesen großen Schöpfungen auch die kleinsten Wesen nicht vergißt und im großen wie im kleinen stets der Gleiche ist, daß Liebe Seine Haupteigenschaft, daß *Liebe der Grund* ist, warum Er solche Welten schuf, daß Liebe der Faktor ist, der alles Materielle zum Geistigen drängt, daß Liebe nur allein dann als Leben betrachtet werden kann, wenn das kleinste Wesen denselben Trieben folgt, welche den Schöpfer bewogen, die ganze Welt zu erschaffen!

Der kaltberechnende Verstand mag hundertmal die Distanzen

der Welt abmessen, soweit es seine Instrumente und seine Rechenwissenschaft erlauben, und noch umkreisende Planeten entdecken, die alle nur einem Gesetz gehorchen; aber kein einziger Liebes-Gedanke wird sein Herz erwärmen, er wird vor den Welten, ihren Entfernungen erstaunen; aber vor Bewunderung und heiliger Begeisterung sinkt nur das liebende Herz nieder, welches erkennt, wie mitten durch alle Materie, mitten durch alle leuchtenden Welten und Sonnen *nur der Liebe Strahl allein erwärmen kann*!

Was ist eure ganze Astronomie? Ein kaltes Aufzählen der Sterne, ihrer Bahnen, und höchstens ihres verschiedenen Lichtes – allein dieses alles gibt euch noch nicht den Schlüssel zu Meiner Schöpfung:

Wenn ihr Gesetze entdeckt, so vergesset den Gesetzgeber nicht, Er kann euch erst das Geschaffene wert machen!

Wenn Er aus Liebe erschuf, so muß ja ebenfalls wieder „die Liebe“ zuerst es sein, die den Strahl der Liebe aufsaugt und, ihn erwidernd, ihr wieder zurückgeben kann.

So war dein geistiger Blick in das Sternbild des Orion, du sahst in ihm dein ganzes Leben, deine Mission, deine künftige Bestimmung, es leuchtete dir aus allen flimmernden Strahlen dieser Sterne die Liebe deines Vaters entgegen, vor Dem du hättest niedersinken mögen und ausrufen: „Was bin ich, o Herr, daß Du meiner gedenkest!“

Und Ich antwortete dir: „Steh auf, Mein Kind! Ich kenne dein Herz und weiß, was du sagen willst; deine Sprache hat keine Worte, sie ist irdisches Produkt, mit welchem du überirdische Gefühle nicht ausdrücken kannst.“ Beruhige dich, und harre aus auf dem Posten, auf welchen Ich dich gestellt habe; nicht lange mehr wird es währen und du wirst diese unermeßlichen Räume mit den geistigen Augen bemessen und begreifen lernen, wirst überall in und auf allen Welten stets deinen Vater finden, der liebend alles geordnet hat, alles weiter führt und alles beseligend um sich vereinigen will.

Laß nur das Licht der fernen Welten auf deine Augen einfallen, laß es in dir diese angenehme Regung hervorbringen, die alle Herzen friedlich stimmt; wisse – *das Licht aus allen Sternen ist Liebe-Licht! ist reines geistiges Fluidum*, noch nicht verunreinigt mit Grob-Materiellem – es ist geistiges Leben, verwandelt in die feinsten Stoffe des Schöpfungsraumes. So wie deine Sonne der Träger allen Lebens auf deiner kleinen Erde ist, ebenso das Licht der

Sterne, obwohl von weit herkommend, stets ein Träger jener geistigen Potenzen, die in dir und euch allen Menschen dasjenige ergänzen müssen, was eure Sonne nicht zu bringen vermag.

So regte in dir das Licht des Sternbildes des Orion, des Sirius und der Plejaden die zarten Fäden deines Herzens an; das Licht aus jenen Welten als Liebelicht war deinen Gefühlen geistig verwandt, und so entstand jener geistige Fernblick in die Räume, wo das Zählen aufhört und selbst die Geschwindigkeit des Lichtes zur Null wird.

Verwandtes vereinigte sich mit Ähnlichem, und so verstandest du die Sprache eines Lichtstrahls, der von Millionen Meilen weit her dir das nämliche sagte, was dir das winzige Staubkörnchen ebenfalls predigt, das heißt: „*Gott ist die Liebe!*"

So wird es jedem ergehen, wenn er mit rein-kindlichem Gemüt zu seinem Vater und Seiner Schöpfung den Blick erhebt. Meine Schöpfung und Mich zu begreifen, ist nicht Verstandessache, es ist Sache des Herzens, des Gefühls!

Die Gefühls-Sprache kennet ihr nicht, ihr ahnet sie nur; aber in anderen geistigen Verhältnissen wird auch diese Sprache dem geistigen Menschen verständlich werden; denn er muß sie ja haben, wenn sie sein eigener Stufengang von Gefühl zu Gefühl, von Seligkeit zu Seligkeit sein soll!

Glaubst du denn, diese Seligkeiten, man ertrage sie alle so ganz allein und stumm! – ? – – – – Nein – *nur durch Mitteilung an andere genießt man ganz*; so genieße Ich durch die Freude Meiner Kinder, und so müssen auch sie eine Ausdrucksweise haben, sie kundzutun.

In einzelnen Momenten eures Lebens fühlt ihr, daß solch eine Sprache existiert; aber ihr fühlt zu gleicher Zeit, daß ihr derselben nicht mächtig seid!

Eben deswegen gebe Ich auch dir den Ausdruck eines einzigen Momentes geistiger Erhebung in so vielen Worten, damit auch andere fassen mögen, was ein gefühlvolles Herz in einem Moment empfinden kann, um auch andere anzuregen, Meine Natur doch nicht gar so geistlos zu betrachten, sondern damit sie sich daran gewöhnen sollten, die materiellen Eindrücke von sich zu entfernen, und wenn sie doch wirken, sie geistig zu übersetzen; – – – denn *die Menschen sind Geister, und Geistiges ist ihre erste Nahrung, und die Geisterwelt am Ende ihr längster Aufenthalt.*

Wie viele Tausende gehen abends gedankenlos unter Meinem

Sternenzelte hin, es keines einzigen Blickes würdigend schleichen sie in ihre kalten vier Mauern, rein dem tierischen Bedürfnisse nachjagend, um im Schlafe sich, Mich und Meine Welt zu vergessen.

Das Reich der Unendlichkeit, über ihren Häuptern ausgebreitet, ist als nicht daseiend betrachtet, das Reich unter ihnen ein verschlossenes Buch; so wandeln sie zwischen zwei Wunderschöpfungen, wo selbst ihre eigene Existenz für sie ein Rätsel ist. So gehen sie Tag für Tag der Auflösung, der Verwandlung entgegen; kamen in die Welt, wußten nicht warum, und gehen wieder aus ihr fort, ohne nur ein Haarbreit gescheiter geworden zu sein!

O armes Menschengeschlecht! wie wird es dir in der andern Welt ergehen? wenn ihr in jene nicht hineinpasset und in diese nicht zurückkönnet! – ! –

Allein so ist es, *frei* sind sie, und so sollen sie genießen, was sie sich selbst geschaffen haben.

Wer Tier sein will, der bleibe Tier; und wer Geist werden will, der werde es und erfahre schon im irdischen Leben, in einzelnen Momenten, daß die sichtbare Welt ganz etwas anderes ist als sie scheint; und daß über ihr und inmitten derselben noch ein geistiges Reich ist, welches kein Ende hat und keinen Anfang und wo als Mittelpunkt alles Geschaffenen Ich als Vater, als personifizierte Liebe allen mit Liebe entgegenkomme und sie schon öfter selbst im irdischen Leben fühlen lasse, was eigentlich erst im Geisterreich seinen ganzen Ausdruck finden wird.

So war es auch bei dir, Mein Sohn, so möchte Ich es bei allen Meinen Kindern wissen, so nur erlangen sie alle, was sie sehnlichst suchen: Ruhe und Trost im Erdenleben und noch geistigen Genuß in der Geisterwelt!

So erzielen sie einen regelmäßigen Fortschritt und so können sie sich die Stunden geistiger Erhebung öfter wiederholen, bis in der andern Welt sie bleibend ihr Leben ausmachen werden.

Immer predige Ich: Erhebet euch vom Schlamme des irdischen Lebens! Es ist umsonst, nie werdet ihr in seinen Genüssen dasjenige finden, was ihr sucht. Geister seid ihr, und geistig sollet ihr genießen lernen.

Selbst das Materiellste hat geistige Seiten, und wer noch nicht soweit gekommen ist, allem einen geistigen Anstrich zu geben, aus allem geistigen Gewinn zu ziehen, der ist noch weit weg von dem Ziel, welches er als Mensch hier auf Erden erreichen sollte, worauf er dann das andere, höhere im Jenseits erst erreichen kann.

Alles, was euch umgibt, sind Wunder; ihr selbst, eure körperliche und geistige Organisation, überall ist Materielles nur die Unterlage eines allgemeinen großen Geisterreiches!

Was ist Leben?! Was ist Licht?! Was ist Wärme, was Magnetismus, was Elektrizität?! usw. – lauter Fragen, die Ich euch zur Genüge schon beantwortet habe, und doch schleicht ihr wie Blinde in diesem Garten voll herrlicher Produkte einer göttlichen Liebe herum, den Kopf tief gebeugt, vergesset ob eurer materiellen Bedürfnisse eure geistige Mission, eure geistige Ausbildung.

O verdorbenes Menschengeschlecht, was wirst du dir für bittere Erfahrungen selbst bereiten! Mein Auge sah es längst voraus, doch aufhalten kann Ich es nicht; und so muß Ich Mich mit den wenigen zufrieden geben, welche, obwohl erst nach harten Prüfungen, Meine Stimme hören und nicht so gedankenlos dahinwandeln wollen, da die Zeit des Wandelns kurz und das Ziel fern ist!

Daher beherzigt auch dieses Wort! Es war zwar im Anfang nur an Meinen Schreiber allein gerichtet; aber alles, was Ich sage, ist und muß Gemeingut werden. Und so möge dieser Blick eines einzigen die Augen vieler eröffnen, auf daß sie alle erkennen mögen, was ihnen zu Gebote steht (wenn sie nur ernstlich wollen), um sich in diesem Prüfungsleben schon Genüsse zu bereiten, die erst die wahre Deutung finden werden in jenem Leben, wo die Zeit ein anderes Maß, das Maß der Ewigkeit angenommen, unendlichen Geistern auch unendliche Freuden bieten kann! – Amen.

Blick in den Orion u. a.

II.

(21. Dezember 1875)

Im letzten Wort führte Ich dich hinaus in jene Fernen, von wo nach Jahrtausenden erst ein Lichtstrahl zu euch dringt, zeigte dir in einem Sternbild ein kleines Stück Meiner unendlichen Schöpfung, zeigte dir die großen Weltensonnen, die in Nebelflecken zusammengeschart dort ein Reich des Glanzes und der Farbenpracht bilden, wovon keine menschliche Phantasie sich einen Begriff machen kann, noch je ein festgeformtes Bild davon zustande bringen wird.

Ich sagte dir, wie viele Wunder Ich im Raume hingestellt habe, nur um für die Geister, die Mich lieben und erkennen, Seligkeiten vorzubereiten, welche sie nach erfolgtem Sieg als eine geeignete Belohnung für ihr kampf- und sorgenvolles Leben erhalten und genießen sollen.

Ich bewies dir durch Aufzählung aller dich selbst umgebenden Wunder, durch die Organisation deines und jedes fühlenden Wesens von Mir euch geschenkten Körpers, wie weit ihr alle entfernt seid trotz aller Worte und faktischen* Beweise, euren eigenen geistigen Standpunkt zu erkennen.

Ich sagte dir, wie die meisten deiner Brüder und Schwestern stumpf und nichtsdenkend oft unter Meinem gestirnten Himmelszelt dahingehen, ohne im mindesten zu ahnen, geschweige zu wissen, was sich über ihren Häuptern ausbreitet und wieviel Lehrreiches dort zu lesen wäre, wenn sie fähig wären, diese großen Schriftzüge Meiner ewigen Liebe zu entziffern!

Ich ließ dich beim letzten Wort all die Größe Meiner Schöpfung ahnen und deine eigene Ohnmacht daneben fühlen; Ich sprach Mahn- und Trostworte zu dir und zu allen, und doch ist es nicht genug, was Ich über diesen Geistesblick sagte, welchen du in Meine Schöpfung getan hast. –

Noch bleibt viel, ja sehr viel zu sagen übrig, ehe es auch andern verständlich wird, was dieser große Ätherraum ist, welcher sich über ihren Häuptern zu wölben scheint, und was der Mensch inmitten dieses unendlichen unbegrenzten Raumes eigentlich für eine Stellung einnimmt.

Die Zahlen reichen nicht aus, Meine Welten und ihre Entfernungen zu messen, die Worte vermögen nicht alle Schönheiten dieser Schöpfungen zu schildern, und kein menschlicher Geist, weder hier noch dort, wird je einen vollkommenen Überblick erhalten über Mein ganzes materielles und geistiges Reich.

Unendlich dehnt sich die eine (Welt) – aber noch unendlicher ist die zweite – aus; denn wenn das Materielle teilweise vom Raume beschränkt erscheint, so ist die Ausdehnung des Geister-Reiches

* tatsächlichen.

eine unbeschränkte, weil eben die aus allen bis jetzt bestehenden Welten absterbenden Menschen ein Geisterreich erfüllen, wo neben ihnen noch eine Unzahl anderer Geister sich ihrer Existenz freuen, welche noch nie in materielle Hülle eingekleidet waren.

Dort aber herrschen andere Gesetze und belebt alles eine andere Ordnung, die nicht Zeit und Raum als Maß anerkennt, sondern wo neben der ewigen Existenz selbst alles sie Umgebende den Tempel der Unendlichkeit noch besser ausgeprägt an sich trägt.

Du hast einen Blick in und durch ein Sternbild in Meine Schöpfung getan, hast gesehen, wie Millionen Sonnen aus weiter Ferne dir die Strahlen ihres Lichtes zusenden, wo der jetzt in dein Auge fallende Lichtstrahl vor Jahrtausenden aus jenen Räumen hervorging und nun, wo derselbe dir erst bemerkbar wird, dort schon längst wieder tausendfache Veränderungen auf diesen großen Sonnen und in deren Licht vorgegangen sind – so zwar, daß bei allem, was du aus jenen Fernen siehst, nur eine längst vergangene Zeit dir entgegenleuchtet und nur Vergangenheit, nicht Gegenwart noch Zukunft, du aus denselben herauslesen kannst.

So ist diese große geistige Kette, welche alles zu Einem verbindet und bis in das Kleinste sich verzweigt, um das ewige Walten aller Meiner Gesetze, wie Ich sie vom Anfang her festsetzte, zur Selbsterhaltung des Geschaffenen zu begründen.

Da der Lichtstrahl eben nicht allein zum Leuchten, sondern auch *Träger einer ewigen Lebenskraft* ist, so verstehst du wohl, daß er ebenfalls, wo er auffällt, einen lebentreibenden Einfluß haben muß; denn keinem Lichtstrahl, selbst von den entferntesten Sonnen und Welten herkommend und etwa erst nach Jahrtausenden auf einen Gegenstand fallend, ist die primitive Kraft verlorengegangen, welche er jedoch erst äußern kann, sobald ein Gegenstand sich seiner Bahn entgegenstellt.

So traten neue Welten ins Leben, deren jungfräuliches Licht noch nicht zu euch gelangt ist: und so sehet ihr Sonnen leuchten, deren Existenz schon längst als Sonnen im Raume aufgehört hat.

Die sogenannte *siderische** Einwirkung der Außenwelt auf euer körperliches und geistiges Leben könnet ihr alle nicht begreifen, noch euch deutlich machen, da diese zu sanft und nicht zerstörend ist.

* Siderisch = allgemein auf die Sterne bezogen, im besonderen auf den Einfluß und die Wirkungen des Sternenlichtes.

Sie sind aber da, diese Einflüsse, und fortwährend wirken sie, dieses kann Ich euch versichern, wenngleich ihr sie nicht fühlt und eure Gelehrten sie ableugnen. Es muß ja eine solche Wechselwirkung vorhanden sein, sonst ließe sich nichts Einheitliches darstellen!

Wie wäre bei solchen Entfernungen und bei solchen Größen eine gegenseitige Verbindung möglich, wenn nicht neben der Anziehungskraft auch der immerwährende Austausch der geistigen und materiellen Bestandteile vermittels des Lichtes befördert und bewerkstelligt würde!

Das Licht ist der Träger und der Erwecker allen Lebens, ohne Licht wäre kein Bewegen, keine Wärme-Entwicklung möglich, wo die *Wärme* als Erwecker und Zersetzer alles Geschaffenen eben dasjenige bewirkt, was ihr alle „*Leben*" heißet.

Der Zersetzungs- und Verbrennungs-Prozeß befördert alle Elemente von Stufe zu Stufe, vervollkommnet, indem er zerstört, und so ist ewige Neubildung das Resultat des einst geschaffenen Grundprinzips, wodurch die unendliche Fortdauer alles materiell Gebildeten bedingt und festgestellt werden konnte!

Was ihr hier alle Tage in der materiellen Welt sehen könnt, das nämliche geht in der Geisterwelt ebenfalls vor sich.

Die geistige Verbindung, der schnelle Flug des Gedankens bringt ebenfalls das nämliche Resultat wie das Licht in der materiellen Schöpfung hervor.

Die lebendige Kraft, die im geistigen Lichte wohnt, ist der Gedanke – und das Materielle des geistigen Lichtes ist das mitgeteilte Wort.

Körperlos ist die Kraft, indem sie sich nur in ihren Wirkungen kundgibt, so wie auch der Gedanke erst durch das ausgesprochene Wort oder die ausgeführte Tat dem andern fühlbar wird.

Das Reich der Gedanken ist unendlich, kennt keine Grenzen, und der Gedanke selbst hat noch schnelleren Flug als das Licht.

Der Gedanke belebt wie die im Lichte geborgene lebenstätige Kraft. Aber wie das Licht erst dann zu wirken anfängt und sichtbar wird, wenn es auf einen festen Gegenstand anprallend davon zurückstrahlt (reflektiert), so ist auch der Gedanke erst dann bemerkbar, wenn er in Form verdichtet, in Worten sich anderen vernehmbar macht. –

Und wie im Lichte längst verschwundener Welten doch die Neues gebärende Kraft noch ist, ebenso *das Wort*, welches, wenngleich vor Jahrtausenden gesprochen, doch seine Wirkung nicht verfehlen wird.

Siehe, was Ich vor mehr als tausend Jahren gesprochen habe, und wo nun wieder Mein Daniedersteigen auf eure kleine Welt in einigen Tagen als Erinnerungsfest an jene Zeiten bei euch gefeiert wird – jetzt noch ist es in seiner ganzen Kraft! Und wie das Licht, so bewirkt auch das Wort, wo es auffällt und Wurzel fassen kann, das nämliche, was das Licht hervorbringt, das heißt *Wärme* oder *geistige Liebe* und mit der Wärme der Liebe *Tätigkeit* oder Ausscheidung des Untauglichen und Vervollkommnung des Bessern.

Nie hat Mein Wort aus jenen Zeiten seine Macht verloren, sondern, um es besser zu sagen, es hat noch nie seit jener Zeit seine ganze Macht entfaltet, aber bald wird die Zeit kommen, wo es in seinem ganzen Glanze als dasjenige dastehen wird, als was Ich es einst gegeben: als einziges Bindemittel zwischen dem geistigen und materiellen Reich.

Bald wird die Zeit kommen, wo von einem Ende der Schöpfung bis zum andern der Licht-Gedanke der Liebe verstanden und ausgeübt werden wird!

Auf eurer Erde weht schon der Wind geistiger Erkenntnis. Und wie der Morgenwind jedem Sonnenaufgange vorausgeht, wo die von der Sonne erwärmte Luft mit der kalten der Nacht in Berührung kommt und sich mit ihr ins Gleichgewicht zu setzen strebt, so wird auch Mein göttlicher Gedanke, welchen Ich in jener Zeit als Samen auf diese kleine Erde brachte, Wärme und Licht verbreiten und die kalte Luft des Egoismus und der tierischen Leidenschaften zu vertreiben beginnen.

Immer und überall das nämliche Prinzip – Licht und Wärme im Materiellen, Gedanke und Ausdruck desselben durch Wort und Tat im Geistigen. Das sind die Verbindungsmittel, die alles aneinanderketten, ein jedes vom andern abhängig machen!

So besteht Mein Reich im ewigen Fort-Leben, Fort-Bilden und Sich-Vervollkommnen.

In allen Räumen lebt und webt die Macht der Liebe, das nämliche im Materiellen wie im Geistigen hervorbringend, und wenn dein Blick die Fernen im Raume nicht ermessen kann, so kann auch deine Einbildung die Wirkungen eines ausgesprochenen Gedankens nicht verfolgen. Ewig fort wirkt das eine wie das andere. Wo Licht einen Gegenstand antrifft, muß er sich seinem Einflusse unterziehen; wo ein Gedanke als Wort ein Herz berührt, da bleibt der Erfolg nicht aus, welcher bei der Verschiedenheit der geschaffenen Wesen, wegen ihrer Individualität ebenfalls nie der gleiche sein kann.

So ist auch im Geistigen die Gedankenwirkung eine fortwährende, weil wenngleich sie bei den höher gestellten Geistern das ihrige getan, doch bei allen andern auf niedereren Stufen stehenden ebenfalls einwirkt, sobald ein oder das andere denkende Wesen in ihren Bereich kommt. –

Ein Blick in das Sternbild des Orion hat dir geistig die weiten Räume Meiner Schöpfung eröffnet, und du sankst zusammen vor der Größe der Entfernungen, vor der Größe der Weltkörper; und jetzt ein Blick in die Unendlichkeit der Gedankenwelt erfüllt dich mit Andacht und Liebe für Mich, da Ich in väterlicher Huld dir und den andern schon manche geistige Gabe geschenkt habe, aus welcher alle erkennen sollten, was ihre Stellung in dieser Welt sein sollte und könnte, wären sie geistig besser erzogen!

Das Weihnachtsfest, der Neujahrswechsel, beide erinnern dich, das erste an Meine große Liebestat, das zweite an den Flug der Zeit, wo ihr euch jetzt weit weg in ganz anderen Räumen befindet als wie im vorigen Jahre, indem eure Sonne samt ihrer Begleitung mit großer Schnelle forttreibend euch anderen kosmischen Räumen entgegenführt, als wie die waren, in deren Nähe ihr euch vorigen Jahres befandet.

Fraget nicht nach dem Ändern von klimatischen Verhältnissen, nicht nach dem Ändern der Geistes-Gesinnungen der Menschheit sowohl, als des einzelnen Menschen; ihr wisset ja nicht, wo ihr jetzt seid und wohin die Gesetze Meiner Schöpfung euch führen!

Im unendlichen Raum bewegen sich die Sonnen um Sonnen, und die Planeten müssen stets unter dem Einflusse derselben auch ihre Veränderungen, auch ihre Wechselwirkungen mitfühlen.

Alles hat seinen Endzweck, so auch das Kreisen der Welten um Welten. Im ganzen Äther ist nicht ein Ort, wenn auch noch so klein, dem andern völlig gleich, da eben dort bestehende Verhältnisse wieder andere Lebensbedingungen erfordern.

Es ist bei euch auf der kleinen Erde ebenso, am Meeresstrande ist ein anderes Leben als im Gebirge, in Sumpfländern anders als in der Steppe oder in der Wüste – überall leidet selbst die Organisation der lebenden Wesen unter diesen klimatisch verschiedenen Verhältnissen, und diese bedingen wieder teilweise die geistige Entwicklung.

So wie dieses Beispiel im kleinen, so am Sternenhimmel im großen: auch dort bedingen andere Einflüsse andere Wirkungen und andere Zwecke.

Nicht umsonst sind Millionen von Meilen die nötigen Entfernungen für das Bestehen des einen oder anderen Weltkörpers; nicht umsonst sind noch größere Entfernungen für noch größere Sonnen nötig. Sie müssen Raum haben zu ihrer materiellen Ausbildung und zur Vervollkommnung aller von ihnen abhängigen kleineren Welten.

Nichts ist umsonst so gestellt, wie es nun eben ist, einst war und ewig sein wird.

Ein unendlich dauerndes Werk muß auf breiterer Basis gebaut sein, wenn es nebst dem Ins-Leben-treten auch noch sich selbst erhalten, sich selbst vervollkommnen und sich selbst zu einem bestimmten Endresultat bringen muß.

Den ersten Impuls des Bestehens gab Ich, das weitere muß sich aus sich selbst entwickeln.

In eurem Seelenleben ist es ja ebenso, der erste Lichtstrahl der Liebe zu Gott und Menschen muß vorerst gelegt werden, und dann obliegt es einem jeden Menschen, sich zu dem heranzubilden, zu was Ich ihn eigentlich geschaffen habe; der Gedankenstrahl *„das Wort“* muß ihn erwecken, den übrigen Zersetzungs- und Vervollkommnungsprozeß muß er demgemäß selbst durchführen.

Wie die Welten durch weite Räume geführt werden, um überall aus dem Äther aufzusaugen, was sie zu ihrer Erhaltung und Ausbildung nötig haben, ebenso der Menschengeist im großen Gedankenreich, wo auch er aus den hinterlassenen Worten, seien es göttliche oder menschliche, seine Mission zu begreifen und ihr nachzukommen die Aufgabe hat.

Weit hinter der materiellen Schöpfung wohnt „der große Geist“ inmitten Seines Geisterreiches, und weit über der Gedankenwelt lebt eigentlich erst der Quell des geistigen Verständnisses der gegebenen Worte!

Nicht die Worte, nicht die Gedanken sind es, welche die Menschen zum Ziele führen müssen, sondern deren geistig richtige Auffassung, deren praktische Verwirklichung.

Ebenso wie das Licht mit all seiner Schöpfungskraft nur dann erst wirkt, wenn es auf einen festen Gegenstand fällt; ebenso die ganze Gedankenwelt erst dann fruchtbringend wird, wenn sie auf empfänglichen Boden fallend auch Früchte tragen kann. –

Siehe Meine Lehre an, wie einfach gab Ich sie selbst ungebildeten Leuten, wie Meine Apostel nur Fischer usw. und keine Gelehrte waren! Und heutzutage mit aller Gelehrsamkeit der ganzen Welt gibt es noch niemanden, der sie den Menschen so wiedergeben könnte, wie Ich sie gesprochen und wie Ich sie verstanden sehen möchte; sondern Ich Selbst muß wieder gleichsam von neuem anfangen und vorerst nur wenigen alles wieder einzeln erklären, wenn Ich will, daß Meine Worte, Worte des höchsten Geistes, auch geistig aufgefaßt werden sollen. –

Wie oft versuchte ich dieses Mittel. Von Jahrhunderten zu Jahrhunderten sprach Ich durch verschiedene Menschen, stets dem Zeitgeiste gemäß, allein vergebens! Meine Worte wurden nicht gehört oder überhört oder falsch ausgelegt; und jetzt bist auch du wieder einer jener Auserwählten, mittels welchen Ich Meinen Lehrplan ergänzen will, und trotzdem, sieh deine Anhänger an, wie wenige verstehen, was du schreiben mußt und was Ich ihnen in Meiner unendlichen Gnade sagen lasse.

Aus allen Reichen der Natur, aus allen Winkeln der Erde und der Schöpfung suche Ich Gegenstände hervor, welche unter Meiner Hand eine Wichtigkeit empfangen, wie sie noch kein Mensch erahnte.

Ich zergliedere ihnen das Nächststehende so gut wie das Fernste, überall zeige Ich ihnen den nämlichen Zweck, den nämlichen liebenden Vater und die nämliche Ursache.

Überall erkläre Ich ihnen, was *der Urgrund alles Geschaffenen* ist, ob nun durchs Mikro- oder Tele-skop (Fernrohr) sie Meine Wunder betrachten wollen – überall ist, war und wird es *die Liebe* sein, welche alles schuf, alles erhält und alles vervollkommnet.

Im Orion wie im kleinsten Atom des Welten-Äthers ruft es euch allen zu, das, was einst Meine Engel bei Meiner Geburt gesungen:

„Friede“ mit der Welt! „Friede“ predigt Meine Schöpfung, „Friede“ ist mein Endziel – und „Friede“ soll auch unter euch herrschen! – –

Sehet hin, wohin ihr wollt, so werdet ihr finden, daß die Natur stets den Frieden herstellen will, wo er durch Elementarereignisse oder sonst etwas gestört wurde. Nach Frieden sehnt sich jedes geschaffene Wesen.

Das herannahende Weihnachtsfest soll auch euch diesen Frieden wieder ins Gedächtnis rufen.

„Frieden mit der Welt, mit euch selbst“ sei auch euer Losungswort für das kommende Jahr, damit ihr ihn verbreiten möget, wo auch eure Stellung sei! –

So möge das Licht aus den letzten Nebeln des Orion euch ebenso den Frieden zusenden, wo Welten prangen, deren Entfernung und Größe zwar für euch unberechenbar, aber deren Tendenz und Existenz ebenso nur Friedensgesetzen gehorchend euch den sanften Liebesstrahl ihres Lichtes herabschicken, damit ihr erkennen sollt, daß auch dort noch das nämliche Gesetz, die nämliche Fürsorge waltet, welche auch hier auf eurer kleinen Erde den letzten Wurm nicht vergißt und überall nur Frieden verbreiten möchte, weil nur im Frieden die Liebe allein tätig sein kann! Amen.

Das Licht

II.

(4. Januar 1876)

In Meinen letzten zwei Worten über das Sternbild des Orion habe ich dir schon einige und zwar die Haupteigenschaften des Lichtes auseinandergesetzt, nämlich als erste – „die anregende, belebende Kraft“ und als zweite „die Entwicklung der Wärme oder des Lebens“.

Jetzt will Ich dir aber andere Eigenschaften des Lichtes zeigen, welche teilweise wohl manchmal von einzelnen geahnt wurden, aber deren Begriff ihnen doch nie zum klaren Bewußtsein geworden ist.

Schon vor Jahren sagte Ich in einem Wort an euch, daß „Licht, Leben und Liebe“* so miteinander verbunden sind, daß eines aus dem andern hervorgeht; aber nun will Ich euch auch noch näher erklären, wie es sich damit verhält, damit ihr wieder erkennen sollt, wie vieles noch in einem Lichtstrahl vorhanden ist und sein muß, soll er Meinen Ideen entsprechen und ewig fort ein Träger Meines Willens und ein Erwecker von Leben und Liebe sein!

Sehet, Meine Kinder, der ganze unermeßliche Äther ist ein finsterer Raum, in welchem die kosmischen Kräfte nur allein wirken.

* Siehe in „Lebensgeheimnisse“ das Kapitel „Licht, Leben und Liebe“.

Der Äther selbst hat aber in sich alle Elemente, welche zur Erschaffung der einzelnen Welten und zu deren Erhaltung nötig sind. In dem kleinsten Äther-Atom liegt diese Ur-Kraft, und zwar gemäß seiner Lage stets so eingerichtet, daß sie entweder eine *anziehende* oder eine *abstoßende* ist, wodurch eben selbst der Äther keine Ruhe genießt, sondern beide Kräfte, die anziehende wie die abstoßende, in ihm die nötige *Bewegung* und das eigentliche *kosmische Leben* erhalten, welches allein geeignet ist, erstens den bestehenden Welten zu ihrer Erhaltung das Nötige zu geben oder daraus das Unnötige, Verbrauchte zu entfernen, und zweitens – welches Ätherleben eben dadurch in den Stand gesetzt wird, aus den in ihm liegenden Elementarstoffen neue Welten hervorgehen zu lassen.

Nun, inmitten dieses großen Äther-Raumes, wo kein unten und kein oben, kein rechts und kein links denkbar ist, in diesem finstern Raume schwimmen gleich Öltropfen auf dem Wasser ohne Schwere die großen Welten und Sonnen nebst allen sie umkreisenden Planeten und Kometen – gegenseitig bloß durch die wechselseitige Anziehung oder Abstoßungs-Kraft gehalten – in lang gestreckten, elliptischen oder auch in beinahe kreisförmigen Bahnen.* –

Im Äther, wie Ich sagte, herrscht durch diese zwei Kräfte, welche ihr auch „Elektrizität und Magnetismus"** nennen könnt, ewige Bewegung, durch welche die Welten-, Sonnen- und Planeten-Bahnen bestimmt oder beeinflußt werden.

Diese Bewegung bedingt eine Reibung, die Reibung erzeugt *Wärme*, und Wärme endlich auch *Licht*, und Licht mit seinen Kraftäußerungen, wie Ich schon oben gesagt, *Leben* oder ein gesetzliches Bestreben, sich zu gestalten, sich zu erhalten und durch Abnutzung, Zerstören oder Verwandeln *alles zu vergeistigen*; so daß alle Welten, die Sonnen und ihre Satelliten endlich wieder, nach ihrer materiellen Zerstörung oder ihrem Zerfall, als neue, aber *geistige* Welten einen Schritt weitergehend den nämlichen Bildungsprozeß durchmachen müssen, welchen sie als gebundene Materie vom Äther-Atom bis zur Welten- und Sonnen-Gestaltung durchgemacht haben.

Da nun die *Welten* und *Sonnen* nicht alle gleich, ja eigentlich

* Siehe in diesem Band das Kapitel „Die Schraube".

** Siehe die gleichnamigen Kapitel in diesem Band.

gesagt, *keine der andern gleicht*, so ist auch ihr Entwicklungs-Prozeß auf verschiedene Zeitepochen begrenzt, wo die eine in soviel Millionen und die andere erst in Äonen von Jahren ihren Entwicklungs-, Vervollkommnungs- und Neubildungs-Prozeß ganz vollführen kann.

Eure Gelehrten haben im Licht Eigenschaften entdeckt, welche – da sie nicht allen bekannt sein können – Ich hier aufzählen will, wo sodann an diese kleinen Errungenschaften große, wichtige Eröffnungen angeknüpft werden sollen; damit ihr seht, daß alles, was die Gelehrten durch Versuche oder Instrumente finden, zwar wohl wahr ist, aber daß ihnen dessen richtige Beurteilung fehlt, da sie es nicht als Gnadengabe des Schöpfers eines Universums betrachten wollen.

Sehet also, die Gelehrten haben im Licht gefunden, erstens: daß das Licht (Ich rede vorderhand vom Sonnenlicht) aus einem Büschel von Strahlen besteht und ein jeder Strahl in der Form eines vierkantigen Sterns (im Querschnitt) – stets eine positive und eine negative elektrische Kante hat. Ferner entdeckten sie, daß neben diesen leuchtenden Strahlen sich noch dunkle schwarze Linien zeigen, welche sie „Wärmestrahlen" genannt haben. Auch haben sie noch gefunden, daß der Lichtstrahl selbst, wenn er auf chemisch präparierte Metalle fällt, gewisse Farben erzeugt, mittels welcher Entdeckung sie ihre Untersuchung so weit ausdehnen wollten, um die materiellen Bestandteile weit entfernter Welten und Sonnen zu bestimmen, ob diese aus ähnlichem Material wie eure kleine Erde bestehen!*

Die Gelehrten haben nebenbei durch das Prisma den Lichtstrahl in seine sieben Farben gebrochen, wie ihr sie an allen Produkten und im Regenbogen mit ihren verschiedenen Mischungen stets beobachten könnt.

Nun, alle diese auf mühsamem Wege gemachten, teils wahren, teils falschen Entdeckungen hätten die Gelehrten schon noch einen Schritt weiter führen können; allein da hätten sie ihre Gelehrsamkeit aufgeben müssen, um sich vor ihrem Herrn, vor Mir zu beugen; dieses sagte aber ihrem Stolz nicht zu, und so blieben sie bei dem Gefundenen stehen.

Da Ich aber andere Ansichten von der Welt habe als sie und eben kein Privilegium aus Meiner Erkenntnis der Dinge machen

* Die sogenannte „Spektral-Analyse".

will, wie sie, sondern von dem Prinzip ausgehe: „Mich kennt man nur dann erst ganz, wenn man Meine Werke verstehen lernt“, so ist und war es stets Meine Fürsorge: Meinen Kindern (seien es materiell geschaffene Menschen oder Geister) soviel von Meinem Geiste mitzuteilen, wie sie begreifen und fassen können. Und so will Ich auch jetzt wieder, an diese eben angeführten Entdeckungen anknüpfend, Mein Wort über das Licht weiterführen, damit es in eurem Kopfe licht werde und ihr selbst die Entdeckungen eurer Naturforscher im rechten Maße würdigen könnt.

Ich sagte euch im letzten Wort, daß das Licht eine belebende Kraft hat; und eben jetzt sagte Ich auch, daß im Äther sich zwei Kräfte stets gegenüberstehen, nämlich *Anziehung* und *Abstoßung*, welche *das Leben*, das heißt Licht und Wärme und aus diesen das Leben bewirken.

Nun, die Entdeckungen eurer Gelehrten in dem vierkantigen Lichtstrahl sind ebenfalls nichts anderes als diese beiden Kräfte, welche, wo sie auf feste oder dichtere Gegenstände auffallen, diesen Kampf der beiden Grundkräfte alles Bestehenden in Tätigkeit setzen und so den ganzen Lebensprozeß vom Entstehen bis zum Vergehen oder Verwandeln weiterführen oder bedingen.

Die sogenannten „schwarzen Linien“ der Wärmestrahlen sind nichts anderes als dichtere Stoffe, welche aus dem Ätherraum vom Lichtstrahl in seinem schnellen Lauf mitgeführt werden, und welche – eben wegen der Schnelligkeit des Lichtes natürlich aneinander sich reibend – Wärme selbst im Lichtstrahl erzeugen und so „Wärmestrahlen“ genannt werden können, da gerade, je direkter sie auf einen Gegenstand auffallen, durch ihre Wärme und durch ihre Schnelligkeit sie auch die latente* Wärme der Körperwelt desto mehr entwickeln.

Was aber hauptsächlich zu dieser Wärme-Entwicklung beiträgt, ist die Brechung des Lichtstrahls, vorerst in seine drei Hauptfarben: rot, blau und gelb, und ferner die Vermischung dieser zu den andern (sekundären und tertiären Farben), da die Körper teilweise die Farben aufsaugen und nur die nicht verbrauchten zurückstrahlen, durch welche sie dann dem menschlichen Auge sichtbar werden.

Sehet, Ich habe euch im letzten Wort gesagt, daß, wo ein Lichtstrahl auffällt, er Leben und Wärme hervorbringt, das „Wie“ aber

* gebundene, aufgespeicherte.

findet ihr in der Farbenbrechung und Farbenzerteilung. Denn sobald ein Lichtstrahl mit seiner Lebenskraft einen Gegenstand berührt, so fängt dieser Gegenstand oder dessen Stoffteilchen an zu vibrieren, so zwar, daß einzelne Teile desselben billionenmal in einer Sekunde vibrierend, diese oder jene Farbe aus sich ausscheidend, als zurückstrahlende dem Beobachter auf ihrer Oberfläche sich zeigen; wozu noch eingerechnet werden muß die Reaktion, welche in den Elementen eures Auges vor sich geht durch die erneuerte Brechung der zurückgestrahlten Farben in der Regenbogenhaut und den übrigen Teilen der Sehorgane.

„Sehen" heißt also nichts anderes, als jeden Gegenstand in der Farbe bemerken, welche er als nicht sein eigen betrachtet zurückwirft, während er alle andern, sowohl Haupt- als Mischungs-Farben, aufgesaugt hat, da sie zu seinem Bestehen notwendig sind.

So ist die schwarze Farbe keine Farbe, weil der Gegenstand alle Farben aufgesaugt hat, und „Weiß" ebenfalls keine Farbe, weil der Gegenstand, der euch weiß erscheint, die Gabe der Aufsaugung gänzlich entbehrt und alle Lichtstrahlen zurückwirft, wie sie auf ihn auffallen, ohne sie zu seinem Bedarf zu zersetzen.

Ihr seht also aus allem, daß ihr die ganze Farbenpracht der Natur anders beurteilen müßt, als sie dem irdischen Auge erscheint; denn dem geistigen Auge zeigt sich dort ein fieberhaftes Regen, wo Ruhe scheint, welches zum Gestalten, Erhalten, Entwickeln und Verwandeln angeregt ist, und zwar nur durch den einfach dort auffallenden Lichtstrahl.

Im großen Äther-Raume, sagte Ich euch, regt sich ebenfalls alles, bedingt durch die zwei Elementar-Kräfte der Anziehung und Abstoßung; aber in der scheinbar festen Materie ist ebenfalls keine Ruhe, denn mit dem ersten Lichtstrahl, welcher auf sie fällt, geht der nämliche Prozeß vor sich; auch in ihr regt sich alles, und zwar mit einer Schnelligkeit, die kein menschlicher Sinn fassen und kein menschliches Auge je bemerken kann.

So ist die Wirkung des einfachen Lichtstrahls der große Faktor alles Lebens.

Was eure Gelehrten erfunden zu haben glauben, nämlich eine Vorrichtung, selbst die Elementar-Bestandteile entfernter Welten zu bestimmen mittels Reaktion des Lichtstrahls auf chemisch präparierte Stoffe, so sind sie sehr im Irrtum, welchen sie leicht erkennen könnten, wenn sie ihre Versuche nur vergleichen möchten, wo bei allen Sternen und Sonnen nur immer das nämliche

Resultat zum Vorschein kommt*, weil sie eben den Faktor dabei, die *Erd-Atmosphäre*, ganz außer acht lassen, durch welche doch ein jeder Lichtstrahl hindurchgehen muß, ehe er auf die Oberfläche der Erde kommt.

Nun, so frage Ich diese Gelehrten, glauben sie denn nicht, daß im Dunstkreis der Erde die nämlichen Stoffe alle vorhanden sind, und zwar in aufgelöstem Zustand, welche festgebunden im Erdkörper selbst sich finden!

Mit wenig Nachdenken müßte da eine Bejahung herauskommen, denn aus der Atmosphäre entstand ja einst der Erdball, und in diese wird er sich einst wieder als Nebelball auflösen, wie er schon jetzt in jeder Sekunde seine verbrauchten Elemente an diese abgibt.

Wenn nun ein Lichtstrahl von fern herkommend den Dunstkreis der Erde berührt, in ihn eindringt, so muß er sich dem Einflusse desselben teilweise unterziehen und dann also zersetzt auf die Oberfläche der Erde die nämlichen Stoffe auch mitbringen, aus welchen die Atmosphäre besteht.

Zum Beispiel „Eisen" ist in der Erd-Atmosphäre in aufgelöstem Zustande vorhanden, der Lichtstrahl kommt also schon mit solchen Elementen belastet auf das chemisch präparierte Papier und reagiert daher natürlich auch wieder darauf eisenhaltig, aber nicht als reiner Lichtstrahl von einer entfernten Sonne oder Welt, sondern als veränderter Faktor, beeinflußt durch den tellurischen** Dunstkreis unseres Planeten selbst.

Wenn es möglich wäre, den Lichtstrahl einer Sonne oder sonstigen Welt direkt aus dem Äther-Raume zu bekommen, ohne daß er anderen chemischen Prozessen unterliegen müßte, die er beim Durchgang durch Atmosphären nicht vermeiden kann, dann würden eure Gelehrten andere und auch manchmal gar keine Resultate erhalten.

Dieses ist aber unmöglich, da ohne einen Dunstkreis kein lebendes Wesen existieren kann, obwohl im Äther die Urstoffe der Schöpfung alle bereit sind, aber erst durch viele Verwandlungen den lebenden Geschöpfen brauch- und genießbar gemacht werden müssen.

Deswegen begnügt euch mit dem, was Ich euch als zu eurem

* Das heißt, wenn auch unter sich verschieden, so kann es sich doch dabei nur von auf *Erden* bekannten Stoffen handeln.

** irdischen.

Besten angewiesen habe, und suchet nicht Dinge zu erforschen, die doch zu keinem andern Resultat führen als zu der Erkenntnis, daß es andere Weltkörper gibt, die Erden oder Sonnen wie die eurige sind, deren innere Einrichtung sowie deren Oberfläche, Vegetation und Geschöpfe aber so weit von euren geträumten Gestalten und Formen abweichen, daß ihr eurer Phantasie den ganzen Spielraum freilassen könnt und doch um keine Haaresbreite der Wahrheit näherkommen werdet.

Meine Welten sind Wohnungen von Geschöpfen, die Ich alle aus Liebe schuf, aus Liebe erhalte, erziehe und vervollkommnen will, bis auch sie alle aus dem Kampfe mit der Materie als reine Geisteskinder ihres großen Vaters und Schöpfers hervorgehend, Ihn erkennen, begreifen und lieben gelernt haben.

Das eine bleibt bei allem feststehen: *Das Licht ist der Träger Meiner Liebe, der Erwecker alles Lebens –*

und wenn es auch auf noch so verschiedene Weise geschieht, so wird doch ein geistiger Mensch stets vor Erstaunen zusammensinken müssen, wenn er erfährt, wie das ganze große Schöpfungs-Gebäude all sein ewiges Fortbestehen, seine Vervollkommnung, seine Entwicklung und endliche Vergeistigung nur dem Lichtstrahl zu verdanken hat, der mit so großer Schnelle Welten aneinander bindet, ihre Bedürfnisse ausgleicht, Leben und Liebe erregt, wo er nur seine Macht fühlen lassen kann.

Hier sprach Ich nur vom einzelnen Lichtstrahl und dessen Eigenschaften. Wenn ihr aber nur eure Sonne betrachten wollt, wo ein Lichtmeer von Strahlen aus ihrer großen Atmosphäre in jeder Sekunde auf eure Erde fällt, jenes Lichtmeer, welches kein menschliches Auge, obwohl auch dieses mit Sonnenlichtelementen gefüllt ist, ungestraft betrachten kann, – wenn ihr euch dann größere Sonnen denkt, deren Durchmesser und Dunstkreis weit über die Bahn eurer letzten Planeten (von unserer Sonne als Mittelpunkt an) hinausreicht, und ahnt, welche Masse von Licht dort ausströmt, welche Bewegung, Leben und Wärme es hervorrufen muß, welchen Farbenglanz und welche Farbenpracht jene Lichtstrahlen, wo sie auffallen, hervorzubringen imstande sind, dann könnt ihr euch schon einen Begriff machen von der Herrlichkeit, welche in Meiner Schöpfung ist, wo eure Sonne im Vergleich zu den andern nur als ein schwaches Nachtlichtchen vor dem Glanze größerer Sonnen verschwinden müßte. Und auf solchen Welten leben Wesen, die, obwohl den menschlichen Typus beibehaltend, eine Schönheit in Form und Ausdruck haben, daß all eure Begriffe von Schönheit ungenügend, unzulänglich wären; denn ihr habt noch keinen Begriff von höhergestellten Seelen, von deren geistiger Bildung, wo aber auch die Außenseite dem Innern entspricht und ein Engels-Angesicht – wie ihr oft sagt – bei all eurer Phantasie nach menschlichen Begriffen noch nicht zureichend ist, wie ihr dergleichen in andern Welten der Unzahl nach antreffen könntet.

Oh, Meine Schöpfung ist groß, sie ist aber auch herrlich und erhaben, voll von Seligkeiten und geistigen Genüssen, wobei eure Erde, einer wüsten Einöde gleich, nur den schwächsten Vergleich aushalten könnte.

Warum aber Ich gerade eben diese kleine Erde zu Meiner größten Tat ausersehen habe, warum ihr vor vielen andern bevorzugt seid, um einst nach Müh und Kampf Meine wahren Kinder zu werden, das hat einen andern, großen, geistigen Zweck, welchen Ich euch anderswo schon früher erörtert habe und hier nun nicht wiederholen will!

Zu diesem Schritt bewog Mich die geistige Lichtverbreitung, und deswegen fing Ich dort an, wo es gerade am finstersten war – und leider noch ist; während in jenen anderen Welten die Menschen in Seligkeit schwelgen, von keinem Kampf, von keiner Sorge etwas wissen, aber auch deswegen kein Verdienst haben. Sie schreiten langsam vorwärts und werden auch längere Bildungsphasen durchzumachen haben, bis sie dahin kommen, wo ihr jetzt – von Meiner Hand geführt – schon sein könntet!

Es ist eben im geistigen Fortschreiten ein anderes Gesetz und ein anderes Warum als im Materiellen. Und deswegen beneidet nicht jene, welche nie den Drang nach Geistigem fühlten, weil ihre Zustände sie schon so selig machen, daß ein Scheiden von dort sie unendlich schmerzt; während ihr arme Wanderer auf dürrem Boden, mitten unter einer verwahrlosten Welt die Fahne des geistigen Adels hochtragen und also sauer erkämpfen müßt, was anderen Geschöpfen willenlos und im Überfluß in den Schoß gefallen ist.

Licht, der Träger und Vervollkommner des Materiellen, hat ihnen in Fülle gegeben, was andern mangelt; aber Licht, geistiges Licht mit den nämlichen Faktoren wie das materielle, es erhellt euer Herz, verschönert euch selbst die langweiligste Einöde, weil sie durch dieses Licht betrachtet anders gedeutet (und selbst ihre Eigenschaften anders verwertet), andere Resultate hervorbringen kann. –

Das Licht mit seinen zersetzenden Farben, entsprechend den sieben Eigenschaften Meines göttlichen Ichs, vollführt materiell, was diese geistig vollbringen.

Das Licht macht alles materiell Gebundene vibrieren und erzittern. Auch das geistige Licht, wenn es in seine Eigenschaften zersetzt die Seele oder das menschliche Herz bewegt, macht auch dieses vor Wonne erbeben, macht es fühlen, daß ein liebender Schöpfer nur solche veredelnde Genüsse bereiten will, und daß wie beim materiellen Licht die Reaktion folgt – wo es auffällt, so auch das geistige Licht alles verschönert und mit demselben zeigt, was seine Eigenschaften: Liebe, Toleranz, Barmherzigkeit, Vergebung und *Ergebung in den höchsten Willen als wahre Demut* selbst bei den größten Aufopferungen zu leisten fähig sind. –

So wie das Licht, wenn es als erster Sonnenstrahl am Morgen auf die kalte Erde fällt, alles belebt, auf alles einwirkt, daß es sich rege und bewege, ebenso das geistige Licht, welches alle geistigen Fähigkeiten in Bewegung setzt, um die Mission zu erfüllen, weswegen die Menschen dieses kurze Wanderleben betreten haben.

Die ganze Tierwelt mit nur wenig Ausnahmen fühlt den ersten Lichtstrahl. Selbst der schlaftrunkene Mensch, trifft ein Sonnenstrahl sein Lager, fühlt sich beunruhigt, es drängt ihn, unruhig wälzt er sich herum, nicht wissend und nicht ahnend, daß es eine Ewigkeit ist, welche in dem Lichtstrahl der aufgehenden Sonne ihm einen Beweis von seiner nie versiegenden Kraft geben will.

Die fleißige Ameise streckt ihre Fühlhörner aus ihrem Loch in der Erde heraus, denn es mahnt sie der Lichtstrahl zur Arbeit. Dort sitzt auf einem dürren Reis ein kleines Vögelchen, der erste Morgenstrahl der allbelebenden Sonne bewegt es, sein Morgenlied zu zwitschern, und die Biene verläßt summend ihren Bau, um von Blume zu Blume den süßen Saft einzusammeln, den sie für ihre Genossen im Bienenstock für Winterszeiten aufzubewahren glaubt, den aber der genußsüchtige Mensch ihr leider wieder raubt.

Überall regt es sich, in und auf der Erde, – alles jubelt diesem wiederkehrenden Sonnenstrahl entgegen, denn in ihm ist Leben und von ihm hängt das Leben ab.

Selbst im fernen Norden, während alles vom Einfluß der großen Kälte erstarrte, ist das Licht der einzige Zeuge von der Tätigkeit der Natur, während sonst alles kein Lebens-, kein Wärme-Zeichen gibt.

Im Süden eures Erdballs, am Pol desselben entsteigen ihm verbrauchte Stoffe des Erdorganismus, sie taten das ihrige und gleich leuchtenden Bändern kehren sie wieder gegen Norden zurück dorthin, wo die magnetisch-siderisch-(ätherische) Kraft in das Erdinnere einströmt, dorthin zieht sie das geheimnisvolle Wehen der Erd-Atmosphäre. Und kaum in der Nähe des magnetischen Pols angekommen, wo zwei Kräfte sich begegnen – Magnetismus und Elektrizität, entzünden sich durch Reibung ihrer Elementar-Atome diese Dünste und verbreiten als Nordlicht euer bekanntes elektrisches Licht. In verschiedenen Strahlenbrechungen und verschiedenen Formen geht der Zersetzungs- und Verbrennungs-Prozeß vor sich, bis alles für den Erdorganismus Tote wieder brauchbar geworden als tätige magnetische Kraft in das Erdinnere als belebender Stoff wieder einströmen kann, damit alles auf der Oberfläche dieses kleinen Planeten gedeihe, sich verschönere, in steter Wechselwirkung mit der Außenwelt auch im Innern die nämliche Harmonie hergestellt und der nämliche Zweck erfüllt werde.

So wie ihr Menschen und das ganze Tierreich den „Sauer- und Lebensstoff" einatmet und ihn verbraucht als Kohlenstoff wieder ausatmet, welch letzteren die ganze Pflanzenwelt zu ihrem Gedeihen gierig einsaugt und den Austauschkreislauf vollendet, indem sie zur Nachtzeit den Sauerstoff zubereitet – ebenso saugt die Erde als lebendes pulsierendes Wesen im Norden magnetisches Fluidum ein, stößt im Süden elektrisches aus und schickt es wieder gegen Norden hin, wo gerade inmitten des Starren auf Erden in der Atmosphäre der geistige Reinigungs-Prozeß vorgeht, welcher das Verbrauchte mit neuen lebensfähigen Elementen ergänzt.

Überall ist es das Licht, welches Wärme und Leben verbreitet. Und gerade dort, wo der Mensch mit seiner Habsucht nichts mehr zu gewinnen findet, und in jener Höhe eures Dunstkreises, wo tierisches Leben unmöglich geworden, dort ist die Werkstätte Meiner Allmacht, die ewig erneuert, was in Millionen täglich verbraucht wird.

Im großen Äther-Raume ist es ebenso. Nur das Licht durchkreuzt mit seinem schnellen Fluge diese ewige Finsternis. Lichtstrahlen von Millionen von Sonnen und Welten begegnen, durchkreuzen sich dort, da gibt ein Strahl an den andern ab, was er selbst nicht mehr braucht, was über Millionen von Meilen hinaus einer andern Sonne, einem andern Planeten partielle vergeistigte Speise werden soll, damit das einzelne im Ganzen sich erhalte.

Der vierkantige Lichtstrahl mit seiner positiven und negativen Elektrizität ist es, welcher Meine Schöpfung erhält und sie zum Ziele führen hilft.

Zwischen den Kreisen ganzer Welten-Systeme bewegt sich eine Kometenschar als werdende Sonnen mit ihren zukünftigen Planeten. In langgestreckten Bahnen durchziehen sie den dunklen Äther, einen langen Streifen leuchtend zurücklassend, welcher ebenfalls nur ihre Elementarstoffe enthält und der von ihrer Größe und ihrer Geschwindigkeit zeugen soll. –

Hier ist ein Stern, der nach von euch eingeführter Klassifikation der zwölften Klasse angehört, stets leuchtender, stets größer werdend bis zum Stern erster Größe im Glanze heranwächst und dann wieder nach einigen Jahren an Licht abnimmt, bis er euren Augen ganz entschwunden ist.

Er zeigte euch den Prozeß seines Werdens und seines Vergehens, aber sein Werden ging dem Lichtstrahl längst voraus, und seine Auflösung erfolgte, da ihr ihn im höchsten Glanze geschaut.

Hier ein Komet, ein künftiges Sonnensystem im Bildungsprozeß und dort ein geendetes Weltenleben, wo vielleicht einzelne Trümmer von ihm im Weltenraum herumkreisend von seiner einstigen Größe Zeugnis geben könnten.

Von all diesem großen Schöpfungsleben gibt euch niemand Kunde, wenn es nicht der flüchtige Lichtstrahl ist, der wie die schnell vergehende Zeit an die Vergänglichkeit des Bestehenden mahnt, wo nur der Zweck, Neues zu schaffen, vorwärts zu gehen, das Hauptprinzip in der ganzen Schöpfung ist.

O wie wenige kennen den wahren Wert des Lichtes, weder in geistiger Entsprechung, vermöge welcher es als Lichtstrahl dem Menschen oft große und fruchtbare Lehren geben könnte, wenn er fähig wäre, sie aufzunehmen oder geistig zu begreifen, noch in materieller Hinsicht, wie aus dem Lichtstrahl alles Gute und Schöne emporkeimt!

Du, Mein Sohn, sahst im Lichtstrahl von ein paar Sternen eine ganze große Welt. Ich half dir diesen Augenblick für immer festzuhalten, damit, wenn du auch einst von hinnen gegangen bist, dein und Mein Wort Früchte trage. Und jetzt habe Ich wieder das nämliche Thema ergriffen und habe euch allen den Lichtstrahl gerade wie ein Professor erklärt, ferner den geistigen Lichtstrahl Meines Wortes euch fühlen lassen, – und nun sende Ich euch wiederholt das Licht als Urstoff Meiner Eigenschaften als liebendes Wesen, gleichbedeutend und gleichwirkend überall, wo stets das Licht, Leben erregend, das Mangelnde ersetzen kann.

Ich habe euch gezeigt, wie das Licht allein der einzige Faktor ist, welcher euch von dem Dasein ferner Welten Kunde gibt und so euch mit Welten in Verbindung setzt, wo geistig verwandte, liebende Seelen ebenfalls der Erlösung aus der Materie warten, um einst als geistige Wesen alle Seligkeiten genießen zu können, welche eben nur geistig, also nur von Geistern errungen und gefühlt werden können.

Ich zeigte euch im Nordlicht den Ausgleich des Verbrauchten mit Neuerworbenem im Stoffwechsel eurer Erde, belehrte euch, wie überall das Licht als Verbreiter des Lebens wirkt, webt und erhält, und wie eben im dunklen Ätherraume auch dort, wo auf eurer Erde alles erstarrt ist, erst die geistige Wirkung aller Elementarstoffe anfängt, der kleinen Erde im Innern und Äußern nützlich zu sein.

So habt ihr einen Komplex aller möglichen Erklärungen des Lichtes, habt im einzelnen Strahl wie im Lichtmeer einer Zentralsonne das Wort vernommen, welches euch ein geistiges Licht anzünden soll, damit ihr Denjenigen nicht vergessen möget, welcher keine Gelegenheit unterläßt, auf die Wunder und Gesetze Seiner Schöpfung aufmerksam zu machen, damit ihr die ersteren als Zeugen Seiner Liebe betrachten und nie gegen die letzteren sündigen solltet. Denn nur ihr selbst werdet der Strafe unterliegen müssen, so wie auch nur ihr die Seligkeiten genießen könnt und sollt, wenn ihr durch Meine Schöpfung Mich erst recht kennen und lieben gelernt habt.

Immer und immer wiederhole Ich es und auch heute wieder: *Ich bin die Liebe!* Nur so begreifet ihr Mich, könnt Meine Worte schätzen und Meine Werke würdigen lernen; und nur durch die Liebe findet ihr den Schlüssel zum Reiche der Geister, dessen Bewohner ihr bei weitem länger sein werdet, als dieses kurze Erdenleben ist! – –

Wo Liebe im Herzen ist, da leuchtet der erste Strahl, um den Weg zu Mir zu finden; denn auch diese Liebe, Wärme und Leben verbreitend, wird wie der Lichtstrahl ewig der Träger alles Guten und Erhabenen sein.

Ohne Liebe können Meine sieben Eigenschaften nicht ausgedrückt werden, denn alle entspringen aus ihr. Und wie das Licht in seine sieben Farben sich teilend die sichtbare Welt verschönert, so versüßt auch die Liebe sich in ihren Eigenschaften tätig zeigend dem Menschen seinen Lebenswandel, wo er gegen seinen Nächsten dieselben ausübend erst die Gottesliebe recht begreifen wird, welche ohne die Nächstenliebe nicht bestehen kann.

Denn der Nächstenliebe wegen erschuf Ich das ganze Weltall, leitete das Licht hindurch, und selbst Ich fühle nur Meine Eigenschaften wieder, wenn ich sie an lebenden Wesen verwirklicht finde.

So muß der Lichtstrahl von einem Pol der Schöpfung zum andern die Harmonie und gegenseitige Wechselwirkung herstellen und erhalten, und so knüpft sich durch ihn das Band zwischen liebenden Wesen, zwischen Vater und Kindern stets enger, bis einst – wie Ich es auf Erden sagte: „ein Hirt und eine Herde" sein wird, wo Ich dann nicht mehr in die weiten Räume Meiner Schöpfung das Wort werde ertönen lassen: Es werde Licht! denn es wird überall Licht geworden sein, im Innern der Herzen wie im Äußern der materiellen Welt, wo dem geistigen Auge bei Aufsuchung Meiner Werke kein dunkler Fleck sich entgegenstellen wird!

So soll euch das Licht als Symbol Meiner Liebe führen, weit hinaus zu jenen fernen Welten und weit hinein in die Eingeweide der Planeten und Sonnen, wo ebenfalls die Liebe als Ersatz des materiellen Lichtes alles tut und bereitet, um den auf der Oberfläche lebenden Geschöpfen ein erträgliches, glückliches Leben zu verschaffen, wo die Erhaltung des physischen Lebens leicht und die Ausbildung des geistigen durch nichts gestört werden soll, damit, wie Ich es euch schon vor Jahren sagte: *Licht, Leben* und *Liebe* das Kleeblatt der Dreieinigkeit sei, welches euch auf allen Wegen leiten und endlich euch zu Mir ins Geisterreich führen soll, wo das Licht, das Leben und die Liebe kein Ende mehr haben werden – und ihr stets „mehr Licht" im geistigen Leben und „mehr Liebe" im geistigen Lichte finden werdet, welches von Mir ausgehend, vorerst das ganze Geisterreich belebend, das materielle Leben erleichternd und die Menschenherzen erwärmend, einen Bund fester schließen solle, worin vom Vater zum Kinde nur sanfte Abstufungen sind und also nie die Allmacht des ersteren letzteres erschrecken, sondern Seine Liebe alles vergessen macht, was das Leben im großen Geisterreich erschweren könnte.

So habt ihr nun hier wieder ein Wort, ein Wort von Meinen Wundern, um euch zu zeigen, daß, wenn ihr auch vor der Größe Meiner Welt erstaunen müßt, ihr doch vor dem Schöpfer, der nur ein Vater sein will, nicht zurückschrecken sollt, sondern festes Vertrauen haben möget, daß Er so wie ein Vater auf Erden ebensowenig etwas anderes euch zukommen lassen will als Freuden – und zwar Freuden ohne Ende! Amen.

Ergänzungen zum Wort über

Das Licht

III.

(14. Januar 1876)

Was Ich dir sagte in bezug auf die Bewohner anderer Welten, daß sie in besseren Verhältnissen und glücklicheren Umständen leben als ihr, und daß sie, obwohl sie schon Seligkeiten genießen, doch in geistiger Hinsicht hinter euch stehen – dieses Beispiel könnt ihr auch auf eurer Erde selbst sehen, wenn ihr die nördliche und südliche Hälfte eures Erdballs, deren Bewohner und klimatischen Verhältnisse betrachten wollet.

Auch hier ist Natur, Klima und leichtere Ernährungssorgen den südlichen Bewohnern anheimgefallen, während die nördlichen, mit den Elementen kämpfend, mehr den Ausspruch des Alten Testaments: „Du sollst dein Brot im Schweiße deines Angesichts verdienen", beinahe täglich verspüren müssen.

Auch hier seht ihr die geistigen Fakultäten* im Norden mehr entwickelt, weil gerade die äußeren klimatischen Verhältnisse den Menschen zum Suchen nach Ruhe und Trost in seinem Innern drängen, während die mildere Temperatur, stets heiterer Himmel und üppige Vegetation im Außenleben den Südländer von seinem Innenleben fast gänzlich abziehen.

Auch hier auf eurem Erdball könnt ihr euch den Vergleich bildlich vorstellen – zwischen den Bewohnern der herrlichen Welten und euch auf eurer kleinen Erde.

Alle Menschen sind zum gleichen Ziel berufen, so wie alle Bewohner der anderen Sonnen und Welten; aber der Prozeß der geistigen Bildung geht, gemäß der Empfänglichkeit der Seelen – bei der einen geschwinder, bei der anderen langsamer, und so ist

* Fähigkeiten.

es auch auf eurer Erde. Der Südländer braucht länger zur geistigen Reife als der Nordländer, eben weil er weniger um seine Nahrung zu kämpfen hat, weniger durch äußerliche Verhältnisse zur Einkehr in sein Inneres angespornt wird.

Er hat nebenbei aber auch seine tierischen Leidenschaften mehr zu bekämpfen, und der Nordländer kennt manche Seite der menschlichen Seele gar nicht, welche den Südländer am meisten beunruhigt.

Der Südländer entspricht der auf der südlichen Halbkugel vorherrschenden Elektrizität und der Nordländer jener des Magnetismus.

So ist es auch mit den Welten gemeint. Je schöner die Welt und *je behaglicher das Leben* auf ihr – *desto langsamer der geistige Fortschritt*; und je mehr Kampf, desto mehr ist schon der Schatten eines geistigen Lebens dem Dulder eine Belohnung.

Es ist in diesem das Gesetz der Einkleidung der Geister in andere Welten so geordnet, daß sie nicht einen zu großen Sprung machen müssen, sondern im Süden der weniger ausgestatteten Welten solche ähnliche Verhältnisse vorfinden.

Dieses wollte Ich euch mit dem Erklären der anderen Welten sagen und lasse es hier nachfolgen, damit ihr stets besser die Ordnung Meiner Schöpfung erkennen möget, wo alles nach ein und demselben Prinzip geleitet und geordnet ist und ihr die Analogie* finden könnt, wenn ihr die Sache nur mit geistigem Auge ansehen wollt. –

Selbst die Pflanzen- und Tierwelt zeigt euch das nämliche, so wie Ich es woanders einst sagte.

Vergleichet die Pflanzen und Früchte des Südens mit denen im Norden. Welche Farbenpracht der gefiederten Welt, ohne melodischen Gesang; welch einfaches Kleid mit seelenvollem Ausdruck – im Norden (Nachtigall)! Im Norden gibt es Singvögel und im Süden mit Farben gezierte, aber schreiende oder kreischende Luftbewohner; das heißt, hier üppiger Schein mit wenig innerem Gehalt und dort harmonisches Sein mit vernachlässigter Gestalt!

Selbst eure geschätztesten Metalle und Edelsteine findet ihr im Süden mehr als im Norden, weil dort alles für das irdische Scheinleben und im Norden mehr für das praktische Erdenleben, nur dem Geistigen nützen sollend, vorhanden ist.

* Ähnlichkeit.

Im Süden bei den meisten Völkerschaften Hang zur Kleiderpracht, gleich ihrer sie umgebenden Natur; im Norden, dem Lande des Eisens, mehr dem Festen, Nützlichen huldigender Sinn. Während im Süden Weichlichkeit vorherrscht, gilt im Norden als Hauptprinzip, sich allem kampffertig entgegenzustellen, was der geistigen Entwicklung hinderlich ist.

Eben deswegen auch der Nordländer eher als der Bewohner des Südens für Geistiges empfänglich ist, weil seine Seele mehr an Kampf gewöhnt, diesen nicht scheut, ihm gerade entgegengeht, während der Südländer ihm behutsam ausweicht.

Durchleset die Geschichte, so werdet ihr finden, daß selbst im Kriege zwischen Völkerstämmen ihre Bewaffnung, dem Charakter derselben entsprechend, im Norden und Süden stets sehr verschieden war.

Die Zeit des Mittelalters hieß man im Norden die Zeit des Eisens oder „die eiserne Zeit", weil dort alles in schweres Eisen gehüllt sich wohl befand.

Der Zug zum Eisen ist nicht gerade wegen der Sicherheit, die man unter solcher Bekleidung hatte, er liegt noch tiefer, es ist der verwandte magnetische Stoff, welcher im Eisen und in der ihm verwandten Menschenseele lag.

Sehet eure Bewohner des Flachlandes an, wie hebt sich ihre Brust, wie groß wird ihre Begeisterung, wenn sie bedeutenden Gebirgsländern sich nahen, wenn sie zwischen ihren saftigen Talgründen, ihren Schluchten wandeln, wenn sie auf schwindelnden Höhen den Gebirgsbewohnern folgen bis an die Grenzlinie der Vegetation und auf zerrissenen Felsenklippen oder ewig überdeckten Schnee- und Eisfeldern in der Ferne ihre Heimat erblicken!

Sehet, es sind nicht sowohl die Massen der Gebirge, es ist ihr inneres Gefüge, welches verwandte Elemente enthält, die der Menschenseele nahestehend eben zur nördlichen Hälfte des Erdballs gehören.*

Der Südländer verlangt nach keinem Gebirge, nach keiner großartigen Naturszene, er will Ruhe haben und Bequemlichkeit, weil schon die Temperatur seines Landes ihm nicht viel Bewegung erlaubt, ohne große Opfer von Kraftaufwand zu bringen.

So sind die großen und schönen Welten ebenfalls nur für solche Menschen geschaffen, denen langsame Ausreife allein zuträglich

* Siehe „Der Großglockner", ein Evangelium der Berge.

ist, und so sollt ihr Meine ersten Worte und diese nachfolgenden deuten, wenn ihr in dem anscheinlich Ungerechten doch eine gerechte Logik finden wollt.

Ich führte euch geflissentlich diese Vergleiche auf eurer Erde zwischen Süden und Norden vor, damit ihr im Nahen das Ferne leichter begreifen könnt.

Ich könnte euch noch so manches als Beleg des Unterschieds aufzählen, welches ebenfalls darin seinen Grund hat, wie die kleinen Bestandteile selbst der Erdoberfläche oder ihres Innern unwillkürlich auf die geistige Entwicklungsperiode der Völker einwirken, inwiefern sie im Süden oder im Norden wohnen.

Nehmt zum Beispiel die Religionen mit ihren Kulten, wie weichlich, wie sinnlich sind sie bei den Südländern ausgeartet, während sie im Norden stets strenger den sittlichen Charakter trugen. Selbst die Vorstellung einer künftigen Dauer nach dem Tode mußte unter diesem Einflusse leiden und so ihre Mission erschweren, statt sie zu erleichtern.

Wie wenige unter euch sind fähig, den eigentlichen Stand, sei es der Völkerkultur, als ihrer Entwicklung gerade richtig so zu beurteilen, weil die meisten Geschichtsschreiber und Ethnologen den Menschen nur nach dem sichtbar Geschehenen, nicht aber nach dem geheimen Zuge beurteilen, welcher unwillkürlich oft der Hauptfaktor ist.

Sehet, klimatische Verhältnisse beeinflussen den Körper, Nahrungsmittel und Lebensbeschäftigung die Seele, Erziehung und soziale Stellung den Geist! Die große Kette, welche alle Wesen verbindet, nebenbei aber den einzelnen die Stelle anweist, wo sie am ehesten wirken können und am leichtesten fortschreiten, diese große Verbindung kennt ihr nicht; denn sie fängt außerhalb eures kleinen Planeten an und geht weit über eure Sonnen- und Weltensysteme hinaus.

Es ist kein Zufall, wenn der eine in diesen, der andere in jenen Verhältnissen geboren oder erzogen worden ist; es ist kein willkürliches Zusammentreffen von Umständen, welche bestimmten, den einen so, den andern anders zu leben und zu wirken.

Überall, seid versichert, ist ein geistiges „Warum“, welches sodann das praktische „Darum“ festsetzte.

Das, was die südlichen Völker „Fatum“ und ihr „Schicksal“ nennen, wo die Freiheit des Menschen im Handeln dadurch beschränkt wäre, ist nirgends vorhanden.

Wahr ist es, klimatische Verhältnisse, Nahrung, soziale Stellung und Erziehung stempeln den Menschen auf Erden zu dem, was er scheint; aber doch ist ebenfalls wieder der Seele die Macht gegeben und durch den ihr beigegebenen *Gottesfunken* fest bedingt, alle diese Einwirkungen insofern zu beherrschen und zum geistigen Nutzen zu verwerten, daß *das Geist-Seelische stets die Oberhand behält* und der Körper, wenn er durch diese Beschränkung auch leidet, doch der Seele gehorchen muß.

Und hier seht ihr oder könnet wenigstens ahnen, wie viele Umstände oft eintreten müssen, um die verschiedenen Seelen mit all ihren verschiedenen geistigen Anlagen doch zu *einem* gemeinsamen Ziel zu führen.

Hier könnt ihr begreifen lernen, wie Ich das Regiment führe, da Ich alle Handlungen der Menschen, alle ihre Taten doch wieder so verwende, daß Mein Zweck, das heißt ein allmählicher Fortschritt in der ganzen geschaffenen Welt dadurch gefördert wird, indem selbst das Schlechteste, von Menschen ausgeheckt und vollführt, doch nur Gutes hervorbringen muß.–

Ich habe diese Worte als ein Anhängsel zu Meinem vorigen gegeben, auf daß es bezwecke, noch mehr Licht in euren Herzen anzuzünden, und ihr in diesem Blick in das große Regiment der Geister ahnen könntet, was in den Worten, welche Ich euch einst unter dem Titel „Die Gedankenwelt“ und „Das Wort“ gab, eigentlich noch mehr enthalten ist*. Es soll dieses Wort euch neben seiner eigenen Wichtigkeit den Wert des früheren erst in sein wahres Licht stellen; denn „Licht“ war auch der Titel jenes Wortes, und licht soll und muß es werden, wenngleich bei eurer Lauheit es sich nur langsam verbreiten kann.

Die *magnetische* und *elektrische* Kraft, diese großen Faktoren Meines Welten-Reiches, sind zu gewichtig, als daß sie übersehen oder mißverstanden werden sollen, und wenn Ich sagte, es ist eine Kette, welche alles verbindet und zusammenhält, so sind diese zwei Faktoren *das Bindungsmittel* in der materiellen Welt, welchen in der geistigen *Mein Wille* und *Mein Ernst* entsprechen, alles doch dahin zu führen, wohin Ich will und zu was Ich alles bestimmt habe.

Aus diesen beiden eben angeführten Kräften entwickelt sich *das Licht. Das Licht bestimmt den Bestand der Welten*, ihre klimati-

* Siehe „Lebensgeheimnisse“, S. 112 u. 128.

schen Verhältnisse, ihre Produkte, welche sodann als Unterlage zum Seelenleben aller Wesen werden, die unter all diesen Einflüssen sich erst durch Kampf und Streit mit der eigenen Natur den Stempel des geistigen Adels oder geistiger Höhe aufdrücken müssen.

Wenn der Mensch nichts hätte, was ihm auf seiner irdischen Lebensbahn hinderlich in den Weg tritt, so würde er dem geistigen Verwesungsprozeß anheimfallen, wie ein stehendes Wasser, welches ohne Bewegung den auf es einwirkenden Luft-, Licht- und Wärmestrahlen unterliegen muß.

Wie die Luft, die Winde, das Meer, die Wellen und das Innere der Erde ihr magnetisch-elektrisches Leben stets in Bewegung erhalten, so im Geistigen der menschlichen Lebensbahnen die Widerwärtigkeiten und die verschiedenen Verhältnisse, welche stets anregend, fördernd auf Geist und Seele einwirken, damit auch dort, wie im Meere stets Ebbe und Flut, so sie das geistige Seelenleben vor Fäulnis retten.

So seht ihr die große Kette, welche auch im Geisterreich noch nicht ihr Ende hat, sondern die Geister an die Welt und die lebenden Wesen an die Hinübergegangenen (Seelen) anknüpft und stets diese Verbindung erhält, sobald sich nur ein geeignetes Organ vorfindet, das diese auch sichtbar herstellen kann.

Überall ist es die große geistige Potenz Meines Willens, die sanfte Einwirkung Meiner göttlichen Eigenschaften, welche dieses ungeheure Gebäude, das ihr als Universum kennt, erhält, und wo eben die Erhaltung auch noch ein Fortschritt ist, indem es überall nur Anfänge, stufenweise Vorrückung, aber nirgends eine Vollendung gibt!

Der einfache Faktor „Licht" ist der Träger alles Daseienden, und das einfache „*Wort*" als sichtbar ausgedrückter Gedanke ist das geistige Licht, welches alles bewegt und alles zu Mir zurückführen wird, von wo es ausgegangen ist.

Das Licht mit seinen Strahlenbrechungen bewirkt eure Farben, belebt eure Erde, hilft sie bekleiden, verschönern und euch erträglich machen.

Das Licht zieht aus dem finsteren Erdreich die Säfte empor und führt vom kleinsten Moospflänzchen angefangen bis zum größten Baume ein jedes Gewächs zu seiner Bestimmung.

Blau, weiß oder rot gefärbt sind die ersten Anfänge einer jeden Pflanze, ehe sie aus der finsteren Erde emporsteigt; ihr Blut oder der rollende Saft, Kügelchen wie die eures Blutes, machen die Hauptsubstanz aus und bewegen sich dort in geregeltem Lauf.

Noch sind sie nicht grün gefärbt, blaß steigen sie aus dem Boden empor, aber kaum erreicht sie das Licht mit seiner Strahlenbrechung, mit seiner erregenden Kraft, so beginnt ein anderes Leben, das Blasse, Fahle wird gefärbt, wird grün in allen Abwechslungen, der Individualität* der Pflanze angemessen – alles lebt, alles arbeitet, zersetzt, formt und bildet sich, wird aber wieder zersetzt, wieder geformt und wieder zu einem andern Zweck verwendet.

Stets steigen neue Kräfte aus der Erde empor, die gröberen und dichteren bleiben gemäß ihrer Schwere unten zurück, die feineren gehen weiter; es bilden sich aus ihnen die Knospe, die Blume, die Frucht.**

Immer ist das Licht der Anreger. Was die Blätter an Farbenpracht einsaugten und dann nur die grüne Farbe zurückstrahlen, das geben sie nun wieder verfeinert in der Blume, in deren verschiedenen Farben zurück, indem sie in der Blume das Grüne für sich behalten und die andern Farben euren Augen sichtbar zeigen und so dem aufmerksamen Beschauer von ihrem inneren Wirken Kunde geben.

Neben dem Farbenspiel ist das Licht noch als Wärme-Entwickler der Hauptfaktor, welcher das Ätherische in den feinsten Säften der Gewächse herauszieht als süßen Saft oder feinen Wohlgeruch, der Tier- und Menschenwelt angenehme Sinnes-Einwirkungen bereitet.

So seht ihr, wie das Licht treibend, arbeitend in jedem Organismus zu dessen Entwicklung und dessen Endzweck hilft. Und wie das materielle Licht aus dem finsteren Boden der Erdscholle alles dieses hervorzieht und zur Oberfläche bringt, wo es dann als weitere Unterlage für Tiere und Menschen dienen muß – ebenso ist *Mein Wort* als göttliches Licht, welches auf den finsteren Herzensgrund fallend, dort die schlummernden Geisteskräfte weckt. Und wie das Licht mit seinen sieben Farben, ebenso *Meine sieben Eigenschaften* sich darin entzünden, welche sodann – wie beim Blatt anfangs als Hauptfarbe das Grün zurückstrahlend – die Tugend der festen Willenskraft im Außenleben zeigen, sodann, wenn alle sieben Eigenschaften geistig verdaut, die Willenskraft für sich behaltend, die übrigen Eigenschaften als Lebensblume

* Eigenart.

** Siehe in „Naturgeheimnisse“ das Kapitel „Leben des Baumes“.

oder Krone allen geistigen Strebens dem Nächsten entgegenhalten, um durch Ausübung dieser göttlichen Eigenschaften geistig seine Mission zu erfüllen. Wie die Blume zur Frucht übergeht, so soll aus dem Tatenleben der eigentliche große edle Geistesmensch als Resultat herauswachsen.

So seht ihr die Lichtverbreitung auch im Geistigen als den nämlichen Leiter und Führer, und es werden nun so manche begreifen, was Ich damit sagen wollte, als Ich in dem letzten Wort folgendes sprach: „daß, wenn ihr das Licht und seine Bedeutung auch in geistiger Entsprechung ganz kennen würdet, es euch manche fruchtbare Lehre geben könnte".

Hier habt ihr noch in kleinen Umrissen den Prozeß des Lichtes als Wirkung der Elektrizität und des Magnetismus und am Ende selbst das geistige Licht oder das klare Verständnis Meiner Worte beisammen, welches teils in Vergleichungen, teils in Bildern euch die große Wechselwirkung zeigen soll, welche in Meinem Reiche herrscht, wo weder Materie noch Geist sich deren Einfluß entziehen kann, sondern alles miteinander verbunden nur *eines* ausmacht, welches ihr *Universum* oder *Weltall*, Ich aber nur *den sicht- oder unsichtbaren Ausdruck Meines Willens* und Meiner Eigenschaften nenne – und ebendeswegen, weil es dieses auch ist und ebensolange wie Ich Selbst dauern wird, das heißt: *unendlich* und *ewig*, wie sein Schöpfer und euer Vater ist, war und sein wird! Amen.

Das Auge

(26. Januar 1876)

Schon seit dem Blick in den Orion und später im Wort über „Das Licht" habe Ich dir vieles gesagt über Meine Schöpfung, über die ersten Faktoren* derselben, welche sie entstehen machen, sie verwandeln und zum immerwährenden Fortschreiten drängen; habe dir in den letzten zwei Worten das Licht mit all seinen Eigenschaften, Wirkungen und chemischen Prozessen erklärt, und es blieb Mir also nichts übrig, als euch noch dieses kleine Werkzeug

* Gründe.

näher vor eure geistigen Sinne zu führen, mit welchem ihr eben Meine Schöpfung ermessen und des Lichtes Wunder begreifen könnt – und dieser große, in kleinem Raume eingeschlossene Apparat ist *euer Auge*, so wie es bei jedem lebenden Wesen dasjenige Vermittlungsglied ist, welches alle mit der um sie lebenden Natur und ihren Einwirkungen verbindet.

Was ein lebendes Wesen ohne Auge ist, und was ein Mensch ohne diesen Organismus wäre, darüber befragt nur einen Blindgewordenen, welcher zwar die wohltätige Einwirkung der Wärmestrahlen seiner Mittagssonne fühlt, aber den Anblick der ihn umgebenden Natur entbehren muß, welche wie zum Beispiel im Frühling oder Sommer in ihrem Festgewande um ihn her ausgebreitet ist.

Niemand von euch Menschen weiß den Wert eines Organs seines Körpers oder sonst ein Gnadengeschenk von Mir gehörig zu schätzen, als erst dann, wenn er es verloren hat.

Diesen Satz könnt ihr alle Tage bewährt finden, wenn ihr seht, wie die Menschen besonders in Krankheitsfällen nach Herstellung ihrer Gesundheit seufzen, welches Gnadengeschenk sie jedoch vorher mit Füßen getreten haben, indem sie dann erst wußten, was sie wert ist, wenn sie sie nicht mehr besaßen.

Ebendaher wird auch der Sinn des Sehens, des Hörens, der Sprache, erst dann in seiner ganzen Größe begriffen, wenn er der Seele mangelt. Dann erst lernt der Mensch einsehen, welch große Himmelsgabe es ist, nicht allein nur ein Glied der großen Schöpfungskette zu sein, sondern auch alles sehen, hören und dann auch andern mitteilen zu können.

Wenn Ich euch jetzt in diesem Wort das Auge beschreiben werde, so ist damit nicht gesagt, daß es das einzige Werkzeug ist, mit welchem ihr euch mit Meiner Welt in Verbindung setzet, sondern es ist nur einer jener Faktoren*, welcher zum geistigen Fortschritt der menschlichen Seele notwendig ist, denn mit dem Sehen allein ist es nicht abgetan, wenn der Vorteil mangeln würde, das Gesehene auch andern mitzuteilen. Und so ist der nächste verwandte Organismus des Auges die Gabe der Mitteilung – *die Sprache*, welche ebenfalls das ewig belebende Element Meiner Schöpfung, da wo es sich bis zum Tone steigert, entweder geistig fühlend wiedergibt oder zu ahnen sucht und so mit dem Gehör als Vor-

* Mittel.

ausgesetztes in nächster Verbindung ist; denn zuerst muß man hören, ehe man sprechen, ehe man das Gehörte, sei es in Sprache, Gesang oder Musik, mitteilen kann.

Hier habt ihr wieder *eine Dreifaltigkeit*, nämlich: *Sehen, Hören* und *Sprechen*, welche zusammen ein Etwas, das heißt – die Individualität der Geistesbildung ausmachen und durch welche die Außenwelt mit der Innenwelt verbunden ist, indem die ersten beiden dem Innern mitteilen, was außer ihm vorgeht, und die letztere, die Sprache wiedergibt, wie das Aufgenommene im Innern verstanden und begriffen worden ist.

Daß bei einzelnen Individuen, wo die eine oder die andere Fakultät* entweder verlorengegangen oder der Mangel gar schon bei der Geburt mit auf die Welt gebracht wurde, wo ein Organ schwach durch das andere ersetzt wird – dieses sind einzelne Fälle, welche nur beweisen, daß die Seele alle drei Motoren** haben muß, um sich auszubilden, und nur durch Übung der andern das Verlorene zu ergänzen sucht.

Kehren wir nun einstweilen wieder zum Auge zurück, dessen Titel dieses Wort trägt, so sehet ihr klar, daß alle Wunder Meiner Schöpfung umsonst dastünden, wären die Wesen nicht mit einem Organismus*** ausgerüstet, welcher ihnen die Möglichkeit gibt, sie wahrzunehmen oder zu sehen – denn was ist das Licht ohne das Auge? Ein halbangefangenes Werk, wo der Anfang eben zu keinem Zwecke führt.

Es muß also vorausgesetzt werden, daß Ich als logischer Schöpfer, sobald Ich eine Welt erschaffen wollte, sobald Ich auf sie Wesen setzen wollte, die Mich erkennen, die Mich lieben, Mich begreifen sollten, und zwar, da Ich Selbst unsichtbar, nur ein Geist bin, sie aus Meinen Schöpfungen den Schluß ziehen könnten, daß ein Wesen, welches solche Welten ins Leben rufen konnte, neben Seiner Macht auch ein liebender Vater sein muß, welcher alles eben diesen von Ihm ins Leben gerufenen Geschöpfen zuliebe so und nicht anders eingerichtet hat, und Ich deshalb auch Meinen Geschöpfen die geeigneten Organe geben mußte, mit welchen sie alles dieses wahrnehmen, begreifen und fühlen können – oder mit wenigen Worten: *Als Ich das Licht erschuf, da mußte Ich auch das Auge erschaffen* als einziges Aufnahmegefäß des Lichtes,

* Fähigkeit.

** Antriebe.

*** Sinneswerkzeug.

welches – da Gleiches nur Gleiches anziehen und verwerten kann – ebenfalls aus jenen Elementen zusammengesetzt ist und sein muß, welche im Lichte die vorherrschenden sind. Ferner mußte das Auge so gebaut sein, daß der Lichtstrahl mit seiner großen Schnelligkeit, mit welcher er darin eindringt, nicht allein demselben nicht schadet, sondern auch der Seele Zeit läßt, ihre durch das Auge ihr gegebenen Bilder zu geistigen Vorstellungen des Gesehenen zu ergänzen.

Da nun aber die Seele mittels des Gehirns durch einen Nerv mit dem Auge in Verbindung steht und im Gehirn die geistigen Fakultäten* der Seele mittels der Materie der Gehirnmasse erst einen geistigen Prozeß durchmachen müssen, der langsamer als das Licht selbst ist, so mußten im Auge Vorkehrungen getroffen werden, den schnellen Lichtstrahl zu verlangsamen, wozu nun eben die verschiedenen Feuchtigkeiten, welche das Innere des Auges ausmachen, als Vermittler und Zersetzer desselben dienen.

Siehe, das Blut, welches mit großer Kraft durch den Druck des Herzens in alle Teile des Körpers bis zu den feinsten Kapillar-Gefäßen geleitet wird, dieses Blut darf, sobald es gegen das Gehirn seinen Lauf fortsetzt, nicht mit solcher Hast eindringen, sondern muß seinen Lauf verlangsamen, damit die Vermittlung zwischen Geist und Materie, welche in allen seinen Teilen (des Gehirns) vorgeht, langsam geschehe; und ebendeswegen findet ihr, daß die große Schlagader, sobald sie gegen den Kopf sich wendet, dort nicht gerade, sondern in Windungen das Gehirn erreicht, um den Andrang des Blutes dort zu schwächen und so der Seele Zeit zu lassen, aus dem durch Materie Empfangenen Geistiges zu bilden.

So wie es hier für das Gehirn beschrieben ist, so ist es im Auge mit dessen Inhalt, so mit dem Knochenbau des Organismus im Ohr, wodurch ebenfalls die Schwingungen der Schallwellen verkürzt und modifiziert zu einem Etwas sich gestalten können.

Es ist in Meinem Reiche so, daß Ich nur wenige Faktoren** brauche, um große Resultate zu erzielen. Und so sehet ihr auch hier wieder, wie Ich vorgesorgt habe, hier durch die Biegung einer Pulsader, daß ihr denken, dort durch einige wäßrige Feuchtigkeiten bewerkstelligte, daß ihr sehen könnt, das heißt: daß ihr mit dem

* Fähigkeiten.
** Mittel.

ersteren das ganze Reich der Gedanken und mit dem zweiten das große Reich Meiner sichtbaren Schöpfung umfassen könnt!

Das Durchdringen der Lichtstrahlen durch die Substanzen, welche in eurem Auge sich befinden und dem Lichte verwandt sind, das heißt Magnetismus und Elektrizität, im Phosphor enthalten, wäre nicht genug. Ich mußte auch dafür sorgen, daß der Lichtstrahl nicht als unaufgelöster, als weißer darin eindringe, sondern Ich mußte diesen Stoffen noch Elemente beifügen, welche ihn zerteilen helfen, und daß ihr so bemerken könnt, wo der Lichtstrahl auf feste Gegenstände auffallend, ebenfalls nach den nämlichen Gesetzen zerteilt, seine Farben kundgibt nach den chemisch-physikalischen Prozessen, welche Ich euch in den vorhergehenden Worten zur Genüge gezeigt habe.

Auch dieses genügte noch nicht, denn nachdem Ich euch lebenden Wesen Meine große Schöpfung durch ein so kleines Organ begreiflich machen wollte, so war es ja natürlich, daß eine Vorrichtung dazu gehörte, um im Kleinen das Bild des Großen wieder zu erzeugen.

Es mußten also vorerst die vielen Lichtstrahlen der Gegenstände im Großen „gesammelt" werden, um im kleinen Auge sich wieder „zerstreuend", „divergierend", ein verjüngtes Bild der vor euch und außer euch sich befindenden Gegenstände wiederzugeben.

Hierzu stellte Ich hinter die Pupille eures Auges die Kristall-Linse, welche die Strahlen aufnimmt, sie konzentriert und dann im Pigment der Netzhaut wieder auseinandergehen läßt, um auf dem schwarzen spiegelgleichen samtenen Grunde das Bild des gesehenen Gegenstandes wieder zu erzeugen.

Eure Theorie, daß beim Sehen auf der Nervenhaut sich das Bild verkehrt zeigt und dann durch das Zurückstrahlen aus dem Auge sich wieder umkehre und sodann als gerade sichtbar ist, diese Theorie beruht auf einem großen Irrtum; denn eure Optiker haben wohl mit einem Glas, welches so wie die Kristall-Linse geschliffen ist, das heißt auf beiden Seiten konvex (erhaben, nach außen gewölbt), dieses Resultat des Umkehrens des Bildes gefunden; allein sie haben dabei vergessen, daß das Glas leblos und die Brechung des Lichtstrahls darin ebendeswegen eine andere ist, weil im Auge alles lebt, teils materiell, teils geistig, und die Seele dort mit dem Sehprozeß ganz anders zu Werke geht, als es eben die Optiker glauben.

Ich möchte diese Herren nur auf etwas aufmerksam machen. Wenn ihre Theorie wahr ist und sie den ganzen Sehprozeß nur auf die mathematischen Linien des Kreises beschränken wollen, wie werden sie denn ein Bild konstruieren, welches in das Auge einer Ziege, eines Pferdes, Ochsen usw. geht, wo die Pupille nicht rund, sondern ein längliches Viereck ist? –

Freilich liegt ihnen nichts daran, wie und was die Tiere sehen, auch können sie es nicht erfahren, weil die Tiere es ihnen nicht sagen können. Jedoch mögen sie versichert sein, daß die Tiere ebenfalls trotz der viereckigen Pupille so gut wie die Menschen und manche noch weit besser und schärfer sehen als sie.

Sie mögen überzeugt sein, daß überall, wo Ich einem lebenden Wesen ein Seh-Organ gegeben, es ihm so angepaßt habe, wie es seine Bedürfnisse erheischen. Und so können eure Gelehrten bemerken, wenngleich sie es nicht begreifen, wie selbst der Maulwurf in der finsteren Erde doch noch sieht, also Licht da sein muß, wo sie, die Herren, keines mehr wahrnehmen können; sehen, wie die Fledermaus noch in später Nacht die kleinen Mücken in der Luft sieht, sehen, wie der Adler in erstaunlicher Höhe sich wiegend – doch die am Boden schleichende Nahrung erspäht; wozu natürlich ganz andere Augen gehören als wie diese, die Ich dem Menschen gegeben, welche den direkten Sonnenstrahl nicht ertragen können, während zum Beispiel eine Fliege und all das summende Geschlecht, deren Kopf nur aus zwei kugelförmigen Augen besteht, stets den ganzen Halbkreis des Himmelsgewölbes nebst dem starken Glanz der Sonne ruhig ertragen und sich desselben noch erfreuen, ohne Schaden dabei zu erleiden.

In den meisten Erfindungen und Entdeckungen haben die Menschen stets vom Leblosen auf das Belebte geschlossen und eben hier die größten Irrtümer mit ihren eigenen Wissenschaften verbreitet, wodurch sodann viele Widersprüche zum Vorschein kommen, welche sie nicht erklären können.

So zum Beispiel ist das Zerschneiden der Leichen ein Mittel, die gröbsten Fehler im menschlichen Körper zu entdecken, warum dieser oder jene ins andere Leben hinübergehen mußte; allein bildlich gesagt: Die Uhr ist stillgestanden und die lebende Kraft, welche sie gehen machte, entwichen. Teilweise können es die Räder, die Feder oder das Öl sein, welche den Gang der Uhr anfangs hinderten, endlich ganz aufhoben; aber es gibt noch viele Einwirkungen, die der Triebkraft der Uhr die Energie raubten, weswegen sie stehenbleiben mußte. Das ist beim Menschen das seelische Lebens-Prinzip, welches am Ende auf die zwei großen Faktoren hinausläuft, die in Meiner Schöpfung das Leben allein bewirken, nämlich Magnetismus und Elektrizität.

Solange diese im rechten Maße im menschlichen Körper aus- und einströmen können, das Abgestorbene beseitigen und Neues amalgamieren* helfen, so lange ist normale Gesundheit, normales Fortbestehen möglich. Sobald aber dieses, und zwar meist durch die Fehler der Menschen selbst, zerstört und aufgehoben wird, ist kein Fortleben mehr möglich, und wenn der Mensch tot ist, so ist im zerschnittenen Leichnam höchstens die Zerstörung als Wirkung wahrzunehmen, welche die Unregelmäßigkeit der Ein- und Ausströmung dieser Hauptelemente hervorgebracht haben, aber der eigentliche Lebensfaktor ist entflohen und mit ihm die Möglichkeit, den Grund oder das Warum zu entziffern.

So seht ihr überall, daß „Leben", wenn auch nur sichtbares, materielles Leben, ein ganz anderer Faktor ist, als bloß durch chemische Analyse die Körper und Stoffe zu zersetzen. Denn nehmet diese analysierten Bestandteile, mischet sie zusammen, und Ich will sehen, ob sich da nur zum Beispiel die Bestandteile einer menschlichen Lunge ergänzen lassen, oder ob ihr aus dem kleinsten Sandkörnchen, zersetzt in seine primitiven Elemente, wieder ein ähnliches Sandkorn herauskonstruieren werdet können. Etwas anderes wird das Resultat der Zersetzung sein; aber das Zersetzte wird es nie!

So, Meine Kinder, sehet ihr, wie Ich auch im Auge Stoffe und Elemente, wie in dem Pigment oder der Netzhaut, in der gläsernen oder wäßrigen Feuchtigkeit, in der Kristall-Linse, in der Regenbogenhaut, in der Hornhaut, zusammengestellt habe, die alle von Sonnen-Natur sind, also nur Lichtstoffe in sich tragen; aber im Auge, vergeistigt, noch ganz anderen Prozessen unterliegen, indem dort noch ganz andere Verwandlungen vorgehen, wovon ihr wohl Zeuge sein könnt, aber nicht wisset, *wie* solches vor sich geht.

Was beim materiellen Sehen der Prozeß ist, wie die Seele das Gesehene aufnimmt, das ist eben auch im geistigen Verhältnis, wo selbst die Seele, und oft ohne zu wollen, durch das Auge von dem Zeichen gibt, was in ihr vorgeht. Und hier sehet ihr wieder

* einverleiben.

einen anderen großartigen Faktor auftreten, welcher euch von Seelen-Zuständen Kunde gibt, welche im Innersten des geistigen Lebens vorgehen und im Auge sich abspiegeln, ohne weder seine Stoffe, noch seine äußere sichtbare Form zu verändern.

Und wenn Ich da wieder eure Herren Doktoren, eure Optiker frage, was ist dieses für ein Fluidum, welches das zornglühende, das listige, das schlaue oder das liebende Auge auszeichnet, wo ein jedes anders ist und aus anderer Quelle entsteht und doch nur immer das nämliche Auge ist?!! – –

Sehet, Meine Herren, dieses *geistige Leben*, welches bei solchen Gemütszuständen das Auge durchdringt, ist eben wieder ein Imponderables*, welches nicht gefaßt, nicht gemessen, wohl aber von den Menschen gefühlt werden kann, wenn ein solcher Strahl geistigen Lichtes aus dem Auge des Gegners sein eigenes trifft, ohne ihm erklären zu können, woher es kommt, was es bewirkt und wie es selbst trotz des Menschen Willen oft doch nicht zu verbergen ist.

Es ist eben derjenige Faktor des Lichtes, welchen Ich im vorigen Worte „die geistige Potenz" desselben nannte!

Diese Potenz nährt, belebt und füllt die menschliche Seele ganz aus, treibt sie vorwärts; und wenn Verirrungen oder Störungen in dieser Lebens-Potenz eintreten, so entströmt das Überflüssige, welches dann in der Seele und durch sie im ganzen Körper vorherrschend ist, was ihr sodann im Auge und auch, wenn ihr wollt – in der Sprache, am Ton derselben wahrnehmen könnt. Dieser ausstrahlende Überfluß begegnet in dem ihm gegenüberstehenden Auge einem negativen Element, stößt sich daran ab und wird ebendeswegen bemerkbar, wo es dann öfter durch diese Abstoßung nach und nach das gleiche hervorzurufen imstande ist.

Hier ist es die *geistige* Seelenwelt, welche die Materie durchdringt, durchleuchtet und sie beherrscht. Und wenn bei edlen Bewegungen des Herzens, bei Begeisterung für Höheres, für Geistigeres, der Drang noch wächst, so ereignet es sich sogar, daß selbst der gewöhnliche Seh-Prozeß aufgehoben und *ein anderer* dafür eintritt, welcher dem erstaunten Menschen sodann *eine Geisterwelt* zeigt, welche er vielleicht als nicht daseiend geglaubt hatte.

Dieses ist der *geistige Blick* eines Menschen, welcher sich so an die Grenze zwischen Leben und Tod zu versetzen weiß, wo schon das Geisterreich ihm näher als das irdische ist.

* Unwägbares (Seelenschwingung).

Ein *dritter Grund des Sehens* ist derjenige, welcher dem geistig Gebildeten oder „*wiedergeborenen*" Menschen das ganze große Verhältnis Meiner Schöpfung zeigt, wo die Verbindungen und das Warum gelöst ist, das Also-und-nicht-anders, welches sogar mittels des körperlichen Auges erspäht, nur mit dem geistigen Auge oder seinem feineren Gefühl begriffen werden kann.

Dieses *geistige* Auge ist dasjenige, welches dann nach dem Tode im Geisterreich alles klar demjenigen zeigen wird, welcher bestrebt war, Mich durch Meine Werke und Worte kennenzulernen.

Denn dort ist, wie vom ganzen menschlichen Körper so auch von seinem Organismus und Auge, nur der *geistige* Bestandteil mit ins Jenseits hinübergegangen, welcher, würde er schon im irdischen Leben kultiviert*, auch da schon von manchem Nutzen gewesen wäre, was aber leider nicht so leicht zu erreichen ist, da den meisten Menschen eine mehr als dreifache Decke wie einst dem Moses vor den Augen hängt.

Würden die Menschen *geistig sehen*, so würden sie eine andere Welt als die körperliche vor sich erblicken, sie würden überall *den Grund, die Ursache*, aber nicht die Wirkung nur erblicken, das menschliche Auge würde die Zerteilung des Lichtes so gut wie die Ausströmung des geistigen Lichtes aus dem Auge wahrnehmen können.

Der Mensch würde, stets mehr Meine Schöpfung begreifend, sich selbst veredeln, sich schon hier auf eine Stufe erhöhen, welche ihm den Fortschritt dort oben leichter machen würde; würde sein eigener Lehrmeister, sein eigener Doktor sein; nichts würde ihm Zweifel erregen, überall würde er klar sehen, *wie* Ich alles und *warum* Ich es so geordnet habe. –

Sein Blick würde nicht so nichtssagend über Tausende von Gegenständen hinwegschweifen, ohne sich das mindeste dabei zu denken.

Intelligent, geistig, würde sein Blick überall auch nur Intelligenz, Ursache und Wirkung erkennen; würde *in den Werken den Meister erkennen* und auch nebenbei so manches große Rätsel begreifen, vor welchem er jetzt oft staunend stehenbleibt, weil er seinen menschlichen Eigendünkel nicht abstreifen will und sogar die Welt nach seinen Plänen einrichten möchte – während die Welt unabänderlich größeren geistigen Gesetzen folgt, die höher

* veredelt.

stehen als das winzige Kind von einem Erdenmenschen auf diesem mikroskopischen Sandkorn, Erde genannt.

Das materielle Verständnis des Licht-Prozesses, das klare Begreifen des Prozesses, welcher beim Sehen vorgeht, das sichere Beurteilen alles Sichtbaren und das gläubige Vertrauen von der Existenz des Unsichtbaren und Geistigen erwächst nur dann aus all diesem Gesagten, wenn der Mensch durch sein materielles Organ, das Auge, durch den materiellen Vorgang in seinem Gehirn fähig geworden ist, seiner Seele nebst den materiellen Bildern, nebst den Melodien und Harmonien *das Geistige* verständlich machen kann, was hinter der Materie verborgen ihr Träger, ihr Erhalter und ihr Zerstörer ist.

Das Resultat des Außenlebens, so wie es durch Auge und Ohr in die Seele dringt – ist nur ein geistiges, welches höher hinaufführt, welches die Seele des Menschen erhebt, veredelt, durchgeistigt, damit, wenn einst die letzte irdische Lebensstunde schlägt, der Sprung kein großer, sondern nur als ein sanfter Übergang die Seele dorthin geleiten kann, wo schon zu Lebzeiten sie mehr als Dreiviertteile* gelebt und gewirkt hat.

Dieses zu erreichen, sende Ich euch Worte über Worte; dahin geht Mein Streben, euch begreiflich zu machen, wieviel Geistiges in allem Geschaffenen verborgen liegt, damit ihr nicht allein auf dieser Welt Zeugen abgeben sollt, was eine Gott ergebene Seele vermag, sondern damit ihr, wie Ich es klar sagte, schon hier Meine Kinder sein sollt und nicht in der andern Welt es erst zu werden braucht.

Ich erklärte euch das Auge im Verhältnis zum Licht, Ich könnte euch ebensoviel vom Ohr als Aufnahmeorgan des Schalls und der Töne in bezug auf ihre Wirkung auf die Seele sagen.

Ich erklärte euch, wie diese beiden Organe die Verbindungskanäle sind, mit welchen die Seele die Eindrücke von außen erhält, und die Sprache, der Mund mit seinen Sprech- und Respirationsorganen** das Werkzeug ist, wodurch das verdaute Materielle geistig wiedergegeben werden kann.

Ich beschrieb euch diese Organe als Dreifaltigkeit, Ich sagte euch nebenbei, daß selbst *das Sehen dreifach* ist, nämlich das *gewöhnliche* Sehen, das *vergeistigte* Sehen und das *geistig höhere* Sehen oder Schauen.

* drei Viertel.

** Atmungsorganen.

Überall ist „Drei" die Grundzahl, die Zahl Meines Ichs, die Zahl auch des eurigen, denn auch ihr besteht aus Körper, Seele und Geist.*

Körperlich sehet ihr, menschlich-seelisch fühlt ihr und geistig durch Meinen Lebensfunken wird alles vergeistigt, veredelt – verschönert geschaut.

So begreifet doch einmal nach so vielen Worten, daß es eine ganz andere Welt ist, welche euch umgibt, als wie sie dem materiellen Auge und dem menschlichen Verstande erscheint.

Lasset euer Verständnis, euer geistiges Auge leuchten, durchdringt die Materie bis zu ihrem Seelischen und verwandelt dann alles zum geistigen künftigen Seelenmenschen, der nach Meinem körperlichen und geistigen Ebenbilde geschaffen wurde – wo seine Außenform eine göttliche Schönheit und ein großer geistiger Strahl des reinsten Bewußtseins aus seinem Blick ausstrahlen wird, in welches Auge hier schon vergeistigter Lichtstrahl fällt, aber im Jenseits die geistige Sonne Meiner Weisheit und Liebe alles ergänzen wird, was euch hier wohl als Ahnung, nicht aber als Wirklichkeit gegeben werden kann.

So nehmt dieses Wort „Das Auge". Machet eure Augen weit auf, damit dieser geistige Lichtstrahl Meines Wortes bis zu eurem geistigen Verständnis dringe und euch auch in diesen Zeilen wieder beweise, daß nur richtiges Verstehen des Sichtbaren zur wahren Würdigung des Unsichtbaren und Geistigen führen kann! Amen.

Der gestirnte Himmel

(16. Januar 1877)

Wenn Ich euch über diesen Gegenstand wieder ein Wort gebe, so hat es eigentlich keinen anderen Zweck, als teilweise so manches früher Gesagte zu ergänzen, wie auch als Wink, nicht in wissenschaftlichen Forschungen und gelehrten Abhandlungen Mich und Meine Worte erkennen zu wollen, sondern in dem

* Siehe „Lebensgeheimnisse", S. 36, 4. Aufl.

Allernächstliegenden, dem nächtlichen Sternenhimmel, welchen ihr bei heiterer Luft jede Nacht über euch sich ausbreiten sehet, Gott den Schöpfer und Herrn zu finden, der stets zu euch gesprochen hat und täglich noch immer Seine Stimme nicht verstummen läßt. –

Sehet, wenn ihr wissenschaftliche Bücher studieren wollt und in ihnen die Naturgesetze, die Kombinationen der Urstoffe, die chemischen Verwandtschaften, den Kristallisationsprozeß der Mineralien, das Gesetz der Zellenbildung bei den Pflanzen, den Bau der Tierwelt und des Menschen, soweit es euch Menschen möglich ist, erklärt findet, so ist dieses Studium nur ein Studium einzelner oder des einzelnen, der, wenn er will –
hinter den Gesetzen auch den Gesetzgeber finden kann. Denn wer Mich wirklich sucht, der findet Mich auch überall; denn es genügt, daß er Mich finden will!

Diese einzelnen Studien, selbst auch das Studium der Astronomie, erfordern, wo es nicht Berufsgeschäft ist, viel Zeit, viel Geduld und Ausharrung, um nicht inmitten derselben wieder alles fallenzulassen.

Vieles habe Ich euch Selbst aus allen Zweigen der Naturwissenschaft erklärt, erläutert und das Fehlende ergänzt, euch gezeigt, wenn man sie studieren will, *wie* man sie auffassen solle, damit sie geistiges Resultat ergeben und nicht bloß die materiellen Vermischungen und Verwandlungen euch lehren, wo selbst so mancher Naturforscher die Materie höherstellt als das Geistige und den Begriff „Gott" ganz beiseite setzt.

Ich habe euch in religiösen Glaubenssachen, in dem Alten und Neuen Testament manche Stellen erklärt, wie sie aufgefaßt werden sollten, habe euch dadurch klar bewiesen, daß zwischen *Lesen* und *Verstehen* des Gelesenen ein großer Unterschied ist, daß der beschränkte Geist pedantisch an dem Wort(-Buchstaben) hängt und nur eine aufgeklärte Seele verstehen kann, was, vor mehr als tausend Jahren geschrieben, stets als Wahrheit sich gleich bleiben wird.

Von allen Seiten und in all den Büchern mangelt es nicht an Worten an euch, um euren Geist zu erheben, um ihn zu erziehen, Höheres zu suchen und auch zu fassen, aber umsonst. Dem einen ist es zu mühevoll, über etwas nur ein paar Minuten nachzudenken, der andere wehrt sich mit aller Kraft und will nur beim Angelernten bleiben oder höchstens annehmen, was ihm konveniert*. Wird ihm ein etwas größeres Gesichtsfeld gezeigt, so verschließt er Augen und Ohren, kommen Zahlengrößen in der Astronomie vor seine Augen, so wendet er seinen Kopf ab, will nichts wissen, höchstens von der Liebe ein paar Worte hören, die ihn momentan rühren, aber von ihm vielleicht doch nicht ausgeübt werden und daher so ganz gemütlich nur auf dem Papier stehenbleiben.

So hat ein jeder und eine jede ihre Ansichten, läßt davon nicht ab, hängt am Materiellen, treibt das Geistige nur nebenbei, mehr zum Zeitvertreib als zum ernsten Studium, um sich auf die Reise ins Jenseits vorzubereiten, die doch nicht unterbleiben wird.

Nun, um auf unser Titelwort zurückzukommen, so sage Ich euch, daß Ich es gewählt habe, weil eben der nächtliche Himmel alle Tage sichtbar ist, und wenn jemand alles Gesagte, Geschriebene und Vollzogene in Zweifel zieht, er doch beim Anblick dieses gestirnten Himmels nicht umhin kann, an sich selbst die Frage zu stellen:

„Was sind denn diese leuchtenden Punkte am schwarzen Horizont der Nacht?" Die Antwort darauf wurde den Fragenden schon in frühester Jugend in der Schule gegeben, welche also lautete: „Es sind Sterne, das heißt leuchtende Körper wie unsere Sonne!" –

Nun, wenn dieses angenommen ist, so wird eine zweite Frage auftauchen, welche heißen wird: „Sind diese Sterne oder Sonnen dort oben an etwas befestigt, denn sonst würden sie ja herunterfallen?"

Auch dafür hat die populäre Astronomie für die Jugend gesorgt und hat erklärt: „Es sind Welten, sphärische Kugeln, welche sich bewegen." – –

Weiter wird eine andere Frage auftauchen, welche heißt: „Sind diese Sterne oder Welten weit von uns entfernt?" Und auch hier hat die Astronomie, soviel es möglich, annäherungsweise Zahlen aufgestellt, die zwar dem menschlichen Geiste nicht mehr faßlich, doch beiläufig einen Wert für die Entfernung ergeben.

Nun, an diese Fragen knüpfen sich noch ein paar andere an, nämlich die erste würde heißen: „Da uns Bewohnern dieser Erde die Sterne zu nichts nütze sind, zu was sind sie denn eigentlich da?" und die zweite Frage würde heißen: „Da also diese großen

* behagt.

Welten nicht befestigt sind, *wer* hält sie denn so freischwebend im Raum?"

Auf die erste dieser Fragen haben so manche Gelehrte und Astronomen geantwortet, haben auch bewiesen, daß diese Welten systematisch gruppiert einander umkreisen, haben auch gesagt, daß ähnlich wie unser kleiner Erdball eingerichtet ist, ebenso diese Welten mit allem ausgestattet sein werden, was den dort lebenden Wesen ihr Dasein angenehm machen kann.

In weiteren Details konnten sie euch keine Auskunft geben, weil sie es selbst nicht wissen. Und da taten sie sehr wohl daran; denn dem Menschen ist es unmöglich, über seine eigene Existenz hinaus etwas anderes zu erfinden, was nicht in seiner eigenen Natur vorhanden ist.

Die letzte Frage nun: „Wer hat diese Welten so gestellt, daß sie nicht herunterfallen, daß sie in elliptischen Kreisen sich umeinander bewegen?" –

Diese Frage zu beantworten soll nun Meine Sache sein, um euch verfinsterte Geister, die ihr nur euren Gelüsten und Leidenschaften Gehör gebet, in wenigen Worten zu sagen, daß es ein *Gott* ist, welcher diese funkelnden Sterne oder unermeßlichen Welten geschaffen hat *als Schule* für Millionen und Millionen Geister, die alle den Weg zur Vervollkommnung durchmachen müssen, um das zu werden, was Ich euch Menschenkindern freiwillig eingeräumt habe. –

Dort oben in jenen unermeßlichen Räumen schwimmen diese Welten wie Öltropfen auf einer Wasserfläche, gehalten von Meiner Allmacht, umher. Keine stört die andere, alle vollführen ihre Bahnen in regelmäßiger Umlaufzeit, überall herrscht Ordnung, weil überall nur *ein* Gesetz obwaltet, *das Gesetz der Anziehungskraft.*

Eine jede solche Sonnenwelt hat ihre sie umkreisenden Planeten und Kometen, welche jedoch wegen ihren geringen Dimensionen und zu großer Entfernung der Sterne selbst von hier aus nicht sichtbar sind.

Unzählige Millionen von Jahren brauchte es zur Entwicklung eines solchen Welten-Systems und ebenso viele wieder zu seiner gänzlichen Auflösung, so daß es von der Erde aus gar nicht bemerkt wird – ob es erst entstanden oder längst vergangen ist.

Sehet, alle diese unendlichen Schöpfungen, die wie funkelnde Sternchen jede Nacht über euren Häuptern glänzen, diese großen Welten (wäre nur eine kleine Intelligenz für Höheres in eurer menschlichen Seele) sollten für euch Menschen nicht unbeachtet bleiben; denn sie allein ohne alles Vorstudium sind fähig, den Menschen erstens zu oben angeführten Fragen zu führen und zweitens ihm eine ernstere Stimmung zu verleihen, welche mit der Frage enden sollte: „Was bin ich denn eigentlich, ich gebrechliches Werkzeug, mit dem Fuße auf einer Erde haftend, die ich nicht kenne, und meinen Blick sehnsüchtig in die Höhe richtend, und: – Was seid ihr Sterne, ihr stummen Zeugen so vieler tausend Generationen, wo so mancher dieselben Fragen auf den Lippen hatte und ebensowenig eine entscheidende Antwort erhielt wie ich?" – – –

Solche Gedanken sollten freilich einen jeden Menschen beseelen, wenn er den nächtlichen Himmel in seinem geheimnisvollen Dunkel vor sich erblickt, und doch wie wenige Menschen würdigen den Sternenhimmel eines Blickes, und wie noch viel wenigere denken sich etwas dabei! während doch in der ganzen Natur es nichts gibt, das so tiefen Eindruck auf ein Herz machen kann als eben dieser gestirnte Himmel in nächtlicher Stille, wo alles Weltgetümmel ein Ende hat und selbst die grünblühende Natur sich bloß in schwarzen Umrissen zeigt und so dem Menschen Zeit und Gelegenheit gibt, gewissen Ahnungen freien Spielraum zu lassen, welche in solchen Momenten die Seele beschleichen, die so manche Frage gelöst haben möchte.

Leider ist es im allgemeinen das Gegenteil. Die meisten Menschen, wenn sie abends oder spät in der Nacht von weltlichen Vergnügungen, trivialen* Unterhaltungen heimkehren, schleichen so dahin, den Kopf zur Erde geneigt, schwelgend noch in dem kürzlich Erlebten – das große Universum über ihren Häuptern kaum eines Blickes würdigend – – sie sind wie die Tiere, die ihr Haupt nicht nach oben richten können, sondern ihre Blicke der Erde zuwenden, welche nach kurzer Zeit ihr letzter Wohnort sein wird.

Wer würde es wagen, solchen Tiermenschen von etwas anderem zu sprechen als von dem eben Erlebten, wer würde es wagen, ihnen zu sagen:

„Erhebet doch ein wenig euren Blick über euch! Da oben steht eine geheimnisvolle Welt, die bald euer längerer Aufenthalt sein wird, wo andere Verhältnisse, andere Umstände euch und euren

* seichten.

Lebenswandel bestimmen werden; dort oben wird der Eigendünkel von so manchem in nichts zusammensinken. Alle Würden, Schätze, Reichtümer, alles müßt ihr hier zurücklassen – arm tratet ihr in die Welt ein und arm kommt ihr in jener Welt an, welche ihr hier nicht einmal eines Blickes wertgehalten habt."

Tier-Menschen wie ihr seid, Ich weiß wohl, warum ihr den Anblick des Sternenhimmels scheut – weil er euer Gewissen aufregt, weil gewisse Gefühle in euch wach werden könnten, die ihr gern unterdrücken möchtet. Ihr vermeidet alle ernsten Fragen, vermeidet selbst die Antworten darauf, weil sie nicht mit euren weltlichen Ideen zusammenstimmen.

Das Reich der Toten und ewig Lebenden steht in einer sternhellen Nacht vor euch – ihr fürchtet euch vor dem ersteren und glaubet nicht an das zweite. Daher hinweg von diesem schwarzen, geheimnisvollen Schleier der Zukunft flüchtet ihr euch in einen mit Kerzen und Lampen erleuchteten Salon, schaut dort wie einer den andern betrügt, indem er ihm eine bessere Meinung aufdrängen möchte, als er selbst von sich hat; schwelget dort an Tafeln voll gekünstelter Speisen (und Getränke), die euch noch eher dahin verhelfen, wohin ihr eben so spät wie möglich kommen möchtet. Durchschwärmet die Nächte im Rausche sinnlicher Genüsse, bis die Sonne das finstere Gespenst der Nacht verscheucht hat, taumelt dann nach Hause, um im Morgenschlaf das zu ersetzen, was ihr bis dorthin vergeudet habt, und ihr werdet in Bälde erfahren, was es euch genützt hat, das Unabweisbare ganz zu ignorieren und niemand mehr als euch selbst zu betrügen! – – –

Der gestirnte Himmel ist ein so einfaches Bild der großen Schöpfung, daß es nicht besser gegeben werden kann; denn ihr seht an dem beschränkten Horizont, welcher in Halbkugelform sich über eurem Haupte wölbt, in kleinen Sternbildern, Nebeln und Kometen ein Reich vor euch, welches unendlich ist.

Diese großen Welten, wofür eure Phantasie keine Zahl mehr hat, erscheinen euch als kleine Sternchen, flimmernd und glänzend im reinsten Licht.

Ihr sehet sie ihre Stellung wechseln, sie gehen auf und gehen unter, das heißt, eure Erde in ihrer Achsen- und Sonnenbewegung führt euch im Fluge an diesen Welten vorbei.

Gewißheit habt ihr keine von ihnen über das „was sind sie?" – „wie groß sind sie?" – „wie sind sie eingerichtet?" usw., lauter Fragen, die wissenschaftlich unbeantwortet bleiben werden; wo euer Verstand sagt, ich weiß keinen Bescheid darüber zu geben, und euch auf euer Herz hinweist, wo ahnungsvolle Gefühle ersetzen müssen, was astronomisches Kalkül nicht mehr beantworten kann.

So lasset also *euer Herz fühlen*, was der Sternenhimmel euch unwillkürlich aufdrängt. Vertiefet euch in diese Schöpfungsgedanken, welche den Urheber dieses sichtbaren Universums bestimmt haben mögen, so viele, so große und so herrliche Welten zu schaffen!

Lasset den Gedanken Raum gewinnen, der euch oft überkommt, wenn Mißhelligkeiten und Unglücke euch verfolgen, wenn die Welt mit allen ihren materiellen Freuden sich für euch verschlossen hat, daß doch vielleicht woanders ein besseres Sein, ein ruhiger Wohnort nach den Tagesmühen des Erdenlebens sein könnte, wo nichts beständig und selbst das vermeinte Glück von kurzer Dauer war.

Sehet, der Verstand hat keinen Trost für euch, aber *das Herz*, welchem Ich die Gabe verliehen habe – wenn es will, sich weit über das Weltliche, über die Materie emporzuschwingen; laßt es sprechen in trostvollen Worten! denn – – – „Herz“ und „Liebe“ sind gleichbedeutend. Lasset euch sagen, daß alles, was die beiden Testamente in religiösen Sachen euch lehrten, Meine Lehre, Meine Gegenwart auf Erden, Mein Tod, Meine Auferstehung, daß alles dieses kein leerer Wahn war, lasset euch sagen, daß schon in jener Zeit Ich sprach: „In Meines Vaters Hause sind viele Wohnungen“ – daß Ich schon in jener Zeit auf eine ewige Dauer alles Geschaffenen hinwies. Lasset dieses alles vor eurer Seele vorüberziehen und der nächtlich gestirnte Himmel wird euch anders erscheinen – er wird eine verständliche Sprache führen. Nicht bloß leuchtende Sternchen von verschiedenen Größen, selbst nicht materiell ausgeschmückte große Sonnenkörper, sondern *Wohnorte* für Millionen und Millionen Geschöpfe werdet ihr dort erblicken, welche alle nach geregelten Gesetzen ihre Laufbahn beschreiben, stufenweise sich nach und nach entwickeln, freilich nicht nach eurer winzigen Jahresrechnung, sondern wozu nach dem Maßstabe des ganzen Weltgebäudes auch die Entwicklungs-Perioden in anderen Zahlenwerten ausgedrückt werden müssen.

Ihr werdet dort einen großen Schöpfungs-Gedanken ausgeführt sehen, der erstens *die Liebe zur Grundbasis* und zweitens eine gewisse *geistige Vervollkommnung als höchstes Ziel* sich gesteckt hat; denn so wie es eure Ahnung sagen wird, daß unter diesen Millionen von Welten eine Rangordnung, ein Höheres oder Niederes sein muß, ebenso müssen auch die auf ihnen lebenden Wesen geistig mehr oder weniger vervollkommnet sein, wo sodann das Weitere während ihres Lebens ihnen selbst überlassen wird.

Wo eine Regel, ein Gesetz und der Übergang von einer Stufe zur andern nur *sanft* geschieht, *da kann ja der Schöpfer dieses unermeßlichen Reiches nicht anders als wie ein Vater zu Seinen Kindern betrachtet werden.* Wo aber dieses Verhältnis aus allen Schöpfungen herausleuchtet, da ist es ganz natürlich, daß wenn die Sonne untersinkt und der nächtlich gestirnte Himmel sich euren Blicken zeigt, ihr keine andere Sprache, kein anderes Gefühl in eurem Herzen verspüren solltet als die *Sprache der Liebe*, des sanften Gefühls, der Vaterliebe, wodurch Er euch allen sagt: „Sehet um euch! dieses *alles schuf Ich für euch, schuf Ich für Meine Kinder, die Mir die Liebe wiedergeben sollen, welche Ich in alles Geschaffene ausgegossen habe!*“ – –

Wenn diese Sprache in euren Herzen Platz findet, dann ist der gestirnte Himmel ein Jubelgesang geistiger Harmonien und jeder Lichtstrahl aus einer entfernten Sonne ein Geisterkuß aus einer weit von euch entfernten, aber doch noch verwandten Welt. Dann werdet ihr die nächtliche Stille, das bunte Flimmern von Millionen von Welten anders beurteilen, wenn euch der geistige Schöpfungshauch sanft anweht, der alles umfaßt, alles zur Vervollkommnung treibt, um alle geprüften Geister endlich in einem Orte zu vereinigen, wo Tag und Nacht, Geburt und Tod aufgehört hat, alles Materielle verschwunden ist, geistiges Licht, geistige Freuden, und zwar ewige Genüsse, alles ersetzen werden, was die Geister, in Körper eingekleidet oder nicht, durchmachen mußten.

Deswegen rate Ich euch, so ihr nicht studieren, Mich nicht in Meinen Werken im Kleinen suchen wolltet – verschmähet wenigstens den Eindruck nicht, welchen der nächtlich mit Sternen geschmückte Himmel auf euch macht. Glaubet nicht, mit ein paar Worten von Mir gelesen seiet ihr schon bei Mir – o nein! da ist noch ein weiter Weg; denn mit Worten will Ich euch weder zu Tränen rühren, noch genügen Mir eure Versprechungen!

Taten will Ich haben! will in eurem Gebaren sehen, daß Meine Worte ins Blut gedrungen sind, daß Sanftmut, Toleranz (das heißt Duldung) besonders gegen Niederstehende, gegen die Dienerschaft, die Brutalität verscheucht haben – will sehen, daß ihr ein Herz nicht nur für euch, sondern auch für andere habt! – – –

Solange diese sanfte Stimmung in eurem Herzen nicht Platz gewonnen hat, nützt euch alles Lesen, alles Schwärmen für Meine Worte nichts. Und ebendeswegen gab Ich euch dieses Wort, damit ihr vielleicht am Abend oder in der Nacht manchmal dort hinaufblicket, wo euch eine ewige Welt erwartet, die ihr aber nicht mit Sang und Klang betreten werdet, wenn ihr nicht die ganze Harmonie im Herzen mitbringt. Denn merket es euch, dort wird nach anderem Maßstabe gemessen, als ihr eure Worte und Taten gerne abwägen möchtet; dort fragt man nach eurem *geistigen Wert* und nicht: wie viele Diktate ihr gelesen oder abgeschrieben habt. Es wäre zu wünschen, daß ihr doch wenigstens *eines* ganz verstanden hättet, um geistig fortzuschreiten; aber leider kann Ich euch selbst dieses Zeugnis nicht geben! – –

Daher gehet hinaus ins nächtliche Dunkel! Schauet das große Universum an, lernet es mit geistigen Augen betrachten, stellt eure Winzigkeit mit ihm in Vergleich, und sinket dann zusammen vor der Macht eines Schöpfers, der neben dieser Unermeßlichkeit doch *nur Liebe spendet und nur Liebe wiederempfangen will!*

Wenn aber das Resultat einer solchen Betrachtung bei euch euren Eigendünkel, euren Stolz, eure Kommandierwut nicht besänftigen kann; wenn ihr es nicht übers Herz bringen könnt, alle Menschen als eure Brüder und Schwestern mit gleicher Liebe zu behandeln, dann lasset das Lesen Meiner Worte; denn dann ist eine Kruste schmutzigen Eigendünkels und materieller Interessen über euer Herz gezogen, welche es unmöglich macht, daß bessere Gefühle, menschlichere Ansichten darin auftauchen können.

Dann hilft kein Sternenhimmel als leuchtendes Evangelium, ebensowenig wie das geschriebene, und es muß anderen Umständen und Verhältnissen überlassen bleiben, euch dorthin zu bringen, wohin am Ende doch alle kommen müssen. –

Also, jetzt wisset ihr, was ihr zu tun habt – – die Wege zu Mir habe ich euch gezeigt. Mangelt euch die Kraft, sie zu gehen, so gehet die eurigen, der Erfolg wird euch dann schon zeigen, wo eigentlich der rechte gewesen wäre! Amen.

Die Schraube

(19. Dezember 1874)

Hier, Meine Kinder, will Ich euch wieder ein großes Gesetz Meiner Schöpfung aufdecken, woraus ihr erkennen sollt, wie es möglich ist, durch *eine einzige Linie*, wie die euch bekannte “*Schraubenlinie*“, ein Universum in Gang zu bringen, es von selbst zur Vervollkommnung zu drängen und so mit dem ersten Impuls eines Schöpfungsaktes sogleich seine ewige Bestandsdauer zu begründen.

Sehet, alles was euch sicht- und unsichtbar umgibt, hat, sei es in Form, Gehalt oder Dauer, seinen besonderen Zweck, zum Bestande des Ganzen beizutragen!

Ein jedes Ding bis auf die letzten Atome folgt dem großen Schöpfungs-Gesetz, welches Ich in alles gelegt habe: der Entstehung, Vervollkommnung und Verwandlung, und nur so war es möglich, einmal das „Werde!“ auszusprechen, da das fernere Werden sich dadurch von selbst bedingt.

Nun, unter diesen großen Schöpfungsgesetzen sind gerade eben die Anfangs-Prinzipien die wichtigsten, welche als Grund und Basis allem Erschaffenen dienen. Und von diesen Prinzipien, wovon Ich euch schon so manches erklärt und entwickelt habe, ist eben auch die Schraubenlinie, die ihr Meiner Natur abgelauscht und sie in euer praktisches Leben aufgenommen habt, eine der wichtigsten, weil eben gerade sie oder die Anwendung ihrer Form ein Hauptfaktor alles Bestehenden ist!

Die Schraube kennt ihr alle, ihre Anwendung seht ihr tausendfach in vielen Dingen. Eure Mathematiker haben ihre Gesetze berechnet, ihre verschiedenen Formen einzeln euch dargelegt, die Mechaniker haben die bewegende Kraft in spiralartiger Form angewandt zu Wasser und zu Lande. In der Natur findet ihr sie überall, selbst in eurem Körper kennt ihr die peristaltische Kraft eurer Eingeweide. Eure eigene Erde erhält Bewegung, Nahrung und Wärme durch die in Windungen vom Nordpol her in sie einströmende und am Südpol austretende Kraft.

Überall im Kleinen und im Großen würdet ihr sie bemerken, hättet ihr noch schärfere oder geistigere Augen, – und doch fehlt bei all diesem noch der eigentliche Grund, um die große Wichtigkeit der Schraube und Spiral-Linie zu erspähen, inwiefern sie im Universum begründet, eine solch große Wichtigkeit erlangt hat und haben muß, da ohne sie nichts bestehen, nichts fortschreiten könnte!

Nun, um euch wieder einen Beweis zu geben, wie sehr es Mir daran liegt, von euch durch Meine Worte verstanden zu werden, so will Ich euch hier wieder beweisen, daß in dem Unbedeutendsten oft bei weitem größere, tiefere Weisheit liegt, als wenn ihr Meinen ganzen Sternenhimmel anstaunend, dort Meine Größe bewundernd, in den Staub vor Mir niedersinken wolltet.

Noch haben wenige von euch begriffen, daß im unendlichen Raum, in der unendlichen Schöpfung es nur leichte, zarte Anfänge sind von ganz unbedeutend scheinenden Dingen, deren Tragweite freilich nur ein Gott, aber nicht ein endliches Wesen ermessen kann!

Sehet sie an, die Schraube, ihre spiralförmigen Windungen, und versucht, aus ihr neben ihren mathematischen Gesetzen und ihrer Konstruktion noch etwas Tieferes, Geistigeres zu entdecken – und wir wollen sehen, ob euer Geist von der materiellen Anschauung der gekrümmten Linie sich hinaufschwingen kann ins höhere Reich des Geistigen, welches eben im Kleinsten oft das Größte verbirgt!

Ich weiß es im voraus, euer Suchen ist vergebens, und deswegen will Ich mit einem kurzen Bericht des Lichtes in Überfülle über euren Geist ausschütten, damit ihr wieder erkennen sollt, wie ein liebender Vater stets bemüht ist, euch zu dem heranzuziehen, zu dem Er euch erschaffen hat, das heißt zu Seinen Ihm ebenbürtigen Kindern.

Um also mit euch verständlich und begreiflich zu reden, so muß Ich euch erst auf die *Form* einer Spiral-Linie aufmerksam machen, sodann auf ihren *Zweck* und zuletzt auf ihre *geistige Entsprechung* übergehen; denn nur so ist es möglich, vom Materiellen euch ins Geistige einzuführen. So höret denn!

Wenn ihr eine *Schraube* oder jede *Spiral-Linie* aufmerksam betrachtet, so werdet ihr leicht erkennen, daß so wie sie bei euch im Gebrauch verschieden angewendet wird, sie den Zweck hat, entweder einen Gegenstand an den andern stärker zu befestigen oder, wie bei euren Schiffen und mechanischen Apparaten, eine vorwärtstreibende Bewegung hervorzubringen. –

Nun sehet, hier sind wir schon dem großen Grund des allgemeinen Schöpfungs-Gesetzes nähergerückt. Die Schraube also oder jede spiralförmige Linie hat den Trieb nach „vorwärts“ in ihrer Form begründet, so brauchet ihr sie in eurem Leben.

Das Geistige dieser Form ist also entsprechend dem Materiellen, das heißt „vorwärts“ ist die eigentliche Idee dabei. Nun, mit diesem

Vorwärtstreiben oder -drängen im Materiellen verbindet sich wie gewöhnlich noch ein anderer Faktor oder eigentlich *entsteht* aus dem Mehr oder Minder des Vorwärtsgehens, nämlich die Erzeugung der Wärme durch die Reibung des vorwärtsgehenden Gegenstandes. Hier habt ihr einen zweiten Faktor Meiner großen Weltenschöpfung, nämlich die Entwicklung des Wärmestoffes – aus der Bewegung!

Weiter in unserer Betrachtung fortschreitend, ergibt sich bei der Schraube und Spiral-Linie, daß ihre Fortbewegung keine plötzliche, zerstörende, sondern eine langsame, aber stetige und nicht zurückweichende ist, welches bei Meiner Schöpfung wohl in Betracht gezogen werden muß, da Ich kein Freund von großen Kraft-Äußerungen bin, sondern lieber alles mit Liebe und Sanftmut als mit Gewalt erreichen will! Nun, bis hierher könnte euch schon manches in Meiner Schöpfung mehr einleuchtend sein, wolltet ihr darüber nachdenken, allein Ich will euch nicht auf halbem Wege steckenlassen, und so gehen wir weiter!

Wir haben also drei Eigenschaften an der Schraubenlinie entdeckt: *Vorwärtsschreiten, Tiefereindringen* und nie mit Gewalt, sondern *langsam* nur. Gut, jetzt wollen wir diese Eigenschaften im Naturreich des Sichtbaren vorerst auch aufsuchen, so finden wir sie überall, bei euch im gewöhnlichen Leben und bei Mir im großen Sternenkomplex.

Sehet, alle Welten, Planeten und Kometen bewegen sich vorwärts im Äther, sie bewegen sich aber nicht, wie ihr es im allgemeinen glaubt, nur um sich selbst und durch eine andere Triebkraft nach vorwärts – oder um eine Zentral-Sonne, das heißt in Ellipse, nein! hier muß Ich sagen: *sie bewegen sich alle in spiralförmigen Linien, sie schrauben sich in den Äther-Raum hinein*, erwecken durch diese *Bewegung durch Reibung – Leben und Wärme* im Äther, die sie sodann den auf ihnen lebenden Wesen mitteilen. Es ist nicht möglich, daß ein Körper, wie zum Beispiel eure Erde, die durch das Einfließen eines magnetischen (Fluid-) Stromes in ihr Inneres vom Nordpol aus in *schraubenförmiger Bewegung* fortgeht, nicht ebenfalls auch im Weltenraum noch eine andere Bewegung haben soll. *Die Erde bewegt sich spiralförmig weiter*, die Welten alle ebenfalls; denn nur so geht ihr Fortschreiten sanft und gleichmäßig vor sich.

Wäre es nur ein gerade eindringendes Bewegen, so müßte endlich die Geschwindigkeit durch den Widerstand des Äthers entweder vermindert oder gar aufgehoben werden, was nicht in Meinem Schöpfungsgedanken liegt.

Selbst *das Licht*, das mit so großer Geschwindigkeit von einer Sonne zur andern fliegt, *es schraubt sich in den Äther* hinein, und ebendeswegen ist das Licht auch *Wärmeträger*, welche (Wärme) sich kundgibt, wo das Licht auf feste Gegenstände auffällt.

Ihr selbst in eurem praktischen Leben habt diese spiralförmige Bewegung zum Fortbewegen oft benutzt.

Schauet eure Schießwaffen an, gezogene Gewehre und Kanonen habt ihr erfunden, wo der Kugel nächst der treibenden Flugbewegung auch die spiralförmige mitgeteilt wird, damit sie die Luft als den Gegenstand, welchen sie bei ihrem Fluge überwinden muß, leichter durchdringt.

Was die Wärme-Entwicklung anbelangt, so nehmet einen Bohrer zur Hand, versuchet ein Loch in was immer für einen Gegenstand zu machen, und ihr werdet leicht wahrnehmen, wie der Bohrer sich erwärmt eben durch seine Umdrehung in spiraliger Form.

In eurem Körper rollt das Blut, aber seine einzelnen Kügelchen schieben sich wurmartig vorwärts, denn durch diese Bewegung entwickeln sie Wärme da, wo sie durch den Stoß des Herzens hingetrieben werden.

Eure Eingeweide haben den peristaltischen Gang, um das nicht Benutzbare aus dem Körper zu entfernen. Es ist aber diese Bewegung nicht allein deswegen, sondern um durch Entwicklung der Wärme bei der Reibung noch gasartiger und feiner die Teile zu entwickeln, welche bei diesem letzten Gang der Nahrungsmittel aufgesogen werden sollen.

Überall ist diese spiralförmige Bewegung sichtbar. Pflanzen, Bäume, in- und auswendig winden oder schrauben sich aufwärts in die Luft, dem Licht und der Wärme entgegen, ihre Wurzeln winden sich zwischen Steinen und Felsen durch und entwickeln auf diese Weise Kraftäußerungen, die auf anderem Wege weder möglich noch ausführbar wären.

Des Wurmes Leben ist bekannt durch seine spiralförmige Bewegung, selbst im Meere gibt es Tiere, deren Form noch weit zurück ist und ihr Organismus an Wärmebereitung leidet, welche zum Fortschreiten eine um sich selbst spiralförmig vorwärtsschreitende Bewegung haben, um so die Wärme durch Reibung zu erhalten, die der in ihnen zirkulierende Lebenssaft entbehrt.

So sehet ihr *überall die schraubenartige Bewegung als Lebens-Prinzip*, als Bewegungs-, Lebens- und Wärme-Erzeuger.

So entstehen, bilden und vervollkommnen sich die Welten im großen, so geht alles vorwärts, langsam aber sicher, stets seinem Endzweck entgegen, und so erkennet ihr im Materiellen sehr leicht, wie nötig und allein nur möglich diese Bewegung ist, um einmal Geschaffenes für immer zu erhalten, auf daß es seinen Zweck erreiche.

Das Geistige dieser Bewegung oder *ihre geistige Entsprechung* liegt klar am Tage, denn wie die Schraube sich wendet, nach und nach alle Hindernisse „über-windet", um vorwärts zu dringen, ebenso ist im geistigen Leben das stete Vordringen von Stufe zu Stufe ebenfalls eine geistig entsprechende Schraubenbewegung. „Um sich selbst drehen" heißt ja so nichts anderes, als einem vor mir stehenden Gegenstande alle Seiten Meines Ichs entgegenzustellen. So stellt auch geistig ein jedes Wesen den Widerwärtigkeiten des weltlich materiellen Lebens alle seine geistigen Eigen- und Leidenschaften entgegen. Durch das Fortbewegen werden die Teile abgeschliffen, poliert, die Wärme, welche der Liebe gleich dabei erzeugt wird, besänftigt die Reibung; langsam, wie zwischen Hartem und Weichem geht es vorwärts, unaufhaltsam dringt der Lebensbohrer ins geistige Reich ein, erringt sich stets einen festeren Stand und gelangt so nach und nach dazu, sich eine feste Stellung zu gründen!

So ist im geistigen großen Weltenreich, wo das Materielle nur als Umkleidung dient, diese langsam vorwärtsschreitende Bewegung die einzig mögliche, vermöge welcher die Geister auf verschiedenen Stufen nach und nach höhere erringen können!

Die Bewegung selbst erregt *Liebe*, der Wärme gleich, und Licht, der *Weisheit* entsprechend, und so bringt auch ein jeder fortstrebende Geist das Resultat obengenannter Faktoren: Leben, *geistiges Leben*, wo er nur hinkommt oder wo er sich wie eine Schraube langsam hineinschraubt.

So, Meine Kinder, ist diese euch unscheinbare Linie so oft und vielmals in eurem Leben angewandt, eben gerade die Form, ohne welche kein Stern, keine Sonne am Himmel leuchten, kein Herz warm schlagen und kein Leben wo immer sich äußern würde.

So ist diese Linie geistig der große Trieb, der Geist zu Geist, Mensch zu Mensch und endlich alles zu Mir treibt; weil Liebe –

das Hauptmittel Seelen an Seelen kettet, sie miteinander verbindet, sie einander näher führt, und so alles um alles, Materielles und Immaterielles zu Mir in schraubenförmiger Bewegung wieder zurückbringt, von wo es ausgegangen ist.

Sehet also, Meine Kinder, im Kleinen in dieser unbedeutenden Schraubenform liegt so viel Großes, liegt so viel Tiefes, daß wenngleich die Menschen die mathematischen Gesetze der Spirallinie fanden, sie doch nur die Anfänge einer Weisheit entdecken konnten, welche weit über das Materielle hinaus im Unendlichen ihren Ursprung, im Geistigen ihre Entsprechung und im Materiellen ihre praktische Ausführung gefunden hat, wie sie gerade für euer Erdenleben paßt!

Lernet aus diesen Worten, wie geringscheinend die Anfänge Meiner Schöpfung sind und welche Resultate sie zu erzielen imstande sind.

Euch gab Ich diese Worte, damit ihr wieder euren Schöpfer, aber auch euren Vater erkennen sollt, der nie aufhören wird, Seine Kinder in die Geheimnisse Seines Reiches einzuführen; denn nur wenn ihr den Bau Meines Werkes begreifen oder wenigstens ahnen könnet, nur dann erst seid ihr fähig einer Liebe, die euch fest an Mich ketten kann.

Ein Kind muß seinen Vater ganz begreifen und erkennen lernen, es muß im Innersten überzeugt sein von des Vaters Größe, Milde und Liebe, und nur dann wird es Seine Gesetze gern erfüllen; denn dann haben sie aufgehört, „Gesetze“ für es zu sein, das Kind tut dann alles aus Liebe. Liebe aber verbietet nichts, sondern gewährt alles, und eben deswegen muß das Kind ganz genau wissen, was es heißen will, Kind zu sein, damit es nicht begehre, was gegen die Liebe ist!

So schreitet auch ihr alle vorwärts, windet euch durch die Mißhelligkeiten dieses Lebens hindurch, damit eure moralische Seite ebenfalls vom Groben abgeschliffen werde; dringet tagtäglich wie eine Schraube tiefer ins geistige Leben ein, um vorwärtszukommen, bis hinter dem Sargdeckel, den ihr durchbrechen müßt, das helle Wahrheitslicht Meiner ewigen Liebe leuchtet. Dort werdet ihr dann erst begreifen, warum so manches Hemmende, so manches Unangenehme im menschlichen irdischen Leben euch begegnete, denn dort werdet ihr erst ersehen, daß ohne diese stets vorwärtsschreitende Bewegung gleich der Schraube, die nichts mehr ausläßt, was sie in ihren Gewinden erfaßt hat – ihr ohne dieses langsame, aber stete Fortschreiten nicht eingedrungen wäret in jene geistige Tiefe Meiner Schöpfung, wo aus jedem Atom euch Liebe zulächelt, und wo vom ersten Augenblick eines seelischen Bewußtseins bis zum Übergang ins Geisterreich die spiralförmige geistige und weltliche Bewegung nötig war, um euch vorwärtszubringen, Leben und Wärme in euch zu entwickeln und so sanft aber sicher den Zweck zu erfüllen, den Ich in diese Linien legte, als Ich das große „Es werde!" aussprach, wo alles, diesem Worte gehorchend, seine kreisende, aber vorwärtsschreitende Bewegung begonnen hat und wie die gleichlaufende Schraube nie aufhören wird, stets um Mich als den Mittelpunkt sich bewegend, mit Mir in gleicher Nähe des Lichtes und der Wonne teilhaftig werden kann, welche für alle bestimmt ist, die ihrem Zweck entsprechend ihre Aufgabe zu Meiner und ihrer Zufriedenheit gelöst haben! Amen.

Mikro- und Makro-Kosmos

(20. Juli 1875)

Sehet, Meine lieben Kinder, mit diesen zwei Worten hat die Wissenschaft ihre Namensammlung bereichert, aber ohne eigentlich zu wissen, was sie mit diesen Worten sagen wollte, oder anders gesagt – ohne zu begreifen, daß wenn Ich die Unendlichkeit als bestehend annehme, Mikro- und Makro-Kosmos – natürlich in einem gewissen beschränkten Sinne – das nämliche bezeichnen. Nur ist bei dieser Benennung der letztere Name „Makro-Kosmos" früher schon, und zwar von den Astronomen gebraucht worden, ehe ein anderer Forscher auf weit kleinerem Gebiet mittels des Mikroskops (Vergrößerungsgerät) eine ganz neue Welt entdeckte, zum Gegensatz von dem, wo das Teleskop (Fernrohr) im weiten Raum keine Grenzen fand.

So entstanden diese Worte, ohne jedoch den mindesten Gedanken an einen unendlichen Schöpfer des Universums zu fassen, wodurch diese Eigenschaften der Unendlichkeit im Großen und im Kleinen von selbst begründet gewesen wären.

Wenn die Astronomen von Stern zu Stern mit stets verbesserten Fernrohren immer neue Welten entdecken und vor den Entfernungen derselben zurückschaudern, weil sie keine Zahlen mehr dafür finden oder diese Distanzen mit dem menschlichen Verstande nicht mehr fassen; wenn von einem unauflösbaren Nebel zum andern am nächtlichen Himmel stets neue Schöpfungen auftauchen, wo nur die größten Sternenkomplexe sichtbar sind, auch alle diese Sonnen und Welten umkreisenden Planeten und Erden aber ewig dem menschlichen Auge unerforschlich bleiben werden, so sollten doch sie dabei an den Anordner alles dieses gedacht haben, da schon nach ihren schwachen Berechnungen trotz scheinbarer Störungen doch alles seinen geregelten Lauf geht. Allein wenige von ihnen bezogen alle Entdeckungen auf diesem Gebiete auf Mich, sondern betitelten das Ganze nur als „Kosmos", und weil die Entfernung ohne Ende ist, als „Makrokosmos", und ließen es bei diesem Ausdruck bewenden, den jetzt beinahe ein jeder Schulknabe auch schon weiß, aber dabei sich ebensowenig denkt wie der größte Sternenbeobachter.

Der zweite Weg zur „Unendlichkeit", welchen ein anderer Forscher (Ehrenberg) und nach ihm auch andere einschlugen, war der, indem sie erstens das tierische Leben verfolgten, soweit es ihre von Mikroskopen unterstützte Sehkraft erlaubte, ferner mit diesem Instrument die Zellgewebe der Pflanzen und die Bestandteile des Mineralreiches untersuchten.

Da sie auch hier die Grenze nicht fanden, wo das tierische Leben aufhört und wo die Bestandteile der einzelnen Elemente ihre Teilchen wieder in andere zersetzend ebenfalls „Leben" zeigten, so nannten sie auch diese ganze ihnen sichtbar gewordene und neuentdeckte Welt „Mikrokosmos", wo ebenfalls dem Forscher noch kein Grenzstein begegnet ist, der ihm das Ende der Welt, wohl aber das Ende seines schwachen Verstandes und Forschergeistes gezeigt hat, indem er ihm zurief: „Bis hierher und nicht weiter!" – ebenso wie den Astronomen die weit entfernten Sterngruppen oder Hülsengloben nur ahnen ließen, daß dort noch lange kein Ende, sondern nur für ihn ein „Halt" ist, wo der Menschenverstand nichts mehr fassen kann, was ein Schöpfer nach Seiner Größe, nicht aber nach der körperlichen Größe eines winzigen Menschen geschaffen hat.

Auch diese letzteren Forscher schreiben ganze Bücher über die immerwährend neuen und wieder neuen Entdeckungen auf diesem Gebiet, aber auch dort werdet ihr Meinen Namen wenig zu lesen bekommen; nur in der Materie wühlen sie herum, und eben materiell wie ihr Suchen finden sie auch nichts als ebenfalls wieder Materie.

Nachdem Ich aber so „Meine Kinder“ nicht erzogen haben möchte, und wenn auch eure Gelehrten gewisse Namen für unaussprechliche Dinge gemacht haben, sollet ihr doch eigentlich wissen, was hinter diesen Namen steckt oder wie sie zu deuten sind. Deshalb ergriff Ich eben wieder das Wort, um euch von neuem zu zeigen, daß wenngleich schon oft gezeigt, doch stets neue Ansichten von Meiner Schöpfung gewonnen werden können, wenn man *mit geistigen Augen* selbst menschlich erfundene Worte aufmerksam betrachten will.

Alles, was Ich euch bis jetzt noch durch Meinen Knecht schreiben ließ, hat ja eben den Zweck, euch und Tausenden nach euch kommenden Geschlechtern Meine Schöpfung ins rechte Licht zu stellen; denn es mögen die sozialen Verhältnisse sich wandeln wie sie wollen, es mögen Regierungsformen auftauchen in noch so verschiedenen Formen, zwei Sachen und Dinge werden stets bestehen: ihr Bewohner der Erde sowie auch andere von größeren Welten werdet stets eine je nach Maßgabe körperliche oder materielle Umkleidung haben, und eure oder jede Welt wird ebenfalls stets aus Materie bestehen, die Leben in sich birgt, um dadurch ihre Mission erfüllen zu können.

Solange also Materie besteht, solange der Entstehungs-, Erhaltungs- und Verwandlungs-Prozeß in und auf den Welten vorgeht, so lange werden Mikro- und Makro-Kosmos sich vorfinden, und ganz natürlich eben darum, weil Ich als Schöpfer des Ganzen unendlich bin und also Meine Schöpfung ebenfalls unendlich sein muß.

Wenn der menschliche Geist auch mit den besten Fernrohren in die weiten Räume des Universums hinausblickt, so wird er – da eben Materie, angefangen vom feinsten Atom, stets wieder Materie bildet – nur neue Welten entdecken, die (wieder alles in sich enthalten), wie, wenn Ich ein euch naheliegendes Beispiel dafür setzen will, ein jedwelches Samenkorn schon im einzelnen Körnchen die unendliche Fähigkeit enthält, daraus die Pflanze, aus der Pflanze die Blüte und aus der Blüte wieder den Samen zu erzeugen. Wie hier, wenn ihr es aufmerksam betrachten wollt, ebenfalls kein Ende vorauszusehen ist, ebenso in dem Makro-Kosmos sich Welten aus Welten bilden, wo natürlich nicht der Maßstab eurer kurzen Lebenszeit in Rechnung gebracht werden kann.

So im Großen und so im Kleinen, wo das Leben stets einfacher, beschränkter, immer als Grund eines höherliegenden das Gedeihen alles Lebenden hervorrufen muß, und im Pflanzenleben, wo alles, was besteht und sichtbar dem bewaffneten Auge des menschlichen Forschers entgegentritt, ebenfalls bei jeder Entdekkung eines neuen Zellgewebes vorausgesetzt werden muß, daß eben diese kleinste Zelle wieder ihre Bestandteile, ihre Organe, ihr eigenes Leben haben muß, welches sie zur Ausbildung des Künftigen antreibt, bis endlich dem gewöhnlichen Menschenauge auf einer höheren Stufe das ganze aus Millionen kleiner Gewebe Zusammengesetzte, sei es Pflanze, Mineral oder lebendes Wesen, erst zeigt, wieviel dazu gehört, um auch nur ein unscheinbares Pflänzchen oder ein Infusionstierchen zu erschaffen und zu erhalten!

Wären die Menschen geistig aufmerksame Beobachter eines einzelnen Gegenstandes in Meiner Schöpfung, so würden sie den Schöpfer mit großen Buchstaben in jedem erschaffenen Ding oder Wesen erkennen und gewiß nicht so geist- und sorglos oft aus Mutwillen Dinge zerstören, die für sie als Menschen die größten Wunder sind.

Allein, leider ist der Mensch im allgemeinen so, alles was er täglich sieht, was er, wie Pflanzen wachsen, gedeihen und wieder verwesen sieht, es reizt ihn nicht zur weiteren Forschung oder zu weiterem Nachdenken; er nimmt es als Daseiendes, Bestehendes an, gebraucht es nach seinem Gutdünken, ohne im mindesten an den Geber oder Spender desselben zu denken. Gedankenlos gehen so Millionen durchs Leben, werden geboren, erzogen und sterben, ohne je gewußt zu haben, was „geboren werden" heißt, wie man erzogen werden sollte und was eigentlich „Sterben" heißt oder ist. Alle glauben – dazu habe es in der andern Welt auch noch Zeit, wenn es überhaupt eine gebe? – !

Deswegen die Klagen und das Flehen der Hinübergegangenen, wenn sie dort zu ahnen anfangen, *wie* sie hätten leben sollen und leider nicht gelebt haben; wenn sie sehen, wie viele Mittel ihnen auf Erden zu Gebote standen und sie doch keines benutzen wollten, sondern in dummem Eigendünkel und Wahn von Großmacht als Menschen – sie so ganz *Den* vergessen hatten, der sie aus Liebe in die Welt setzte und keine Gelegenheit unterließ, ihnen bei jedem Pulsschlag zuzurufen:

„Gedenke, o Mensch, daß außer dir, in dir und über dir *eine geistige Welt* ist, welcher du nicht entrinnen kannst und die dich nach geistigen Gesetzen erschaffen hat und nach dem Tode nach geistigen Gesetzen auch dich richten wird!"

Daher folgt ein Wort auf das andere, welches Ich euch gebe; denn in allem und überall suche Ich euch zu beweisen, daß ihr nicht allein für diese Welt leben sollt und geboren seid; sondern in allem suche Ich euch aufzuklären, damit ihr den Weg zu Mir finden könnt, der, eben weil ihr materiell und mit materiellen Schöpfungen umgeben seid, deshalb auch durch die Materie nur allein gefunden werden kann – denn *in der materiellen Schöpfung sollt ihr die geistige und in der geistigen Meine unendliche wiederfinden*, denn nur so könnt ihr moralisch von Stufe zu Stufe schreiten. Die Lehre allein nützt euch nichts, wenn ihr nicht das Gelesene in euer Gemüt einprägt, mit euch geistig vermengt, damit auch bei euch wahr werde, was einst ein Apostel sagte: „Nicht mehr ich, sondern Christus lebt in mir!"

Ebenso sollt auch ihr nicht frömmelnde Worte, nicht immer den Ausdruck „der Herr" im Munde führen, sondern in eurer Denkungs- und Handlungsweise sollt ihr zeigen, daß ihr nicht anders denken könnt, als wie eben euer Gott, Schöpfer und Vater Selbst denkt, Ihn sollt ihr überall fühlen: im Makro- wie im Mikro-Kosmos. Im Lichte des letzten Sterns, welches auf euer Auge fällt, sollt ihr die nämliche Sprache der Liebe erkennen, welche gleich und unwandelbar im kleinsten Tierchen ebenso mit Sorgfalt und Liebe alles so geordnet hat, daß dieses euch sichtbare letzte Infusionstierchen ebenso relativ seiner Organisation Freude und Glückseligkeit in seinem beschränkten Leben genießt, wie der erhabenste Engel, der in Meiner Nähe Mir ähnlich mit einem Blick Äonen von Welten überblickt. – – Deswegen wählte Ich auch diese zwei Wörter, damit ihr nicht bei dem oberflächlichen Ausdruck stehenbleibend, gedankenlos über Wunder hinwegschreitet, die überall gleich, in den großen Welten-Komplexen oder im kleinsten Zellgewebe einer mikroskopischen Faser eines Pflänzchens, euch stets entgegenrufen: „Blick auf, du menschlicher Geist, und verträume deine kurze Spanne Lebenszeit nicht! Überall lächelt dir die Liebe des Vaters entgegen, der dir schon so manches gezeigt, aber noch vieles vorenthalten hat, welches nur ein Wiedergeborener zu sehen fähig ist, welcher dann erkennen wird, daß es nicht große Naturszenen, erhebende Augenblicke von hoher Begeisterung und die namenlosen Entfernungen von Weltenkörpern vonnöten hat, um die Liebe eines Schöpfers zu begreifen, sondern daß es weit näher an dir und in dir selbst liegt, wo du dann ebenfalls die nämlichen Gesetze, die nämliche Fürsorge überall antreffen wirst, wie ein Gott, verstehe das o Mensch, wie *ein Gott! erschafft!* – – wie *ein Vater Seine Welten einrichtete*, wo eben in der Materie das höchste Geistige – *Seine Liebe allein* – dazu beiträgt, das Erschaffene zu erhalten und es höheren Stufen zuzuführen!" –

So denket auch ihr, Meine Kinder, oder so lernt auch ihr denken, fühlen und danach handeln! So bemühet euch, wenn die beschränkte Wissenschaft euch Namen aus toten Sprachen hinwirft, daß oft auch unter diesen Namen bei weitem mehr Geistiges verborgen liegt, als derjenige ahnt, welcher sie zum erstenmal gebrauchte.

Ich lasse es zu, daß viele von euren Gelehrten und Forschern so manches aus Meinem Gebiet der Natur entdecken, Ich lasse es zu, daß vieles von dem Entdeckten zu eurem sozialen Leben verwertet wird, Ich lasse es sogar zu, daß selbst diese Entdeckungen statt zum Besten der Menschheit auch zum Betrug und Mißbrauch verwendet werden! – –

Aber neben diesen „Zulassungen" bleiben doch Meine primitiven* Naturgesetze aufrecht stehen, wo der Verfälscher derselben sich selbst straft, wenigstens in seiner moralischen Würde, und der Unachtsame, den oft Geiz und Habsucht dazu verleiten, auch im Körperlichen die Folgen seiner eigenen Leidenschaften büßen muß!

Aber unter all diesem Für und Wider habe Ich Mir doch Meinen eigenen Weg auserkoren, wo Ich teilweise schon lange die Bausteine bereite, die einst nötig sein werden, um das große geistige Haus zu errichten**, wo alle Fälschung, alle Täuschung ein Ende haben wird und Meine Kinder ihren Vater in all Seinen Werken erkennen und in all Seinen schon früher gegebenen Worten das Zeugnis haben werden, daß eben wie in der Materie die Grenze eines Mikro- und Makro-Kosmos nicht zu bestimmen ist, so auch in der geistigen Auffassung Meiner Worte oder in ihrer Ausübung ebenfalls unendlich fortwirkend das Kleinste oft die größten Folgen hat, oder von den unscheinbarsten Ursachen die weittragendsten Wirkungen erzielt werden können!

Der Blick eines emsigen Forschers sucht vergebens die letzte Welt zu erblicken, wobei er stets vergißt, daß die letzte Sonne,

* einfachen.
** Offb. Joh. 20,1–7, und in „Die Wiederkunft Christi".

welche durch sein Fernrohr den Strahl auf sein Auge sendet, ihm erborgtes Licht zeigt, dahinter eben wieder die andere größere Sonne ihm verborgen bleiben wird.

Und wenn er wieder in die kleinsten Räume eindringt, wo tausend Vergrößerungen ihm wieder stets andere Gebilde zeigen, die eben deswegen, weil sie dem Auge noch sichtbar sind, wieder aus kleinen Gefäßen bestehen müssen, wo „*das Leben*" wohnt, so ist auch im geistigen Erkennen die nämliche endlose Stufenfolge, welche im höchsten Geiste, den ein Erschaffenes ahnen kann, nicht die Grenze erreicht, *wo Ich als Zentrum oder Endpunkt alles wieder in Mir vereinigend*, einfach und doch vielseitig das ganze geistige und materielle Gebiet in Mir allein wieder vertrete, bis zum einfachsten Gedanken, der doch vorausgehen mußte, um ein Äther-Atom zu schaffen, welches ebenfalls sobald es „Atom" noch aus kleineren Bestandteilen zusammengesetzt ist, bis in die Grenze der Luft-, Gas- oder Geister-Form hinreichend, alles in allem vorstellend, ebenfalls die Welt im Kleinen, wie ersteres die Welt im Großen vorstellt!

So fasset die Welt auf! So leset und begreifet alle Worte, die Ich euch gegeben! – – Begnügt euch nicht mit dem flüchtigen Eindruck; denn deswegen habt ihr alle diese Worte nicht erhalten, sondern suchet, wie Ich oben schon sagte, als stoffumhüllte Geister geistig aufzufassen, was euch zu Meinen Kindern stempeln soll! – Denn wo Ich und wie Ich denke, so müssen oder sollten wenigstens alle diese denken, welche Ich nach Meinem Ebenbild geschaffen habe.

Unter Meinem Ebenbild ist aber eigentlich Mein geistiges Ich gemeint, welches nur dann zu erreichen, wenn die Schale der Materie durchsichtig geworden ist, man überall nur Geistiges erblickt, und da wo der Blick nicht mehr hinreicht, es doch ahnungsvoll gefühlt wird.

Mein Ich als Gott hat keinen Anfang und kein Ende, Meine Schöpfung ebenfalls nicht, und euer bis jetzt so betitelter Makro- und Mikro-Kosmos ist ebenfalls unendlich, wo nie ein menschlicher Geist die Grenzen weder des Anfangs noch des Endes entdecken wird!

Stolz solltet ihr eigentlich hinaufblicken in jene unermeßlichen Räume, von wo nach Tausenden von Jahren erst ein Lichtstrahl auf euer Auge fällt, daß ihr gemäß eurer Organisation fähig seid, solches zu ahnen, oder wenn ihr in die Tiefen des Kleinsten hinabsteigt, wo ein Wassertropfen Millionen von Wundern enthält – aber demütig solltet ihr zugleich dabei zu eurem Schöpfer aufblikken, der trotz eurer körperlichen Winzigkeit euch diesen Geistesfunken ins Herz legte, daß ihr die Größe der Unendlichkeit teilweise fassen könnt, und vor Liebe und Andacht solltet ihr vor Meiner Allmacht niedersinken, die in ihrer unendlichen Barmherzigkeit euch als geistige Wesen anerkennt, statt als unbedeutende Wesen euch betrachtend, euch an Seine Brust ziehen, euch als Seine Kinder erziehen und euch fühlen lassen will, daß wenngleich eine Vaterliebe auch auf Erden ist, diese doch bei weitem kein schwacher Schattenabriß gegen jene ist, die Ich, als allmächtiger Schöpfer, gegen euch sowie gegen den letzten Wurm im Staube fühle, da Ich alle geschaffenen Wesen stufenweise nach und nach Mir näher führend, alle in einem „Reich der Liebe" vereinigen will, wo die Materie aufgehört hat und, Geistiges nur Geistiges bildend, eine ewige, stete Seligkeit den Vater mit Seinen Kindern vereinigen soll!

Dazu die Mühen und dies der Zweck all Meiner Worte, all Meiner Führungen und all Meiner Schöpfungen, welche, vom Mikro-Kosmos angefangen, selbst beim Makro-Kosmos noch nicht das Ende erreicht haben werden, sondern dort erst wieder in ähnlichen Verhältnissen *eine neue Schöpfung* ihre Anfänge zu zählen beginnen wird, damit das Wort „Unendlichkeit" in seiner ganzen Bedeutung von allen erfaßt und begriffen, gefühlt und genossen werde! Amen.

Urerschaffung der Menschenseele

(3. November 1872)

Mein Sohn! So manche Frage hast du an Mich gestellt, und Ich als dein Vater habe dir geantwortet, mit vielen oder wenigen Worten, je nachdem deine Frage eine größere Erklärung oder Auseinandersetzung beanspruchte.

Immer noch tauchen in deinem Gemüt neue Fragen auf, wie in deinem letzten an Meinen Schreiber gerichteten Brief. Du sagst unter anderm, daß die Beantwortung dieser Frage dich besonders beruhigen würde vor deinem Hingang aus dem irdischen Leben!

Hier muß Ich dich aber doch fragen, wenn du nun alles erfährst, was du wissen möchtest, was nützt es dir dann? – Nützt es dir, deinen moralischen Zustand zu erhöhen? nützt es dir, Mich und Meine Lehre besser kennen und begreifen zu lernen? kann dieses Wissen einen Einfluß auf dein Denken und Handeln in bezug auf deine Nebenmenschen haben? – Sieh, auf alle diese von Mir an dich gerichteten Fragen mußt du Mir mit Nein antworten.

Was du wissen willst, ist eine Frage, um in Meine Schöpfungsgeschichte einen tieferen Blick zu werfen, und wenn du es genau betrachten willst, so wären solcher Fragen, wie die, welche du an Mich gestellt hast, noch Millionen vorhanden; denn ein jedes lebende Wesen, eine jede Pflanze, selbst das tote Gestein könnte dich zur Frage reizen: Welches war doch der erste Prozeß bei jeder Einzelerschaffung? oder was war doch zuerst vorhanden – das Ei oder das Huhn? der Same oder die Pflanze? – Lauter Fragen, welche, wenn sie dir von Mir getreu und faßlich beantwortet würden, dich um kein Haarbreit weiter auf deiner geistigen Stufe bringen würden.

Um dich aber doch in etwas zu befriedigen, so will Ich dir auf deine gestellten Fragen antworten, so weit du als ein geschaffenes Wesen in Meine Schöpfung einen Einblick tun kannst. Nun, so höre denn! Daß du Mich überhaupt in dieser Beziehung fragst, ist ein Zeichen, daß das wenige, was Ich euch hierüber gegeben habe, dir nicht verständlich ist; denn es ist eine leise Andeutung eines schöpferischen Aktes, welcher nicht nur allein beim Menschen, sondern bei jedem Wesen vollzogen wurde, nur mit dem Unterschied der Stufe, auf welche ein solches Wesen hingestellt wurde.

Du weißt, auch die Tiere haben Seelen; es wäre also auch das eine Frage, wie, wann und von wo ward auf Erden einem jeden Tier als Gattung bei seiner Erschaffung die Seele gegeben oder, wie die Bibel in der Mosaischen Schöpfungsgeschichte sagt, eingehaucht?! Wo kam sie her, was war ihr Ursprung?

Auf diese und alle ähnliche Fragen antworte Ich das, daß bei allen geschaffenen Wesen gebundene Partikel des großen gefallenen Geistes eingekleidet wurden; ferner, daß der große gefallene Geist selbst als ein Ableger von Mir frei in die weite Schöpfung hinausgestellt ward, wo er wie ein jedes begrenzte Ganze eine *innere* und eine *äußere* Organisation besaß, nebstbei noch als drittes einen großen Teil Meines eigenen göttlichen Lebens, welches als *Funken von Mir* ihn über alles grob Materielle hinaushob.

Von seiner Außenseite oder ätherischen Umkleidung wurden und werden ihm tagtäglich Parzellen* für die materiellen Leiber als eure Umkleidung gebundene, ihm entnommene Geister genommen und verwendet. – Von seiner Seele stammen alle geschaffenen Wesen ab in bezug auf ihr seelisches Leben, und nur sein göttliches Erbteil von Mir ward ihm gelassen, weil eben dieses es ist, welches, wie bei euch das Gewissen, ihn fortwährend ansporut, anregt, zu Mir zurückzukehren.

So siehst du die Dreieinigkeit, wie Vater, Sohn und Geist – Materie, Seele und göttlicher Funke, auch in ihm konsequent vertreten, wie eben auch jedes geschaffene Wesen aus diesen drei Teilen besteht, welche in der materiellen Schöpfung, im geistigen Himmel und in Meiner Person Selbst wieder auf ähnliche Weise sich dargestellt finden.

So ist also der Ursprung der Seele, wie bei euch in der Zeugung, immer das nämliche, wo auch ihr etwas von eurem geistigen Wesen abgebet, ohne doch dabei einen Mangel zu fühlen. – So ward alles Lebende in der ganzen materiellen Welt geschaffen, und wenn in der Mosaischen Schöpfungsgeschichte die Schöpfung des Menschen ausführlicher besprochen wurde, so wie in dem Werke**, welches Ich einst Meinem früheren Schreiber gab, so hat es darin seinen Grund, weil erstens der Mensch das letzte Schöpfungsglied auf eurer Erde war, und zweitens, weil eben ihr Menschen mehr Interesse daran findet, die Entstehung eurer eigenen Rasse etwas näher zu erfahren. –

Wie die Eva aus dem inneren und äußeren Leibe des ersten Menschen erschaffen wurde und *warum* so und nicht anders, das liegt einfach darin, weil dem ersten Menschen eine Gefährtin, eine Lebensbegleiterin geschaffen wurde, welche natürlich aus dem letzten feinsten Material, welches Ich als Mein Ebenbild schaffen wollte, genommen werden mußte.

So entstand das erste Weib, wie bei jeder Vermischung der Geschlechter eins aus dem andern, und dieser notwendige Prozeß, welcher bei den meisten lebenden Wesen ihren Fortbestand gründet – nur mit dem Unterschied, daß zur Erschaffung des ersten Weibes Ich eine Verfahrensart annahm, die materiell genommen das vollzog, was geistig bei der Erschaffung von Millionen anderer Kreaturen ebenfalls geschehen ist. –

* Teilchen oder Partikel (lat. pars = Teil; particula = Teilchen).
** „Die Haushaltung Gottes" (Urgeschichte der Menschheit), offenbart an und durch Jakob Lorber.

Dir weiter zu erklären, warum so und nicht anders, ist mit menschlichen Begriffen nicht faßbar, so wenig als wenn du von Mir eine Antwort verlangen würdest auf die Frage: Wer hat denn Mich geschaffen, oder woher ist der erste Keim, welcher Mein Wesen hervorbrachte?! –

Euer Begriffsvermögen hat seine Grenzen, über welche hinaus es euch an geistigen Bildern fehlt, um gewisse Anordnungen, Raum- und Zeitverhältnisse zu bemessen. Ihr habt ja ein altes Sprichwort, an welches Ich auch dich erinnern will, und das heißt: Schuster bleib beim Leisten! Dieses Sprichwort will Ich dir ins Gedächtnis rufen, und wenn Ich euch gleichwohl manchmal den kleinen Finger reiche, so verlangt nicht auch die Hand; denn sie ist zu groß, weil in ihr die ganze Schöpfung ruht, wo euer Ich und eure Erde wie ein Infusions-Tierchen im großen Äther verschwinden muß.

Du selbst bestehst ja aus Körper, Seele und Geist. Sage Mir einmal, welches von diesen dreien, die doch dir nahe genug sind, weil sie dein eigenes Ich ausmachen – welches von diesen dreien begreifst du, oder kannst du dessen Bau, dessen Organisation richtig klar durchschauen?! – Siehe, Mein lieber Sohn, Dinge ergründen zu wollen, die gerade nicht zu wirklichem Nutzen oder Fortschritt beitragen, das sind unnütze Grübeleien, die dich nicht fertiger, nicht besser machen.

Du hast Mein Wort, daß neben der Seele dir noch *ein göttlicher Funke* innewohnt – suche diesem Funken gleich zu werden, da du geistig von Mir abstammst, wie Ich es euch Selbst kundgegeben habe.

Trachte dieser Abstammung würdig zu werden, durch Denken, Reden und Handeln, wie es einem Gotteskinde geziemt, das übrige überlasse Mir! Wenn du einst in leichterer Hülle auch mit geistigen Augen Meine Schöpfung anschauen kannst, dann wirst du wieder einen weiteren Aufschluß und Sättigung für deine Neugierde haben, aber Mich und Mein Schaffen *ganz* verstehen zu wollen, das lasse beruhen, denn es ist solches nicht für endliche Wesen – einen unendlichen Gott und Schöpfer verstehen und begreifen zu wollen, weder hier – noch dort! Amen.

Gott ist die Liebe

Werde Sein Kind! Unsere Aufgabe hier!

(1. März 1872)

Mein lieber Sohn! Du hast dich gehoben gefühlt durch diesen Titel, den Ich dir gegeben habe, und hast zum ersten Male vielleicht bemerken müssen, welche Kraft und geistige Bedeutung in einem Worte liegt, wenn man sich in es vertiefen will, wie du es auch bewiesen hast durch das zweite Wort „Liebe", welches du lang und breit definiert hast.

Ich wußte wohl schon lange, nach was du suchest, und leitete daher auch die Umstände so, daß das Finden des Längstersehnten dir bei weitem erleichtert wurde.

Du suchtest in allen Wissenschaften, in allen Auslegungen Meiner der Menschheit hinterlassenen Lehre, aber beim Suchen fehlte dir immer der Hauptschlüssel, du suchtest mit dem Verstande und vergaßest darob *das Herz!*

In allen Wissenschaften ist dir oft Mein Ich entgegengetreten, wie es aus allen Schöpfungen herausleuchtet, aber nur stets nach Fernem forschend, bemerktest du nicht das Zunächstliegende, bemerktest du nicht, wie *überall die Stimme der Liebe*, der allgemeinen Gottesliebe dir zurief: „Aber eifriger Forscher, bemerkst du denn in deinem Herzen keine Frage, warum dieses alles so und nicht anders geschaffen wurde? bemerkst du nicht, daß es nur *aus Liebe* und für *wieder zu erweckende Liebe* ins Dasein gerufen ist?" –

Sieh die Erde an mit allen ihren Wundern im Innern, soweit sie euch bekannt sind*, im Äußern, womit ihre Oberfläche ausgestattet ist, und du wirst das Streben einer allerbarmenden Liebe leicht herauslesen können, um so mehr, wenn dein Blick, geistig geschärft, nicht die rohe Materie als Hauptsache annehmend, diese nur als Überkleidung einer andern *geistigen* Stufenleiter betrachtet, wo sodann auch alle *scheinbaren* Grausamkeiten der lebenden Geschöpfe sowie die zerstörenden Wirkungen der Elementarereignisse einem geistigen höheren Zuge folgend, nicht als Übel angesehen werden, die zwar einzelnen zum Schaden, dem ganzen aber zu seinem Fortbestand unumgänglich notwendig sind.

* Siehe „Erde und Mond", 1. Teil „Die Erde".

Hättest du so die Geologie studiert, so wäre, während du deinen Verstand mit Kenntnissen bereichert hast, dein Herz nicht leer ausgegangen; überall hättest du den leitenden Faden der Liebe gefunden, der in verschiedener Form, aber immer in derselben Weise, alles seinem Vollendungsziel entgegenführt.

Und wenn du aufmerksam das Gelernte durchgegangen hättest, so würdest du bemerkt haben, daß nur das grob-rohe Sichtbare euren Sinnen zugänglich ist und das weit Größere und Erhabenere dem Forschungsgeiste eines Verstandesmenschen verschlossen und nur dem liebenden Herzen offensteht.

Was lerntest du aus der Sternkunde? Einzelne Gesetze und Bewegungen deines eigenen Sonnensystems und Entfernungen, die schon bei eurem Monde für menschliche Begriffe nicht faßbar sind. Was ist aber euer Sonnensystem gegen die Hülsengloben, wovon dieses System einen Teil ausmacht; was ist diese Hülsenglobe gegen das ganze Universum, worin materielle Körper als Planeten und Sonnen immer wieder um größere kreisen? – nur wie ein Tropfen Wasser in eurem großen Ozean! Und was ist diese ganze Schöpfung gegen jene, welche außer dem Bereich des Materiellen *geistig* eine noch höhere und größere vorstellt, aus welcher alle Welten hervorgegangen sind und in welche einst, vergeistigt, geläutert, alle wieder zurückkehren werden! –

Siehe Mein Sohn! diese Größen, diese Liebeswerke deines Gottes und Vaters kannst du mit dem Verstande nie, mit *dem Herzen* jedoch ganz fassen.

Bei diesem Gedanken der Größe und der Unendlichkeit muß dir dein von Mir in dich gelegter Gottesfunke helfen, dich über das Irdische, über das Materielle bis ins Geistige hinaufzuschwingen. Denn dort reicht dein Verstand nicht mehr aus, dort hört die Seelenfähigkeit auf, wenn sie nicht, durch Meinen Geist unterstützt, begreifen und fassen lernt, daß nur ein ewiger Gott Ewiges schaffen konnte und ein endliches Wesen nur dadurch erst recht inne wird, was der Name „Gott" bezeichnen will und was es heißt, „Sein Kind" werden zu können!

Du fühltest dich stolz beim Lesen des Wortes, welches Ich an dich richtete, indem Ich dich ansprach: „Mein Sohn!" – Ja, fühle dich stolz, daß du auf dieser Sprosse der Stufenleiter stehst, wo du schon Millionen und Millionen anderer Übergänge hinter dir siehst und nur wenige vor dir hast, die, insofern du eifrig willst, dich leicht die ganze Bedeutung fühlen lassen können, was es heißen will, „Mein Sohn" genannt zu werden und solches auch sein oder werden zu können!

Um einen Meister kennenzulernen, muß man vorerst die Größe Seiner Werke begreifen, muß deren Grund, ihr Warum ganz klar vor sich sehen, weswegen, aus welchen edlen oder großen Beweggründen Er sie geschaffen hat, und dann erst fängt die Bewunderung an, ein geistiges Resultat zu haben, dann begreift man erst, was es heißt, ein Meister wie Er und ein Schüler von Ihm zu sein!

Hättest du so alle Wissenschaften studiert, so wären dir auf jedem Schritt im Mikro- und Makro-Kosmos *die zwei Hauptprinzipien* Meines Ichs entgegengetreten: die *Liebe* und die *Weisheit*, der Ich alles erschuf, um wieder Liebe zu erwecken und das von Mir aus Liebe hinausgestellte Körperliche vergeistigt und veredelt wieder durch Meine geschaffenen Wesen zurückzuerhalten.

Es wäre dir klar geworden, wie Ich alles nur erschaffen habe, nicht für Mich, sondern für alle denkenden und fühlenden Geschöpfe, wo ihr Dank- und Lobgesang die einzige Belohnung ist, die Ich von ihnen, ein Unendlicher vom Endlichen, verlangen konnte! –

So fasse Meine Welt des Sichtbaren auf und die Decke vor deinen geistigen Augen wird fallen – du wirst den geistigen Grund und das Warum überall leicht entziffern, sowohl im leisesten Gesumse eines Insektes wie in der edelsten reinsten Rede eines von Gott begeisterten Menschen oder in den Tiefen Meiner Worte selbst!

Dann wirst du Wonnen erschauen in einem Blümchen auf der Wiese und Seligkeiten entdecken in dem Ausdruck eines Wortes, welches unendlich wie Ich Selbst – dich von einer Freude zur andern, von einer Seligkeit zur andern führen kann; es genügt, daß du dich darin zu vertiefen verstehst. Denn nicht nur das Wort „Sohn" oder „Liebe" sind so reich an hohen Genüssen, nein, ein jedes Wort; denn jedes Wort kommt von Mir, ist geistiges Produkt einer weit höheren Welt als die vergängliche materielle. Mit dem Wort schuf Ich die Welt, mit dem Wort beseelte Ich sie, mit dem Wort erhalte und führe und läutere Ich sie, bis sie als *vergeistigtes Wort* einst in Mein Reich des Geistes zurückkehren wird – und dieses eine und große Wort, das alles ausdrückt, alles besagt, dieses Wort ist *„Liebe"!* Fasse die Liebe in ihrem ganzen Bereich, fasse sie als Mensch zu deinem Nächsten, als Mitleid zu den dir unterstehenden Geschöpfen und fasse sie als Ausdruck und Beweggrund, warum Ich, der große, unendliche Gott, einst herunterstieg auf eure finstere Erde und dort den größten Liebesakt vollzog, den ein Gott begehen konnte, und es werden sich dir noch größere Tiefen erschließen, die in diesem Wort und in dem Wort „Sohn“ liegen, wenn du bedenkst, daß eben Ich – *die Liebe Selbst* – dieses alles geschaffen, dieses alles getan, und in dich den Funken gelegt habe – ganz zu begreifen, was es sagen will – die Kindschaft eines solchen Gottes und liebenden Vaters nur eben um den leichten Preis von Liebe erwerben zu können – und du wirst in Meiner sichtbaren Natur und im eigenen Herzen Stoff genug finden, alles zu tun, um dieses Namens dich wert zu machen! Amen.

Die Zeit

(7. August 1872)

Du willst auch noch dieses Wort erklärt haben – nun, so schreibe denn, da doch nichts mehr vergeudet wird von euch Menschen als eben gerade die Zeit, das heißt diejenige, welche euch als Prüfungsleben zugemessen ist.

Seht, ihr wisset alle nicht, was Zeit ist, was sie bedeutet und welchen Wert sie hat, sonst würdet ihr alle anders leben, als ihr es wirklich tut. Um euch aber doch einen Begriff von diesem Wort beizubringen, der einem geistigen Wesen, wie ihr Menschen es sein sollt, würdig ist, so will Ich denn euch diesen Begriff so viel erklären, als endliche Wesen Unendliches fassen können.

Was ist also Zeit? Und wie erkennt ihr, daß es wirklich eine Zeit gibt? „Zeit ist nichts anderes als ein Abschnitt des Gedankens der Ewigkeit, ein kleines Bruchstück eines großen unendlichen Ganzen!“ Ihr würdet nicht wissen, was Zeit ist, könntet ihr sie nicht an materiellen Dingen ermessen, wo zwischen Kommen und Entstehen und Verschwinden und Vergehen ein Zeitraum verflossen ist, welcher, wie ihr es auch tut, gemessen oder mit Zahlen ausgedrückt werden kann.

Nur im Sichtbaren ist die Zeit zählbar, in der Ewigkeit, wo der Raum keine Dimensionen mehr hat, dort hat auch das Maß der Zeit aufgehört, dort herrschen Begriffe und Ideen, die für endliche Wesen nicht faßbar, nicht begreiflich sind.

Ein endliches Wesen kann eben deswegen Mich, den Zeitlosen, nie begreifen; denn wenngleich die ewige Fortdauer zu denken möglich ist, so ist doch das: nie einen Anfang gehabt zu haben, für geschaffene Wesen ein Absurdum, ein Unbegreifliches, Undenkbares – und darin besteht der Unterschied zwischen Mir und aller Geisterwelt. Es ist dieses Wort „Zeit", welches Meine Göttlichkeit präzisiert, mehr als alles andere; denn auch der Raum selbst ist ohne Zeit nicht meßbar, nicht begreifbar.

Also die Zeit ist eigentlich symbolisch der geeignetste Ausdruck für Meine Größe; denn Zeit als Begriff gab es immer und wird es immer geben, ob man sie messen will oder nicht. Seht also, wenn ihr diesen großen Faktor – die Zeit – von dieser Seite anseht, so ist er es allein, welcher euch eine Idee von Mir und einen Begriff von Meiner Schöpfung geben kann. In Zeiträumen erfolgte die Schöpfung, eine aus der andern, eine nach der andern, und in Zeiträumen werden diese von Mir geschaffenen Welten sich entwickeln, sich vervollkommnen, und in Zeiträumen werden sie wieder vergehen und neuen Formen, neuen Welten, neuen Schöpfungen Platz machen. So ist die Zeit der einzige Messer, nach welchem Meine Schöpfung beurteilt werden kann; denn die Zeit als Größe, die Zeit als Entfernung und die Zeit als Dauer eines geschaffenen Gegenstandes gibt dessen Wert, dessen Inhalt und dessen Wirkungskreis an. Was dort im unendlichen ewigen Äther in Zeitabschnitten Meine Welten vollführen, das ist wieder im Kleinen bei jedem erschaffenen Ding und bei dessen Dauer der Fall. Nur die Zeit gibt dem Stein seine Größe, seine Dauer, und bei lebenden Wesen ist es wieder die Zeit, die ihren Lebenswert bestimmt.

So ist also der Begriff „Zeit" ebensowenig aus der Schöpfung zu vertilgen wie Ich Selbst. Ohne Zeit gibt es keine Welt, und ohne Mich gibt es keine Zeit! – Was ist der Zeitraum des Menschenlebens von der Wiege bis zum Grabe? Er ist nichts anderes als ein nur durch Zahlen ausgedrückter Abschnitt der Unendlichkeit, welcher an einem sichtbaren, geschaffenen Wesen in seinem Entstehen, seiner Entwicklung und seinem Vergehen sichtbar ist. Ohne diese sichtbaren Veränderungen wäre keine Zeit zu messen, wenn ihr nicht gerade den Wechsel der Tage oder den Wechsel zwischen Tag und Nacht zählend einen Zeitmesser dadurch gewonnen hättet.

Die Zeit hat keinen Anfang und hat kein Ende, sie kommt aus der Unendlichkeit und verrinnt wieder spurlos in sie. Nur sichtbare Schöpfungen zeugen von ihrem Kommen und Gehen, sonst wäre sie unmeßbar. Diese Zeit also, welche als Maß jedem geschaffenen Ding seine Dauer angibt, binnen welcher es sich geeignet haben muß, auf der großen Stufenleiter zum Geisterreich fortzuschreiten, diese Zeit ist eben auch das Maß für geistige Wesen, binnen welcher es ihnen auferlegt ist, gewisse Missionen zu erfüllen; denn so wie die großen Welten und Sonnensysteme ihre angemessene Zeit der Dauer haben, ebenso haben auch alle geschaffenen Wesen eine gewisse Zahl von Zeitabschnitten, welche ihr Leben bis zur nächsten Verwandlung bestimmen.

Die Zeit für den großen Weltenbau ist eine bestimmte, denn nach deren Verlauf treten andere Verhältnisse ein, welche von anderen Welten bedingt nun geregelt werden. Diese Zeit also ist gemessen, und es muß während derselben vollführt werden, was nach dem Plane des Ganzen gerade zur Erhaltung des Einzelnen wie des Ganzen nötig ist. Was nun bei den Welten der Fall ist, das gilt auch für jedes einzelne Geschaffene, auch für den Menschen; denn auch ihm ist von der Geburt bis zum Tode ein Zeitraum angemessen, währenddem er seine Mission des Prüfungslebens vollenden sollte! Da aber der Mensch ein freies Wesen ist, und da er eben auch ein Komplex von Geistigem und Materiellem ist, so ist es ihm allein gestattet, was er hier während seiner körperlich-irdischen Lebensbahn nicht erreichen konnte, im Jenseits noch zu vollenden; denn *der Mensch ist ein Kind zweier Welten, der geistigen und der materiellen*. Eben wegen dieses Verhältnisses sind im Äther so viele Räume mit unreif verstorbenen Seelen angefüllt, die dort vollenden müssen, was sie hier nicht konnten, sonst wäre ein Übergang von der materiellen Welt zu den geistigen Wohnorten für sie direkt möglich, welches aber so nicht stattfinden kann, da die Seelen der Menschen, leider die meisten, unreif in der anderen Welt ankommen.

Was erhellt aber aus dieser Kundgebung? Seht, es erhellt daraus, daß die Menschen ihre Lebensdauer, das heißt die Zeit ihres Erdenwandels soviel als möglich benützen sollten, ihren Geist reif für die andere Welt zu machen, damit ihnen diese Zwischenreiche erspart würden. Und darum gebe Ich euch dieses Wort über die Zeit, damit ihr aufmerksam werden sollt, *wie groß der Wert der Zeit ist* und daß dieses vergeudete Gut für euch ewig verloren ist. Ihr müßt euer Leben bei weitem ernster auffassen als bisher; ihr müsset der Zeit einen bei weitem größeren Wert beilegen, als ihr bisher getan; es sollen nicht in euren Mund kommen die Worte wie „Zeitvertreib", denn, nehmet euch in acht, die Zeit vertreibt euch, oder: „die Zeit totschlagen", denn die Zeit ist's, welche euch den Tod bringt, nicht ihr der Zeit! Die Zeit, zerfallend in kleine Parzellen, sollte jeder dieser Teile als geistiger Baustein fürs künftige Leben einen Wert haben, wenn auch noch so klein, allein wertlos soll er nicht sein. Die Zeit ist der strengste Rechner eurer Taten, und alles Gute und Schlechte, Überlegte und Unüberlegte, Übereilte – in der Zeit findet es seinen Schätzmeister. Nachdem die Zeit das Geschehene nicht wieder zurückgibt, so müsset ihr alles aufwenden, sowenig als möglich in diese Zeitregister eingeschrieben zu sehen, was ihr zurückhaben möchtet; denn es bleibt eben wegen seiner Unwiederbringlichkeit ein ewiger Vorwurf, ein ewiger Dorn – und Dornen verwunden, stechen. Wäre nicht Meine allerbarmende Liebe, was würde der Mensch wohl tun müssen, um das Andenken an manches Getane zu verwischen, das die Zeit hartnäckig ihm nicht zurückgibt? – Nur Meine Vaterhand kann diese Wunden heilen, die die Dornen des Vergangenen, Gemißbilligten verursacht haben.

Daher nützet eure Zeit! Vertändelt sie nicht, die Zeit bin Ich, die Zeit ist das euch gegebene Prüfungs-, das Lebens- oder Wandel-Maß, welches ihr getreu verwaltend als geliehenes Gut einst Mir zurückgeben müßt! *Die Zeit ist das Talent*, welches Ich einem jeden bei seiner Geburt als Angebinde gebe, vergrabt es nicht, sondern benützet dieses Talent, auf daß es euch recht viele und große Zinsen im Jenseits abwerfe. Bedenkt, mit allem, was ihr hier gewinnt, verkürzt ihr eure Wanderjahre jenseits im Mittelreich, wo das Fortschreiten und der Zeitmesser weit schwerer ist! Es ist wahr, Ich habe für Meine Kinder große Seligkeiten bereitet; aber nur die genießen sie einst, welche in jene Räume gelangen können, wo sie gespendet werden, und welche nur die ertragen können, die auch dort sich nur wohl befinden. Solange euch noch Erdenschlacken von Leidenschaften anhängen, könnt ihr nicht dorthin gelangen, wo die Zeit euch kein strenger Richter, sondern ein lieblicher Freund ist, welcher zwischen seligen Genüssen und Freuden euch langsam vorwärts führt, und wo ihr, getrost rückwärts sehend, wenig oder gar nichts zu bereuen haben werdet.

Nehmt euch diese Worte zu Herzen! Es sind Worte eines Vaters, der Seine Kinder das, was Er ihnen vorbehalten hat, auch genießen lassen möchte und ebendaher euch mahnt: die Zeit,

Ausfluß Seiner Göttlichkeit, nicht zu viel zu Materiellem, wohl aber zu geistigen Genüssen zu benützen, denn die Zeit vergeht, führt euch auch zum Vergehen und Verwandeln. – Wohl euch, wenn diese Verwandlung euch in Räume führen wird, wo euch Der, der euch schon so vieles gegeben, auch fühlbar sein kann und nicht, wie im Mittelreich, bloß geahnt werden muß! Die Zeit ist das Maß der Dauer der Welten, sie ist aber auch das Maß eurer Taten und Werke, benützet sie also so, wie es sich geistigen, und nicht materiellen, Menschen geziemt, die Mir ähnlich werden wollen; denn zu diesem Zweck gab Ich euch dieses Wort. Amen!

Anhang

Texte aus „Das große Evangelium Johannes"
Die drei Lehrjahre Jesu, offenbart an und durch Jakob Lorber

A. Über die Erkenntnis Gottes und die Dreieinigkeit in Gott und Mensch (Band 6, Kap. 228, 18.19; 230, 2–10)

„Gott so vollkommen erkennen wie nur möglich, ist das erste für jeden Menschen. Denn wer Gott nicht richtig erkennt, kann nie vollkommen an einen Gott glauben, noch weniger Ihn über alles lieben und somit auch des Geistes Gottes nie völlig teilhaftig werden. Denn aus einer unrichtigen Erkenntnis Gottes kommen mit der Zeit, vermöge des freien Willens der Menschen, allerart Irrtümer unter die Menschen, die dann wie eine tausendköpfige Hydra fortwuchern, die Menschen zu Götzendienern machen und ihnen die Pforte zum wahren, ewigen Leben verrammen, so daß sie dann als Seelen im Jenseits schwer je hineinkommen können; denn was eine Seele hier in einem Tage zu ihrer Lebensvollendung ausrichten kann, das vermag sie jenseits oft in mehreren Tausenden von Erdenjahren nicht.

Daher gebet denn wohl acht, und das mit gespannter Aufmerksamkeit, was ihr nun vernehmen werdet!

Der Vater, Ich als Sohn und der Heilige Geist sind unterscheidbar eines und dasselbe von Ewigkeit.

Der Vater in Mir ist die ewige Liebe und als solche der Urgrund und die eigentliche Ursubstanz aller Dinge, die da erfüllet die ganze ewige Unendlichkeit.

Ich als der Sohn bin das Licht und die Weisheit, die hervorgeht aus dem Feuer der ewigen Liebe. Dieses mächtige Licht ist das ewige vollkommenste Selbstbewußtsein und die hellste Selbsterkenntnis Gottes und das ewige Wort in Gott, durch das alles, was da ist, gemacht worden ist.

Damit aber das alles gemacht werden kann, dazu gehört noch der mächtigste Wille Gottes, und das ist eben der Heilige Geist in Gott, durch den die Werke und Wesen ihr volles Dasein bekommen. Der Heilige Geist ist das große ausgesprochene Wort ‚Werde!' – und es ist da, was die Liebe und die Weisheit in Gott beschlossen haben.

Und seht, das alles ist nun da in Mir: die Liebe, die Weisheit und alle Macht! Und somit gibt es nur *einen* Gott, und der bin Ich, und Ich habe nur darum hier einen Leib angenommen, um Mich euch Menschen dieser Erde, die Ich völlig nach Meinem Ebenmaße erschaffen habe aus der Ursubstanz Meiner Liebe, in eurer Persönlichkeit näher offenbaren zu können – wie es nun soeben der Fall ist.

Daß aber auch ihr dieselbe Mir ganz ebenmäßige Dreiheit in euch habt wie Ich Selbst, das soll euch sogleich ganz klar gezeigt werden.

Sehet, ein jeder Mensch hat eine Liebe in sich und infolge solcher Liebe auch einen Willen; denn die Liebe in sich ist ein Begehren und Verlangen, und in dem Begehren und Verlangen liegt ja eben der Wille. Das ist auch allen Pflanzen und Tieren und in gewisser Hinsicht auch der andern Materie eigen.

Liebe und Willen hat selbst der roheste und ungebildetste Mensch. Aber was richtet er damit aus? Er geht nur auf die Befriedigung seiner untersten und materiellsten Bedürfnisse aus, die sich instinktmäßig aus seiner rohen Liebe in seinen Willen übersetzen, aus dem sein Verstand nichts als einen finsteren Dunst überkommt. Sehet auf die Wirkungen solcher Menschen, ob sie nicht um vieles schlechter sind als jene, welche die Tiere hervorbringen, deren Liebe und Verlangen durch ein höheres Einfließen geleitet wird!

Aber ganz anders verhält es sich mit der Liebe und ihrem Willen bei jenen Menschen, deren Verstand ein helles Licht geworden ist; er durchleuchtet dann die Liebe, ihren Willen und dadurch den ganzen Menschen. Nun erst gibt die Liebe die reinen Mittel, das Licht oder die Weisheit ordnet sie, und der Wille setzt sie ins Werk. Weil aber der Mensch als Ebenmaß Gottes auch solch eine Fähigkeit in sich hat, besteht er darum aus drei Menschen oder ist er nur ein Mensch?"

B. Was ist Wahrheit?
(Band 8, Kap. 176, 2.3.6–8)

„Gott, der Eine und allein Wahre, ist die Wahrheit. Wer Gott, den allein Wahren, gefunden hat, der hat auch die Wahrheit gefunden, die ihn frei und vollends lebendig machen wird. Hat der Mensch aber Gott gefunden und erkannt Dessen treu geoffenbarten Willen und lebt und handelt danach, so ist auch der Mensch selbst in sich zur Wahrheit geworden; ist der Mensch aber das, dann ist er auch schon frei und ist vom Tode der Welt und ihrer Materie zum Leben aus Gott vorgedrungen...

‚Aber wo ist Gott, wer ist Er, wie lautet als vollkommen wahr Sein Wille, und endlich: wie finde ich Gott, und wie erkenne ich Ihn, daß Er es auch ist?'

Siehe, Gott ist ein reinster und ewiger Geist! Dieser ewige Geist ist die purste und reinste Liebe und also das ewige Leben Selbst. Die Liebe aber ist ein Feuer und in sich ein flammend Licht, und alles das ist die Wahrheit. In Gott als dem ewigen Urgrunde alles Seins ist denn auch das vollkommenste Selbstbewußtsein, die höchste Intelligenz, Weisheit und Macht, und wäre es nicht so, so wäre auch nie etwas erschaffen worden; denn was in sich nichts ist, kann sich auch ewig nie zu etwas gestalten.

In Gott ist denn auch die höchste Intelligenz und das lichtvollste Selbstbewußtsein ewig vorhanden und wirkend gegenwärtig. Und wäre es nicht also – wer hätte da den Engeln und Menschen ein Leben mit der Intelligenz und mit dem Selbstbewußtsein zu geben vermocht? Oder ist es möglich, jemandem etwas auch dann zu geben, so man es selbst nicht hat? Kann eine stumme und rohe Kraft ein vollendetes Leben geben?" – –

C. Die innere Lebensvollendung des Menschen und deren drei Grade (Band 7, Kap. 155, 5ff.)

Der Mensch hat den freien Willen zur Sünde wie zur Erfüllung des Guten. – „Der Wille zur Sünde findet im Menschen stets eine große Unterstützung, und zwar in den Anreizungen und Leidenschaften seines Fleisches; aber für den Willen zum Guten findet er in seinem Fleische gar keine Unterstützung, sondern allein im Glauben an einen wahren Gott und besonders in der Liebe zu Ihm, und dazu auch in der Hoffnung, daß die von Gott ihm gemachten Verheißungen in volle Erfüllung gehen werden.

Wer sonach durch den festen und lebendigen Glauben, durch die Liebe zu Gott und zum Nächsten und durch die ungezweifelte Hoffnung alle die argen Leidenschaften seines Fleisches bekämpfen kann und sonach völlig Herr über sich wird, der wird dann auch bald Herr der ganzen äußeren Natur und befindet sich eben dadurch, daß er vollkommen Herr über sich geworden ist, auch schon *im ersten Grade der wahren, inneren Lebensvollendung*, obwohl es da noch zu öfteren Malen an allerlei Versuchungen keinen Mangel haben wird, die ihn zur Begehung einer oder der andern leichten Sünde reizen werden.

Versteht er nun auch, mit allen seinen Sinnen dahin einen festen Bund zu schließen, daß sie sich von allen irdischen Anreizungen abwenden und sich pur dem rein geistigen Wesen zukehren, so ist das schon ein sicheres und lebenslichtvolles Zeichen, daß der innere Geist aus Gott die Seele ganz durchdrungen hat, und der Mensch befindet sich da *im zweiten Grade der inneren, wahren Lebensvollendung*. In diesem Grade ist dem Menschen auch jene Stärke und Lebensfreiheit eigen geworden, daß er, weil er in seiner Seele ganz erfüllt ist mit dem Willen Gottes und nach demselben handeln kann, keine Sünde je mehr begehen kann; denn da er selbst rein geworden ist, so ist ihm auch alles rein.

Aber obwohl der Mensch da schon ein vollkommener Herr der gesamten Natur ist und die hellste Überzeugung in sich hat, daß er unmöglich mehr fehlen kann, da all sein Tun von der wahren Weisheit aus Gott geleitet wird, so ist und bleibt er dadurch doch nur im zweiten Grade der inneren Lebensvollendung.

Aber es gibt noch *einen dritten und allerhöchsten Grad der innersten Lebensvollendung*.

Worin aber besteht denn diese, und wie kann der Mensch sie erreichen? – Diese besteht darin, daß der vollendete Mensch, wohl wissend, daß er nun als ein mächtiger Herr der ganzen Natur ohne Sünde tun kann, was er nur immer will, aber dennoch seine Willenskraft und Macht demütig und sanftmütig im Zaume hält und bei jedem seinem Tun und Lassen aus der pursten Liebe zu Gott nicht eher etwas tut, als bis er unmittelbar von Gott aus dazu beordert wird, was eben für den vollendeten Herrn der Natur auch noch eine recht starke Aufgabe ist, weil er in seiner vollen Weisheit allzeit erkennt, daß er nach dem in ihm selbst wohnenden Willen aus Gott nur recht handeln kann.

Doch ein noch tiefer gehender Geist erkennt es auch, daß zwischen *dem sonderheitlichen Willen Gottes in ihm* und *dem freiesten und endlos allgemeinsten Willen in Gott* noch ein großer Unterschied besteht, weshalb er seinen sonderheitlichen Willen ganz dem allgemeinsten göttlichen Willen vollkommen unterordnet und nur dann aus schon immer eigener Kraft etwas tut, wenn er dazu unmittelbar von dem alleinigen und eigensten Willen in Gott beordert wird. Wer das tut, der ist in sich zur innersten und allerhöchsten Lebensvollendung gelangt, welche da ist *die Lebensvollendung im dritten Grade*. Wer diese erlangt, der ist auch völlig *eins mit Gott* und besitzt gleich Gott die höchste Macht und Gewalt über alles im Himmel und auf Erden, und niemand kann sie ihm ewig mehr nehmen, weil er vollkommen eins mit Gott ist.

Aber zu dieser höchsten Lebensvollendung, in der sich die Erzengel befinden, kann niemand gelangen, bevor er nicht den ersten und zweiten Grad der Lebensvollendung erlangt hat.

Es hat aber ein jeder Erzengel die Macht, alles das in einem Augenblick zu bewirken, was endlos alles Gott Selbst bewirken kann; aber dessenungeachtet wirkt doch kein Erzengel pur aus sich etwas, sondern erst dann, wenn er dazu von Gott Selbst beheißen ward. Darum bitten selbst die höchsten Erzengel Gott allzeit, so sie diese oder jene Mängel, besonders bei den Menschen dieser Erde, sehen, daß Gott sie beheißen möge, dieses oder jenes zu tun. Sehet diesen Jüngling (Engel Raphael) an! Er befindet sich im vollen dritten Grade der inneren Lebensvollendung und sein Wille ist schon so gut wie eine vollbrachte Tat; aber er tut dennoch aus sich heraus und für sich nichts, sondern nur das, was Ich will. So Ich ihm aber sage: ‚Nun handle pur aus dir und für dich!‘, so wird er dann auch das tun und zeigen, was in ihm ist.“

D. Jesus – der Name aller Namen
Geheimnis der Menschwerdung Gottes in Jesus
(Aus „Die geistige Sonne", Band 2, Kap. 13,1ff.)

Der Liebesjünger Johannes in der jenseitigen Welt:

„Könnet ihr es fassen, was dieser Name aller Namen besagt, was er ist, und welch eine Wirkung in Ihm – – – ?

Ich sage euch: *Jesus* ist etwas so ungeheuer Großes, daß, so dieser Name ausgesprochen wird, die ganze Unendlichkeit von zu großer Ehrfurcht erbebt. Saget ihr: *Gott*, so nennt ihr zwar auch das allerhöchste Wesen; aber ihr nennt Es in Seiner Unendlichkeit, da Es ist erfüllend das unendliche All und wirkt mit Seiner unendlichen Kraft von Ewigkeit zu Ewigkeit. Aber in dem Namen *Jesus* bezeichnet ihr das vollkommene, mächtige, wesenhafte *Zentrum Gottes*, oder noch deutlicher gesprochen:

Jesus ist der wahrhaftige, allereigentlichste, wesenhafte Gott als Mensch, aus dem erst alle Gottheit, welche die Unendlichkeit erfüllt, als der Geist Seiner unendlichen Macht, Kraft und Gewalt gleich den Strahlen aus der Sonne hervorgeht. – Jesus ist demnach der Inbegriff der gänzlichen Fülle der Gottheit oder: In Jesu wohnt die Gottheit in Ihrer allerunendlichsten Fülle wahrhaft körperlich wesenhaft; darum denn auch allezeit die ganze göttliche Unendlichkeit angeregt wird, so dieser unendlich heiligst erhabene Name ausgesprochen wird!

Und dieses ist zugleich auch die unendliche Gnade des Herrn, daß Er sich hatte gefallen lassen, anzunehmen das körperlich Menschliche. Warum aber tat Er dieses? Höret, ich will euch nun ein kleines Geheimnis enthüllen!

Vor der Darniederkunft des Herrn konnte nimmerdar ein Mensch mit dem eigentlichen Wesen Gottes sprechen. Niemand konnte dasselbe je erschauen, ohne dabei das Leben gänzlich zu verlieren, wie es denn auch bei Moses heißt: „Gott kann niemand sehen und leben zugleich!" Es hat sich zwar der Herr in der Urkirche, wie auch in der Kirche des Melchisedek, zu der sich Abraham bekannte, wohl öfter persönlich gezeigt und hat gesprochen mit Seinen Heiligen und Selbst gelehrt Seine Kinder. Aber dieser persönliche Herr war eigentlich doch nicht unmittelbar der Herr Selbst, sondern allzeit nur ein zu diesem Zweck mit dem Geiste Gottes erfüllter Engelsgeist.

Aus solch einem Engelsgeiste redete dann der Geist des Herrn also, als wenn unmittelbar der Herr Selbst redete. Aber in einem solchen Engelsgeiste war dennoch nie die vollkommenste Fülle des Geistes Gottes gegenwärtig, sondern nur insoweit, als es für den bevorstehenden Zweck nötig war.

Ihr könnt es glauben: in dieser Zeit konnten auch nicht einmal die allerreinsten Engelsgeister die Gottheit je anders sehen als ihr da sehet die Sonne am Firmament. Und keiner von den Engelsgeistern hätte es je gewagt, sich die Gottheit unter irgendeinem Bilde vorzustellen, wie solches auch noch unter Mosis Zeiten dem israelitischen Volk auf das strengste geboten wurde, daß es sich nämlich von Gott kein geschnitztes Bild, also durchaus keine bildliche Vorstellung machen sollte.

Aber nun höret: Diesem unendlichen Wesen Gottes hat es einmal wohlgefallen, und zwar zu einer Zeit, in welcher die Menschen am wenigsten daran dachten, *sich in Seiner ganzen unendlichen Fülle zu vereinen und in dieser Vereinigung anzunehmen die vollkommene menschliche Natur!*

Nun denket euch: Gott, den nie ein geschaffenes Auge schaute, kommt als der von der allerunendlichsten Liebe und Weisheit erfüllte *Jesus* auf die Welt!

Er, der Unendliche, der Ewige, vor dessen Hauche Ewigkeiten zerstäuben wie lockere Spreu, wandelte und lehrte Seine Geschöpfe, Seine Kinder, nicht wie ein Vater, sondern wie ein Bruder!

Aber das alles wäre noch zu wenig. Er, der Allmächtige, läßt sich sogar verfolgen, gefangennehmen und dem Leibe nach töten von Seinen nichtigen Geschöpfen! Saget mir: Könntet ihr euch eine unendlich größere Liebe, eine größere Herablassung denken, als diese, die ihr an Jesu kennet?!

Durch diese unbegreifliche Tat hat Er alle Dinge des Himmels anders gestaltet. Wohnt Er auch in Seiner Gnadensonne, aus welcher das Licht allen Himmeln unversiegbar zuströmt, so ist Er aber dennoch ganz derselbe leibhaftige Jesus, wie Er auf der Erde in all Seiner göttlichen Fülle gewandelt ist als ein wahrer Vater und Bruder, als vollkommener Mensch unter Seinen Kindern gegenwärtig. Er gibt all Seinen Kindern alle Seine Gnade, Liebe und Macht und leitet sie Selbst persönlich wesenhaft, endlos mächtig zu wirken in Seiner Ordnung!

Ehedem war zwischen Gott und den geschaffenen Menschen eine unendliche Kluft, aber in Jesu ist diese Kluft beinahe völlig aufgehoben worden; denn Er Selbst, wie ihr wisset, hat uns dieses ja doch sichtbar angezeigt, fürs erste durch *Seine menschliche Darniederkunft*, fürs zweite, daß Er uns nicht einmal, sondern zu öfteren Malen *Brüder* nannte, fürs dritte, daß Er mit uns aß und trank und *alle unsere Beschwerden mit uns trug*, zum vierten, daß Er *als der Herr der Unendlichkeit sogar der weltlichen Macht Gehorsam leistete*, zum fünften, daß *Er sich hat von weltlicher Macht sogar gefangennehmen lassen*, zum sechsten, daß Er sich sogar durch die weltlich mächtige Intrige hat *ans Kreuz heften und töten lassen*, und endlich zum siebenten, daß *Er Selbst durch Seine Allmacht den Vorhang im Tempel, welcher das Allerheiligste vom Volke trennte, zerrissen hat*!

Daher ist Er auch der alleinige Weg, das Leben, das Licht und die Wahrheit. Er ist die Tür, durch welche wir zu Gott gelangen können, das heißt, durch diese Tür überschreiten wir die unendliche Kluft zwischen Gott und uns und finden da Jesum, den ewigen, unendlich heiligen Bruder!

Ihn, der es also gewollt hat, daß diese Kluft aufgehoben würde, können wir doch sicher über alles lieben! – –

Ich (Johannes) sage euch: In der Welt der Geister gibt es unergründliche Tiefen. Kein geschaffener Geist könnte dieselben je ermessen; aber wir sind im Geiste des Herrn. Sein Geist lebt, waltet und wirket in uns, und in diesem Geiste ist uns keine Tiefe unergründlich; denn niemand kann wissen, was im Geiste ist, denn allein der Geist. So kann auch niemand wissen, was in Gott ist, denn allein der Geist Gottes. – Jesus, der vereinigte Gott in aller Seiner Fülle, aber hat uns erfüllt mit Seinem Geiste. Und mit diesem Seinem Geiste in uns können wir auch dringen in Seine göttlichen Tiefen." –

Über das lebendige innere Wort Gottes im Menschen

J a k o b L o r b e r in einem Brief an einen Freund am 16. 2. 1858:

Innig geliebter Freund und Bruder im Herrn!

Bezüglich des innern Wortes, wie man dasselbe vernimmt, kann ich als von mir selbst sprechend wenig oder nicht viel mehr sagen, als nur, daß ich des Herrn heiligstes Wort stets in der Gegend des Herzens wie einen höchst klar ausgesprochenen Gedanken licht und rein wie ausgesprochene Worte vernehme. Niemand, mir noch so nahe stehend, kann etwas von irgendeiner Stimme vernehmen; für mich erklingt diese Gnadenstimme aber dennoch heller denn jeder noch so laute materielle Ton. – Nun, das ist aber auch schon alles, was ich Ihnen aus meiner Erfahrung sagen kann. – Aber es wandte sich jüngst eine dem Herrn höchst ergebene Frau durch mich an Ihn, und es ward ihr folgende Antwort zuteil, die ich Ihnen hier wörtlich mitteile, und diese lautet:

„Das, was nun lediglich Mein irdisch sehr armseliger Knecht tut, das sollen eigentlich alle Meine wahrhaftigen Bekenner tun können; denn allen gilt des Evangeliums Wort: Ihr müsset alle von Gott gelehrt sein; den nicht der Vater ziehet, der kommt nicht zum Sohne! – Das aber besagt soviel als: Ihr müsset von eurer werktätigen lebendigen Liebe zu Mir und daraus zum Nächsten, der stets in einer oder der anderen Weise dürftiger ist, zur innern Weisheit aus Gott gelangen! – Denn eines jeden wahre werktätige Liebe zu Mir im vollsten Maße bin ja eben Ich Selbst in seinem Herzen gleich also wie der Sonne lebend wirkender Strahl in jedem Tautropfen, in jeder Pflanze und in allem, was die Erde trägt. Der Mich sonach wahrhaft über alles aus allen seinen Kräften liebt, dessen Herz ist sonach auch voll von Meiner Lebensflamme und Meiner Wärme und deren hellstem Licht, und das bin Ich im Geiste Selbst. Daß dadurch ein steter und hellster Verkehr zwischen Mir und den Mich über alles liebenden Menschen notwendig und unausweichlich bestehen muß, ist doch ebenso klar, als daß ein ganz gesundes Weizenkorn, in fruchtbare Erde gelegt, unter dem belebend warmen Einflusse des Sonnenstrahles zur segensreichsten Frucht aus dem Erdboden emporerwachsen muß. Daß dieses mit dem Menschen aber infolge der im Evangelium gestellten und nach Möglichkeit erfüllten Lebensbedingungen möglich ist, dafür steht dieser Mein Knecht als ein noch irdisch lebender Zeuge vor dir. Aber das sage Ich dir auch: Mit einer bloßen Mich wohl erkennenden Höchstverehrung und noch so tief andächtigen und selbst dich ganz zerknirschenden Bewunderung Meiner göttlichen Vollkommenheiten ist es nichts! Denn eine solche Mich höchst verehrende Liebe gleicht vollkommen einer recht törichten Nordpol-Expedition, bei der wahrlich kein wie immer gearteter Gewinn herausschaut. Denn solche Hochehrfurchtsseelen schnüren ihr Gemüt nur stets wie unter dem alles erdrückenden Gefriergrade des Nordpols enger zusammen und getrauen sich am Ende kaum mehr einen offenen Gedanken an Mich in ihnen aufkommen zu lassen, und es kann bei solchen Seelen von einem ‚Werdet vollkommen, wie euer Vater im Himmel vollkommen ist' – schon gar nie eine Rede sein. – Solcher sogenannt frommer Christen gibt es eine Menge in der Welt, und doch erreichen sie damit wenig oder nichts. – Alles aber liegt an dem, daß jemand, der zu Meinem lebendigen Wort in sich gelangen will, vollends ein Täter des Wortes, das ich geredet habe, ist. – Dies zu deiner Danachachtung und Freitätigkeit aus der wahren lebendigen Liebe zu Mir für dich, Meine Tochter, und für jedermann."

Hier, lieber Freund, haben Sie Ihre Frage sicher so erschöpfend als möglich beantwortet, und es wäre vermessen von mir armem Sünder, Ihnen noch ein mehreres darüber zu sagen. J. Lorber.

Gottfried Mayerhofer in einem Brief an Johannes Busch in Dresden am 28. August 1870:

„Daß Ihnen die letzten Kundgebungen nicht so ansprachen, wie die über Licht, Leben und Liebe, da müssen Sie bedenken, daß meine Freunde hier (in Triest und sonstwo) nicht alle auf gleicher Stufe geistiger Ausbildung stehen, und auch mit Ihnen selbst nicht in Vergleich gebracht werden können. – Der Herr gibt mir in Seiner Gnade oft nur das, was zum Teil meinen Freunden hier verständlich, teils auch vielleicht einst – wer weiß wann und durch wen – in geregelter Folge zur stufenweisen Ausbildung dienen soll; und so kommen oft Diktate, die zwar nichts Neues sagen, sondern nur früher Dagewesenes unter einer andern Form vortragen; denn ich bin immer ganz passiv bei solchen Mitteilungen, weiß höchst selten, um was sich's handelt. Es befaßt mich gewöhnlich eine nicht zu erklärende Unruhe, ich muß mich dann zum Schreibtische setzen, und erst, wenn ich den Bleistift in die Hand nehme, erfahre ich, was der Herr will, und auch da noch weiß ich weder Anfang noch Folge, noch Ende; ja nicht ein Wort früher als das andere. – So zum Beispiel sagt es (S. Wort) mir: Nimm Evangelium Johannes K. 3, V. 7 usw. Ich in der Bibel nicht im mindesten bewandert, weiß also nichts von dem Inhalt dieses Kapitels noch Verses, suche es auf, setze mich hin und schreibe, was mir darüber diktiert wird.

So entstehen meine Diktate, willenlos, ohne zu wissen warum und weswegen, eben so und nicht anders. – – Gottfried Mayerhofer, Triest."

Leopold Engel über das Innere Wort, zitiert im Vorwort zum elften Johannesband:

„Die oft an mich gerichtete Frage, wie das Innere Wort sich kundgibt, kann ich nur wie folgt beantworten:

Bei meinem Schreiben unterscheide ich genau dreierlei Phasen. Zuerst das, was aus meinem eigenen Ich schriftstellerisch entspringt als Produkt meines Wissens oder meiner Phantasie. Bei späterem Durchlesen, auch wenn Jahre darüber hingehen, erkenne ich das Geschriebene stets als das Ergebnis meiner Arbeit. Es wird mir beim Lesen nicht fremd vorkommen.

Die zweite Art ist die der einfachen Inspiration, eine Gedankenübertragung aus ferneren Sphären. Es sind nicht Worte, sondern Gedanken, die mir zufließen und die ich selbst in Worte einkleiden muß. Das Ergebnis ist halb mein Eigentum – im wesentlichen jedoch nicht; denn ohne diese Gedankenübertragung gelingt es mir nicht, etwas Brauchbares zu schaffen. Stimmung, Ruhe und Neutralität des Innern gehören zum Gelingen. Störungen unterbrechen die Arbeit sofort, in die sich nicht allzu schwer auch eigene Gedanken einschleichen können, sogar imstande sind, bei lebhafter Phantasie die Inspiration gänzlich zu fälschen. Vorsicht, Selbstkritik ist in diesem Stadium dringend notwendig; denn hier treiben Spottgeister gern ihren Unfug, wird Unsinn leicht zur Methode. Das Geschriebene mutet bei späterem Durchlesen oft fremdartig an; man wundert sich dann, das jemals geschrieben zu haben, erinnert sich aber doch an das eine oder andere mehr oder weniger deutlich.

Die dritte und letzte Art ist dem eigenen Sinn oft rätselhaft. Es kann der bereits geschilderte Zwang eintreten, dann aber auf Bitte nach oben auch das deutliche Empfinden eines inneren Sprechers eintreten, ungefähr in der Art, wie man sich ein gehabtes Gespräch mit einem Freunde, den man auch glaubt sprechen zu hören, in die Erinnerung ruft. Es entsteht ein Zwiegespräch. Frage und Antwort, klare Erklärung von Dingen, die man vorher nicht wußte und die – das ist ein charakteristisches Zeichen – dem Gedächtnis sehr leicht wieder entschwinden, wenn sie nicht durch Schrift festgehalten werden. Letzteres ist ein Beweis der Echtheit; denn Selbstgedachtes wird man doch im Gedächtnis behalten.

Bei diesem und dem vorigen Stadium unterstützt die Handführung oft den Schreiber als Zeichen, daß eine fremde Kraft tätig ist. Das Niedergeschriebene entschwindet so schnell dem Gedächtnis des Schreibers, daß er bei längerer Mitteilung das Geschriebene erst gründlich mit Aufmerksamkeit durchlesen muß, um den Inhalt nun in sich aufzunehmen. Stets werden ihm echte Kundgebungen nach einiger Zeit wie von ihm nicht niedergeschrieben vorkommen. Ist das nicht der Fall, so nehme ich mindestens Vermischung mit Eigenem an, also die zweite Phase mit größerer Deutlichkeit. Nur scharfe Selbstkritik und höchste Neutralität führen zu Kundgebungen des echten Inneren Wortes."

Empfangen vom Herrn durch J o h a n n e L a d n e r am 28. August 1882:

Liebe Kinder, Ich will euch etwas näher bezeichnen, auf welche Weise Ich mit euch verkehre. – In jedem Menschen liegt die Anlage zur Mediumschaft für Mich, das heißt, es ist jedem möglich, die Seele sich zurückziehen zu lassen und nur auf den Geist zu hören, etwas, was ja auch beim wahren Gebet stattfinden soll. Darum auch öfter Andächtige, die wirklich mit Mir reden wollen, sich von allen Eindrücken abschließen, bald ins stille Kämmerlein gehend, bald die Augen so lange schließend, damit die Seele zu keiner Wahrnehmung von außen veranlaßt werde.

Dieses Stillehalten der Seele ist nötig bei einem Medium oder Werkzeug für Mein Wort im Augenblick des Innewerdens eines bestimmten Gedankeneindrucks, der gleich ist einem Lispeln ins Ohr des Herzens, welches sonach kann ausgesprochen oder niedergeschrieben werden, weil der Geist alsdann im Verein mit Mir das Organ (den Leib) regiert und die Seele indessen (mehr oder weniger) zurückgetreten ist.

Allein dieses Zurücktreten der Seele kann plötzlich unterbrochen werden. Oft durch eine ganz leichte (äußere) Anregung, zum Beispiel durch einen Schall, durch etwas Störendes sehen, ja durch das Fliegen oder Sumsen einer Mücke, ebenso durch den Andrang anderer Geister, die sich geltend machen wollen. Daher kommt es, daß ein Medium anfangs oft vieler Täuschung ausgesetzt ist. Besonders ist dies der Fall bei solchen Medien, die Ich für Mich Selbst ausersehe; denn auch andere Geister drängen sich da heran und selbst Mein Gegner hat das Recht, diese Fähigkeit zu benutzen.

Darum soll sich ein Medium zuerst mit Gebet an Mich wenden; und desgleichen soll auch dessen Umgebung und (die mit ihm geistig) Verbundenen ihm beistehen, wenn es von Mir Selbst Worte erhalten will.

Hat aber ein solches Medium an Meinen Worten Freude und Liebe dazu, so wächst mit der Liebe auch die Klarheit und Beständigkeit beim Auffassen der diktierten Worte und der Einfluß derselben bleibt reiner denn zuvor, wo öfter wohl noch Seelisches sich einmengte.

Ich klopfe oft uneingeladen an, auf eine Weise, die nur ihm verständlich und fühlbar ist, oft durch ein Herzklopfen, eine Bangigkeit – oder unwillkürlich ergreift die Hand die Feder, ohne zuvor an das Schreiben mit Mir jetzt gedacht zu haben. Ist aber eine gewisse Ängstlichkeit beim Einfließen der Worte da, besorgend daß etwas nicht klar verstanden werde, so macht die Hand dann mechanisch halt, bis der Strom wieder aufgenommen werden kann.

Weil aber diese Vorgänge geistig sind, so kann leiblich dabei nicht viel beobachtet werden, aber die Beiwohnenden (oder Teilnehmer) bei derartigen Mitteilungen von oben werden gleichfalls geistig beeindruckt (je nach ihrer Sammlung), und der Geist wird ihnen das wahre Licht aufstecken über die Worte, welche auf das Papier übertragen sind. Ebenso können die jenseitigen Geister, wenn vereint mit dem eigenen Geiste (des Mediums), auch Besitz von seinem Organ nehmen und sich ausdrücken. Auch da ist eine Gedankenleere (Passivität) beim Medium nötig oder auf einige Zeit ein gewisses Zurückziehen der Seele. Solche Kundgebungen sind oft nur kurz und sehr anstrengend, auch sogar nachteilig, wenn der sich mitteilende Geist in seinem Geistig-Seelischen noch nicht reif genug ist. Oft wird durch solchen Verkehr bei einem

Geiste sein Seelisches auch wieder mehr leidenschaftlich hervortreten, und er gibt sich dann nach dem momentanen Zustand, denn auch die Geister sind noch dem Wechsel mehr oder weniger unterworfen. –

Medien gab es zu allen Zeiten wie auch besonders jetzt überall. Doch nur wenige sind es, die sich des heiligen Zweckes dabei bewußt sind und die also ganz auf Meine Seite treten. Ich muß deshalb sehr sparsam sie erziehen und wählen; denn wehe einem Medium, wenn es dem Satan gelingt, dasselbe für sich auszubeuten (wobei es nicht an schönen Worten und Plänen fehlt). Dessen Geist wird krank, und seine Krankheit wird zur Ansteckung für viele und kann großes Unheil anrichten. Denn der Satan überschreitet die Grenze und beraubt die Seele ihres freien Willens, er nötigt sie zu allerlei Übertreibung, Ärgernis und Ausschweifung – mit Beiseitesetzung der göttlichen Gebote und Beschwichtigung durch das „der Zweck heiligt die Mittel" (1. Mose 3,5). Dazu kommt oft fast völlige Aussaugung des Fluidums zu allerlei erscheinlichen Experimenten, welche vor Meinen Augen ein Greuel sind.

Wohl aber allen Menschen, von denen Ich sagen kann: „Meine Schafe hören Meine Stimme, und sie folgen Mir, und Ich kenne sie, und Ich gebe ihnen das ewige Leben"! Wohl auch euch, die ihr nur Meiner Stimme folgen wollt! Mein Geist Selbst wird euch in alle Wahrheit leiten, daß ihr erkennet die Quelle, woraus euch stets erfrischendes Lebenswasser solle zugeführt werden.